湖北省学术著作出版专项资金
Hubei Special Funds for Academic Publications

邢福义文集

第六卷

汉语语法学（修订本）

邢福义 著

華中師範大学出版社

新出图证(鄂)字 10 号

图书在版编目(CIP)数据

邢福义文集　第六卷/邢福义著. —武汉：华中师范大学出版社，2019.6

ISBN 978-7-5622-8642-4

Ⅰ.①邢…　Ⅱ.①邢…　Ⅲ.①语言学—文集　Ⅳ.①H0-53

中国版本图书馆 CIP 数据核字(2019)第 090157 号

邢福义文集　第六卷

©邢福义　著

责任编辑：张建英　　责任校对：王　炜

封面设计：胡　灿

编辑室：学术出版中心　　电话：027-67863220/7792

出版发行：华中师范大学出版社　　社址：湖北省武汉市洪山区珞喻路 152 号

电话：027-67863426(发行部)

网址：http://press.ccnu.edu.cn　　邮箱：press@mail.ccnu.edu.cn

印刷：湖北新华印务有限公司　　督印：王兴平

开本：710mm×1000mm　1/16　　字数：445 千字

版次：2019 年 6 月第 1 版　　印次：2019 年 6 月第 1 次印刷

印张：32　　定价：128.00 元

欢迎上网查询、购书

自　序

学术交流，文化沟通，彼此尊重，互促共进，这是当代国家发展、社会进步、学术繁荣的全球性总趋势。我国语言学界，一方面大力引进国外理论，并且努力使之适应中华水土，融入中华学术；另一方面，也尽力于让国人之成果走出国门，在国际上亮亮相。也许，目前的亮相还做不到抢眼，但是，不是今年过后还有明年，明年过后还有后年、后年的后年吗？

根据《国家社会科学基金管理办法》的有关规定，全国哲学社会科学规划办公室近年来新设立了国家社会科学基金中华学术外译项目。这一决定正确果敢，犹如号角，令人鼓舞，应是中华文化伟大复兴的战略性举措。2015 年 12 月 31 日，2015 年外译项目立项名单公布，拙著《汉语语法学》（修订版），由华中师范大学外国语学院王勇教授领头，译成英文，获批立项。接着，俄罗斯圣彼得堡大学出版社又表示要出版俄文译本，韩国中国语教育学会会长、延世大学金铉哲教授也准备译成韩文。我深受激励。

其实，我对这本书的修订工作，王勇教授的英文翻译工作，都已经启动了一年有余。之前，他找到了泰勒弗朗西斯集团（Taylor & Francis Group），递交了《汉语语法学》的原版本。集团负责人请了两位专家匿名评审这部书，分别写出了长篇评审报告。两位专家可能是英国学者或美国学者，从评审报告看，功底深厚，对汉语语法研究的情况十分熟悉。他们既对《汉语语法学》一书做了充分的肯定，又提出了要求，希望作者就“词本位”“句本位”之类概念应该如何看待的问题，明确地发表意见。

《汉语语法学》是为了纪念马建忠《马氏文通》出版 100 周年，由东北师范大学出版社组织撰写的。1997 年正式出版发行，1998 年获中国高校第二届人文社会科学研究成果一等奖，又获第十一届中国图书奖。第一次印刷为 1996 年 11 月，距今已 20 年。看了两位专家的评审报告之后，我立即感到应该下些功夫改出一部修订本。我任职于华中师大语言研究所，所长汪国胜教授更进一步从学校学科建设的需要考虑，建议将修订本交给商务印书馆出版。于是，他出面打电话，先后得到了东北师范大学出版社和商务印书馆的热情支持。商务印书馆出版修订本这件事，便定下来了。

作为译者，王勇教授在看到两位专家的审稿报告之后，便跟泰勒弗朗西斯集团签订了出版协议，出版社为卢德里奇（Routledge）。商务印书馆（The Commercial Press）是国际著名的中国出版社，拥有将近 120 年的闪光记录。泰勒弗朗西斯集团是英国的权威集团，走过了 200 余年的辉煌途程；卢德里奇出版社是在人文社科领域累积了 180 年出版经验的国际著名出版社。我备感有幸。

这里，需要特别说明两点意思：

第一，王勇教授、俄罗斯教授与金铉哲教授是根据我的修订本做翻译的。由于《汉语语法学》原版本的存在已经成为历史事实，不宜另起炉灶，我提供给他们的文本，只做了少量的增补和改动。

第二，做学问难。要真正做到“充分”“充实”和“充足”，谈何容易！应该知道个人力量之有限。只有大家共同努力，而且一辈辈地接力攀登，才有可能不断取得可喜的进步！

汉人韩婴：“慎于言者不哗，慎于行者不伐。”不哗众取宠，不自我夸耀，这话启示我们要有良好的学风。唐人刘禹锡：“山积而高，泽积而长。”大山因土石长期积聚而高耸，大河因点滴之水长期积聚而远流，此言深有哲理。学术之繁荣，就表现为山青水绿，百花竞放！

邢福义

2016 年 5 月 25 日

目　　录

导　言 ………………………………………………………… 1

一　什么是汉语语法 …………………………………………… 1

二　《马氏文通》以来的汉语语法研究 ………………………… 3

三　本书汉语语法学系统的建构 ……………………………… 4

四　“本位”和“中枢” ……………………………………… 5

第一章　小　句 ………………………………………………… 10

第一节　小句的中枢地位 ……………………………………… 10

一　小句的内涵与外延 ………………………………………… 10

二　小句中枢地位之考察 ……………………………………… 13

第二节　成活律—包容律—联结律 …………………………… 20

一　小句成活律 ………………………………………………… 20

二　小句包容律 ………………………………………………… 26

三　小句联结律 ………………………………………………… 33

第三节　成分配置—核心—赋格 ……………………………… 37

一　成分配置 …………………………………………………… 37

二　核心与赋格 ………………………………………………… 42

第四节　主谓—动宾 …………………………………………… 56

一　主谓配置 …………………………………………………… 56

二　动宾配置 …………………………………………………… 64

第五节　定心—状心—心补 …………………………………… 76

一　定心配置 …………………………………………………… 76

二　状心配置 …………………………………………………… 85

三 心补配置 …… 93
第六节 小句面貌综观 …… 104
一 结构类型和语气类型 …… 104
二 配对成分之外的成分 …… 111
三 特定句式 …… 115
第二章 小句构件 …… 129
第一节 构件单位 …… 129
一 构件的级类型 …… 129
二 构件的备用性和组装性 …… 133
第二节 成分词 …… 137
一 名词 …… 137
二 动词 …… 144
三 形容词 …… 151
四 副词 …… 157
第三节 特殊成分词 …… 163
一 数词和量词 …… 163
二 代词 …… 173
三 拟音词 …… 181
第四节 非成分词 …… 185
一 介词 …… 185
二 连词 …… 193
三 助词 …… 198
第五节 各类短语 …… 215
一 短语的分类 …… 215
二 关系类短语的成分配对式 …… 218
三 关系类短语的依次排列式 …… 227
第六节 问题思考 …… 235
一 词的语法特征 …… 235
二 词性判别的论证方法 …… 244

三 同形异类 …… 253
四 词类问题的症结和对策 …… 257
第三章 小句联结 …… 262
第一节 复句的构成 …… 262
一 复句与小句 …… 262
二 分句的分层联结和凝合联结 …… 264
三 分句的同质联结和异质联结 …… 270
第二节 复句关系词语 …… 279
一 关系词语的性质和范围 …… 279
二 关系词语的作用 …… 282
第三节 复句关系和复句格式 …… 294
一 因果类复句 …… 294
二 并列类复句 …… 306
三 转折类复句 …… 313
四 格式对语义关系的反制约 …… 316
第四节 复句句式的多样性 …… 328
一 句式语义关系的多样性 …… 328
二 句式下位形式的多样性 …… 331
三 句式标志复现的多样性 …… 342
第五节 句群 …… 347
一 句群的特点、组合方式和关系类别 …… 347
二 特定句群的个案考察 …… 356
第六节 问题讨论 …… 367
一 划界问题 …… 367
二 复句分类问题 …… 377
第四章 研究论 …… 384
第一节 “小三角”研究 …… 384
一 两个三角中的“小三角” …… 384
二 “小三角”的事实验证 …… 387

三 “小三角”的研究思路 …… 401
第二节 “大三角”研究 …… 405
一 两个三角中的“大三角” …… 405
二 “大三角”的事实验证 …… 407
第三节 两层关系 …… 416
一 “大三角”和“小三角” …… 416
二 “两个三角”和“事实终判” …… 425
附 录 …… 438
小句中枢说的方言实证 …… 438
小句中枢说的方言续证 …… 454
说“句管控” …… 471
后 记 …… 490
修订本后记 …… 492
附录 1 “中国现代语言学”丛书总序 …… 季羡林 494
附录 2 “20 世纪现代汉语语法‘八大家’”丛书总序 …… 季羡林 498
附录 3 两次指点 …… 邢福义 502

导　言

一　什么是汉语语法

汉语语法，是汉语各类各级语法实体的构成规则和组合规则的总和。

先说“实体”。

汉语各类各级语法实体，共 7 种：1. 语素；2. 词；3. 短语；4. 小句；5. 复句；6. 句群；7. 句子语气。可以分为两大类：

1. 音节实体：语法单位

又分两类。两类中，有不同的级：

A. 表述单位：小句，复句，句群。

B. 构件单位：语素，词，短语。

A 为表述实体，在言语交际中起表述作用，“小句—复句—句群”是不同的级；B 为构件实体，语素是词的构件，词和短语是小句的构件，“语素—词—短语”是不同的级。

2. 非音节实体：句子语气

句子语气反映说话人的主观态度和主观情绪，跟特定句调相联系。提到语气的时候，往往意味着也提到了特定句调。

语气是致句实体，它使小句得以成立。从是否由音节来体现看，语气和跟它相联系的句调是非音节实体，不表现为或大或小的语言片断，语法单位则是音节实体，表现为或大或小的语言片断。从是否可以进行结构切分看，语气和跟它相联系的句调是不可切分的实体，语法单位则一般都是可切分的实体。语法单位中，只有语素和单纯词是不可切分的。从跟书面语的关系看，语气和跟它相联系的句调没有书面语形式，语法单位则有书面语形式。语法单位中的语气助词有书面语形式，但语气助词只是帮助表达句子语气，它本身并不等于句子语气。

再说“规则”。

汉语语法规则，表现在各类各级语法实体的“构成”和“组合”两个方面。

一方面是语法实体的“构成”规则。这是指这种那种语法实体内部的构成规则。包括：合成词内部的结构规则，短语内部的结构规则，小句内部的结构规则，复句内部的结构规则，句群内部的结构规则。

另一方面是语法实体的“组合”规则。这是指语法实体与语法实体之间的组合规则。比如，以下种种组合都有规则：

语素＋语素 → 合成词
词　＋　词 → 短语
词　＋短语 → 短语
短语＋短语 → 短语
词　＋语气 → 小句
短语＋语气 → 小句
小句＋小句 → 复句/句群
小句＋复句 → 复句/句群
复句＋复句 → 复句/句群
小句＋句群 → 句群
复句＋句群 → 句群
句群＋句群 → 句群

由大往小看，某个语法实体是怎么构成的，有什么样的规律，这便表现为“构成”规则；由小往大看，某个语法实体可以跟什么样的语法实体组合，有什么样的规律，这便表现为“组合”规则。

构成规则和组合规则，往往可能是相同事实的两个不同着眼点。比方，假如A语法实体由a、b实体所构成，那么，以A为着眼点，考察A如何由a、b所构成，这便是A的构成规则问题；假如a和b组合成 A，那么以 a 为着眼点，考察 a 如何同 b 组合成 A，或者以 b 为着眼点，考察 b 如何同 a 组合成 A，这便是 a、b 之间的组合规则问题。

有的语法实体，如句子语气，又如语素和单纯词，它们是不可切分的独体。由于不可再分割，它们只有跟别的语法实体产生组合规则的问题，本身则没有构成规则的问题。

二 《马氏文通》以来的汉语语法研究

汉语语法研究，始终指向一个目标，这就是：汉语语法事实的客观规律性。

《马氏文通》于 1898 年问世，成就了作为一门科学的汉语语法学的第一个篇章。100 年来，汉语语法研究大体可以分为三个时期：(一) 套用期 (19 世纪末期—20 世纪 30 年代末期)，大约40 年。基本倾向是套用国外语法学体系，略加增减修补，形成汉语语法学体系。代表著作是马建忠《马氏文通》(1898)，黎锦熙《新著国语文法》(1924)。(二) 引发期 (20 世纪 30 年代末期—70 年代末期)，大约 40 年。基本倾向是引进国外语法理论，用以观察和描写汉语语法事实，生发出比较注重汉语语法事实的语法学系统。现代汉语语法方面的代表著作是王力《中国现代语法》(1943) 和《中国语法理论》(1945)，吕叔湘《中国文法要略》(1942—1944)，高名凯《汉语语法论》(1948)，丁声树等《现代汉语语法讲话》(1961)，张志公主编《汉语课本》三、四、五册 (1956—1957)。(三) 探求期 (20 世纪 70 年代末期—现在)，大约 40 年。基本倾向是接受国外理论的启示，注重通过对汉语语法事实的发掘探索研究的路子，追求形成具有中国特色的研究思路和研究方法。现代汉语语法方面的重要著作是吕叔湘《汉语语法分析问题》(1979)，朱德熙《现代汉语语法研究》(1980) 和《语法讲义》(1982)。探求期是代表现代汉语语法研究新起点的一个重要阶段。严格地说，许许多多重要的富于启示性的论述不是出现在一本一本按某个框架写成的著作里，而是出现在一篇一篇进行专题性探讨的论文里。撰写论文的学者，包括年纪较大的吕叔湘、朱德熙、张志公、胡裕树、张斌等先生，也包括一批中青年学者。

汉语语法事实的客观规律性，在抽象程度上有不同的层级。抽象到最高的程度，是对汉语语法特点的本质面貌的认识；抽象到一定的程度，是对某类现象或某种事实的本质属性的反映。创业艰难，发展更不易。100年来，经过几代人的艰苦努力，汉语语法研究沿着“开拓和创业—继承和发展”的轨道在不断前进，已经走过了长长的一段路，已经形成了初步繁荣的局面。近年来，群体性思考、独立性思考和开拓性思考的结合，已经使现代汉语语法研究进入了一个新的思考阶段。

但是，应该清醒地看到，这门学科距离真正成熟还相当遥远。到目前为止，许多事实尚未得到深刻的揭示，许多重要现象尚未得到准确的解释。现在，面临的主要问题是“二求”：一求创建理论和方法，二求把事实弄清楚。这是互补互促而又互成因果的两个问题。没有理论和方法的成熟，一门学科不可能是成熟的。而理论和方法的创建，是学者们长期深入研究的成果，是有效地进行群体性思考、独立性思考和开拓性思考的结晶。因此，必然带有鲜明的个性，带有学派的印记，反映一派学者的思想体系、研究特点和总体成就。另一方面，没有对事实的清楚了解，理论和方法的创建便成为空中楼阁。现代汉语语法研究至今尚未成熟，自成体系的理论和方法尚未创立起来，最根本的原因还是对事实的了解基本上仍然处于朦胧的状态。

汉语语法研究跟其他许多学科的研究一样，必然会通过不断的“否定之否定”而得到长足的发展。近年来的研究状况表明，学者们已经或多或少地显示了各自的风格特点。不同的风格特点，孕育着不同的学术派别，一旦风格特点得到充分的发展，学术派别就会形成。只要形成这样那样的学术派别，研究定会出现更加繁荣的局面。当然这不是轻而易举的事，学术派别的“孕育”，必须经历一个很长很长的历史阶段，需要一辈接一辈学者做坚持不懈的努力。

三　本书汉语语法学系统的建构

汉语语法，从历时联系说，包括现代汉语语法和古代近代汉语语法；从共时联系说，包括现代汉语共同语语法和现代汉语方言语法。本书定名为“汉语语法学”，但不是一部古今并蓄纵横兼容的汉语语法书。本书的立足点是现代汉语的现状，讨论的是现代汉语共同语的语法事实。在讲“普一方一古”大三角研究的时候，才联系到一些古代近代汉语语法现象和一些现代汉语方言的语法现象。

任何语言都有语法。一种语言的语法，只有一个语法系统，它客观地存在于该语言本身，是该语言本身的语法实体的构成规则和组合规则。语法学是研究语法的科学。语法学尽管以客观存在的语法为研究对象，源于客观存在的语法，但研究者主观方面的种种原因，包括所据理论的不同、所用方法的不同、占有材料的不同、着眼角度的不同、知识结构的不同等，导致判断的不同和系统建构的不同，因而语法学系统总是带有主观性。正因如此，一种语言的语法只有一个系统，以这种语言作为研究对象的语法学却可以有两个或几个不同的系统。一般地说，各个汉语语法学系统都具有“三层结构”，即：

顶层——目标　●

中层——理论　↑

底层——事实　↑

底层是“事实”，系统的建构以客观事实为基础；顶层是“目标”，任何系统的建构都以揭示规律为目标；中层是“理论”，任何系统的建构都由所据理论决定其基本面目。对于一个语法系统来说，三者不可或缺，它们处在相互作用、相互制约的辩证关系之中。各家语法系统的不同，主要是由于中层理论的不同。中层理论，主要包括观点、方法等对待事实、驾驭事实的主张。

本书的中层理论，最主要的有两点：其一，汉语语法系统中各类各级语法实体以小句为中枢。换句话说，小句在汉语语法系统中居于中枢的地位。其二，“两个三角”是汉语语法研究的基本思路和办法。“两个三角”指“表一里一值”小三角和“普一方一古”大三角。可以说，本书的语法系统，是“小句中枢”语法系统。

四　“本位”和“中枢”

“本位”和“中枢”，意思相关，但不等同。本位，重在指某种理论观点的出发点；中枢，重在指事物相互联系的中心环节。独立地看，汉语语法的各种实体都很重要，只要符合研究者阐述己见的需求，任何一种都可以选择作为“本位”。但是，相互联系起来看，作为“中心环节”的“中枢”，只能是其中的一种。以小句为中枢，管控其他各种语法实体的组配，显示这样那样的规律，这是汉语语法的特色之所在。因此，本书采用“中枢”说，而不采用“本位”说。下面，对几种“本位”说略作解释。

（一）关于“词本位”

从1898年的《马氏文通》起，中国学者讲汉语语法，基本上都是以词为本位。20世纪50年代出现的《暂拟汉语语法教学系统》，影响极为广泛，实际上影响至今。根据这个系统编成的汉语语法课本，跟《马氏文通》一样，也是从词类讲起的。可参看《语法和语法教学》《汉语知识》等书。这表明，从总体看，“词本位”实为主流传统。

词是组句的基础，没有词，哪来句？以词作为出发点来研究汉语语法，无可非议。但是，“词”不能起到“中枢”的作用，因此不能有“词中枢”的提法。汉语的词，本身缺乏语法形态，其语法性质，要在入句以后才能显示。如“永远”，所有标注词类的词典都认定为副词。其实，这是以偏概全。“永远（地）失去了”，“永远”是副词；“永远（的）丰碑”中的“永远”，却是非谓形容词；“从古代到现代直到永远”中的“永远”，却具有时间名词的性质。另外，顺带一提：基于词本位的汉语语法著作，都把名词、动词、副词、连词等类别概括为两个上位概念：实词和虚词。对这两个概念的解释，是词义的虚实，见仁见智，没有语法标准。小句中枢语法系统不同：先从句法问题讲起，然后才讲词类问题，而名词、动词、副词、连词等类别被概括为两个上位概念：成分词和非成分词。这样的上位概念，才能反映汉语语法的特色。（本书后边第一章第一节“小句的中枢地位”中，将进一步解说“词受控于小句”。）

（二）关于“句本位”和“词组本位”

先说“句本位”。

1924年，黎锦熙教授《新著国语文法》问世，提出了“句本位”。黎先生很敏感，认识到了句子在汉语语法中的地位和作用。然而，问题有二。首先是，“句”应该包括小句和复句，但黎先生的著作中，讲词类时只指小句。特别重要的是，黎先生的“句本位”并没有着力于揭示汉语语法的特色，却套用英语的词类认定标准，来判别汉语的词类。比如“辛苦”，按黎先生“依句辨品”的办法，修饰名词时应判为形容词（“辛苦的工人”），修饰动词时应判为副词（“辛苦地建造”）。然而，在汉语里，“辛苦”不管用在哪里，都可以说成“很（非常/特别）辛苦”，副词是不能受“很、非常、特别”之类的修饰的。正因为解释不通汉语事实，“句本位”说只流行了一段时间。

再说“词组本位”。

20世纪80年代初期，朱德熙教授提出“词组本位”。词组本位，即短语本位。朱先生的见解，在他的专著《语法讲义》之中，有较为明显的反映。词组比词大，包含各种各样的语法现象。以词组作为出发点探究汉语语法问题，是可以的，应该的，无可非议的。然而，不能提“词组中枢”（或“短语中枢”）。有时，词组的语法性质，跟词的情况相类似，要在入句以后才能显示。如“出口手机”，在“我们向国外出口手机”里，是动宾结构，在“我们买到了一些出口手机”里，是偏正结构。又如“咬死了猎人的狗”，在“老虎咬死了猎人的狗”里，是动宾结构，在“这是一只咬死了猎人的狗”里，是偏正结构。“词组本位”说流行的时间不长，影响不太大。（本书后边第一章第一节“小句的中枢地位”中，将进一步解说“短语从属于小句”。）

（三）关于“字本位”和“语气本位”

首先要提及“字本位”。

“字本位”是徐通锵教授在20世纪90年代提出来的。他的《语言论——语义型语言的结构原理和研究方法》中有所阐释。有学者写文表示支持。不过，徐教授在去世之前来不及撰写出一部“字本位”的汉语语法专著，因而没能让人了解字本位语法系统到底是什么样子。其实，以字为出发点研究汉语语法，这也是有用的。比方说，外国留学生学习汉语，有的教师从帮助学生认识汉字开始，就取得了较好的效果。然而，不能提“字中枢”。汉语语法学中，不管是哪一方面的概念，都无法脱离小句去理解“字”的语法作用。

其次要提到，能不能提“语气本位”？

任何成活的小句，都不会没有语气（以及语调）。语气实际上参与了语法系统的建构，是语法实体之一种。但是，由于语气的研究不能只依靠耳朵及其他相关的感觉，必须借助于高科技的手段，因此至今没有人提出这样的研究命题。假设（这里说的是“假设”）有人提出“语气本位”，主张从语气出发对汉语语法进行探索，自然也应该大力支持。但是，可以提“语气本位”，却不能提“语气中枢”，因为语气成不了中枢。

总之，从研究的出发点说，“字本位”“词本位”“词组本位”“句本位”“小句本位”等提法都可以做出贡献；但是，从语法实体的相互关系看，只有“小句中枢”才符合汉语的面貌。打个比方。办好一所大学，有三个重要视点：学生、教师、师生互动。出发点不同，学生本位也好，教师本位也好，师生关系本位也好，都可以选择为研究基点。但是，如果讲中枢，只能说“师生的互动”才是中枢，“学生中枢”和“教师中枢”都有失于偏颇。

主要参考文献

（大体按跟正文内容相关排列顺序。邢福义书文一律排在后边。全书同。）

[1] 龚千炎. 中国语法学史稿 [M]. 北京：语文出版社，1987.

[2] 胡明扬. 当前国内外语言研究的趋向 [J]. 语言教学与研究，1989 (3).

[3] 邵敬敏. 汉语语法学史稿 [M]. 上海：上海教育出版社，1990.

[4] 黎锦熙. 新著国语文法 [M]. 北京：商务印书馆，1963.

[5] 刘坚，侯精一. 中国语文研究四十年纪念文集 [M]. 北京：北京语言学院出版社，1993.

[6] 陆俭明. 八十年代中国语法研究 [M]. 北京：商务印书馆，1993.

[7] 世界汉语教学杂志编辑部，语言教学与研究杂志编辑部. 80 年代与 90 年

代现代汉语语法研究［M］. 北京：北京语言学院出版社，1992.

［8］徐通锵. 语言论——语义型语言的结构原理和研究方法［M］. 长春：东北师范大学出版社，1997.

［9］张志公. 语法和语法教学［M］. 北京：人民教育出版社，1957.

［10］张志公. 汉语知识［M］. 北京：人民教育出版社，1959.

［11］张志公. 分歧点和交叉点［M］//汉语析句方法讨论集. 上海：上海教育出版社，1984.

［12］朱德熙. 语法讲义［M］. 北京：商务印书馆，1982.

［13］朱德熙. 语法分析和语法体系［M］//汉语析句方法讨论集. 上海：上海教育出版社，1984.

［14］中国语文编辑部. 中国语文 200 期纪念刊文集［M］. 北京：商务印书馆，1989.

［15］中国语文编辑部. 中国语文四十周年纪念刊文集［M］. 北京：商务印书馆，1993.

［16］邢福义. 汉语语法研究之走向成熟［J］. 汉语学习，1995 (1).

第一章 小　句

第一节 小句的中枢地位

一 小句的内涵与外延

(一) 小句的内涵

小句是最小的具有表述性和独立性的语法单位。

1. 小句这种语法单位具有表述性

所谓具有表述性，是指能够表明说话的一个意旨，体现一个特定的意图。具体点说，就是：或者表明一个陈述，或者表明一个感慨，或者提出一个要求，或者提出一个疑问。“意旨”或“意图”，不一定都是判断，但都跟判断存在着一定的联系。有的句子，直接表示判断；有的句子，间接地或者潜在地跟某个判断有关联。比如：

你很认真。

你好认真！

你认真点！

你认真吗？

这四个句子的基本构成材料都是“你”和“认真”，但说话的意旨和体现的意图有所不同。第一句表明一个陈述，第二句表明一个感慨，第三句提出一个要求，第四句提出一个疑问。第一句是直接表示一个判断；第二句是以一个直接判断为基础表示对事实的概叹；第三句不是对事实的判断，但潜在地或间接地跟“你不够认真”“你是应该认真的”之类判断相联系；第四句更不是对事实的判断，但潜在地或间接地跟“你可能是不认真的”之类判断相联系。

即使是由一个叹词构成的疑问句或感叹句，实际上也跟深潜的判断存在联系。比如：

哦？

哼！

第一个是由一个叹词构成的疑问句，在特定语境中可能跟“想不到会有这种事”之类的判断存在联系；第二个是由一个叹词构成的感叹句，在特定语境中可能跟“你这是痴心妄想”之类的判断存在联系。

2. 小句这种语法单位具有独立性

所谓具有独立性，是指一个小句不被包含在另一个小句之中。换句话说，被包含在小句之中的语法单位，不是小句。比如：

小刚出事了。

大娘早就知道小刚出事了。

前一例“小刚出事了”独立使用，是小句。后一例“小刚出事了”被包含在“大娘早就知道 X”这个句子之中，用在宾语位置之上，它已不成为“句”，因而不是小句。又如：

他不表态，我深感不安。

他不表态，正是我深感不安的主要原因。

前一例，“他不表态”和“我深感不安”都具有独立性，它们虽然相互联结构成了复句，分别充当了前分句和后分句，但“分句”还是“句”，前分句和后分句之间没有包含和被包含的关系，因而它们还是小句。后一例，“他不表态”和“我深感不安”被包含在“X 正是 Y 的主要原因”这个句子之中，分别用在主语和定语的位置之上，它们已不成为“句”，因而也不是小句。

3. 在具有表述性的语法单位中，小句是最小的语法单位

具有表述性的语法单位有三种，即小句、复句和句群。跟复句和句群相比较，小句是最小的具有表述性的语法单位。复句也好，句群也好，起码包含两个小句。看这两个例子：

（1）他站在这异乡的街上，他的心却回到家乡去了。（柳青

《梁生宝买稻种》)

(2) 他为什么不进旅馆去呢？难道所有的旅馆都客满了吗？(《梁生宝买稻种》)

前一例是复句，包含两个小句，它们都是分句；后一例是句群，包含两个小句，它们都是单句。

4. 小句是句，每个小句都带有特定的语气

比如上面所举的四个小句："你很认真。""你好认真!""你认真点!""你认真吗?"它们分别带有陈述语气、感叹语气、祈使语气和疑问语气。即使是充当分句的小句，它们在复句里面也各有自己的语气。例如：

(3) 你是田家的媳妇，我就不是田家的媳妇吗？(孙健忠《城角》)

(4) 城上风紧，快下城吧！(姚雪垠《李自成》)

(5) 好冷，我受不了。(孙健忠《城角》)

这三个复句都包含两个由小句充当的分句。在语气上，前一个复句是"陈述语气＋疑问语气"，中间一个复句是"陈述语气＋祈使语气"，后一个复句是"感叹语气＋陈述语气"。

(二) 小句的外延

"小句"，这是本书借用的一个现成术语。本书里，"小句"概念之所指不同于用过这一术语的语法著作。本书的"小句"，首先指的是单句，其次指的是结构上相当于或大体上相当于单句的分句。本书把充当句子成分的主谓短语排除在小句之外。这主要是因为：第一，主谓短语既然已经充当句子成分，它就失去了"句"的性质和功能，就不再是"句"；第二，能够成句的构件语法单位可以是短语，也可以是词，可以是主谓短语，也可以是其他短语，因此，不好只把充当成分的主谓短语当成小句，否则，容易导致一个结论：只有主谓短语跟"句"有联系，其他短语跟"句"没有联系。

小句是"句"，复句也是"句"。严格地说，"句子"包括小句和复句。但是，小句是复句构成的基础，是基本的句子，因此，通常提到

"句子"，往往只是指小句，特别是只指小句中的单句。这就是说，"句子"这个概念在实际语言运用中有广义和狭义两种用法。有时统指所有的句，这是广义用法；有时只指小句，这是狭义用法。本书在许多地方提到的"句子"，实际上是狭义用法。

二 小句中枢地位之考察

"中枢"，按照《现代汉语词典》（第 6 版，P1686）的解释，指的是"在一事物系统中起总的主导作用的部分"。也就是，前面说过的，重在指事物相互联系的中心环节。汉语里，在由各类各级语法实体所构成的语法系统中，起主导作用的是小句，换句话说，居于中枢地位的是小句。

考察汉语里一种语法实体在整个语法系统中是否居于中枢地位，起码必须考虑三个方面的条件。通过对这三个方面的条件的考察，小句在汉语语法系统中的中枢地位可以得到认定。

（一）所具备的语法因素

须要考察的第一个条件是：某种语法实体，在各种语法实体中，所具备的各种语法因素是否最为齐全？

比较地说，在各种语法实体中，小句这种语法实体所具备的语法因素最为齐全。一方面，就小句构成的基础而言，小句既包含词和短语，又带有句子语气；另一方面，就小句构成的结果而言，小句包含各种各样的语用因素，而且，小句所反映的各个方面的语法规律，实际上就是汉语语法的基本规律。

其他语法实体有所不同：

第一，句子语气不包含词和短语，词和短语不包含句子语气。仅从这一点，就可以知道，句子语气也好，词和短语也好，它们所包含的语法因素的种类无法跟小句相比拟。

第二，复句和句群在构造上有时需要使用一些不可能出现于小句的关系词语，如"之所以……是因为……""总而言之"之类。从这一点上看，小句所包含的语法因素不是汉语语法系统中语法因素的全部。但是，复句和句群的构成基础是小句。它们只是包含"句"，却不能像小句那样直接包含除了某些关系词语之外的各种各样的语法因素。因此，全面地看，还是小句所包含的语法因素的种类最为齐备。

（二）所处的联络位置

须要考察的第二个条件是：某种语法实体，是否处于“联络中心”的位置，是否跟其他语法实体都有直接的联系？

在汉语各类各级语法实体中，只有小句跟其他语法实体都有直接联系，处于“联络中心”的位置。具体说，就是：在说话方式上，小句同语气相联系；在内部构件上，小句同词和短语相联系；在外部组合上，小句同复句和句群相联系。

其他语法实体有所不同：

第一，复句和句群同语气之间的联系，建立在小句同语气的联系的基础之上。复句和句群所包含的小句，一般各有自己的语气。因此，小句同语气的联系才是基本的联系。

第二，词和短语同语气之间没有直接联系。词或短语，一带上语气，便成为小句。在小句里，词或短语只有构件单位的资格。

第三，词和短语同复句和句群之间顶多只有间接的联系。“词＋词”，或“词＋短语”，或“短语＋短语”，都可能形成复句，有时甚至可能形成句群。但是，词也好，短语也好，它们首先要带上语气形成小句，然后才有可能互相组合起来形成复句或句群。

（三）对其他语法实体的控制约束

须要考察的第三个条件是：某种语法实体，对于其他语法实体是否具有控制约束性，是否为其他语法实体所从属或依托？

在汉语各类各级语法实体中，只有小句能够控制和约束其他所有语法实体，成为其他所有语法实体所从属所依托的语法实体。反过来看，其他语法实体对小句都处于依附的或从属的地位。

1．句子语气，黏附于小句

准确点说，句子语气黏附于小句直接构件，从而形成小句。

假设“他当了科长”是小句直接构件，那么只要陈述语气或疑问语气黏附于这个构件，就会形成陈述类型小句（陈述句）或疑问类型小句（疑问句）：

他当了科长。

他当了科长？

上例里，对于“他当了科长”来说，“他”和“当了科长”都是间接构件。如果对“他当了科长”这件事提出疑问时需要把“他”和“当了科长”都作为疑点强调出来，那么，“他”和“当了科长”都可以被当作小句直接构件，分别被疑问语气所黏附，形成了两个疑问类型小句（疑问句）：

他？

当了科长？

没有小句，语气无所依托。句子语气作为一类语法实体，在跟词和短语相对待的时候才能显示其独立性；对于小句来说，它只是小句的有机组成部分。

2. 复句和句群，依赖于小句

复句由小句和小句联结而成。没有小句，就没有复句。复句的成立，依赖于小句的成立。试从反面看两个例子：

*（1）数百个工程师在这股强大动力的推动下，一个新型的汽车制造厂终于胜利投产了。

*（2）刑事犯罪分子经过公安部门的几次清查，形势越来越使流氓团伙的头目们终日惶惶不安。

这两个例子中出现的毛病，通常被形象地说成“中途易辙”“另起炉灶”。意思是说，第一个小句还没有说完，第二个小句就说出来了。如前一例，第一小句“数百个工程师在这股强大动力的推动下”怎么样？还没说完。应该添加“日夜奋战”之类词语。又如后一例，第一小句“刑事犯罪分子经过公安部门的几次清查”怎么样？还没说完。应该添加“受到了严重打击”之类词语。很明显，只有组成复句的各个小句都构造好了，整个复句才有可能是没有问题的复句。

句群由两个或两个以上的句子构成。成“群”的“句”，可能是以单句身份出现的小句，也可能是由小句和小句分别以分句身份联结而成的复句。基本情况是：

a.

b.

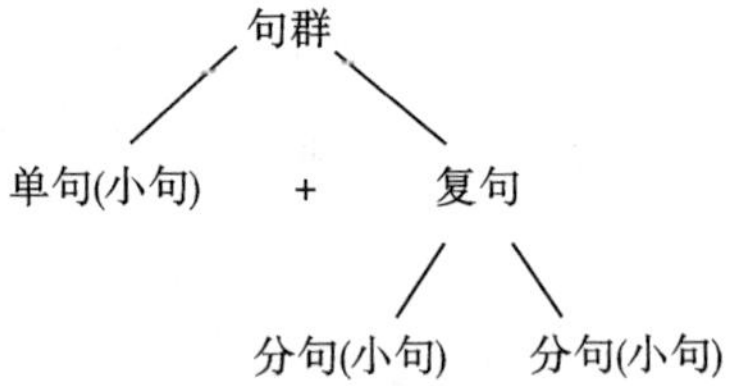

c.

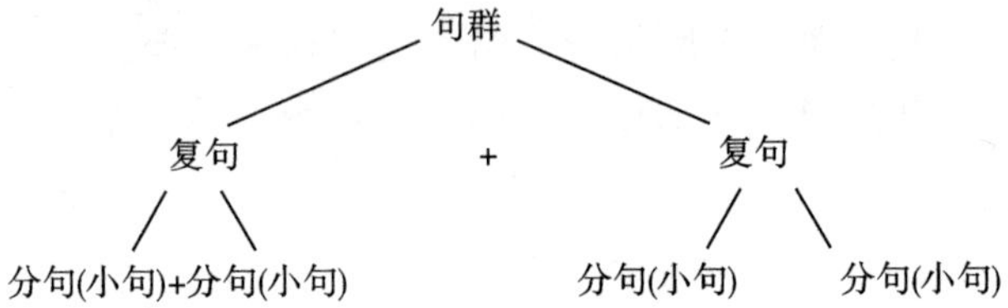

不管情况如何，句群总是以小句作为最基本的构成单位。没有小句，固然没有复句，也不会有句群。

3. 词，受控于小句

词独立存在于句子之外。词典中的词，尽管往往需要联系句子来释义，但也可以只解释其意义而不管句子。

在语言系统中，词有时属于词汇系统，有时却属于语法系统。众所周知，汉语的词没有形态变化，起码很少具有严格意义的形态变化。正因如此，汉语语法系统中的词，只有跟小句发生联系之后，才能明确显示其语法特性和语法职能，才能发挥特定的语法作用。

这个问题，可以从很多方面来论证。这里只提两点。

第一，词性的句规约。

(3) 这件“意外”其实一点也不意外。(叶君健《那失去了的年华》)

(4) 这是一个标志，标志着人类正在走向互相了解，走向互相尊重。(边震遐《化剑为犁》)

“意外”和“标志”都有两个词性。到底是哪个词性，脱离了小句无从知道。前一例里，前头的“意外”出现在主语部分里，受“这件”的修饰，这一语法环境把它规约为名词；后头的“意外”出现在谓语部分里，受“一点”“也”“不”的修饰，这一语法环境把它规约为形容词。后一例里，前头的“标志”出现在宾语部分里，受“一个”的修饰，这一语法环境把它规约为名词；后头的“标志”出现在谓语部分里，带“着”，又带宾语，这一语法环境把它规约为动词。“入句显类”，这是词性句制约的重要表现。

(5) 这么一书架书，两个小时怎么整理得完？

(6) 甭林黛玉了，你班主任说你全面发展……（王益山等《走出黄昏》）

“书架”和“林黛玉”本来都是名词。然而，在前一例里，“数 X 名”的格式强制“书架”临时变成了量词；在后一例里，“甭 X 了”的格式强制“林黛玉”临时变成动词。“入句变类”，这也是词性句制约的重要表现。

第二，功能的句规约。

一个词，即使入句后不存在词性上的显类、变类的问题，它的语法功能仍然受到句法位置、句法环境的规约。学者们承认，汉语里词的组合能力是词的语法功能的最重要的一个方面；学者们又承认，汉语里动词既可以充当谓语或谓语中心，也可以充当主语宾语或主语中心宾语中心。如果把这两点联系起来考察，就可以明显看到存在“句规约”的问题。

比如“演奏”，不管用作谓语还是用作宾语，都可以是动词：

张先生演奏（演奏——谓）　张先生指挥演奏（演奏——宾）

证明上面分布在不同句法位置上的“演奏”都是动词，重要证据是它们都能带上“古曲”之类宾语：

张先生演奏古曲　张先生指挥演奏古曲

然而，再从别的方面看，可以知道不同性质的句法位置对于动词“演奏”显然有不同的规约。谓语位置的规约是自由宽松的，宾语位置的规约则是严紧的，在很大程度上“束手束脚”的。比较：

张先生正在演奏。（+）张先生指挥正在演奏。（一）

张先生没有演奏。（+）张先生指挥没有演奏。（一）

张先生演奏不演奏？（+）张先生指挥演奏不演奏？（一）

再如“指挥”，带上宾语“演奏”之后无疑是动词。但是，同是“指挥演奏”，在谓语位置上和在宾语位置上所受的规约也是不一样的。请比较“张先生指挥演奏（指挥演奏——谓）”和“张先生学习指挥演奏（指挥演奏——宾）”：

张先生正在指挥演奏。（+）张先生学习正在指挥演奏。（一）

张先生没有指挥演奏。（+）张先生学习没有指挥演奏。（一）

张先生指挥不指挥演奏？（+）张先生学习指挥不指挥演奏？（一）

词性句规约也好，功能句规约也好，都说明，作为语法单位，“词”为“句”所规约。

4．短语，从属于小句

绝大多数的短语，不像词那样独立存在于句子之外。从总体上看，在汉语语法系统中，短语实际上从属于小句，为小句所控管。这可以从三个方面来观察。

第一，短语的具体组合，为造句的具体需要所决定。

绝大多数的短语，都是自由短语。它们具有组合的临时性和可变性。就是说，这样那样的短语，它们究竟由哪个结构成分跟哪个结构成分组合而成，完全取决于小句表述意旨的临时需要，相当灵活。请注意下面例子中的“跑钱”“跑票”“跑官”：

他这几天要跑钱。（哪有心思跟你们聊天！）

他这几天要跑票。（哪有心思跟你们聊天！）

他这几天要跑官。（哪有心思跟你们聊天！）

单独地说“跑钱”“跑票”“跑官”，听起来也许不知所云，但出现在“他这几天要X”的小句之中，它们的意思就比较明确了。“跑钱”，为弄到钱而奔跑；“跑票”，为弄到票（车票/机票/戏票）而奔跑；“跑官”，为弄到官职而奔跑。看个用了“跑官”的实际用例：

(7) 想当官就得“跑官”。什么叫跑官？就是轮番往有钱有势的人家跑，这叫联络感情。(王益山等《走出黄昏》)

“跑＋N P”是动宾短语。造句的意旨不同，这一动宾短语的具体组造也不同。除了“跑钱”“跑票”“跑官”，还可以有其他许许多多：

他这几天要跑执照。　　他这几天要跑刊号。

他这几天要跑房子。　　他这几天要跑家具。

他这几天要跑上海。　　他这几天要跑医院。

他这几天要跑幼儿园。　　他这几天要跑派出所。

他这几天要跑冰箱彩电。　　他这几天要跑电脑打印机。

怎样组造短语，起主导作用的是造句需要。或者换句话说：短语的组造，以小句的组造为前提。这是“语”从属于“句”的一个表现。

第二，短语的结构类型，为小句的结构类型所包容。

就短语的“动宾”“主谓”“定心”“状心”“心补”等结构类型而言，没有一种不在小句结构类型的包容之中。因此，分析小句，可以得到短语结构的所有类型；分析短语，却得不到小句结构的所有类型。

小句所包含的基本结构类型，自然是“动宾”“主谓”“定心”“状心”“心补”等。从小句中离析出这些结构类型，便得到短语的结构类型。汉语语法著作，有的列举短语结构类型少一些，有的列举短语结构类型多一些。不管是少是多，多到什么程度，在小句中全都可以找到。

关于“包容”问题，下一节讲小句包容律时将展开讨论。

第三，短语的语义内涵，为小句的结构格局所显示。

“跑电”：

小心，这根线跑电！

我这几天要跑电！供电局的关系能不理顺？

“跑电”只有一种结构关系(动宾)，但有两种语义内涵。前一例，主语是“这根线”。跑电，即走电/漏电。后一例，主语是“我”。跑电，即为弄到电而奔跑，跟“跑钱”同构。

“学习文件”：

我们下午学习文件。

我们下午领学习文件。

“学习文件”有两种结构关系，因而有两种语义内涵。前一例，被安置在谓语部分，是动宾结构，表示行为：学习→文件。后一例，被安置作为“领”的宾语，是定心结构，表示事物：学习（的）文件。

“围剿土匪的部队”：

解放军围剿土匪的部队。

解放军派来了围剿土匪的部队。

“围剿土匪的部队”有两种不同的组织层次，代表两种不同的结构关系和语义内涵。前一例，被安置在谓语部分，其组织层次为：围剿→［土匪（的）部队］。这是动宾结构。后一例，被安置作为“派来了”的宾语，其组织层次为：［围剿→土匪］（的）部队。这是定心结构。

短语进入小句，其语义内涵的显示受到小句结构格局的规约，这也表明小句在跟短语的相互关系中起着主导的作用。

主要参考文献

［1］吕叔湘．汉语语法分析问题［M］．北京：商务印书馆，1979．

［2］吕叔湘．现代汉语八百词［M］．北京：商务印书馆，1980．

［3］朱德熙．语法丛稿［M］．上海：上海教育出版社，1990．

［4］张涤华，胡裕树，张斌，等．汉语语法修辞词典［M］．合肥：安徽教育出版社，1988．

［5］王维贤．语法学词典［M］．杭州：浙江教育出版社，1992．

［6］郑远汉．关于句子的研究问题［J］．语言文字应用，1994（4）．

［7］黄昌宁．语言串理论［J］．语言文字应用，1994（3）．

［8］邢福义．小句中枢说［J］．中国语文，1995（6）．

第二节　成活律—包容律—联结律

一　小句成活律

居于汉语语法系统的中枢地位的小句，在构成和使用中存在能否成活的问题。小句成活律，揭示小句成型和生效的必要条件。基本规律有二。

成活律 1：句子语气＋可成句构件语法单位＝小句成型。

成活律 2：句子语气＋可成句构件语法单位＋意旨的有效表述＝小句生效。

(一) 关于成活律 1

小句的成型，有两个方面的必要条件，二者不可或缺。

1. 句子语气

有了句子语气，小句才能成立；有了不同的句子语气，小句才能形成各种各样的语气类型。比方：

又看到一个亮点

没有句子语气，这只是可成句的构件语法单位，还不成为小句。假若甲告诉乙一个事实："又看到一个亮点。"这时这个语法单位带上了陈述语气（有相应的语调），才形成了属于陈述句的一个小句。假若几个人注视着远方，甲忽然惊叫："又看到一个亮点！"这时这个语法单位带上了感叹语气（有相应的语调），才形成了偏向感叹句的一个小句。假若乙问甲："又看到一个亮点？"这时这个语法单位带上了疑问语气（有相应的语调），才形成属于疑问句的一个小句。

陈述、感叹、祈使、疑问，这是句子语气的四大类型。它们配合意旨表述的需要，为形成陈述句、感叹句、祈使句、疑问句服务。

凡是句子语气，都有相应的句子语调。大体说，有两类：一类是降调，一类是升调。陈述句、感叹句、祈使句采取降调，一部分疑问句采取升调。稍稍具体一点说：陈述句一般语调平匀，末尾稍微下降；感叹句的语调一般是先上升后下降；祈使句的语调一般是逐步下降；一部分疑问句的语调则是句末上升。

语气也好，语调也好，实际上都相当复杂。语气、语调的具体情况如何，语气和语调之间的具体联系怎样，必须通过精密的语音分析手段才能获得比较清楚的认识。

2. 可成句的构件语法单位

小句的形成，缺少句子语气固然不行，缺少可成句的构件语法单位同样不行。

可成句的构件语法单位，指的是能够独立地反映一个“意旨”、一个“意图”的词或短语。

一个词，如果能够反映一个意旨或意图，那么，只要有表述的需要，就可以同特定的句子语气相结合，形成小句。这样的小句是“单词句”。比如：

熊猫！　（名词单词句）

谢谢！　（动词单词句）

漂亮！　（形容词单词句）

谁？　（代词单词句）

哦？　（叹词单词句）

一个短语，如果能够反映一个意旨或意图，那么，在有表述需要的时候，可以同特定的句子语气相结合，形成小句。这样的小句包含各种各样的结构关系，一般根据具体的结构关系来命名。

比如：

熊猫很温顺。　（主谓句）

有人？　（动宾句）

好聪明的孩子！　（定心句）

好说！　（状心句）

痛得他大声叫喊。　（心补句）

上车买票！　（连动句）

让我们更加紧密地团结起来！（兼语句）

小句可以是短句，也可以是长句，当然也可以是不长不短的句子。有的构件语法单位很大，包含几十个甚至一两百个音节。由这样的语法单位构成的小句，是具有多层次结构关系的长句。

并不是任何构件语法单位都可以成句。比如“加以”“和”“吗”这样的词，由于它们很难单独跟某一“意旨”或某一“意图”联系起来，因而很难跟特定语气结合起来形成小句。

(二) 关于成活律 2

小句的生效，还需要第三个必要条件：意旨的有效表述。成型的句子，不一定是都能够存活的句子。有的句子，已经成型，但如果存在这样那样的毛病，便是病句，不能存活，不能生效。

意旨的有效表述，指的是：通过所用的小句，能够有效地把说话的意旨或意图表述出来。是否有效，跟希望取得的效果有关。把话说得清楚而准确，这固然是有效的；为了让对方摸不着头脑，有意把话说得模糊含混，这也是有效的。要做到意旨的有效表述，需要顾及下面两个方面的因素。

一个方面是小句的内部因素。主要包括：应该具备的成分不可缺少；成分之间配搭得当；语法手段使用正确。常见的病句，或者成分残缺，或者配搭不当，或者不能正确使用语法手段，都是未能调整好内部因素。比如：

(1) 这一期我们发表了评介张力的小说《山里人》，梁东斑的小说《亮光》，戴莉莉的散文《家乡的小河》。

(2) 游击队包围和截断了敌人的退路。

(3) 在他和我闹了一场之后，把小凯送到幼儿园去了。

前一例，“发表了”什么？缺少了一个可以成为宾语中心的“(的)文章”。中间一例，退路可以截断，却不能包围。“包围”和“退路”配搭不拢。后一例，介词“在”错位，即摆不对地方。应把“在”移到“他”的后边，或者干脆不用“在”。

另一个方面是小句的外部因素。主要指的是语境，包括对话语境和上下文语境。在许多情况下，语境可以弥补小句内部因素的不足。有的小句，孤立看成分不齐备，但有了语境的补足便可以生效。比方，孤立地看“我不是”，缺个判断宾语，意思不清；如果出现在特定语境之中，情况便不同：

［对话］ 甲：你是他的同伙？

乙：我不是。(＝我不是他的同伙。)

甲：你是他的亲戚？

乙：我不是。（=我不是他的亲戚。）

［上下文］我父亲是公司董事长，可我不是！

（=我不是公司董事长！）

我哥哥只想当个副手，但我不是！

（=我不是只想当个副手！）

这里的“我不是”，都能有效表述意旨。

再看几个实际用例：

（4）我拉着她问：“你的家远吗？”她指着窗外说：“就在山窝那棵黄果树下，一下子就走到的。”（冰心《小橘灯》）

（5）不光孩子，连大人都乏呀！（锦云等《“大能人”趣话》）

（6）连土地都难以做到旱涝保收，何况人？（李国文《花园街5号》）

前一例，答句由问句得到补足：“（我的家）就在山窝那棵黄果树下，……”；中间一例，上句由下句得到补足：“不光孩子（乏）”；后一例，下句由上句得到补足：“人（自然难以做到旱涝保收）”（比喻说明对人不应过分苛求）。

小句依赖于语境而出现的成分不齐备现象，是不影响意旨有效表述的一种成分简省现象。简省的主要类型有四。

其一，受结构制约的简省。简省的内容可以意会，但不能直接在句子中补出。使用范围较窄，只见于“尚且……何况……”“连……别说……”之类句式。若要把简省的内容补出，就必须删除“何况”“别说”。如例（6）。又如：连一只兔子都没看到，别说熊猫了。→连一只兔子都没看到，熊猫更看不到了。

其二，为避免重复的简省。简省的内容可以根据对话或上下文明确地在句子中补出。包括：a. 对话简省。某成分因对方话语里已经出现而简省。b. 承前简省。后小句某成分因前小句里已经出现而简省。c. 蒙后简省。前小句某成分因后小句里将要出现而简省。如例（4）是对话简省，例（5）是承前简省。又如：

(7)“书记他们哪?”“都上堤啦!”(管桦《暴风雨之夜》)

[=“书记他们(到哪儿去了)呢?”“(书记他们)都上堤啦!”]

(8)蜜蜂是画家的爱物,我却总不大喜欢。(杨朔《荔枝蜜》)

[=……我却总不大喜欢(蜜蜂)。]

(9)吃那些没收进主人家仓房里的东西,我还一次也没有被人家抓到过。(张洁《挖荠菜》)

[=(我)吃那些主人家没收进仓房里的东西,……]

前一例是对话简省,中间一例是承前简省,后一例是蒙后简省。

其三,只突出一点的大幅度简省。即只突出强调某一个着眼点,别的语言成分通通简省。这种简省说到底还是为了避免重复,但它不是小片断的,而是大幅度的。比如:

(10)甲:小三儿刚刚沿着铁路疯一般地跑。

乙:沿着铁路?

(11)甲:你打算什么时候走?

乙:马上。

这里有两个大幅度简省:“沿着铁路?”“马上。”常常可以听到这样的说法:

(12)本来嘛!

(13)所以咯!

这也是大幅度简省。

其四,造成意会性主语空位的特殊简省。指的是:前后两个小句连用,后一个小句的主语留有空位,空位上的内容即前一个小句的内容,这可以意会。例如:

(14)如果你不这样做,势将引起不良后果。(毛泽东《第十八集团军总司令给蒋介石的两个电报》)

上例是个假设复句,包含两个小句,两个小句分别成为前后两个分句。前一个分句是“你不这样做”,后一个分句的主语实际上也是“你不这样做”。这便形成一种特殊的意会性简省。如果一定要在形式上给后一个分句补出主语，那么，只能补上“这”或“那”。这时，“这”或“那”便成为纯粹起语法作用的主语。例如：

(15) 如果一辈子都不同工人农民见面，这就很不好。(毛泽东《在中国共产党全国宣传工作会议上的讲话》)

(16) 由于遵义会议以后，全党确立了以毛泽东同志为首的党中央的正确领导，这才使得张国焘的错误没有能够发生更大的危害。(刘伯承《回顾长征》)

前一例是假设复句，后一例是因果复句。两例的第二小句都用“这”作为主语。这里的“这”是纯语法主语。如果不用“这”，就形成特殊简省现象。

二 小句包容律

从结构关系的联系看，不管是短语还是复合式合成词，其结构关系都为小句所包容。小句包容律，揭示小句对“短语—合成词”的包容关系。包容律表明“小句—短语—合成词”为什么结构关系基本一致，同时也表明“短语—合成词”的结构关系可以认为是小句结构关系的投影。基本规律有二。

包容律1：小句－句子特有因素＝短语。

包容律2：小句－句子特有因素－短语常备因素＝合成词。

(一) 关于包容律1

短语的任何结构关系都为小句所包容。小句，除了短语所具有的结构关系之外，还具备句子特有而短语没有的多种因素，即“句子特有因素”。

大多数短语不像词，它们不是在造句之前就已储存在词库之中的定型材料，而是随造句的需要临时组合而成的语法单位。从小句减去句子特有诸因素，才可以得到这样那样的短语。

句子特有诸因素，主要包括以下五种：

1. 句子语气

从小句得出短语，首先要减去句子语气。

这里有两个前提：第一，假设小句的直接构件是短语。如果小句的直接构件是词，减去小句语气之后得出的自然不会是短语。第二，假设构件语法单位和句子语气是可以分离的。就实际情况而言，一个构件语法单位（不管是短语还是词）只要单独从口头上念出来，就会带上某种语气。一般是陈述语气。所谓减去句子语气，是从理论上说的。当我们把某语法单位作为一个短语来分析的时候，我们已经撇开了这个短语念出来时所带的语气。

2. 复句关系词语

从小句得出短语，第二个要减去的因素是典型的复句关系词语。

小句和小句联结成为复句，有时使用复句关系词语。结果是，复句关系词语往往为小句所夹带。下面是使用了典型复句关系词语的例子：

(1) 你既然不愿意工作，国家为什么还要照发工资呢？（邓小平《当前钢铁工业必须解决的几个问题》）

(2) 如果我没有记错的话，您就是著名记者陆琴方同志吧？（张笑天《公开的内参》）

(3) 李珲虽说是高干子女，干起活来却没有那种自视清高的娇气劲儿。（郑万隆《红灯黄灯绿灯》）

前一例，第一小句（分句）带有“既然”；中间一例，第一小句（分句）带有“如果……的话”；后一例，两个小句（分句）分别带有“虽说”和“却”。在减去句子语气的同时减去这些关系词语，剩下“你不愿意工作”“我没有记错”“李晖是高干子女”“干起活来没有那种自视清高的娇气劲儿”，才得出短语。前三个是主谓短语，后一个可以认为是连动短语。

复句关系词语有时也用在单句的两个成分之间。例如：

(4) 只有杨新，才对代销店与施工队的关系感兴趣。（贺寒星《高空跳板》）

(5) 不论在经济方面，在文化、教育、科学方面，都已经出现了空前繁荣的局面。（毛泽东《在中国共产党全国宣传工作会议上的讲话》）

首先减去句子语气，同时减去“只有……（才）……”“不论……（都）……”，才得出“杨新对代销店与施工队的关系感兴趣”和“在经济方面，在文化、教育、科学方面，已经出现了空前繁荣的局面”这两个短语。它们分别是主谓短语和状动宾短语。

3. 语用成分

从小句得出短语，第三个要减去的因素是小句中的语用成分。

小句语用成分有两类：

一类是独立成分，包括呼语、感叹语和各种各样的插说成分。如：

你这种人，老兄，实在没出息！

你这种人，哼哼，实在没出息！

你这种人，依我看，实在没出息！

你这种人，总而言之，实在没出息！

减去句子语气，并且减去“老兄”“哼哼”“依我看”“总而言之”，得出“你这种人实在没出息”，这才是主谓短语。

另一类是外位成分。如：

这碗酒，你把它喝下去！

我实在拿他没办法，这个死不要脸的人！

“这碗酒”是前外位成分，“这个死不要脸的人”是后外位成分。减去外位成分的办法有二：一是直接删除，二是让外位成分把句中的“它”“他”之类替换出来。在减去句子语气之后再减去外位成分，得出“你把它喝下去”“你把这碗酒喝下去”“我实在拿他没办法”“我实在拿这个死不要脸的人没办法”，这才是主谓短语。

带语用成分的结构，一般都被排除在短语之外。这样可以将麻烦问题放到句子结构的分析中去解决，避免短语问题的复杂化。然而，这么做，恰恰反映了小句问题可以包容短语问题的事实。

4. 成分逆置现象

从小句中得出短语，第四个要减去的因素是句子中成分逆置的现象。

相对待的两个成分，比方主语和谓语、状语和心语，通常按前主后谓、前状后心的次序顺置。由于语用的需要，把主语放到谓语后边，把状语放到心语后边，这是逆置。例如：

(6) 多么好，生活！(柯岩《奇异的书简》)

(7) 祝福吧，为那些平凡的妻子和母亲。(艾之明《火种》)

逆置现象，短语里不存在。上面的小句，减去句子语气，并且减去逆置现象，得出“生活多么好”和“为那些平凡的妻子和母亲祝福”，这才成为主谓短语和状心短语。

5. 成分共用法所造成的特殊状况

从小句中得出短语，第五个要减去的因素是成分共用法所造成的特殊状况。

成分共用法，是指甲成分和乙成分共用于丙成分的一种句法。这种句法大量进入现代汉语书面语，并且得到发展，跟“五四”以后翻译外语作品有关。从语用上说，这是一种可以增强语言表达的凝练性的有用句法；从结构上看，这一句法造成了许多特殊状况，有的突破了短语的通常建立的模式。比如：

(8) 不论中国是否愿意和是否能够成为“超级大国”，将军的善意却是无可非议的。(边震遐《化剑为犁》)

这个例子的前一小句（分句）里，包含：

是否愿意和是否能够成为“超级大国”

(是+否→愿意) + (是+否→能够) →成为“超级大国”

对于这个语言片断，起码可以提出这么几个问题：“是否愿意”或“是否能够”的结构关系是什么？“是否愿意和是否能够成为‘超级大国’”的结构关系又是什么？如果是短语，它们是什么结构的短语？

假如把“是否愿意和是否能够成为‘超级大国’”加以分化，又可以得到：“是否愿意成为‘超级大国’”，“是否能够成为‘超级大国’”。那么，还可以问：它们的结构关系是什么？如果是短语，它们是什么结构的短语？

诚然，如果把成分共用现象全都放到短语框架下面来讨论，就会碰到种种困难。再看两个实际用例：

(9) 同伴劝我甚至要推我下水。(李明《那一个夏天》)

(10) 马克思主义看重理论,正是,也仅仅是,因为它能够指导行动。(毛泽东《实践论》)

前一例的“劝我甚至要推我下水”=“劝我下水+甚至要推我下水”。即表意上包含两个兼语结构。后一例的“正是,也仅仅是,因为它能够指导行动”=“正是因为它能够指导行动+也仅仅是因为它能够指导行动”。即表意上含两个判断式动宾结构。问题在于:作为成分共用现象,“劝我甚至要推我下水”也好,“正是,也仅仅是,因为它能够指导行动”也好,如果作为短语来分析,都难于断定其结构关系。

成分共用法是值得作专题研究的一种句法。这种句法所造成的特殊状况超越了通常罗列的短语覆盖面,宜于放在小句句式分析中作深入的发掘。小句分析可以涵盖短语分析,短语分析却不能代替小句分析,这也说明小句对短语具有包容性。

(二) 关于包容律2

小句减去句子特有因素,再减去短语常备因素,便可以得到合成词。

需要解释三点:

第一,从短语跟小句的关系看,短语有直接成句短语,有间接成句短语。减去句子特有因素之后直接得到的短语,这是直接成句短语;包含在直接成句短语之中的短语,是间接成句短语。讨论短语结构关系和合成词结构关系的联系时,短语既指直接成句短语,也指间接成句短语。

第二,合成词有两种,一种是复合式合成词,一种是附加式合成词。包容律中所说的合成词,主要指复合式合成词。附加式合成词,由词根和前缀或后缀构成,有的跟小句结构关系没有牵连,比如“老三”“第三”“胖子”“花儿”之类。但是,有的附加式合成词,如“非卖品”“突击手”,其前缀、后缀还有较强的词汇意义,仍然可以看到跟小句结构关系有牵连的痕迹。

第三,短语常备因素,是跟合成词相对而言的。有两类:一类是结构因素。即：短语构件的组合比较灵活，构件之间往往可以插入"的""了"等语法成分。比如"看花鼓戏"是短语，既可以说成"看电影、看球赛、看画展"，也可以说成"听花鼓戏、演花鼓戏、唱花鼓戏"，还可以说成"看了一场花鼓戏""看过南风剧组新创作的花鼓戏"。另一类是音节因素。即：短语音节较多，有的可能音节很多。除了少量名词（如"解放军、冲锋枪"），凡是上了三个音节的，一般都会是短语。

从汉语发展史上看，复合式合成词跟短语有直接的传承关系。上古汉语里，主要是单音节词。单音节词和单音节词组合成为短语，经过语言实践中的反复结合使用，就出现词化倾向，进一步就形成复合词。许嘉璐主编《古代汉语》指出："复合词大都经过临时组合的阶段。最初只是两个单音词临时组合成词组，由于经常连用而逐渐凝固成为一个整体。……不要以今律古，误解了原意。"比方说，"消息""响应""睡觉"是复合词，在下面的例子中却是词组短语：

（11）天地盈盈，与时消息。（《周易·丰卦》）

（12）天下云集而响应，……（贾谊《过秦论》）

（13）云髻半偏新睡觉，衣冠不整下堂来。（白居易《长恨歌》）

"消"是减，"息"是增长；"响应"是"像回声一样应和"，"响"指回声；"睡觉"是睡眠醒来，"觉"是醒的意思。

现代汉语里，合成词随着社会的发展而不断涌现。就复合式合成词而言，都是由短语减去短语常备因素而形成的。以 1949 年以来出现的新词来举例。

a. 主谓：	体检	←	体格检查
	体改	←	体制改革
	环保	←	环境保护
b. 动宾：	表态	←	表明态度
	扶贫	←	扶助贫困户
	纠偏	←	纠正偏差和错误
c. 定心：	会标	←	会议标帜

邮编 ← 邮政编码

硬卧 ← 硬席卧铺

d. 状心： 简介 ← 简单介绍

彻查 ← 彻底清查

普测 ← 普遍勘测

e. 心补： 逼和 ← 逼得讲和

拓宽 ← 拓展宽大

引进 ← 吸引进来

f. 联合： 调研 ← 调查研究

短缺 ← 短少缺乏

供求 ← 供给和需求

g. 连动： 拆迁 ← 拆除搬迁

筹拍 ← 筹划拍摄

围观 ← 围拢来观看

h. 其他：

（兼语变式） 送审 ← 送交上级审查

劝退 ← 劝说某人退出（所在单位等）

（因果） 病休 ← 因病休假

病退 ← 因病退学或退休

假如用A代表第一类短语常备因素——构件组合灵活，用B代表第二类短语常备因素——音节较多，那么，可以列成三个基本公式：

短语－A B＝合成词

短语－A　＝定型短语

短语－B　＝近似短语词

首先，如果同时减去短语的构件组合灵活因素和多音节因素，出现构件组合相对稳定的双音节单位，这便成为合成词。比如：

毛泽东的著作（短语）→毛泽东著作（短语）→毛著（合成词）。

其次，如果只减去短语的构件组合灵活因素，保留多音节因素，出现构件组合相对定型的单位，这便成为定型短语。定型短语包括专名、成语、惯用语等。比如：

建造起来作为商品出售给用户的房屋（一般短语）

→商品房（定型短语—专名）

由国际大学生联合会举办的世界性运动会（一般短语）

→世界大学生运动会（定型短语—专名）

缘木而求鱼（一般短语）（《孟子·梁惠王上》）

→缘木求鱼（定型短语—成语）

投鼠而忌器（一般短语）（《汉书·贾谊传》）

→投鼠忌器（定型短语—成语）

再次，如果只减去短语的音节较多的因素，出现构件组合相对灵活的双音节单位，这便成为近似短语词的现象。比如“吃饭｜走路｜讲话｜唱歌”，它们的构件单位有时各自保持独立性，得承认它们是短语，但它们也可以出现在这样的语言环境之中：

吃饭时不要东张西望！

走路时不要东张西望！

讲话时不要东张西望！

唱歌时不要东张西望！

这里的“吃饭｜走路｜讲话｜唱歌”重在表明“吃、走、讲、唱”的动作，有词的倾向。

如果说，短语反映小句的基本结构关系，那么，合成词，特别是复合式合成词，便是反映小句一短语的基本结构关系。由于短语和复合式合成词具有传承关系，二者之间自然存在纠结现象，不可能一刀两断。某些语法单位，有时似乎既可以认为是短语，又可以认为是合成词。这时只存在怎么操作怎么处置的问题，而不存在这样科学那样不科学的问题。我们以为，在两可情况下，两个音节的可以处理为合成词（或者当成短语词），三个或三个以上音节的可以处理为短语（有的是定型短语）。

三 小句联结律

从小句跟更大的语法单位的联系看，小句是复句和句群的构成基础。对于复句和句群来说，小句存在联结律。小句联结律，揭示小句的联结同“复句—句群”的产生二者之间的因果联系，并且反映出汉语“流水句”的基本面貌。基本规律有二。

联结律 1：小句联结＋小句分句化＝复句。

联结律 2：小句直接间接联结＋句子集群化＝句群。

（一）关于联结律 1

小句和小句相互联结，可以产生复句。

从产生过程看，复句是由小句和小句联结而成的句子。从造句结果看，构成复句的每个小句都是分句，因而又可以说：复句是包含两个或两个以上分句的句子。

小句联结，这是形成复句的实体基础。就是说，复句这种语法实体，建立在小句语法实体和小句语法实体相互联结的基础之上。比如：

小李跟他有亲戚关系。

小李不应该单独找他。

→既然小李跟他有亲戚关系，小李就不应该单独找他。

→尽管小李跟他有亲戚关系，但小李不应该单独找他。

小句分句化，这是促使复句得以形成的动态条件。只有小句分句化，才可能出现包含“分句＋分句”的复句。

所谓小句分句化，指的是：小句在复句中成为分句，带上分句的特点。有关问题，本书第三章讨论复句问题时将做进一步的阐述。

（二）关于联结律 2

小句和小句相互联结，还可以产生句群。

从产生过程看，句群由小句和小句直接地或者间接地联结而成。从造句结果看，句群所包含的句子虽然各有独立性，但它们又结合为一个群体，共同表述一层意思。因此，可以说：句群是表述一层意思的句子群体。

小句联结，这仍然是形成句群的实体基础。不过，对于句群来说，小句联结有两种情况：一种是小句直接联结，一种是小句间接联结。

小句直接联结，是小句和小句直接集结成为句群。换句话说，句群所包含的句子都是由小句充当的单句。例如：

(1) 谁是我们最可爱的人呢？我们的部队，我们的战士，我感到他们是最可爱的人。(魏巍《谁是最可爱的人》)

(2) 福临路工房的二千左右包身工，属于五十个以上的带工所管。他们是替带工赚钱的“机器”。所以，每个带工所带的包身工的人数，也就表示了他们的排场和财富。(夏衍《包身工》)

前一例，两个小句（单句）直接集结成为一个句群；后一例，三个小句（单句）直接集结成为一个句群。

小句间接联结，是小句和小句先联结成为复句，然后再联结成为句群。在这种情况下，集结成群的句子可能都是复句，也可能单句和复句都有。例如：

(3) 雨住一会儿，又下一阵儿，比以前小了许多，祥子一口气跑回了家。抱着火，烤了一阵，他哆嗦得像风雨中的树叶。(老舍《骆驼祥子》)

(4) 一面想，一面做。做，要靠想来指导；想，要靠做来证明。想和做是紧密地联结在一起的。(胡绳《想和做》)

前一例，两个句子集结成一个句群。两个句子都是复句。小句和句群的关系都是间接联结的关系。后一例，三个句子集结成一个句群。前两个句子是复句，小句和句群的关系是间接联结关系；后一个句子是单句，小句和句群的关系是直接联结关系。

从上可知，句群是比复句更大的语法单位，但句群不一定都由复句集结而成。说到底，构成句群的最基本的单位还是小句。

如果说小句联结是句群产生的实体基础，那么，句子集群化便是促使句群得以形成的动态条件。所谓句子集群化，指的是：句子集结成群，共同接受群体关系的制约。有关问题，将在第三章里讨论句群问题时做进一步的阐述。

需要特别指出的是：以小句联结为基础，可以联结成复句，又可以进一步联结成句群，还可以更进一步联结成更大的句群。这样的联结，有连有断，似断似连，断连之间有相当大的随意性。这反映汉语这种没有严格意义的形态变化的语言在篇章句法上的流水式特色。正因为汉语篇章句法具有流水式特色，有的文章可以只在开头出现一个主语，后头一个接一个地跟着说出承前简省的小句。也正因为汉语篇章句法具有流水式特色，甲所用的复句或句群，可以在用词全然相同的情况下被乙所改组。例如：

(5) 张老便叫人请女儿女婿来，嘱咐了几句，就把一纸遗书与他，女婿接过看道："张一非我子也，家财尽与我婿，外人不得争占。"女婿看过，大喜，……（《初刻二刻拍案惊奇》初刻卷三十三，岳麓书社 1983 年 9 月版）

(6) 知县对那女婿说道："你妇翁真是个聪明人，若不是这遗书，家私险被你占了。待我读与你听：张一非，我子也，家财尽与。我婿外人，不得争占！……"（《初刻二刻拍案惊奇》初刻卷三十三，岳麓书社 1983 年 9 月版）

上例中出现了意思完全不同的两个复句："张一非我子也，家财尽与我婿，外人不得争占。""张一非，我子也，家财尽与，我婿外人，不得争占。"这虽然是文言例子，但类似现象在现代汉语里是存在的。比如：

货到全交款

→ a. 货到，全交款。

b. 货到全，交款。

上例中的"货到全交款"见于一份购销合同。甲方认为是："货到，全交款。"因此在把一部分货物交给乙方之后就要求乙方全交款。乙方则认为是："货到全，交款。"因此坚持只有在收到全部货物之后才交款。于是，打了一场官司。由于"货到全交款"的确可以形成意思不同的两个复句，法院判决：乙方付给甲方已收到的货物的钱，但该合同终止履行。

主要参考文献

[1] 吕叔湘，朱德熙．语法修辞讲话［M］．上海：开明书店，1952．

[2] 张涤华，胡裕树，张斌，等．汉语语法修辞词典［M］．合肥：安徽教育

出版社，1988.
[3] 王维贤. 语法学词典 [M]. 杭州：浙江教育出版社，1992.
[4] 北京师范学院中文系汉语教研组. 五四以来汉语书面语言的变迁和发展 [M]. 北京：商务印书馆，1959.
[5] 李行健，等. 新词新语词典 [M]. 北京：语文出版社，1993.
[6] 李达仁，等. 汉语新词语词典 [M]. 北京：商务印书馆，1993.
[7] 许嘉璐. 古代汉语 [M]. 北京：高等教育出版社，1992.
[8] 向熹. 简明汉语史 [M]. 北京：高等教育出版社，1993.
[9] 何玲龙，沈建华. 少一个标点引起一场纠纷 [J]. 语文建设，1996 (3).
[10] 邢福义. "学者＋教育家"的气度 [M]//张志公语言和语文教育思想研讨会论文选集. 北京：语文出版社，1993.
[11] 邢福义. 现代汉语 [M]. 修订版. 北京：高等教育出版社，1993.
[12] 邢福义. 小句中枢说 [J]. 中国语文，1996 (6).

第三节　成分配置—核心—赋格

一　成分配置

成分配置，指构件语法单位进入句子，作为句子的组成部分，被配置在显示特定句法功能的关系位置之上。成分配置，实际上就是小句构件的功能配置。接受句中功能配置、作为句子组成部分的构件，是句子的间接构件；整个带上语气语调成为句子的构件，是句子的直接构件。后者不存在句中功能配置的问题。

小句构件经过成分配置，便形成功能不同的句子成分。

(一) 句子成分的配对性

一般的句子成分，有五个对子：

1. 主语—谓语
2. 宾语—带宾动语
3. 定语—带定心语
4. 状语—带状心语
5. 补语—带补心语

通常把主语、谓语、宾语、定语、状语、补语等句子成分并列提出，这是带笼统性的说法。实际上，汉语的一般句子成分是配对的，它们处于相互规约的关系之中，它们所占据的位置是一种关系位置。比方，主语和谓语配对，二者相对待而存在；宾语和带宾动语配对，二者相对待而存在。只有各个配对成分，才有真正的并列关系。

为了简便，带宾动语可以只叫动语，如果由一个动词充当，也可以直接叫作动词。当然，跟宾语相对待时提到的动词，其内涵实际上是动语或带宾动语。

带定心语、带状心语、带补心语通常都可以简称为心语。不过，这三种心语的配对成分有不同的功能，特别是，这三种心语里头，带定心语在性质上跟带状心语、带补心语有很大的不同。

（二）句子成分的层次性

句子成分的配置具有层次性。

构成小句第一层次的句子成分，往往是主语和谓语，但并不限于主语和谓语。例如：

主—谓：阳光明媚。

动—宾：爱护草坪！

定—心：懂事的孩子！

状—心：好险！（差点迟到了！）

心—补：糟糕透了！（怎么又下起雨来了呢？）

以上五个句子都只有一个层次。第一个是“主—谓”，第二至第五个不是“主—谓”。

比较复杂的小句，往往包含两个或两个以上的层次。这时，句子里可能出现多种成分，它们一般都被配置在不同层次之上，形成句子结构的层次性。例如：

（1）运送货物的火车｜晚点一个小时。

（主—谓） ……………第一层次成分

运送货物的｜火车　　晚点｜一个小时

（定—心）　　（心—补） ……………第二层次成分

运送｜货物 一个｜小时

（动—宾） （定—心） ……………第三层次成分

(2) 气得｜张小曼摔破了几个水瓶。

（心—补） ……………第一层次成分

张小曼｜摔破了几个水瓶

（主—谓） ……………第二层次成分

摔破了｜几个水瓶

（动—宾） ……………第三层次成分

摔｜破 几个｜水瓶

（心—补）（定—心） ……………第四层次成分

以上两个句子，每个层次上都出现了配对的成分。

(三) 句子成分的扣合性

不论如何，主语和谓语是一对最重要的成分。在这对成分里，谓语的地位又特别重要。汉语的句子，意旨表述的重点由谓语部分承担，因此，谓语部分或者性质相当于谓语部分的构件，往往比较复杂，可能包含不止一个层次。

如果一个句子的谓语部分又包含某个配对成分，那么这个句子在谓语部分里就出现第二个层次。但是，有时甲配对成分和乙配对成分同时出现，它们的某个部分可以互相扣合。这就是句子成分的扣合性。扣合性是对层次性的简化。层次性和扣合性并存，成了汉语小句格局的重要特点之一。以下是一些常见的情况。

1. 动宾＋主谓＝兼语式。“宾・主”扣合。如：

催促张理

张理上任

催促张理上任

2. 状心＋动宾＝状动宾。“心・动”扣合。如：

刻苦学习

学习外语

刻苦学习外语

3. 状心＋心补＝状心补。“心·心”扣合。如：

周密调查

调查一下

周密调查一下

4. 动宾1＋动宾2＝动带双宾。“动·动”扣合。如：

给我

给枪

给我枪

5. 动宾＋心补＝动宾补/心补宾。“动·心”扣合。如：

按了门铃

按了好几次

按了门铃好几次

按了好几次门铃

小句构件，只要是包含配对成分的，都可以二分。但是，两个配对成分扣合以后产生的小句构件，层次性已被简化，已被压缩，有的时候若一定要二分，就会发现有“两可”或“两难”的情况。

比方“状动宾”，“状｜动宾/状动｜宾”两可：

刻苦｜学习外语（＋）

刻苦学习｜外语（＋）

又比方“兼语式”，“动｜兼谓/动兼｜谓”两难：

催促｜张理上任（?）

催促张理｜上任（?）

句子成分的扣合性，在谓语部分里出现，或者在性质相当于谓语的造句构件中形成。分析汉语小句谓语部分或相当于谓语部分的构件，既不能忽视层次性，又应灵活对待层次性。对于扣合性构件，凡是二分起来有麻烦的，都可以着重揭示其结构上和语义关系上的特点，不必硬性二分。

（四）句子成分的互易性

由于意旨表述的需要，甲句子成分和乙句子成分有时可以互易。

经过互易，甲成分可以成为乙成分，乙成分可以成为甲成分，但不变动句子的基本意思。这反映汉语句子在成分配置上的灵活性。以下是值得注意的几种情况。

1. 主语宾语互易。例如：

a. 客人来了。　　（客人——主语）
来客人了。　　（客人——宾语）

b. 我们想死你了。　　（我们——主语｜你——宾语）
你想死我们了。　　（你——主语｜我们——宾语）

c. 十个人吃一锅饭。　　（十个人——主语｜一锅饭——宾语）
一锅饭吃十个人。　　（一锅饭——主语｜十个人——宾语）

2. 状语补语互易

a. 我万分高兴。　　（万分——状语）
我高兴万分。　　（万分——补语）

b. 他出奇地活跃。　　（出奇——状语）
他活跃得出奇。　　（出奇——补语）

c. 你错写了几个字。　　（错——状语）
你写错了几个字。　　（错——补语）

3. 定语状语互易

a. 他为我泡了一杯浓浓的咖啡。　　（浓浓——定语）
他浓浓地为我泡了一杯咖啡。　　（浓浓——状语）

b. 岸边插着一排排深深浅浅的木桩。（深深浅浅——定语）
岸边深深浅浅地插着一排排木桩。（深深浅浅——状语）

c. 你用了好几个不恰当的比喻。　　（不恰当——定语）
你不恰当地用了好几个比喻。　　（不恰当——状语）

4. 定语谓语互易

a. 好大的风啊！　　（好大——定语）
风好大啊！　　（好大——谓语）

b. 朵朵白云，阵阵春风。（朵朵｜阵阵——定语）
白云朵朵，春风阵阵。（朵朵｜阵阵——谓语）

c. 晴朗的天空，清澈的湖水，穿梭来往的游船。

（晴朗｜清澈｜穿梭来往——定语）

天空晴朗，湖水清澈，游船穿梭来往。

（晴朗｜清澈｜穿梭来往——谓语）

句子成分的互易，一般不发生在配对成分内部，而交错地发生在不同配对成分之间。比如主语和宾语，状语和补语，定语和状语，定语和谓语，它们都不是配对的成分。不过，也有特殊情况：

5. 主语谓语互易

a. 一斤猪肉三块钱。（一斤猪肉——主语｜三块钱——谓语）

三块钱一斤猪肉。（三块钱——主语｜一斤猪肉——谓语）

b. 一个生产队几十个社员。（一个生产队——主语｜几十个社员——谓语）

几十个社员一个生产队。（几十个社员——主语｜一个生产队——谓语）

语序，是汉语的重要语法手段。但是，汉语的语序只是相对固定，而不是绝对固定。研究句子里各种成分的对应关系，考察它们互易的可能性和条件，以及因互易而产生的特定语用效果，可以丰富对汉语语法的认识。

配对性、层次性、扣合性、互易性，从不同角度反映汉语成分配置的特点。综合考虑这几个方面的因素，可以归纳出汉语小句的种种结构模式。

二　核心与赋格

讨论成分配置，是从句子块状分割的角度看句子格局，了解构件单位入句后经过功能配置而形成的句子成分，从而了解句子整体与部分的布局面貌。现在，换一个角度，讲句子形成的核心，以及如何围绕核心赋予句子特定的格局。这是从内在机制的角度考察句子的布局。打个比方：对于砖头、瓦片、木料等房屋构件，考究它们怎样配置成屋顶、墙壁、门窗等，这是块状分割式的观察；考究它们如何撑起框架，它们如何相互作用致使房屋得以建成，这便是内部机制的观察了。

（一）核心

除了单词句，小句都有核心。充当小句的核心的词，是小句的核心词。

检验是否核心词，看它在整体结构中是否同时维系所有构件单位。比如：

（1）老孙头昨晚又在宾馆向县委领导详细地汇报了一遍甲鱼喂养经验。

这个小句里，“汇报（了）”是核心。其他构件单位都围绕这一核心组织起来，共同表述一个意旨。即：

老孙头（施事）		
昨晚（时间）		
又（频率）	汇报（了）	一遍（动量）
在宾馆（地点）	（行为）	甲鱼喂养经验（受事）
向县委领导（对象）		
详细地（性状）		

核心词，一般是动词。

一个小句，就可能有的容量而言，谓语部分比主语部分复杂得多。作为谓语中心的动词，不仅能维系跟复杂的谓语部分里其他构件的关系，而且能维系跟主语的关系，因此它居于不可争辩的组织核心的地位。再看两个实际用例：

（2）湿淋淋的马和湿淋淋的驿人十分尴尬地望着溪水这边的玄玄。（马玉琛《金捎马》）

（3）在迪安即将遣返回国的前一天9月4日晚上，遣返委员会的朝中代表和几位工作人员，特意在开城为他安排了一次告别便宴。（边震遐《化剑为犁》）

前一例，组织核心是动词“望（着）”。这个动词既维系着跟前边的“湿淋淋的马和湿淋淋的驿人”“十分尴尬（地）”的关系，又维系着跟后边的“溪水这边的玄玄”的关系。后一例，组织核心是动词“安排（了）”。这个动词既维系着跟前边的“在迪安即将遣返回国的前一天9月4日晚上”“遣返委员会的朝中代表和几位工作人员”“特意”“在开城”“为他”的关系，又维系着跟后边的“一次告别便宴”的关系。

形容词和动词都是谓词。在以形容词作为谓语中心的小句里，形容词是核心词。不过，如果在动词和形容词同现，而二者都具有成为核心的可能性时，形容词总是让位于动词，并且退居非核心的位置。比较：

这孩子一转眼就这么高了。

这孩子一转眼就长得这么高了。

前一例，形容词“高”是核心；后一例，动词“长”和形容词“高”同现，“长”成为核心，“（这么）高”退居非核心的位置。

名词也可以成为核心词。不过，小句必须是定心结构的小句。如果定心结构后边出现导致产生主谓关系的动词形容词或动词结构形容词结构，那么定心结构的小句地位就会丧失，其中的名词自然也跟着退居非核心的地位。比较：

讨厌的姥姥！

讨厌的姥姥又嘀咕起来了！

前一例，定名结构自成一个小句，其中的“姥姥”是句子核心；后一例，出现了“又嘀咕起来了”，其中的“嘀咕”是句子核心，“讨厌的姥姥”整个退居非核心的位置。

（二）赋格

所谓赋格，指的是赋予句子特定的格局。

单独一个动词核心，无法在形式上形成明确的句子格局。只有围绕这个核心出现别的构件，明确的句子格局才可以产生。

汉语里，最重要的两类词是动词和名词。这两类词在句子中的分工与配合，形成句子内在机制的最基本的脉络。这两类词的分工与配合，可以概括为八个字：“动词核心，名词赋格。”仅就动词和名词的关系而言，由于动词本身没有形态变化，要形成句子格局，光有动词核心还不行，还需要名词来赋格。从确定句子格局的意义上说，围绕动词进行建构的名词可以看作是一种广义的形态。

吕叔湘十分注重研究动词和名词之间的联系。他在《句型和动词学术讨论会开幕词》中指出："怎么研究动词？可以就动词本身研究动词，但更重要的是研究句子里边的动词和有关成分，主要是名词成分的关系。"这个判断里头，"但""更"二字值得注意。吕叔湘还解释道："构成句子的最根本的词是名词和动词；除特殊情况外，光有名词，没有动词，不能成句，光有动词，没有名词，也不能成句。所以研究句子里的动词，不能不同时研究它的前前后后、跟它直接间接相联系的名词。""在句子里边，动词和名词互相倚赖，互相制约。"

名词赋格现象，几乎涉及整个现代汉语语法系统。这里只以跟动宾关系有牵连的"单名赋格""双名赋格"为例，做些"测验"，略加解说。

1. 单名赋格

这是一个名词对一个动词的句法赋格。主要现象有以下两种。

①单名占位赋格

动词前后某一位置为一个名词所占据，如果名词有变动，句法结构便被赋予不同的格局。这是单名占位赋格。

[测验一] V+N（可变项）

a. 指导学生　　指导教师
领导群众　　领导干部
随从元帅　　随从士兵
按摩病人　　按摩医生

N是可变项，可以是N a或N b，前边的V不变。结果，前头一组是动宾结构，后头一组是定心结构。类似现象还有以下三组：

b. 歌唱+祖国/演员：
→ 歌唱祖国　　动宾
歌唱演员　　定名
纺织+布匹/姑娘
→ 纺织布匹　　动宾
纺织姑娘　　定名
印刷+报纸/工人

→ 印刷报纸　　动宾
　 印刷工人　　定名

c. 喂养＋鹦鹉/方法：
→ 喂养鹦鹉　　动宾
　 喂养方法　　定心

写作＋论文/提纲
→ 写作论文　　动宾
　 写作提纲　　定心

批发＋彩电/公司
→ 批发彩电　　动宾
　 批发公司　　定心

d. 救济＋灾民/物资：
→ 救济灾民　　动宾
　 救济物资　　定名

表彰＋功臣/大会
→ 表彰功臣　　动宾
　 表彰大会　　定心

培养＋学生/计划
→ 培养学生　　动宾
　 培养计划　　定心

a 小类的两个名词都表人；b 小类的两个名词分别表物和表人；c 小类的两个名词都表物；d 小类的两个名词分别表人和表物。不管是哪一小类，都说明不同名词占据动词后位，可能形成不同的格局。

［测验二］ V＋N－O（可变项）

a. “看＋名词宾语”：

看星星（动词＋对象格宾语）
　　＝看到星星｜看着星星

看医生（动词＋请使格宾语）

≠看到医生｜看着医生

＝请医生看病｜让医生看病

看镜子（动词＋工具格宾语）

≠看到镜子｜看着镜子

≠请镜子看 X｜让镜子看 X

＝用镜子看（自己的模样）

b.“照＋名词宾语”：

照肺部（动词＋对象格宾语）

＝（X 光）照到肺部｜（X 光）照着肺部

照 X 光（动词＋工具格宾语）

≠（X 光）照到 X 光｜（X 光）照着 X 光

＝用 X 光照着（肺部）

照片子（动词＋目标格宾语）

≠照到片子｜照着片子

≠用片子照

＝照出片子｜照成片子

N 一定充当宾语，因此标为 N－O。N－O 是可变项，可以是甲名词或乙名词，前边的 V 不变。结果：具体的动宾格局有所不同。这取决于不同名词在语义上跟不同事物相联系。

诚然，动词和名词之间的关系是相互的。动词本身的语义，决定了它可以带上什么样的名词宾语，但是，“V＋N”所构成的具体的动宾格局到底如何，最终要看用了一个什么样的名词，换句话说，最终要由某一个名词来“赋格”。试比较：

吃教室　　吃馆子　　吃食堂

一般不说“吃教室”，因为教室是上课的场所，跟“吃”没有必然联系。只有在特定语境中可以这么说：

(4) 那年暑假，我被“扫地出门”，又生了病，校长可怜我，让我暂时住在教室里。从此，在差不多两个月的时间里，我天天睡教室，吃教室。

说“吃教室”，等于说“在教室吃（饭）”。

“馆子”和“食堂”都和“吃”有必然联系，因此“吃馆子”“吃食堂”都常说。但是，二者也有不同。在通常情况下，说“吃馆子”，等于说“到馆子里去吃”，吃的人在馆子里。说“吃食堂”，不一定等于说“到食堂里去吃”。不是家里自己起火，而是在食堂搭伙，从食堂端饭菜回家一家人一起吃，也可以说“吃食堂”。

“吃教室、吃馆子、吃食堂”中的“吃”无任何变化，“吃教室、吃馆子、吃食堂”却有所不同。显然，不同之处是“教室、馆子、食堂”这三个不同的名词所赋予的。三者虽然都是“动词＋ 处所格宾语”，它们的不同属于较深层次上的不同，不过，从语里关系和可能有的语表形式的联系看，这种不同仍然隐含着互有差异的句法格局。

②单名移位赋格

动词前后某一位置为一个名词所占据，如果这个名词往前或往后移位，句法结构便被赋予不同的格局。这是单名移位赋格。

［测验三］ V＋N → N＋V

a. 闭上眼睛　　眼睛闭上

张开嘴巴　　嘴巴张开

摇动左脚　　左脚摇动

V N 是动宾格式，N V 是主谓格式。其中，N 为人或动物的某一部分或某一部位，V 为操纵 N 或受 N 操纵的行为活动。陈述句里，V N 中的宾语 N 受事性更强，N V 中的主语 N 施事性更强。比较：他靠在沙发上，不停地摇动左脚（给人的感觉是左脚被摇动）。他靠在沙发上，左脚不停地摇动（给人的感觉是左脚自己在摇动）。祈使句里，它们的区别很微小。比如“张开嘴巴！”“嘴巴张开！”似乎没有太多的不同。

b. 研究民俗　　民俗研究

调查方言　　方言调查

考察现状　　现状考察

V N 是动宾格式，N V 是定心格式。V N 具有述谓性，可以充当谓语（你研究民俗，他调查方言，我考察现状，刚好可以互相配合）；

N V 具有指称性，用于主语和宾语，常出现在“进行”之类动词后边（进行民俗研｜进行方言调查｜进行现状考察）。

N V 特别容易成为书刊名、文章篇名或报刊专栏名。例如：《鲁迅研究》《论语译注》《名著欣赏》《词义辨析》《问题讨论》《书刊评介》《来信选登》《会议报导》《往事回忆》《小园追记》《股票漫谈》《天气预测》。N 和 V 之间，很容易插入“之”或“的”。

c. 收购旧书　　旧书收购
修理汽车　　汽车修理
洗染衣服　　衣服洗染

V N 是动宾格式，N V 更像是受事性主谓格式。跟 b 组一样，V N具有述谓性，可以充当谓语；N V 具有指称性，常出现在“进行”之类动词后边。不过，c 组尽管也可以用来作为书名、报刊专栏名之类，比如“汽车修理”，但更多的时候是用来表明经营单位的经营范围。比如在街道上，甲店子门口写“旧书收购”，乙店子门口写“汽车修理”，丙店子门口写“衣服洗染”。在这种情况下，它们都表示“本店收购旧书”“本店修理汽车”“本店洗染衣服”的意思，不好说成“旧书的收购”“汽车的修理”“衣服的洗染”，因此，似乎更接近于受事性主谓格式。同类的例子：字画拍卖｜海鲜供应｜电器代销｜钟表维修｜珍贵药材出售。这类 N V，后头很容易出现“店、铺、站”之类，从而造成一个名称。如：旧书收购店｜ 汽车修理站｜衣服洗染铺｜海鲜供应点。

d. 出身贫农　　贫农出身
出身行伍　　行伍出身
出身名门　　名门出身

V 限于“出身”一词，N 限于“贫农、中农、富农、地主、资产阶级”和“行伍、名门、官宦人家”等名词或名词结构。V N 是动宾格式，N V 则是状心格式。V N 具有述谓性，可以充当谓语：你出身贫农｜我出身行伍｜她出身名门；N V 也具有述谓性，可以充当谓语：你贫农出身｜我行伍出身｜她名门出身。“你贫农出身”之类说法里，

“你”是主语，“出身”是谓语中心，“贫农”之类是状语。

上述事实表明，同一个动词和同一个名词的组合建构，依靠同一个名词的前后移位可以产生特定的不同的格局。具体点说：动宾格式“V＋N”，其中的N可以往前移位而不变动基本语义。结果：形成“N＋V”。有时可能是主谓格式，包括施事性主谓格式和受事性主谓格式；有时可能是定心格式；有时还可能是状心格式。

单名移位赋格现象，有时还出现在比较复杂的结构之中。比如：

爷爷吓得昏了过去。

吓得爷爷昏了过去。

前一例，名词“爷爷”用在句首，构成主谓结构；后一例，名词“爷爷”移位句中，构成心补结构。这两例都不是只出现一个动词，即都不是只由一个动词和一个名词相对待，但是无论如何，还是一种单名移位赋格现象。可见单名移位赋格现象并不那么单纯。

2. 双名赋格

这是两个名词对一个动词的句法赋格。主要现象有以下三种。

①双名同位赋格

两个名词在同一句法位置，跟一个动词相对待，赋予句法结构特定格局。这是双名同位赋格。

［测验四］V＋N 1・N 2 → V＋N 2・N 1

给小莲苹果

给苹果小莲

两个名词同在宾位。甲乙名词互换位置，不变动基本语义，却构成不同的句法格局。具体说：假设N 1为指人名词，N 2为指物名词，那么，N 1 N 2位次的不同，会形成两种双宾语格式：一是“动词＋指人第一宾语・指物第二宾语”，一是“动词＋指物第一宾语・指人第二宾语”。

后一格式，主要见于方言。特别是把指人名词换成人称代词“我、你、他”之类，普通话说法和方言说法的区别更明显：

给他苹果（普）

给苹果他（方）

但是情况并不那么简单划一。以下两点，很值得注意。

第一，“动词＋N 2・N 1”还是普通话格式，但有文言色彩。例如：

送粮困难户

授旗王大力

寄钱孤寡老人

赠书待业青年

复信卡斯特罗

致电西哈努克

这些都是常见于普通话书面语的文言性说法。其构成条件：动词单音节，指物名词单音节，二者合成两个音节；作为第二宾语的指人名词，一般三个以上音节，最起码得两个音节。如果改为“动词＋N 1・N 2”，便出现口语的或接近口语的普通话说法，但 N 2 要改用双音节同义词，而且往往要带数量定语，V 有时也要改用双音节同义词。比如：

送困难户许多粮食

授予王大力一面奖旗

第二，“V＋N 1 N 2”和“V＋N 2 N 1”后边有时还可以再出现另一个动词，形成普通话里两个口语说法。即：

V＋N 1 N 2＋V

V＋N 2 N 1＋V

这两个说法里，第一个动词用“给”；第二个动词，跟两个宾语之间分别有施事、受事的关系。例如：

给小莲苹果吃

给苹果小莲吃

对于第二动词“吃”来说，“小莲”是施事，“苹果”是受事。这是普通话口语里常出现的两个较复杂而又相当特殊的格式，似乎都可以认为是特殊的兼语式。其中前后两个动词没有任何变化，只是由于两个名词位次的不同，具体格局并不一样。

②双名移位赋格

两个名词共同由动词后位移到动词前位，赋予句法结构特定格局。

这是双名移位赋格。

［测验五］ V＋N 1 · N 2 → N 1 · N 2＋V

天天吃苹果香蕉

苹果香蕉天天吃

两个名词或者可以共同出现在动词前位，或者共同出现在动词后位，结构的基本语义不变。V 是动词结构，也不变。结果，构成不同的句法格局：V＋N 1 N 2 是动宾格式，两个名词结成联合短语作受事宾语；N 1 N 2＋V 是主谓格式，两个名词结成联合短语作受事主语。

N 1 N 2 如果是处所名词，在动词后位时是处所宾语，移到动词前位后是处所状语。例如：

经常跑广州深圳

广州深圳经常跑

③双名隔位赋格

两个名词隔开用在一个动词的前位和后位，赋予句法结构特定的格局。这是双名隔位赋格。

［测验六］ N 1 （可变项） ＋ V＋N 2

桥上走人

晚上走人

N 1 是可变项，可以是 N 1-a，N 1-b，或 N 1-c。后边的 V＋ N 2 不变。结果：句法格局不同。桥上走人＝桥上供人走＝人走桥上；晚上走人≠晚上供人走≠人走晚上＝晚上人离开。

技师绘制图表

电脑绘制图表

义务绘制图表

N 1 有“技师”“电脑”“义务”的变化。V“绘制”和 N 2“图表”都不变。结果，句法格局有变化：第一第二句都是主动宾句式，但第一句的主语是施事，第二句的主语是工具，第二句可以说成“用……”，两句合起来可以说成“技师用电脑绘制图表”。第三句是状动宾句式；第一第二句都可以说成“图表由技师 / 电脑所绘制”，第三句却不能说成“图表由义务所绘制”。

砂锅煨排骨

小火煨排骨

井水煨排骨

N 1 有“砂锅”“小火”“井水”的变化。V“煨”和 N 2“排骨”都不变。结果，句法格局在较深层次上有差异。这三个结构都能加“用”：用砂锅煨排骨｜用小火煨排骨｜用井水煨排骨。但是，由于三个名词分别跟三种不同事物相联系，三个结构在可能有的变化上并不完全相同：

砂锅里煨排骨（+）　　砂锅上煨排骨（—）

小火里煨排骨（—）　　小火上煨排骨（+）

井水里煨排骨（?）　　井水上煨排骨（—）

［测验七］N 1（后移）+V+N 2（前移）

烈日晒着行人

行人晒着烈日

两个名词分别称人和指物。N 1 后移，N 2 前移，二者互易而不变动句子基本语义。结果，句法格局不同：前一例，是施事性主动宾句式；后一例，是受事性主动宾句式。

自古英雄出少年

自古少年出英雄

两个名词都是称人名词，但“少年”代表一个年龄段。二者前后互易，不变动句子基本语义。结果，前一例是施事句，后一例则更像是存现句。

鲜花开遍原野

原野开遍鲜花

两个名词分别是指物名词和处所名词。二者互易，句子基本语义不变。结果，前一例是典型施事句，后一例是典型存现句。

红旗插遍山岗

山岗插遍红旗

两个名词分别是指物名词和处所名词。二者互易，句子基本语义不变。结果，前一例是受事句（红旗被插遍山岗）；后一例属于存现句（山岗上插遍了红旗），但又有受事性（山岗被红旗插遍）。

客人挤满大厅

大厅挤满客人

两个名词分别是称人名词和处所名词。二者互易，句子基本语义不变。结果，前一例是典型施事句；后一例属于存现句（大厅里挤满了客人），但又有受事性（大厅被客人挤满）。

老人住里屋

里屋住老人

两个名词分别是称人名词和处所名词。二者互易，句子基本语义不变。结果，前一例是典型施事句；后一例，属于特殊类型受事句，重在“供用”，等于说“里屋供老人住”，跟“桥上走汽车｜一条凳子坐三个人｜一锅饭吃三十个人”语义关系相同。

［测验八］N 1（对象）＋V＋N 2（管界）

军马饲养方法

首长保卫人员

古迹介绍行家

海味收购店铺

N 1 指作为行为对象的事物，如“(饲养 →) 军马”；N 2 指对 N V 起管界作用的事物，如“方法（←军马饲养)”；V 限于及物动词，如“饲养”。两个名词和一个动词按“对象—行为—管界”次序配置组合。结果：形成“对象 N ＋ V ＋ 管界 N ”定心结构，整个表示一个特定的名目。

有的时候，前后两个名词可以互易。其结果，会出现两种情况：

其一，两个 N V N 都是定心结构，但前头的 N 是对象 N，是 V 的逻辑宾语，后头的 N 是管界 N，是带定心语。比如：

提纲拟定计划—计划拟定提纲

思路拓展方法—方法拓展思路

议案改进方法—方法改进议案

策略选择条件—条件选择策略

仪器检修工具—工具检修仪器

这类现象的形成，是由于前后两个 N 可以互为对象和管界。

其二，一个 N V N 是定心结构，另一个 N V N 是主动宾结构。比如：

古迹介绍行家—行家介绍古迹

海味收购店铺—店铺收购海味

路灯维修工人—工人维修路灯

博士生指导教师—教师指导博士生

这类现象的形成，是由于两个名词互易之后，后一名词不具有形成行为管界的语义特点。

“名词赋格”的事实，从一个侧面反映汉语语法的特点。

主要参考文献

[1] 吕叔湘. 句型和动词学术讨论会开幕词 [M]//句型和动词. 北京：语文出版社，1987.

[2] 张志公. 分歧点和交叉点分析句子问题琐谈 [M]//汉语析句方法讨论集. 上海：上海教育出版社，1984.

[3] 胡附，文炼. 句子分析漫谈 [M]//汉语析句方法讨论集. 上海：上海教育出版社，1984.

[4] 朱德熙. 语法分析和语法体系 [M]//汉语析句方法讨论集. 上海：上海教育出版社，1984.

[5] 史存直. 句子结构和结构主义的句子分析 [M]//汉语析句方法讨论集. 上海：上海教育出版社，1984.

[6] 李临定. 如何分析汉语句子 [J]. 语言教学与研究，1989 (2).

[7] 陆俭明. 汉语句法成分特有的套叠现象 [J]. 中国语文，1990 (2).

[8] 李宇明. 存现结构中主宾互易现象研究 [J]. 语言研究，1987 (2).

[9] 尹世超. 说标题动词及相关的标题格式 [J]. 中国语文，1993 (4).

[10] 邢福义. N V N 造名结构及其 N V | V N 简省形式 [J]. 语言研究，1984 (2).

[11] 邢福义. 句子成分辨察 [J]. 语文论坛，1982 (1).

第四节 主谓—动宾

一 主谓配置

（一）主语和谓语

主谓配置，指把小句构件配置成为主语和谓语。这是小句最基本的配置。

表述一个意思，一般都要先说出所要表述的事物，然后再针对这个事物说出所要表述的角度。主语在前，谓语在后；主语提出主体事物，指明“谁”或“什么”，谓语从某个角度述说主体事物，指明“怎么样”或“是谁”“是什么”。可以这么说：

主语是谓语前边表示主体事物的成分。

谓语是主语后边表示述说角度的成分。

小莲走了。

小莲很气愤。

小莲是最大的受害者！

前头的“小莲”表示表述的主体事物，是主语；“走了”“很气愤”“是最大的受害者”都表示对主体事物的述说角度，都是谓语。

在一般情况下，一个小句需要有个主语，不然所述说的这种那种情况不知道是针对谁或针对什么；但是，述说的重点实际上由谓语承担，各种未知意思要由谓语来表明，种种复杂的结构都在谓语里形成。

主语的构件，通常是名词或名词短语。别类词语充当主语，主要有两种情况：一种是名词以外的体词性词语，另一种是在特定语法环境中具有指称作用的谓词性词语。总的说来，主语一般是体词主语。

谓语的构件，比主语复杂多样。根据构件的性质，谓语可以分为动词谓语、形容词谓语、名词谓语和其他谓语。动词谓语由动词或动词短语充当，形容词谓语由形容词或形容词短语充当，名词谓语由名词或名词短语充当，其他谓语由非名动形的词或短语充当。与之相应，由于谓语构件性质的不同，小句也有动词谓语句、形容词谓语句、名词谓语句等的区别。

（二）主语的语义类型

作为对主语起述说作用的成分，谓语的内容决定主语的语义类型。大体说，主语的语义类型可以概括为六种。

1. 施事主语所指事物施行谓语所表示的行为

大妈在切牛肉。

小莲在装牛肉。

姑姑在烧牛肉。

对于谓语来说，“大妈、小莲、姑姑”都是施事主语。带施事主语的句子，是施事主语句。这是一类最常用的句子。

2. 受事主语所指事物承受谓语所表示的行为

刀子切钝了。

盘子买来了。

土豆烧好了。

对于谓语来说，“刀子、盘子、土豆”都是受事主语。带受事主语的句子，是受事主语句。受事主语句包括“被”字句，也是一类常用的句子。

3. 用事主语所指事物具有提供使用的内涵

这把刀子切牛肉。

这个盘子装牛肉。

这些土豆烧牛肉。

对于谓语来说，“这把刀子、这个盘子、这些土豆”都是用事主语。带用事主语的句子，是用事主语句。用事主语，也可以叫作工具主语。不过，用事这一概念可以更加全面地覆盖跟“用”字有关的种种现象。比方上例的“这把刀子”明显是工具，“这些土豆”说是工具就很勉强。

4. 于事主语所指事物表示行为发生的位置

刀子上刻着几个小字。

盘子边爬着几只蟑螂。

土豆里长了好些虫子。

对于谓语来说，“刀子上、盘子边、土豆里”都是于事主语。带于事主语的句子，是于事主语句，通常也叫存现句。这种句子里面的宾语，表示存在、出现或消失的事物。比如上面的例子里，“几个小字、几只蟑螂”是存在的事物，“好些虫子”是出现的事物。又如“邻村死了几头耕牛”，“几头耕牛”是消失的事物。

5. 断事主语所指事物是谓语所断定的对象

这个盘子是我的。

这块土地不属于我们工厂。

这些土豆有霉味。

这位先生不像本地人。

对于谓语来说，“这个盘子、这块土地、这些土豆、这位先生”都是断事主语。带断事主语的句子，是断事主语句。这类句子的谓语，从“是不是、属于不属于、像不像、有没有”的角度判断事物，其核心词为“是、像、有”等非行为动词。

有时断事主语句的谓语也可以是名词、数量词和数量名结构。这时主语和谓语之间实际上隐含有“是、有”之类非行为动词。如：

今天阴天。

这堆土豆大约一百七八十斤。

牧场一片水。

6. 描事主语所指事物是谓语所描写的对象

这个孩子很机灵。

这块土地平坦而又辽阔。

她的脸色冷峻得跟她的年龄极不相称。

对于谓语来说，“这个孩子、这块土地、她的脸色”都是描事主语。带描事主语的句子，是描事主语句。这类句子的谓语，由形容词和形容词结构充当。

（三）有关主谓配置的几个问题

关于主谓配置，还需要讨论几个比较重要的具体问题。

1. 物体主语—处所主语—时间主语

一个句子一般只有一个主语。以体词主语来说，或者是物体主语，或者是处所主语，或者是时间主语。它们分别由物体词语、处所词语、时间词语充当。例如：

这位老人实在令人留恋。

这个地方实在令人留恋。

这段日子实在令人留恋。

“这位老人”是物体主语，“这个地方”是处所主语，“这段日子”是时间主语。

物体、处所、时间三种词语可以联合出现，共同充当主语：

这位老人，这个地方，这段日子，实在令人留恋。

“这位老人，这个地方，这段日子”构成一个联合短语充当主语。这个联合短语可以加上“和”类连词：“这位老人、这个地方和这段日子。”

物体词语主语性最强，处所词语次之，时间词语的主语性最弱。如果物体词语和处所、时间词语同时在谓词性结构前头出现，但未形成联合关系，那么物体词语是主语，处所、时间词语指示充当处所状语和时间状语。例如：

这段日子这个地方所有老人都到医院检查了身体。

上例“所有老人”是物体主语，“这个地方”是处所状语，“这段日子”是时间状语。

有时，物体主语在特定语境中被简省，谓语性词语前边只出现处所词语或时间词语。即使如此，处所、时间词语仍然是状语，因为留有物体主语的空位，物体主语可以补出。例如：

北京见！（＝咱们～）　　屋里坐！（＝大家～）

明天见！（＝咱们～）　　晚上再谈！（＝我们～）

于事句里，不会出现物体主语。谓语性词语前边，一般只出现一个处所主语。如果处所词语和时间词语同时出现，它们并未形成 A 和 B 的联合关系，那么，处所词语是主语，时间词语是状语。如：

校门口今天摆满了小汽车。

去年武汉下过几场大雪。

这里，不管位次如何，处所词语“校门口”和“武汉”是主语，时间词语“今天”和“去年”是状语。

于事句里，谓语性词语前边有时只出现时间词语。即使如此，时间词语仍然是状语，因为留有处所词语的空位，可以补出处所词语。例如：

昨晚来了几个客人。（＝我们家～）

今天终于下起雨来了。（＝我们这里～）

在两种情况下，小句出现双主语：

第一，小句由主谓短语充当谓语。这时出现大主语和小主语。如：

这个人胆子小。（这个人，大主语；胆子，小主语。）

这种产品的确式样新颖。（这种产品，大主语；式样，小主语。）

大主语是全句的主语，小主语是主谓短语中的主语。

第二，小句采用“我这是 V P”之类格式。这时出现指人主语和指事主语。如：

你这是怎么啦？（你，指人主语；这，指事主语。）

张辉这是在捅马蜂窝啊！（张辉，指人主语；这，指事主语。）

指人主语用人称代词或称人名词，指事主语一般用指示代词“这”。这类双主语句，可以分化为两个单主语的分句。如：

你怎么啦，这是？

张辉在捅马蜂窝啊，这是！

2. 无定主语和周遍主语

①无定主语

主语大都表示有定事物。少数主语表示无定事物，是无定主语。

无定主语由“数量词＋名词”的短语充当，这类名词短语一般不会表示有定的事物。无定主语句一定是动词谓语句。例如：

一位老师正在操场上散步。

几十个小学生恭恭敬敬地向老师敬礼。

无定主语，可以蒙后有定，或者蒙后部分有定。例如：

三个身材魁梧的人走了过来，他们是李军长、张政委和赵参谋长。

一些地方，如海南和深圳，近年来特别重视优秀人才的引进工作。

②周遍主语

主语通常不强调周遍性。有的主语，具有周遍性，是周遍主语。即：对于谓语所表示的情况来说，主语所表示的事物全都如此，无一例外。在语表形式上，周遍主语有四类，但谓语里都出现了“都”类词或可以补出“都”类词。

第一，采用包含特殊指示代词“任何/一切/所有/凡”的形式。

任何理论都必须接受事实的检验。

一切办法都试过了！

凡动物，都得呼吸空气！

第二，采用含有表任指疑问代词“谁/什么”的形式。

谁都不敢接近他。

什么条件都可以答应你！

第三，采用包含量词“A A”重叠形式或数量词“一A A”重叠形式。

句句都是实话。

一个个都像死人！

第四，周遍性采取零形式，有关词语可以添加出来。

人总是要死的。（=任何人都是要死的。）

理论不是从天上掉下来的。（=任何理论都不是从天上掉下来的。）

3. 潜化主语和纯形式主语

①潜化主语

有的主语，潜入了前面的分句或前面的状语。这是潜化主语。

潜化主语是一种意会主语。既可以依赖于上文而意会，不能在主语位置上直接补出，也可以叫作潜化意会主语。例如：

如果你不这样做，必将引起不良后果。

经过这次会议，统一了大家的认识。

通过这次战斗，锻炼了我们的军队。

前一例，“必将引起不良后果”的主语是“你不这样做”。但是，“你不这样做”已经成为上文由连词“如果”引出的假设分句，它作为“必将引起不良后果”的主语，只能意会，不能直接补出。中间一例，“统一了大家的认识”的主语是“这次会议”。但是，“这次会议”已经跟介词“经过”结合成为状语，它作为“统一了大家的认识”的主语，只能意会，不能直接补出。后一例，“锻炼了我们的军队”的主语是“这次战斗”，但是，“这次战斗”已经跟介词“通过”结合成为状语，它作为“锻炼了我们的军队”的主语，只能意会，不能直接补出。

潜化主语句，语表上缺少一个主语，但由于逻辑上的主语在上文发挥了潜在的作用，人们可以意会，因此句子照样能够清楚地表达意思，顺利地起到交际和交流思想的作用。

②纯形式主语

潜化主语句，有时用“这、那”充当主语，指代潜化意会主语。

由于潜化意会主语不能原样补出，指代潜化意会主语的“这、那”只是纯形式主语，它们不能为被指代的对象所替换。例如：

如果一辈子都不同工人农民见面，这就很不好。

（比较：如果一辈子都不同工人农民见面，[ ] 就很不好。）

如果让侦破工作半途而废，那就是懦夫行为。

（比较：如果让侦破工作半途而废，[ ] 就是懦夫行为。）

4．话题和主语

话题也叫主题，是讲语用问题时用到的概念。这个概念，跟语法系统中的主语有些纠缠。

一句话里，往往先有个话题，然后针对这个话题述说某种新的情况。话题，指的就是新情况所要述说的对象。其重要特点：第一，占据一句话的开头部位；第二，一般重读，在结构比较复杂时用强调的语气说出来。例如：

昨天晚上，他进过这间屋子。

这个经历了无数磨难的人，他的承受力实在惊人。

关于兴修水利，你们准备采取什么措施？

为了子孙后代的幸福，我们必须艰苦奋斗。

这些例子表明，话题不一定都是主语。第一例，“昨天晚上”是定心短语充当的状语；第二例，“这个经历了无数磨难的人”是定心短语充当的外位成分；第三例，“关于兴修水利”是介词短语充当的状语；第四例，“为了子孙后代的幸福”也是介词短语充当的状语。

有时主语和话题重合。这时，主语一般都是重读的。如：

他，做事情从来不考虑后果！

5. 主语谓语的位置异变

主前谓后，这是主语和谓语的正常位置。为了强调谓语部分所表达的意思，有时主语安置在谓语的后头，造成主语和谓语的位置异变。

在陈述句里，主谓位置异变是为了突出说话人陈述事实时的注重点。如：

都过去了，那些可咒的岁月。

是瓦特发明的，蒸汽机。

在感叹句里，主谓位置异变是为了突出说话人咏叹事物时的特殊感觉。如：

太难了，你出的题目！

好新鲜啊，这里的空气！

在祈使句和疑问句里，主谓位置异变是为了突出说话人的要求或疑问。如：

快走吧，你们！

贵不贵，你这件衣服？

主谓位置异变现象，在构造上有两个特点：第一，可以无条件地恢复顺置位次。（都过去了，那些可咒的岁月。→那些可咒的岁月都过去了。）第二，逆置的谓语和主语之间一般有比较明显的停顿，书面上用逗号隔开。

有的“谓—主”之间停顿较短，书面上不加逗号，但主谓逆置的关系必须清楚。如果会引起结构关系的变动，停顿必须明显，书面上必须加逗号。例如：

怎么啦你？

出来吧你们！

上例只能有主谓逆置的关系。又如：

已经说完了，我的所有想法。

看，冲上来了，一员员虎将。

上例的主谓逆置关系在书面上是由逗号来显示的。如果不用逗号，说成“已经说完了我的所有想法”和“冲上来了一员员虎将”，都会形成动宾格局。

二　动宾配置

（一）动语和宾语

动宾配置，指把小句构件配置成为动语和宾语。如果说主谓配置是小句中最基本的配置，那么，动宾配置便是小句中最活跃的配置。

表述一个意思，往往不仅要用上一个动词性成分，而且要用上这个动词性成分所涉及的一个表明客体事物的成分。当小句里既出现动词性成分又出现相关的表示客体事物的成分的时候，小句里就出现动语和宾语。可以这么说：

动语是宾语前边的动词性成分。

宾语是动语后边表示客体事物的成分。

（小莲）送来了一篮子苹果。

（小莲）是张大妈的小女儿。

（小莲）感到这件事很难办。

“送来了”“是”“感到”都是动语，“一篮子苹果”“张大妈的小女儿”“这件事很难办”都是宾语。

动语可以由一个动词充当，也可以由一个动词短语充当。比方“写几个字”，其中的动语是“写”；“写错了几个字”，其中的动语是“写错了”。作为一种句子成分，动语尽管往往表示行为活动，但并不完全如此。比如“请张大伯”“是张大伯”“像张大伯”，“请”“是”“像”都是动语，但其中的“是”“像”不表示行为活动。

宾语表示客体事物。这里所说的客体事物范围较广，既包括物体，也包括处所时间，还包括动语所涉及的行为活动或性质状态。从这个角度看，宾语可以分为体词性宾语和谓词性宾语。比如“喜欢物理”“喜欢黄昏”，其中的“物理”“黄昏”是体词性宾语；“喜欢画画”“喜欢清静”，其中的“画画”“清静”是谓词性宾语。

（二）宾语的语义类型

根据跟动语的关系，可以划分出宾语的语义类型。最基本的有以下五类。

1. 受事宾语。宾语表示直接或间接承受行为活动的客体事物。包括：

①对象宾语。在 V O 结构中，O 事物本来已存在，V 动作直接施加于 O 事物。如：

挖土　挖山　挖野草　挖古墓

②目标宾语。在 V O 结构中，或者 O 事物本来不存在，V 动作的目标是造成 O 事物；或者 O 事物本来已存在，V 动作不是直接施加于 O 事物，而是以获得 O 事物为目标。如：

a. 挖洞　挖沟　挖战壕　挖地道

b. 挖金子　挖红薯　挖蚯蚓　挖古董

a 组，对于“挖”来说，“洞”“沟”“战壕”“地道”都是通过动作造成的事物，它们是目标宾语，也叫结果宾语。b 组，对于“挖”来说，“金子”“红薯”“蚯蚓”“古董”都是通过动作获得的事物，它们也是目标宾语。

目标宾语所代表的事物是人们心目中所追求的某个目标，是动作者意念上所指向的某个对象。从这个意义上说，目标宾语未尝不可以认为是一种间接的对象宾语。

对象宾语也好，目标宾语也好，凡是受事宾语，都可以转化为受事主语。如：

挖野草 → 野草挖掉了

挖地道 → 地道挖好了

挖金子 → 金子挖到了

在宾语里，受事宾语是最有代表性的宾语。

2. 施事宾语。宾语表示可以施行动语行为的客体事物。例如：

台上坐着主席团。

对面跑来了一头牛。

他七岁时死了母亲。

一间房子住两个人。

桥上可以走大卡车。

“坐着”“跑来了”“死了”“住”“走”是动语行为，“主席团”“一头牛”“母亲”“两个人”“大卡车”是施事宾语。

施事宾语可以转化为施事主语：

主席团坐在台上。

一头牛从对面跑来了。

他母亲在他七岁时死了。

两个人住一间房子。

大卡车可以在桥上走。

3. 断事宾语。宾语表示对主语有所断定的客体事物。例如：

李先生是历史学家。

你姓东方？

你叫东方向康？

你把我看作什么人？

“历史学家”“东方”“东方向康”“什么人”都是断事宾语。

断事宾语同动语行为之间不存在施事受事的关系。有的断事宾语可以同断事主语互易，基本意思不变。例如：

谁是林东辉？

林东辉是谁？

前一例，“谁”是断事主语，“林东辉”是断事宾语；后一例，“林东辉”是断事主语，“谁”是断事宾语。

4．于事宾语。宾语表示表示行为发生的位置。一般是方所位置，有时也可以是时间位置。例如：

到达北京

钻进防空洞

经过天安门广场

进入二十一世纪

“北京”“防空洞”“天安门广场”“二十一世纪”都是于事宾语。

于事宾语具有明显的方所性或时间性，动语和于事宾语之间包含“在”“到”“进”等语义关系。否则，即使是由方所时间词语充当的宾语，也不是于事宾语。例如：

我喜欢乡下。

我爱北京天安门。

我向往深秋时节。

这里的“乡下”“北京天安门”“深秋时节”都不是于事宾语，而是受事宾语。

5．反身宾语。宾语表示人物动作返回自身的某个部位。例如：

挺了挺胸脯　　动了动鼻子　　耸了耸肩膀

张大了嘴巴　　紧闭着眼睛　　不停地挥动着右手

这里的“胸脯”“鼻子”“肩膀”“嘴巴”“眼睛”“右手”都是反身宾语。

反身宾语近似受事宾语，又不同于受事宾语。受事宾语转化到主语位置上便成为受事主语，而反身宾语转化到主语位置上却成为施事主语：

胸脯挺了挺　　鼻子动了动　　肩膀耸了耸

嘴巴张大了　　眼睛紧闭着　　右手不停地挥动着

（三）常规宾语和非常规宾语

汉语的动宾结构，特别是“及物动词＋宾语”的结构，可以表示极其复杂多样的动宾关系。

及物动词的常规宾语是对象宾语和目标宾语。所谓“常规”，是就动作和事物之间所建立的常规联系来说的。这种常规联系，为说汉语的人所共同认识和共同接受。只要一提到某个典型及物动词，人们会按照自己的生活经历想到它要求带上的常规宾语。如果让说汉语的人，特别是让中小学生填空，他们在宾语空格里填上的一般都会是常规宾语。如：

吃→（饭｜菜｜苹果……　对象宾语）

造→（船｜车｜工厂……　目标宾语）

写→（人｜物｜事件……　对象宾语）

　→（字｜信｜小说……　目标宾语）

跟常规宾语相对的是非常规宾语。在特定条件下，非常规宾语可以代入常规宾语的位置。即：

a. 常规式：［及物动词］＋［常规宾语］

b. 代入式：［及物动词］＋［　↑　］

〈代体宾语〉

能够代入常规宾语的位置的非常规宾语，是代体宾语。代体宾语所代表的事物，一方面跟常规宾语所代表的事物有联系，另一方面又跟及物动词所表示的动作有联系。比如：

用毛笔写字，“毛笔”同时跟“写”和“字”有联系；把字写在黑板上，“黑板”也同时跟“写”和“字”有联系。“字”是常规宾语，“毛笔”“黑板”若代入宾语的位置，便成为代体宾语：“写毛笔”“写黑板”。又如：

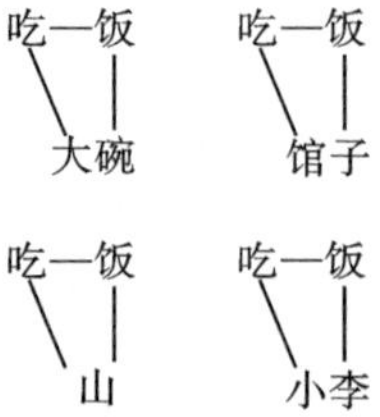

用大碗吃饭，在馆子吃饭，靠山吃饭，让小李破财请客吃饭，“大碗”“馆子”“山”“小李”都同时跟“吃”和“饭”有联系。“饭”是常规宾语，“大碗、馆子、山、小李”等若代入宾语位置，便成为代体宾语：你吃大碗，我吃小碗。｜我可没钱天天吃馆子。｜靠山吃山，靠水吃水。｜我们今天吃小李！

汉语的动宾关系之复杂，有多方面原因，但可以肯定，在很大程度上跟宾语代入现象的复杂多样相联系。有的代体宾语，可以叫作工具宾语，比如“写毛笔”“吃大碗”；有的代体宾语，可以叫法式宾语，比如“存活期”“写颜体”；有的代体宾语，可以叫作处所宾语，比如“写黑板”“吃馆子”。然而，许多代体宾语很难立个名目，比如“吃山”“吃小李”中的“山”和“小李”。事实上，不可能给所有代体宾语都设立名目。这是因为，代体宾语跟及物动词的具体语义发生关系，而及物动词各有各的含义，不同意义的及物动词所能带上的代体宾语可以同中有异，或者互不相同，甚至差别极大。如果只看具体的语义关系，代体宾语的种类自然是难以穷尽遍举的。重要的，是要了解代体宾语形成的条件。

代体宾语的形成，需要满足下列条件：

①有三角联系。及物动词同常规宾语固然有联系，代体宾语同及物动词和常规宾语也必须分别存在联系。上面已做了几个图示。如果概括一下，就可以得到一个三角联系阵图：

比方，“打排球”是及物动词带常规宾语。在“排球”的位置上可以代入各种各样的代体宾语：打奥运会｜打主力｜打二传手｜打表演赛｜打世界冠军｜打日本队｜打时间差……。在种种“打－O”结构中，不管代体宾语是怎么个花样，都无一不受三角联系阵图的约束。如“打冠军”和“打日本队”很不相同，但在受三角联系的约束上却没有两样：

打排球，夺取排球赛冠军，“冠军”同时跟“打”和“排球”有联系；同日本队打排球，“日本队”既跟“排球”有联系，自然也跟“打”有联系。

这种三角联系必须是直接的。若缺乏直接的三角联系，代体宾语不能形成，宾语的代入现象会发生错误。比如：打主攻手（+），打主裁判（—），打教练（—），打队长（—）。按主攻手的分工打球，主攻手直接参加赛事，“打主攻手”能成立。“裁判”只干预赛事，不参加比赛，“打主裁判”不能成立。“教练”只间接参与赛事，不直接参加比赛，“打教练”也不能成立。担任队长的人往往上场打球，但上场之后是按“主攻、二传”之类的分工打球，“队长”这个行政职务跟打球的关系还是间接的，因此“打队长”也不能成立。

②提供新信息。代体宾语必须能够在常规宾语的基础上向人们提供一个新的信息。从信息量看：

及物动词＋代体宾语＝及物动词＋常规宾语＋代体宾语

在“及物动词＋代体宾语”的格式里，隐含着不言而喻的常规宾语，其中的代体宾语提供出跟常规宾语相联系的一个新信息。比如：“吹电扇”，等于用电扇吹风，除了表达吹风的意思，“电扇”的信息是新的。“擦珍珠霜”，等于用珍珠霜擦脸，除了表达擦脸的意思，“珍珠霜”的信息是新的。

如果不能提供新的信息，代体宾语不能成立，宾语的代入现象显得滑稽可笑。比如，用耳机听音乐可以说成“听耳机”（“请你放心，我听耳机，不会吵你的！”），用耳朵听音乐却不能说成“听耳朵”。这是因为，“耳机”的信息是新的，可以让别人在听什么的基础上多了解点什么，而“耳朵”原本就是用来听声音的。

如果不是提供新的信息，一个可以成立的动宾结构里的宾语肯定不是代体宾语。比如“修电扇、制珍珠霜”，其中的“电扇、珍珠霜”分别是对象宾语和目标宾语，不是代体宾语。

③不产生误解。代体宾语所提供的新信息必须是不存在歧解的。这就要求，代体宾语在语义关系上绝对不能被认为是对象宾语。比如

"吃大碗"，不会被认为把大碗吃到肚里去；"抽烟斗"，不会被认为把烟斗抽到肺里去。再比较：

戴耳机听音乐 → 听耳机（+）

戴眼镜看小说 → 看眼镜（?）

"听耳机"，不会被认为耳机就是听的对象，"耳机"作为代体宾语可以成立；"看眼镜"，却可能被认为眼镜就是看的对象，因此，"眼镜"作为代体宾语不能成立。

④有言语背景。只有在特定的言语背景之下，代体宾语才能形成，动词和代体宾语之间的语义关系才能确定。比如：

（1）郎平，你的最大特点是不断地追求。在业余体校时，你盼望进北京青年队。到了青年队，又想打北京市队。打上北京市队后，眼睛就盯着国家队。（鲁光《中国男子汉》）

如果没有上例的言语背景，孤零零地说"打北京市队"，别人可能以为是跟北京市队打球，而不知道指的是郎平成了北京市队的一员，在北京市队打球。

言语背景有的常识性较强。就是说，所说的事情为大家所知道，有关的知识已为大家所接受。常识性越强，带代体宾语格式的使用频率就越高，人们对这类格式的习惯性就越大。例如"陪床"，有特定的言语背景：到医院去陪伴住院的病人才叫"陪床"，在家里陪伴卧床的病人就不叫"陪床"。又如"接车"，也有特定的言语背景：到车站去迎接远方来客，或者迎接从远方归来的亲人，才叫"接车"；到公共汽车站去迎接在市内工作而往返路程很短的妻子，就不叫"接车"。"陪床"也好，"接车"也好，由于人们具有有关的背景知识，不会发生误解，又由于有关的现象经常在生活中出现，这种简练的说法也就成了大家习惯的用法。

言语背景有的特殊性较强。就是说，所说的事情具有个人性和偶发性，对大家说来并未成为一种知识，甚至并未形成一种印象。这种情况下使用的代体宾语，更必须有明确的言语背景，不能没有特定的上下文。比如：

在黑板上写字 → 写黑板
在课桌上写字 → 写课桌

黑板是供写粉笔字用的，在黑板上写字是属于常识范围之内的事情。说“写黑板”，大家一听就懂。课桌是供学生上课时用的，往课桌上写字是个别学生的偶发行为。因此，光说“写课桌”，别人听了可能不知是什么意思。但是，如果老师在课堂上对小学生们这么说：

（2）大家要养成良好的习惯，不要在墙壁上乱写字，也不要写课桌。

这样，就有明确的言语背景，“写课桌”的说法就站得住了。

⑤V是单音节及物动词。汉语动宾关系的复杂化，主要发生在单音及物动词和宾语之间。双音及物动词和宾语之间，一般都只是“V+对象宾语/目标宾语”。比较：

	单音V	双音V
【对象】	写人物（+）	描写人物（+）
	写心情（+）	抒写心情（+）
【目标】	写论文（+）	撰写论文（+）
	写教材（+）	编写教材（+）
	写小说（+）	写作小说（+）
	写匾额（+）	书写匾额（+）
【工具】	写毛笔（+）	书写毛笔（—）
【处所】	写黑板（+）	书写黑板（—）
【法式】	写颜体（+）	书写颜体（？）

单音及物动词“写”，既可以带常规的对象宾语和目标宾语，也可以带工具宾语、处所宾语、法式宾语等代体宾语；双音及物动词“描写、抒写、撰写、编写、写作、书写”等，能够带常规的对象宾语或目标宾语，却不能带或不好带表示工具、处所、法式等的代体宾语。

（四）动宾格式的强制促成力

现代汉语里，动宾格式是一种优化句式，有很强的促成力。差不多任何结构的双音词，即使不是动宾结构的词，都可以利用“动+X+

宾”的插入离析形式强制成为动宾格式。例如：

(3) 他做报告管事？他报他的告，……（晓苏《耕田人》）

(4) 我已经保下证了，你去也得去，不去也得去。（赵德发《通腿儿》）

(5)（她）和省歌舞团那个外号叫“白鹭丝”的演员恋过爱，……（沈石溪《战争和女人》）

“报告”“保证”“恋爱”都是联合式动词，中间插入特定词语，说成“报他的告”“保下证了”“恋过爱”，便被强制成为动宾格式。又如：

(6) 给您提个醒（中央电视台专题节目）

(7) 泰山四把刀的事，给我们提了一个醒，你万万不可大意。（电视连续剧《少年张三丰》）

“提醒”是后补式动词，中间插入特定词语，说成“提（了一）个醒”，也被强制成为动宾格式。

(8) 有什么阴谋，阴他龟孙子的谋！（金庸《笑傲江湖》）

(9)“大人呀！”“还大什么人啊？快去呀！”（电视连续剧《八仙过海》）

(10) 洪江爱拉扯，上厕所小个便也能结识个便友的。（贾平凹《废都》）

“阴谋”“大人”是偏正式名词，“小便”是偏正式名词或动词，中间插入特定词语，说成“阴他妈龟孙子的谋”“大什么人”“小个便”，同样被强制成为动宾格式。

（五）单宾语和双宾语

一般的动宾配置，只出现一个宾语，这是单宾语。有时，一个动语后边出现两个宾语，即“前宾语＋后宾语”，这是双宾语。例如：

给你奖金　　喂孩子牛奶

送他礼品　　还小张十块钱

双宾语中，不管是前宾语还是后宾语，都能连着动语单说。比如“你”和“奖金”是双宾语，“给你”“给奖金”都能单说。又如：喂孩子，喂牛奶；送他，送礼品；还小张，还十块钱。不能分开来连着动语单说的两个名词，不构成双宾语。比较：

我赔了他一辆自行车。

我收了他一辆自行车。

前一例，“他”和“一辆自行车”构成双宾语：赔了他，赔了一辆自行车。后一例，“他”和“一辆自行车”不构成双宾语：“收了一辆自行车”能说，“收了他”不能说。

“收了他一辆自行车”中的“他一辆自行车”，可以认为是定心短语充当的一个宾语。“借了他两块钱”中的“他两块钱”，情况相同。但是，有这样的说法：

我只借了他两次钱。

“他两次钱”显然不是一个定心短语。不过，也不构成双宾语，因为只能说“借了两次钱”，却不能说“借了他”。这种说法，属于成分扣合现象，由“借了他（的）钱”和“借了两次”扣合而成。汉语里，成分扣合现象是多种多样的。

带双宾语的动语，或现或隐地包含“给予”的意思。有的动词本身并不表示这类意义，但如果带上双宾语，整个句子就会包含这类意义。比如：

大家都叫他大力士。

大家都骂他老狐狸。

上例的双宾语可以分化：大家都（这么）叫他，叫他大力士；大家都（这么）骂他，骂他老狐狸。“叫、骂”本身不表示“给予”，但上例有“给某人某个称号”的意思。

双宾语中，一个宾语指人，回答“谁”的问题，一个宾语指物，回答“什么”的问题。通常是前宾语指人，后宾语指物，即“指人宾语＋指物宾语”。如：给我一个书包。但要注意三种情况：

1. 有时，前宾语指人，后宾语也指人。但是，指人的后宾语不用“谁”提问，只用“什么、什么人、多少人”等提问。如：给我几个大学生｜给我十个青年人｜给我百把个身强力壮的小伙子。

2. 有时，前宾语指物，后宾语也指物。但是，指物的前宾语不能用“什么”提问，有的只能用“谁、什么单位、什么部门”之类去提问。如：给小猫一块鱼｜赠图书馆一万册书｜送黄鹤楼一副对联。

3. 有时，前宾语指物，后宾语指人，双宾语表现为“指物宾语＋指人宾语”，一共只有两个音节。这样的用法，带文言色彩，多见于报纸标题。如：致函克里斯顿｜复信俄罗斯总统。

主要参考文献

[1] 吕冀平，等. 汉语的主语宾语问题 [M]. 北京：中华书局，1956.

[2] 吴为章. 主谓短语·主谓句 [M]. 北京：人民教育出版社，1990.

[3] 徐枢. 宾语和补语 [M]. 哈尔滨：黑龙江人民出版社，1985.

[4] 李英哲. 汉语主宾语观念的再探讨 [M]//第二届国际汉语教学讨论会论文选. 北京：北京语言学院出版社，1988.

[5] 李临定. 主语的语法地位 [J]. 中国语文，1985 (1).

[6] 李临定. 施事、受事和句法分析 [J]. 语文研究，1984 (4).

[7] 李临定. 宾语使用情况考察 [J]. 语文研究，1983 (2).

[8] 李临定. 双宾句类型分析 [M]//语法研究和探索. 北京：北京大学出版社，1984.

[9] 陆俭明. 汉语口语句法里的易位现象 [J]. 中国语文，1980 (1).

[10] 陆俭明. 周遍性主语句及其他 [J]. 中国语文，1986 (3).

[11] 龚千炎. 现代汉语里的受事主语句 [J]. 中国语文，1980 (5).

[12] 范继淹. 无定 N P 主语句 [M]//语法研究和探索：三. 北京：北京大学出版社，1985.

[13] 史有为. 施事的分化与理解 [M]//中国语言学报：第 4 期. 北京：商务印书馆，1991.

[14] 史有为. 主语后停顿与话题 [M]//中国语言学报：第 5 期. 北京：商务印书馆，1995.

[15] 饶长溶. 动宾组合带宾语 [M]//语法研究和探索：三. 北京：北京大学出版社，1985.

[16] 萧国政. 汉语主语的类性质和类特征 [M]//现代汉语语法问题研究. 武汉：华中师范大学出版社，1994.

[17] 徐杰. 工具范畴和容纳工具范畴的句法结构 [M]//汉语描写语法十论. 郑州：河南教育出版社，1993.

[18] 邢福义. 谈一种宾语 [J]. 中国语文，1960 (12).
[19] 邢福义. 论意会主语“使”字句 [J]. 江汉语言学丛刊，1979 (1).
[20] 邢福义. 现代汉语里的一种双主语句式 [J]. 语言研究，1981 (1).
[21] 邢福义. 汉语里宾语代入现象之观察 [J]. 世界汉语教学，1991 (2).

第五节　定心—状心—心补

一　定心配置

(一) 带定心语

定心配置，指把小句构件配置成为“定语＋带定心语”的结构。这是句子结构中一种重要的配置。其中，跟定语相对待的心语，是带定心语。

在结构上，带定心语可以是词，可以是短语。例如：

好香的花！

多么好的兄弟姐妹！

这杯酒，献给黄土高原上的父老乡亲！

前两例，定心结构都成句，心语“花”和“兄弟姐妹”分别是词和短语。第三例，两个定心结构被配置成为主语和宾语，其中的心语“酒”和“父老乡亲”分别是词和短语。

在性质上，最典型的带定心语是名词。因此，定心结构经常被叫作定名结构。但是，带定心语并不限于名词或由名词构成的短语。例如：

我最讨厌的就是你的虚伪。

我最讨厌的就是你的装模作样。

在定心结构“你的虚伪”和“你的装模作样”中，心语“虚伪”和“装模作样”分别是形容词和动词短语。

就成句的能力说，定心配置弱于主谓配置和动宾配置。因此，“定语＋带定心语”的结构更常用来充当句子成分。

(二) 从语法标志看定语

定语和心语之间有时出现“的”，形成“定〈的〉心”的格局。在许多情况下，“的”(de) 可以看作是定语的语法标志。例如：

老虎的尾巴　　凶猛的尾巴　　老虎的凶猛

他们的神态　　讨好的神态　　他们的讨好

有的定心结构之中不用“的”，但可以添加上去。当然，这是就结构上的可能性而言，表意上或语用上用不用“的”往往是有区别的。比如：

华中大学　　华中的大学

狐狸尾巴　　狐狸的尾巴

有的定心结构之中不能用“的”。但是，定和心之间仍然可以插入“X的”，从而形成多项定语的格局。比如：

一群青年　　一群朝气蓬勃的青年

这个日子　　这个值得纪念的日子

（三）从语义类型看定语

对于心语来说，定语有不同的语义类型。大体可以分为两大类。

1. 物体类定语

物体类定语，表示人和事物，以及跟人和事物相关的数量、时间、方所等意义。主要有以下几种。

①领属定语

领属定语表示定语和心语之间具有领属关系。例如：

我的母亲　　他的小猫　　张亮的日记

母亲的娘家　　小猫的眼睛　　日记的内容

假如用X Y代表领属定语和心语，那么，它们之间的关系可以确定为：Y，是X的Y。如：我的母亲→母亲，是我的母亲。张亮的日记→日记，是张亮的日记。

采用“我（的）”“你（的）”“他（的）”之类形式的定语，一般都是领属定语。但是，有的时候，它们同心语之间没有直接的领属关系，它们都只是“表象领属定语”。例如：

他的诸葛亮演得很好。

今天是你的主席？

你千万别打我的主意！

我的天！

第一例等于说：他演诸葛亮演得很好。第二例等于说：今天是你当主席？第三例等于说：你千万别打拉拢（欺负/损害）我的主意！第四例整个表示惊叹。这些例子中的定语“他的、你的、我的”都只是采取领属定语的形式，实质上并没有领属定语的内涵。它们都是表象领属定语，从语义上跟心语的实际联系看，是假领属定语。

②数量定语

数量定语表示心语事物的数量。数量定语和心语之间一般不用“的”，但如果采用数量结构的重叠形式，则一般要用“的”。如：

一个碗　　两匹马　　三棵枣树　　四斤白菜

一串一串的葡萄　　一群一群的游客

数量定语通常由物量结构充当。但是，也可以由时量结构充当，偶尔还可以由动量结构充当。例如：

五天时间　　四年期限　　三分钟的热血

一次机会　（请你再给我一次机会！）

能够充当数量定语的词语，除了数量结构，还可以是在数量词系统之外但具有表数作用的其他词语。如：

全体官兵　所有财产　一切景物　全部书籍　任何想法

大量货物　少量废品　少数代表　绝大多数的居民

③指别定语

指别定语表示对心语事物的指示和区别。指别定语和心语之间不用“的”。如：

这单据　　那单据　　这情景　　那情景

充当指别定语的最基本的词，是指示代词“这”和“那”。但是更常见的形式则是由“这/那+量词”构成的近似短语词的单位。例如：

这个杯子　　这种药品　　这些看法　　这笔财产

那个杯子　　那种药品　　那些看法　　那笔财产

如果指示代词“这/那”和数量结构同时充当定语，那么，便是指别定语和数量定语同时显现，结合使用。如：

这两位战士　　那三块田地

④时地定语

时地定语表示心语事物所关涉到的时间和方所。表示时间的是时间定语，表示方所的是方所定语，它们一般分别由表示时间和方所的词语充当。如：

今天的天气　　明年的收成　　现在的温度　　目前的形势

海南的水果　　三峡的风光　　山上的野花　　岸边的杂草

时地定语和心语之间，有时可以不用“的”。比方“目前的形势”和“三峡的风光”，也可以只说“目前形势”和“三峡风光”。

时地定语有时由动词结构充当，但整个动词结构具有时间定位或方所定位的作用。比如：

发生于去年春天的事

位于海南南部的小镇

2. 状况类定语

状况类定语，表示跟心语事物有关的性状、行为等方面的意义。主要有以下几种。

①性状定语

性状定语表示心语事物的性质或状态。定语和心语之间常用“的”，有时也可以不用。如：

聪明的孩子　优秀教师——性质

弯曲的山路　高大身影——状态

性状定语一般由形容词和形容词结构充当。各类形容词结构都可以充当性状定语：

欢乐优美的舞曲　黑又浓的眉毛

——联合式结构

十分浅显的道理　比狼还凶的表情

——状心式结构

热得难受的气候　绿得耀眼的扣子

——心补式结构

②行为定语

行为定语表示跟心语事物有关联的行为活动。定语和心语之间常用"的"。如：

a. 参观过我们车间的外宾
即将出发的战士
摘下来不久的苹果

b. 削苹果的刀子
堆放杂物的房间
用来保护路基和美化环境的树木

a组行为定语表示心语事物所施行或承受的行为活动，心语可以向施事主语或受事主语转化：（那些）外宾参观过我们车间｜（这些）苹果摘下来不久。b组行为定语表示心语事物的功用，心语可以向工具主语转化：（这种）刀子用来削苹果｜（这个）房间用来堆放杂物。

行为定语通常由动词结构充当。一个动词，不管是及物的还是不及物的，如果直接做一个名词的定语（中间不用"的"），所构成的定名结构表示一个名目，整体性很强。例如：

指挥人员　领导核心　考察报告　咨询单位
游泳设施　办公地点　散步场所　休息时间

③断事定语

断事定语表示对心语事物有所断定。定语和心语之间用"的"。例如：

本是民兵队长的张丰　不是演员的演员
有牙齿的动物　没有根据的说法
属于本公司的职工　不属于该国版图的地方

断事定语一般由动词结构充当，所用的动词结构里包含断事宾语。如"本是民兵队长（的）"是断事定语，"民兵队长"是其中的断事宾语。

断事定语有时由名词充当。如：木头桌子｜水泥地板｜工字桥梁｜鹅毛大雪。

断事定语的心语，若向主语转化，便成为断事主语。如：

张丰本是民兵队长。

（这种）说法没有根据。

（这块）地方不属于该国版图。

（这张）桌子是木头的。

（这座）桥梁像工字。

④涵义定语

涵义定语表示心语所指特定事物的特定涵义。定语和心语之间用“的”。例如：

夫妻吵架的事

语义特征分析的方法

观察描写解释三充分的要求

百花齐放百家争鸣的方针

“夫妻吵架”是特定的“事”的特定涵义；“语义特征分析”是特定的“方法”的特定涵义；“观察描写解释三充分”是特定的“要求”的特定涵义；“百花齐放百家争鸣”是特定的“方针”的特定涵义。

涵义定语实际上是对心语事物作具体化的解释，定语和心语处在同指一种对象的关系之中。因此，这种“X 的 Y”定心结构，可以转化为“X 这种 Y”之类同位结构。例如：

夫妻吵架这种事

语义特征分析这种方法

观察描写解释三充分这样的要求

百花齐放百家争鸣这一方针

（四）从位序排列看不同类型的定语

同一心语，可以带上不同类型的定语。例如：

领属：我的	想法
时地：去年的	想法
指别：那	想法
数量：一个	想法

行为：在小组会上谈过的　　　　　　想法
断事：属于理论构思范畴的　　　　　想法
涵义：以学生为中心进行开放式教学的　想法
性状：粗浅的　　　　　　　　　　　想法

如果不同类型的定语同时在同一心语前边出现，它们之间就存在如何排列位序的问题。

八种定语的排列位序，大体上是：领属—时地—指别（这/那）—数量—行为—断事—涵义—性状。把上面所举的定语连成一串，可以说成一句这样的话：

我去年那一个在小组会上谈过的属于理论构思范畴的以学生为中心进行开放式教学的粗浅想法，不知您是否同意？

这只是一个“硬造”的例子。用这个例子，是想说明各种定语同现时在排列上的大致位序。事实上，口语的句子里不大用长定语；书面语的句子里有时用长定语，但要找到一个各种定语都一齐出现的例子，也很难。

有时，甲乙两个定语的排列位序是强制性的。比方指别定语“这、那”和数量定语“一个、两种”之类，指别一定在前，数量一定在后：这一个商店｜那两种商品。又比方领属定语“我（的）、他（的）”之类和性状定语“十分粗暴（的）、优雅大方（的）”之类，领属一定在前，性状一定在后：我的十分粗暴的态度｜他的优雅大方的仪表。再比方，作为一个名目的“定语＋心语”（不用“的”）的结构，如“鲁迅作品、唐代作品、国外作品、获奖作品”，不管其定语属于哪个类型，别的定语总要用在它们的前边：精选的鲁迅作品｜加注的唐代作品｜课本中的外国作品｜琳琅满目的获奖作品。

有时，甲乙两个定语的排列位序是倾向性的。比方物体类定语和状况类定语，一般倾向于物体类在前，状况类在后：鲁迅晚年的极其尖锐泼辣的杂文。但是，有时也可能出现相反的排列位序：极其尖锐泼辣的鲁迅晚年的杂文。又比方物体类定语内部，一般倾向于领属定语在前，指别数量定语在后：吕老的这几部著作。但是，有时也可能出现相反的排列位序：这几部吕老的著作。再比方状况类定语内部，一般倾向于行为定语在前，性状定语在后：刚买回来的特别新鲜的水果。但是，有时也可能出现相反的排列位序：特别新鲜的刚买回来的水果。一般说来，变动排列位序，是为了取得特定的语用效果。比如：

一个多么可爱的女孩！

多么可爱的一个女孩！

前一例“数量（物体类）·性状（状况类）＋心语”，这是一般的倾向性排列；后一例“性状（状况类）·数量（物体类）＋心语”，这是可能的变易性排列。跟前一例相比较，后一例突出了“多么可爱”，而且形成了“四个音节＋的＋四个音节”的音节分布匀称的结构，显得更有节奏感。

上面关于各种定语在心语前边的排列位序的讨论，是把心语看作一个不变单位，并且把各种定语分别开来一个个地进行观察。这种观察是语义关系的观察。如果从层次关系上来分析定语和心语，那么，应该明确：第一，在一个包含多项定语的复杂的定心结构中，心语是一个可变单位，时小时大。第二，在一个包含多项定语的复杂的定心结构里，最前边的定语修饰它后边的“定语＋心语”，“定语＋心语”整个是它的心语。这就是说，多项定语不是处于同一层次之上。例如：

```
他们的  一个  刚满十岁的  女儿
(定)            (心)
        (定)        (心)
              (定)       (心)
```

（五）从跟其他成分的联系看定语

1．定语和谓语

定语和谓语往往相通。用在前边修饰名词时是定语，若转到后边说明名词时，便成为谓语。上面提到了行为定语和断事定语的心语可以向主语转化的一些现象，这意味着这两类定语有时可以向谓语转化，即：行为定语→谓语，断事定语→谓语。又如：

领属定语—谓语：张亮的日记→（这）日记，张亮的。

数量定语—谓语：四斤白菜→白菜四斤。

时地定语—谓语：海南的水果→（这）水果，海南的。

性状定语—谓语：十分浅显的道理→道理十分浅显。

2. 定语和主语

出现在句首的领属定语，有时可以向句子的主语转化。例如：

这家伙的胆子真大！

这家伙胆子真大！

前一例用“的”，“这家伙”是定语；后一例不用“的”，“这家伙”成了全句主语。看两个实际用例：

(1) 林大娘的脸色立刻变得灰白，瞪出了眼睛望着她的丈夫……（茅盾《林家铺子》）

(2) 要不是爸爸的家庭出身好，我们还不知会怎么样呢！（李云良《台湾舅舅》）

若减去“林大娘”“爸爸”后边的“的”，成为“林大娘脸色立刻变得灰白”，“爸爸家庭出身好”，“林大娘”和“爸爸”就都转化成为全句的主语。

（六）定语和心语的位置变异

定前心后，这是定语和心语的正常位置。有时，出现“心语＋定语”的变式配置，造成定心的位置变异。例如：

击毁军车五辆

打死敌人二十多名

将定语后置，使定语位置特殊化，可以突出定语所表示的内容。上例中，“五辆”“二十多名”都是后置定语。表达中，有人说：“我算什么？我不过是笨蛋一个！”这样显得比“我不过是一个笨蛋”更有强调作用，而且更有幽默、讥讽之类的情味。

后置定语可以自由地恢复成前置定语，即由变式配置自由地恢复成常式配置：击毁军车五辆→击毁五辆军车。但是，后置定语和前边的心语中间没有语音停顿，书面上不用任何标点符号。此外，后置定语限于数量定语，而且用于宾语部分。

凡是不表示数量的成分，尽管近似后置定语，但它的前边有明显停顿，书面上用了逗号。这样的成分可以处理为谓语。例如：

来了一大群人，气势汹汹的。

他手里拿着一个奖牌，金的！

前一例可以解释为："来了一大群人，（这群人）气势汹汹的。"后一例可以解释为："他手里拿着一个奖牌，（这个奖牌是）金的！"其中的"气势汹汹的"和"金的"都可以处理为后边分句的谓语。

凡是表示数量的成分，如果紧跟主语出现，可以分析为谓语，也不做后置定语处理。比如：

肥皂两块。　猪肉三斤。

白云朵朵。　葡萄一串串。

这里的"两块""三斤""朵朵""一串串"都是谓语。

能不能把在宾语部分出现的定心变式配置也一律处理为主谓结构？有困难。首先，如果把"买了肥皂两块"分析为"动词＋主谓结构"，会导致主谓结构做宾语的问题复杂化；其次，如果把"买了肥皂两块"分析为兼语式，即把"肥皂"分析为既是"买了"的宾语又是"两块"的主语，又会搅乱兼语式系统。更为麻烦的是，还有这样的说法："买了肥皂两块和毛巾三条。"由于其中出现了"肥皂两块和毛巾三条"，主谓结构做宾语的分析也好，兼语式的分析也好，都是难以对付的。

二　状心配置

（一）带状心语

状心配置，指把小句构件配置成为"状语＋带状心语"的结构。这也是句子结构中一种重要的配置。其中，跟状语相对待的心语，是带状心语。

在结构上，带状心语可以是词，可以是短语；在性质上，带状心语可以是动词或动词性短语，也可以是形容词或形容词性短语。例如：

好说！　别进来！　北京见！

好险！　真糟糕！　别紧张！

这里的带状心语，分别是动词和形容词。

虚心学习求教！　永远团结奋进！

千万小心谨慎！　确实宽敞明亮！

这里的带状心语，分别是动词结构和形容词结构。

就成句能力说，状心配置弱于主谓配置和动宾配置。因此，“状语＋带状心语”的结构更常用来充当句子成分。

（二）从语法标志看状语

状语和心语之间有时出现“地”，形成“状〈地〉心”的格局。在许多情况下，“地”（de）可以看作是状语的语法标志。

“状〈地〉心”格局是谓词性的。心语由谓词（动词形容词）或谓词结构（动词形容词结构）充当；状语有时是副词，不是副词时往往可以再增添一个副词状语。例如：

一再（地）盘查

逐渐（地）成熟

上例心语都是谓词，状语都是副词。这样的结构肯定是状心结构。又如：

认真地研究

试探地敲打

一个个地盘查

上例心语都是谓词，状语都不是副词。然而，状语部分还可以再添加上另外一个副词状语。如：

正在认真地研究

一再试探地敲打

已经一个个地盘查

副词“正在、一再、已经”等的出现，有利于帮助对谓词性“X〈地〉Y”格局的辨认。

书面上，状语后边的de通常写作“地”，也可写作“的”。“五四”以来，定语和状语后边的de书面上分写为“的”“地”，这对书面语的表意明确性有好处，因此已经为大多数写作者所接受。但是，由于把状语后边的“的”写为“地”毕竟具有人为性，有人有时在状语后边仍然写“的”，这也不算错。只是，定语后边的 de，不能写作“地”。

(三) 从语义类型看状语

对于心语来说，状语有不同的语义类型。大体有两大类。

1. 状况类状语

状况类状语，表示跟心语行为性状有关的状况。主要有以下几种。

①性态状语

性态状语表示跟心语有关的性质或势态。状语和心语之间常用“地”，有时也可以不用。如：

正确地反映情况

安安静静地坐着

“正确”表示性质，“安安静静”表示势态。

性态状语往往由形容词和形容词结构充当，但许多时候也可以是动词和动词结构。如：

赞许地笑

不吃不喝地躺着

性态状语的心语一般是动词，有时也可以是形容词。在心语是形容词的时候，充当状语的一般是“像 X 一般”之类比况结构。如：

像鲜花一样艳丽

跟豺狼似的凶残

②幅度状语

幅度状语表示心语行为性状的幅度。不带“地”。如：

都打扫　只装修

又迟到　再检验

也试试　也重要

“都”“只”从范围大小的角度表明幅度，“又”“再”从出现频率的角度表明幅度，“也”从相关类同的角度表明幅度。

幅度状语一般由副词充当。其心语，通常是动词或形容词，但也可以是名词或数量结构。如：

（园子里）净杂草

（本学期的课程）仅两门

③程度状语

程度状语表示心语性状的程度。通常由程度副词充当，多数不带“地”，有的也带“地”。其心语，一般是形容词或形容词结构。如：很聪明｜非常宝贵｜特别凶残｜过分艳丽。

少数几个形容词，在做形容词的状语的时候，表示程度。例如：

出奇地漂亮

惊人地灵活

意外地坦诚

有些动词结构，前头可以出现程度状语。如：

非常佩服他

特别像他妈妈

相当令人担心

很有学问

④否定状语

否定状语表示对心语行为性状的否定。不带“地”。充当否定状语的是“不、没、不必、未必”等副词。如：

不报考　　不灵活

没报考　　没有录取

不必难过　未必接受

⑤因由状语

因由状语表示跟心语行为性状有关的原因、理据或目的。不带“地”。充当因由状语的是“由于/根据/为了……”等介词结构。如：

（会议）由于各种原因而推延

（本文）根据真人真事写成

（我们）为你的事尽力

⑥关涉状语

关涉状语表示心语行为性状所关涉到的某个对象。充当关涉状语的，主要是“把/对/向/比/跟/关于……”等介词结构。如：

把他开除　对国家有利

向敌人开火　比画上的漂亮

跟外商谈判　关于这件事已有许多传说

⑦语气状语

语气状语表示跟心语行为性状相关的某种语气。所表示的语气，有实然语气、或然语气、臆测语气、逆反语气、叮咛语气、反问语气等。常由“一定、肯定、确实、的确、也许、大概、大约、果然、居然、竟然、幸亏、原来、偏偏、反倒、简直、几乎、索性、反正、不妨、务必、难道、到底、究竟、何必、何尝”等词充当，大多数是副词。不带“地”。例如：

的确好看　也许有利　果然精彩

偏偏反对　务必小心　到底怎样

2. 物体类状语

物体类状语，表示跟心语行为性状有关的时间、方所、数量以及人和事物等。这类状语在表意上跟主语有纠葛，不同于主语之处在于：其心语另有主语。主要有以下几种。

①时地状语

时地状语表示时间方所。不带“地”。如：

（他）下午到达（他）正在休息（他）在刚解放的时候回国

（我们）法庭见（诸位）屋里请（大家）沿着河边走

时地状语由表示时间方所的名词、副词或短语充当。

②数量状语

数量状语表示动量和重复的物量。前者不带“地”，后者带“地”。如：

表示动量：　一下抓住　两次报考

表示重复物量：（你们）两个两个地进去（辣椒）一串串地挂着

在主语和状语的位置上，数量结构重叠式都可以出现。比较：

一个个都没气了?

一个个地审问!

二者不同之处在于：做主语时表示“每”(每一个都没气了?)，常跟“都”呼应使用；做状语时表示“逐次”（一个个地审问）或“分列”(辣椒一串串地挂着)，后边用“地”或可以加上“地”。

③事物状语

事物状语表示跟心语行为相关的人或事物。由一个名词充当时不带“地”，由名词结构充当时一般带“地”。如：

（我）工人出身

（他）流氓恶棍地骂

由名词或名词结构充当的事物状语有一个共同点，这就是：前头可以补出跟心语相配的主语。如上例里“出身”的主语是“我”，“骂”的主语是“他”。

(四）从位序排列看不同类型的状语

不同类型的状语有时同现。这样，就存在不同类型的状语之间如何排列位序的问题。

各种状语的排列位序，大体上是：因由—时地—语气—幅度—否定—性态—关涉—数量。例如：

（大家）为了你
昨天
在现场
确实
都
没有
对所有的物品
仔细地
一箱箱地→检查。

“检查”是心语。“为了你”表目的（属因由)，“昨天”表时间，“在现场”表地点，“确实”表语气，“都”表幅度（范围），“没有”表否定，“仔细（地）”表性态，“一箱箱（地）”表数量。

有的不同类型的状语，它们的排列位序是受到强制的。比方，表示时间的状语和表示性态的状语同现，表示性态的状语一定在后边；又比方，表示范围的“都”和表示程度的“很”同时出现，“很”一定用在后边。如：

明天仔细看看

都很宽敞明亮

大多数不同类型的状语，它们的排列位序具有灵活性。当然，由于位序不同，表意也有所不同。比如：

在海边高兴地玩耍

高兴地在海边玩耍

上例表意略有不同：前者先着眼于方所，后者先着眼于性状。又如：

十分不信任

不十分信任

上例表意有较大的不同：前者是根本不信任，后者是有限度地信任。

跟定语情况一样，关于不同状语在心语前边的排列位序的讨论，是把心语看作一个不变单位，并且把不同类型的状语分别开来进行语义关系的观察。如果从层次关系上来分析状语和心语，那么，应该明确：在一个包含多项状语的复杂的状心结构中，心语是一个可变单位，时小时大。在这种复杂的状心结构里，最前边的状语修饰它后边的“状语＋心语”，即后边的“状语＋心语”整个是它的心语。不同类型的状语，不是处于同一层次之上。例如：

上午　在小礼堂　跟全体代表　一一　握手

（状）　（心）

（状）　（心）

（状）　（心）

（状）（心）

(五) 从跟其他成分的联系看状语

1. 状语和谓语

许多状语，特别是表示性态的状语，跟谓语往往相通。作为状语，它们前加于心语，语音上紧密相连，而且往往带上状语标志“地”。如果不用“地”，语音上有停顿，那么它们就往前靠向主语，转化成为谓语。例如：

他鬼鬼祟祟地东张西望。

他鬼鬼祟祟，东张西望。

前一例，“鬼鬼祟祟”是状语；后一例，“鬼鬼祟祟”是谓语。

某些复用物量的状语，同样可以向谓语转化。如：

大楼一排排地显示着特区的繁华。

大楼一排排，显示着特区的繁华。

前一例，“一排排”是状语；后一例。“一排排”是谓语。

比较可知：同样的词语，做谓语时重在述说人或事物，做状语时重在形容行为状况。

2. 状语和定语

性态状语，有的跟定语相通。或者可以移到主语部分，成为定语；或者可以移到宾语部分，成为定语。例如：

阳光强烈地照射着大地。

强烈的阳光照射着大地。

前一例，“强烈”是状语；后一例，“强烈”成了主语部分里的定语。

她给我浓浓地泡了一壶茶。

她给我泡了浓浓的一壶茶。

前一例，“浓浓”是状语；后一例，“浓浓”成了宾语里的定语。

能够向定语转化的状语，一般都表示跟人或事物存在恒性联系的性质或状态。

3. 状语和主语

有的表示事物的状语，其状语身份靠“地”促成。如果去掉“地”，可能向主语转化。例如：

辣椒茄子地种了一园子。

辣椒茄子种了一园子。

前一例用“地”，“辣椒茄子”是状语；后一例不用“地”，“辣椒茄子”成了受事主语。

(六) 状语和心语的位置变异

状前心后，这是状语和心语的正常位置。有时，出现“心语＋状语”的变式配置，造成状心的位置变异。例如：

(1) 这叫声，留在堂林嫂心里，永远永远。(艾之明《火种》)

(2) 我漫步着，漫步着，在这少有的寂寞里。(鲁迅《秋夜》)

(3) 在硝烟弥漫的岁月里，他慢慢成长了，从班长、排长到连长。(武剑青《云飞嶂》)

将状语后置，是造成状语位置的特殊化，从而突出状语所表示的内容。上例中，“永远永远”“在这少有的寂寞里”“从班长、排长到连长”都是后置的状语。

凡是后置的状语，都可以自由地恢复为前置的状语，即状心变式配置可以自由地恢复为状心常式配置。如：这叫声，留在堂林嫂心里，永远永远。→这叫声，永远永远留在堂林嫂心里。

凡是后置的状语，它的前边一定有停顿，书面上用某个标点符号隔开，一般是用逗号。如果不用逗号之类，不是后置状语。比方，“极好”中“极”是状语，“好极”中“极”是补语而不是后置状语。

使用状心变式配置的通常是陈述句，但也有其他语气类型的句子。如：

(4) 祝福吧，为那些平凡的妻子和母亲。(艾之明《火种》)

(5) (那首唱遍世界的歌《东方红》) 谁不喜欢呢？从心里，从灵魂深处。(吴伯箫《歌声》)

前一例等于说“为那些平凡的妻子和母亲祝福吧”，是祈使句；后一例等于说“谁不从心里从灵魂深处喜欢呢”，是反问句。

三 心补配置

(一) 带补心语

心补配置，指把小句构件配置成为“带补心语＋补语”的结构。

这也是句子结构中一种重要的配置。其中，跟补语相对的心语，是带补心语。从成句的能力看，心补配置弱于动宾配置，更弱于主谓配置，但强于定心配置和状心配置。

在结构上，带补心语可以是词，可以是短语；在性质上，带补心语可以是动词或动词性短语，也可以是形容词或形容词性短语。例如：

(1) 孟一夫把谭光拽下床，打起来。

(2) 过去的年龄所无法感知的事情，逐渐清晰起来。

以上两例，补语都是“起来”。带补心语“打”和“清晰”分别是动词和形容词。

(3) 孟一夫把谭光拽下床，拳打脚踢起来。(崔亚斌《白狼》)

(4) 过去的年龄所无法感知的事情，逐渐清晰和明朗起来。(张廷竹《黄土已远，近草更绿》)

以上两例，补语还是“起来”，带补心语“拳打脚踢”和“清晰和明朗”则分别是动词短语和形容词短语。

在实际语言运用中，由短语充当带补心语的现象比较少见。

(二) 从语法标志看补语

心语和补语之间有时出现“得”(de)，形成“心〈得〉补”的格局。在许多情况下，“得”可以看作是补语的语法标志。

大体说来，“心〈得〉补”格局的形成，跟补语语义类型和补语结构情况都有关系。比方：不用“得”时是结果补语或趋向补语（推倒｜推上去），用“得”时是可能补语（推得倒｜推得上去）。又比方：不用“得”时是结果补语或评判补语的单词形式（吃饱｜睡晚），用“得”时是结果补语或评判补语的短语形式（吃得很饱｜睡得很晚）。

有的补语，比如数量补语、时间补语、方所补语，前头一律不用“得”。有的补语，比如程度补语，不管是单词形式还是短语形式，前头一般用“得”（紧张得很｜紧张得不得了）。只有极少数单词形式程度补语，前边不用“得”（紧张极了｜紧张万分）。

(三) 从语义类型看补语

对于心语来说，补语有不同的语义类型。大体可以分为两大类。

1. 状况类补语

状况类补语，表示跟心语行为性状有关的状况。主要有以下几种。

①结果补语

结果补语表示由心语行为性状所导致的状态或状况。如果以 X Y 分别代表心语和补语，那么二者的语义关系是：Y 是 X 所导致的结果。例如：

小树长高了。

姑妈急哭了。

“长、急”是心语，“高、哭”是补语。“高”是“长”的结果，“哭”是“急”的结果。

带补心语可以是动词或形容词，结果补语也可以是动词或形容词。即：

动·动（凤姨吓病了。）

动·形（小树长高了。）

形·动（姑妈急哭了。）

形·形（我老糊涂了。）

结果补语有时由短语充当。心语和补语之间要求用“得”。如：

凤姨笑得流下了眼泪。

小树长得又高又好看。

有的结果补语尽管由词充当，但心语和补语之间也要求用“得”：

他吓得发抖。

结果补语通常指已然性结果，有时也指将然性结果：

过两年，小树会长得又高又好看的。

有的结果补语前头用“个”或“得个”。如：

把敌人打个落花流水。（＝打得落花流水）

一般情况下，结果补语和心语的语义联系是直接的，即某种行为直接导致某个结果。比如“把杯子打破了”，“破”是“打”的直接结果。有的时候，结果补语和心语只有间接的联系。比方，在武汉的菜场上，听到买菜的人这么说：“武汉的乌鱼越来越贵了，都是让广东人吃贵的!”广东人喜欢吃乌鱼，广东菜场上的乌鱼贵了，武汉受到影响，也贵了。“吃贵”这个心补结构，其含义显然不是“吃”和“贵”的直接相加，它凝结了事物间一串因果关系的内容。

②趋向补语

趋向补语表示心语行为性状的发展变化的趋向或趋势。如果以 X Y 分别代表心语和补语，那么二者的语义关系是：Y 是 X 的趋向或趋势。例如：

战士们冲过去了。

新一代国产小轿车制造出来了。

“冲、制造”是心语，“过去、出来”是补语。“过去”是“冲”的具体趋向，“出来”是“制造”的抽象趋势。

趋向补语由趋向动词充当。带补心语一般是动词，有时是形容词。带上趋向补语的形容词，是形容词的动态化用法；能够做形容词的补语的趋向动词，限于“起来、下去、下来”三个。例如：

天黑起来了。

天黑下去了。

天黑下来了。

③可能补语

可能补语表示心语行为性状的一种可能有的发展变化。如果以X Y分别代表心语和补语，那么二者的语义关系是：能 X Y，或者，不能 X Y。例如：

我听得懂！　　我听不懂！

我写得完！　　我写不完！

温度高得起来！　　温度高不起来！

“听、写、高”是心语，“懂”和“不懂”、“完”和“不完”、“起来”和“不起来”都表示一种可能有的发展变化。“听得懂”，等于说“能听懂”；“听不懂”，等于说“不能听懂”。

某些结果补语和趋向补语，不管心语是动词还是形容词，凡是不用“得”的，如果结构上允许加“得”，那么，加“得”后就会转化成为可能补语。例如：

推倒（心语·结果补语）　　　推得倒（心语·可能补语）

平静下来（心语·趋向补语）　平静得下来（心语·可能补语）

有时，结果补语和可能补语采取同样的语表形式。比方“写得好”，“好”既可以是结果补语也可以是可能补语。它们的区别，表现在两个方面。一方面是语里意义不同。这要结合不同语境，通过不同语句来确定其语义蕴含。如：“哎呀，写得好，写得真好！”这里的“好”是结果补语。又如：“我看，他不一定写得好。”这里的“好”是可能补语。另一方面是否定说法不同。由于具有不同的语里意义，它们采取不同的否定说法。如果是结果补语，否定说法是“写得不好”；如果是可能补语，否定说法是“写不好”。

有的可能补语，只采用“得”和“不得”的形式。例如：

吃得！　　吃不得！

看得！　　看不得！

这里的“得”是动词，而不是结构助词。在语里关系上，这种补语不是指明心语可能有的一种发展变化，而是对心语可能性的全面肯定或否定：吃得，是对吃的可能性的全面肯定；吃不得，是对吃的可能性的全面否定。

④程度补语

程度补语表示心语行为性状的程度。如果以 X Y 分别代表心语和补语，那么二者的语义关系是：X 达到了 Y 的程度。例如：

这东西酸极了。

这盘菜辣得不能再辣了。

“酸”和“辣”是心语，“极”和“不能再辣了”是补语。前一例等于说“酸”达到了极度，后一例等于说“辣”达到了“不能再辣”的程度。

带补心语一般由形容词充当。语法性质跟形容词有相通之处的心理活动动词和比似动词“像”，也可以充当。充当程度补语的词语有三类：

第一类是程度副词“很、极、透、万分”等。“很”做补语时前面要求用“得”。如：

辛苦得很　　辛苦极了

羡慕得很　　羡慕极了

像得很　　　像极了

第二类是形容词“出奇”。要求用“得”。补语位置上的“出奇”可以受程度副词“特别”的修饰，语法功能上属于形容词。如：

红得出奇

像得出奇

第三类是“不得了”“要死”“要命”“不行”“不能再X了”等结构。如：

严肃得不得了

喜欢得要命

像得不能再像了

⑤评判补语

评判补语表示对心语行为性状的评议和判断。如果以X Y分别代表心语和补语，那么二者的语义关系是：Y评判X为怎么样。Y反映说话人的心理感受。例如：

睡得很早　睡得很晚　睡得正是时候

同是心语“睡”，补语“很早”“很晚”“正是时候”表明对睡有不同的评判。

带补心语可以是动词。如上例的“睡”。又如：

扫得马虎　说得流利　学得用心

走得太慢　吃得太快　处理得特别干脆

带补心语也可以是形容词。如：

白得纯正　蓝得透明　红得华贵

驯服得可怜　得意得太早　糊涂得可以

评判补语不同于结果补语，不能说成X的结果是Y。如：扫得马虎，不是扫的结果是马虎；白得纯正，不是白的结果是纯正。

评判补语不同于可能补语，不表示“能X Y”的意思。如：扫得马虎，不是能扫马虎；白得纯正，不是能白纯正。

评判补语不同于程度补语，Y 不是单纯强调 X 的程度。尽管 Y 对 X 来说往往包含程度的因素，但 Y 又有特定的评议内涵。比方，“绿得很”“绿得不得了”之类里头带的是程度补语，而“绿得可爱”“绿得优雅”“绿得秀美”“绿得晶莹”之类里头带的却是评判补语。显然，对于“绿”来说，“可爱”“优雅”“秀美”“晶莹”都不仅仅是表示程度。看几个实际用例：

（1）灯光白得发青。（老舍《骆驼祥子》）

（2）这些学生一方面盲目得可怜，……（钱锺书《围城》）

（3）村子里很静，静得安详，静得有趣，……（陈残方《珠江岸边》）

这里的“发青”“可怜”“安详”“有趣”都是评判补语。

有的评判补语前头用“个”或“得个”。如：

笑个不停

闹个没完没了

2. 物体类补语

物体类补语表示跟心语行为性状有关的时间、方所、数量和对象、方式等。主要有以下几类。

①时地补语

时地补语表示心语行为所涉及的时间位置或方所位置。例如：

瘫痪在床

奋斗挣扎到天明

补语“在床”表示方所位置，补语“到天明”表示时间位置。

时地补语由表示方所时间意义的介词结构充当。不过，介词结构用在动词后边时，介词有缀向动词的倾向。这一点在讲介词结构时再讨论。

②数量补语

数量补语表示心语行为性状的动量、时量和差量。如果以 X Y 分别代表心语和补语，那么二者的语义关系是：Y 是 X 相关的量。例如：

看了三遍　住了三天　重了三斤

“看”“住”“重”是心语，“三遍”“三天”“三斤”是分别表示动量、时量、差量的补语。

动量补语由动量词结构充当。心语一般是动词，偶尔是形容词。不过，形容词一带上动量补语，便成为动态化用法。如：

他已经来过两次了。

灯已经黑过几回了。

心语是动词“来”和形容词“黑”，补语是动量词结构“两次”和“几回”。“已经＋X＋动量”的语法环境，是形容词动态化的语法环境。

动量补语不同于数量宾语。比较：

肉包子我吃了两回。

肉包子我吃了两斤。

“两回”是补语，“两斤”是宾语。不同之处在于：第一，做补语的是动量词结构，作宾语的是物量词结构。第二，做宾语的物量词结构可以跟名词一起组成“数量名”结构，并且可以一起用在句子的其他地方，做补语的动量结构不能这么办。比如可以说“我把两斤肉包子全吃了”，但不能说“我把两回肉包子全吃了”。

时量补语由时量词结构充当。心语一般是动词，偶尔是形容词。形容词带上时量补语，也属于动态化用法。如：

他沉思了半晌。

这家伙的确红过一阵子。

“年、天”之类名词，在跟数词组合表示时间长度时可以看作准量词，“三年、五天时间”之类充当的补语，可以划归时量补语。如：

他已经走了三年了。

我只等一天时间！

差量补语表示差距段量，通常由物量结构充当。心语一般是形容词，整个句子有比较性。如：

这条绳子比那条长两厘米。

萧叔叔比李叔叔小三岁。

③关系补语

关系补语表示跟心语行为相关的对象或方式方法。例如：

寄希望于青年

代之以符合中国国情的做法

“于青年”和“以符合中国国情的做法”都是关系补语，分别表示对象和方式方法。

关系补语由介词结构“于X”“以X”充当。带关系补语的句子，有文言味，书面语色彩较浓。

(四) 从补宾关系看补语

1. 位次关系

动词后边可以出现两种成分：宾语和补语。当这两种成分同时出现的时候，孰先孰后，存在位次关系的问题。大体说来，有三种情况：①补前宾后；②宾前补后；③补宾位置灵活。例如：

写好一篇文章（+） 写一篇文章好（？）

写不好文章 （+） 写文章不好 （？）

找过他两次 （+） 找过两次他 （？）

考大学两次 （+） 考两次大学 （+）

补宾的位序配置，取决于多方面的因素。有时取决于补语的类型。结果补语和可能补语总是紧跟动词，因此如果把“写好一篇文章”“写不好文章”说成“写一篇文章好”“写文章不好”，意思差别很大。有时取决于词性及音节。代词，特别是单音节代词，要求紧跟动词；双音节名词的位置则可以灵活。因此，一般不说“找过两次他”，而“考大学两次”和“考两次大学”、“找过校长两次”和“找过两次校长”却都常说。

趋向补语，如果是双音节的，宾语有时出现在两个音节之间。例如：

收回来 收回成本来

冲出来 冲出一只老鼠来

走进来 走进一个大胖子来

2. 语义关系

心补配置和宾语有多样联系。“动词＋补语”后边如果出现宾语，宾语可能跟动词和补语都有关系，也可能只跟动词有关系而跟补语没有关系，或者只跟补语有关系而跟动词没有关系。例如：

她揉肿了眼睛。

她蒙上了眼睛。

她哭红了眼睛。

第一例，“眼睛”和“揉”“肿”都有关系；第二例，“眼睛”只跟“蒙”有关系，跟“上”没有关系；第三例，“眼睛”只跟“红”有关系，跟“哭”没有关系。

不管心补配置跟宾语的语义联系如何，都可以认为宾语跟整个心补配置相联系，不必认为“哭红了眼睛”之类格式里“哭”是心语而“红了眼睛”是补语。这是因为，所有“心补配置＋宾语”在语法格式的变换上具有同一性。比方上面三例，它们都能变换为“把”字句：

你看，她把眼睛揉肿了。

你看，她把眼睛蒙上了。

你看，她把眼睛哭红了。

(五) 从跟其他成分的联系看补语

1. 补语和谓语

对于主语来说，部分补语具有可谓性。比如：

你长胖了！

这孩子变得好自私！

战线拉得太长了！

这些字写得真潦草！

这类句子，如果去掉心语，补语就会转化为谓语：

你胖了！

这孩子好自私！

战线太长了！

这些字真潦草！

2. 补语和状语

少数补语和少数状语可以互相转换。情况并不单纯。比如：

骏马奔腾驰骋在高原上。

骏马在高原上奔腾驰骋。

“在高原上”分别做补语和状语。表意有所不同：“骏马奔腾驰骋在高原上”，重在表明行为在什么地方延续；“骏马在高原上奔腾驰骋”，重在表明在什么地方发生什么行为。“他近来常常出现在公共场所”和“他近来常常在公共场所出现”，情况相同。又如：

近来甲鱼贵极了。

近来甲鱼极贵。

“极”分别做补语和状语。一方面，结构上有不同的要求：做状语时直接修饰心语，做补语时一般要求带上“了”字；另一方面，语用价值也略有差别：“极了”做补语是通常说法，比较口语化，“极”做状语则带有文言色彩。

主要参考文献

[1] 朱德熙. 定语和状语 [M]. 北京：新知识出版社，1957.

[2] 朱德熙. 定语和状语的区分与体词和谓词的对立 [M]//语法丛稿. 上海：上海教育出版社，1990.

[3] 孙玄常. 宾语和补语 [M]. 北京：新知识出版社，1957.

[4] 范继淹. 动词和趋向性后置成分的结构分析 [M]//范继淹语言学论文集. 北京：语文出版社，1986.

[5] 李临定. 带“的”字的补语句 [J]. 中国语文，1963 (5).

[6] 刘月华. 定语的分类和多项定语的顺序 [M]//汉语语法论集. 北京：现代出版社，1989.

[7] 刘月华. 状语的分类和多项状语的顺序 [M]//汉语语法论集. 北京：现代出版社，1989.

[8] 刘月华. 可能补语用法研究 [M]//汉语语法论集. 北京：现代出版社，1989.

[9] 刘月华. 趋向补语的语法意义 [M]//汉语语法论集. 北京：现代出版社，1989.

［10］傅雨贤．“V 1＋N”式偏正结构［M］//语法研究和探索：四．北京：北京大学出版社，1988．

［11］马庆株．含程度补语的述补结构［M］//语法研究和探索：四．北京：北京大学出版社，1988．

［12］萧国政．隐蔽性施事定语［M］//现代汉语语法问题研究．武汉：华中师范大学出版社，1994．

［13］萧国政．同一语义指向的“动/趋来”［M］//现代汉语语法问题研究．武汉：华中师范大学出版社，1994．

［14］徐杰．“动词·到·处所词”的句法语义结构［M］//汉语描写语法十论．郑州：河南教育出版社，1993．

［15］贺凯林．现代汉语里形形组合的非并列式结构［J］．华中师范大学学报（人文社会科学版），1994（2）．

［16］邢福义．N V N造名结构及其N V ｜ V N简省形式［J］．语言研究，1994（2）．

［17］邢福义．形容词动态化的趋向态模式［J］．湖北大学学报（哲学社会科学版），1994（5）．

第六节　小句面貌综观

一　结构类型和语气类型

作为中枢语法单位的小句，由于成分配置的情况有所不同，因而形成不同的结构类型；又由于跟不同的表述意旨相联系，带有这样那样的语气，因而形成不同的语气类型。

（一）结构类型

在小句的五个配对成分中，有质成分和一般成分的区别。决定小句结构类型基本面貌的质成分有两个：首先是谓语，其次是主语。作为质成分，谓语是意旨表述的基本部分，其重要地位显而易见。主语的地位具有两面性。一方面，主语不及谓语重要。这是因为，谓语的核心代表某种行为性状，围绕核心可以进行势态限定、方式限定、范围限定、程度限定、时间限定、方所限定、人物限定等，而主语只是对句子结构核心的一种人物限定。再说，主语可以没有，可以简省，可以泛指，可以模糊化，这也表明主语不是表意的核心之所在，跟包含结构核心的谓语不能平起平坐。但是，另一方面，主语又是谓语之外各种成分之中最硬实最稳定的成分。一个句子，要求能够表明一个明确的意旨，如果没有主语或缺乏明确的主语，在许多情况下就会影响其成活。从这个角度看，主语又是跟谓语一起对句型基本面目起决定性影响的成分。

根据两个质成分的配置情况，在结构上，小句可以分为两大类型：

1. 主谓句

主谓句是具备主语和谓语的句子。主谓句可以从不同角度来分类。

如果主要看主语，根据其构件材料的不同，可以分为名词主语句、动词主语句等；根据跟谓语之间语义关系的不同，可以分为施事主语句、受事主语句、用事主语句等。

如果主要看谓语，根据其构件材料的不同，可以分为动词性谓语句、形容词性谓语句、名词性谓语句等；根据其对主语的表述作用的不同，可以分为行为叙述句、性状描写句、事物判断句等。

2. 非主谓句

非主谓句是不同时具备主语和谓语的句子。根据构成材料的不同，非主谓句可以分为三类。

①谓词性非主谓句。这类句子，看起来像是一个谓语，前头却没有出现也无须补出一个主语，因而通常被称为无主句。如“下雨了。”“好险!”之类。

②名词性非主谓句。这类句子，有的像是主语，后头没有出现也无须补出谓语，如“狼!”“这样的婆婆!”之类；有的是独用成句的呼语，如“爸爸!”“尊敬的来宾们!”之类。

③摹声性非主谓句。这类句子由摹声词充当，包括独用成句的感叹语和象声语，如“哼!”“轰隆!”之类。

非主谓句和主谓句的区别不是绝对的。比方，“下雨了!”这是非主谓句；“天下雨了!”这就成了主谓句。对于某些现象，到底算不算非主谓句，会有不同的看法，因此，在不同学者的著作中，非主谓句的范围有广有窄，这是不足为怪的。本书对非主谓句有个限定：凡是非主谓句，都能离开上下文独立表述一个意旨，不存在需要某个词语加以补足的残缺感。比方，有人突然说："下雨了！"谁都不会再追问什么。如果有人突然说："淋雨了！"恐怕听者就要追问："谁淋雨了？"这表明，"淋雨了"的表述性依赖于上下文：［甲问］衣服怎么这么湿？［乙答］淋雨了！这里的"淋雨了"相当于"我淋雨了"，是主谓句的简省形式。

在小句的分类中，谓语角度的分类是最重要的。根据构件情况划分出来的类，尤为重要。动词性谓语句、形容词性谓语句等，都可以进行再分类。比方，如果看一般成分的配置状况，就可以得出状心式动词谓语句、心补式动词谓语句、动宾式动词谓语句、连动式动词谓语句、兼语式动词谓语句等。如果再进一步进行分类，又可以从状心式动词谓语句中得出"把"字句、"被"字句、"比"字句、"连"字句等。当然，小句类别的归纳和提出，有一定的目的，适应一定的要求。如果不是一部面面俱到地描写汉语句型的著作，讲汉语语法的书一般都只是列举出一部分特别需要介绍的句型句式。

（二）语气类型

任何小句都跟特定的表述意旨相联系，都带上特定的语气。跟特定的语气相配合，又会带上特定的语调。根据语气的不同，小句可以分为四个类型。

1. 陈述句

陈述句是告诉别人一件事的句子。语调平匀，句尾一般稍微下降。

从句子的基干构造看，有的用肯定形式，有的用否定形式，有的用双重否定表肯定的形式。比如：我回避他。｜我不回避他。｜我不得不回避他。否定形式的造成，是否定词"不、没有"之类被配置在状语位置之上。即使是双重否定形式，起码也要有一个否定词用作状语，如："没有一个人不回避他。"如果否定词只在主语部分或宾语部分出现，不会构成否定句式。比如："我讨厌不老实的人。"这不是否定式陈述句。

从句末语气助词看，主要有这么几个：①“的”和“了”。都用来加强认定语气，但作用不完全相同。“的”表示事情的本来情况，是确信地陈述事实；“了”表示事情的变化情况，是客观地陈述事实。比如：“我不回避他的。”“我不回避他了。”前一例用“的”，表明事情本来如此；后一例用“了”，表明情况有了变化。②“呢”和“罢了”。同样用来加强认定语气，但同时又表露较多的主观情绪。用“呢”，显得口气夸张，常附加有赞美、着急等情绪。比如：“这小伙子力气很大呢！”“他有点发烧呢！”用“罢了”，显得语气收敛，带有“仅此而已，不必重视”的意味，常跟句中“只是、不过”呼应使用。比如：“这小伙子只是力气很大罢了！”“他不过有点发烧罢了！”③“嘛”和“啊”。同样用来加强认定语气，但同时又表露某种特定意图。用“嘛”，书面上有时写作“么”，重在有所申明，或者表示显而易见，或者表示无可奈何。如：“他能不被提拔？他叔叔是大处长嘛！”“我有什么办法？他根本不用心嘛！”前一例重在强调显而易见，后一例重在强调无可奈何。用“啊”，重在有所提醒，希望引起听话人的重视，或者得到听话人的谅解。如：“大伯，这位就是李县长啊！”“大伯，我不是故意的啊！”前一例重在提醒对方应该重视，后一例重在提醒对方应该给予谅解。

2. 感叹句

感叹句是抒发某种强烈感情的句子。语调先上升后下降。

从句子的基干构造看，感叹句有独特的地方。主要表现在：常包含“多么、多、好、真”等具有感叹作用的词语。例如：张老师有学问。(陈述句)→张老师多么有学问！(感叹句) | 你们学校很美丽。(陈述句)→你们学校好美丽！(感叹句) | 这个人不简单。(陈述句)→这个人真不简单！(感叹句)

从句末语气助词看，常用“啊”。“啊”同句中的“多么”之类配合使用，感叹情味显得更为突出。如：张老师多么有学问啊！ | 你们学校多么美丽啊！ | 这个人真不简单啊！

一般地说，陈述句和感叹句都表示对事物的判断。不同之处在于，大多数感叹句是在判断的基础上加以慨叹，有的感叹句则由特殊方式构成，与判断无关。如："唉！""我的天！"

3．祈使句

祈使句是表示命令或请求的句子。语调逐渐下降。

从句子的基干构造看，祈使句有两个方面的特点。一方面，祈使句的主语在词面上往往是第二人称的，但是实际上隐含着"我命令（你）""我要求（你）"等意思。假若用ＶＰ代表祈使对象"你、你们"等后面的词语，祈使句的结构的代表形式实际上是："（我要）你ＶＰ!"通常只说"你ＶＰ!"（如"你别说了!"）主语是第二人称的。如果把隐含的内容全都说出来，成为"我要你ＶＰ!"（如"我求你别说了!"）主语便是第一人称的了。另一方面，祈使句常用"请、千万（要）、别"等带祈使性质的词语，其中"别"专用于否定式祈使句。尽管祈使句也可以不用这些词语，但是，第一，用与不用在情味上有区别，如"请进来!"比"进来!"显得尊重对方，第二，只要是祈使句，都一定能添加上这类词语。

从句末语气助词看，常用这么几个：①"吧"和"了"。一般说，在要求别人做什么的时候，用"吧"；在要求别人不做什么的时候，用"了"。比如：你说吧！—你别说了！｜你们严肃点吧！—你们别太严肃了！"吧"有时也可以用于否定式祈使句，借以加强不赞成或不耐烦的语气。如果是先用"了"再用"吧"，偏重于表示对已经发生或正在发生的行为的劝阻。如："过去的事别再提了吧!""且别说这些了吧!"如果是基干构造后边直接用"吧"，偏重于表示对即将发生或可能发生的行为的劝阻。如："还是别冒这种风险吧!"②"啊"。表示敦促或叮嘱的语气。肯定式和否定式的句末都可以用："快点走啊!""别耽搁时间啊!"如果句中用了"千万"一词，句末更容易带上"啊"："你千万要沉住气啊!""你们千万别莽撞啊!"

祈使句不直接表示判断。这类句子，寄判断于祈使之中。

4．疑问句

疑问句是用来提出问题的句子。典型的疑问句，句末语调上升。

从基干构造和提问要求看，疑问句可以分为三类：①是非问。基干构造与陈述句相同。是提出一个问题，要求做出肯定或否定的回答。如：他走了。他不再来了。(陈述句)→他走了？他不再来了？(是非问句)②选择问。以“是 X 还是 Y”和“X 不 X”的形式构成基干。是用分项列举方式或正反并用方式提出问题，要求有选择地做出回答。用分项列举方式提出问题的，是列项选择问。如：“你们是喝茶还是喝咖啡?”用正反并用方式提出问题的，是正反选择问。如：“你们喝不喝咖啡?”③特指问。基干构造中包含疑问代词“谁、什么”之类。是用疑问代词代替未知内容，要求对未知内容做出回答。如：“你找谁?”“你是什么人?”

从句末语气助词看，常用这么几个：①“吗”和“吧”。用于是非问句末。用“吗”，一般表明问话人对情况无所知；用“吧”，则表示信疑之间的语气，或者表示商量的语气。如：“客人来了吗?”“客人来了吧?”“我去把客人引进来吧?”在书面上，“吗”有时写作“么”。②“呢”。用于选择问和特指问句末。如：“你喜欢物理还是喜欢文学呢?”“你到底喜欢什么呢?”“呢”和“吗”在使用上的分工，表明选择问和特指问同是非问形成对立。有的时候，句中用疑问代词形成特指问，句末又用“吗”形成是非问。这是一种具有二重性的“特指性是非问”。例如：“你想喝点什么吗？(咖啡还是椰子汁?)”“当时有谁摸过现场上的什么东西吗?”③“啊”。是非问、选择问、特指问句末都可以出现。问句句末用“啊”，可以使句子语气比较活泼。例如：“你们在开会啊?”“你们是喝茶还是喝咖啡啊?”“你们谁上来唱一段啊?”

从实际用途看，疑问句一般用来提问和求答。它本身不表示明确的判断。不过，疑问句的形式有时用来表示反问。反问是明知故问，本身表示肯定什么或否定什么，换句话说，本身已表示判断，因而不要求对方回答。一般是从肯定方面问，意在否定；从否定方面问，意在肯定。例如：

(1) 譬如我们刚才讲到的那些橘子树，不是很好的老师吗？(郭沫若《屈原》)

(2)(雨淅淅沥沥下着……)谁能睡得着呢?(徐怀中《西线佚事》)

(3)(它们生长在这南方,也爱这南方,你要迁移它们,不是很容易的事。这是一种多么独立难犯的精神!)你看这是不是一种很好的榜样呢?(郭沫若《屈原》)

这三个都是反问,它们分别采取是非问、特指问、选择问的形式。

一般地说,句子语气和句子用途相一致:陈述句的用途是陈述,疑问句的用途是提问,感叹句和祈使句的用途是表示感叹和祈使。但是,由于句子的使用还涉及表述技巧的问题,因此,有时句子的语气类型跟句子的使用目的并不是一致的。比方上面提到的反问,尽管属于疑问句,但实际上用来表示肯定判断或否定判断。又比方,甲对乙说:"你把窗户关上好不好?"这句话,在语气上属疑问句,在用途上起的却是祈使的作用。再比方,房间里开着窗户,北风一阵阵地往里吹,甲望着窗户对乙说:"好冷啊!"这句话,明显是感叹句,但起的却是祈使的作用。可知,句子语气类型的划分,不完全是句子用途的划分。

句子的语气类型和结构类型之间,包括它们的下位类型之间,存在"加合孳生"的关系。即:结构型+语气型=结构语气型。如图:

	主谓句	非主谓句
陈述句	主谓陈述句	非主谓陈述句
感叹句	主谓感叹句	非主谓感叹句
祈使句	主谓祈使句	非主谓祈使句
疑问句	主谓疑问句	非主谓疑问句

举例说:"他是演员。"光看语气,是陈述句;光看结构,是主谓句;同时看语气和结构,是主谓陈述句。"好聪明的孩子!"光看语气,是感叹句;光看结构,是非主谓句;同时看语气和结构,是非主谓感叹句。

在书面上,不同的语气类型的句子通常使用不同的标点:如果是单句,陈述句末用句号,疑问句末用问号,感叹句末和祈使句末用感叹号。不过,由于说话语气往往受到主观心情、主观意念的影响,句末标点的使用有一定的灵活性。比方，陈述句末有时用感叹号。这是因为，句子虽然是陈述一件事，但说话时带上了一定的情绪。如："这就是赫赫有名的张总工程师！"又比方，感叹句末和祈使句末有时用句号。这是因为，句子尽管是感叹句和祈使句，但说话时并不带上强烈的感叹语气和明显的祈使语气。如："你先下去吧。"（曹禺《雷雨》）"雪下得真大。"（王群生《彩色的夜》）再比方，疑问句末有时用感叹号。这是因为，疑问句用来表示反问，有时用感叹号可以突出地表明说话时的情绪。总之，在分析书面语时，对于句子语气类型的确定来说，句号、问号和感叹号的使用只是参考性因素。

二　配对成分之外的成分

除了主谓、动宾、定心、状心、心补这五对相互依存的成分之外，在句子结构的配置中还有两类特殊句子成分，即独立语和外位语。此外，还有一些地位更为特殊的辅助性语法成分。

（一）独立语

独立语是地位独立位置灵活的成分。这是一种语用成分，也叫独立成分。所谓地位独立，是说它不跟别的成分发生结构关系，"独来独往"；所谓位置灵活，是说它在句子的结构配置中可以比较自由地安放，不受拘束。假若用 S V P 代表主谓，用 X 代表独立语，那么，典型的独立语有三个安放位置：

a. X，S V P。　　X 在句首

b. S，X，V P。　　X 在句中

c. S V P，X。　　X 在句末

结合表意来看，典型独立语主要有以下几种：

①提醒性独立语。如：您看，那个人是不是有点可疑？→那个人，您看，是不是有点可疑？→那个人是不是有点可疑，您看？

②评论性独立语。如：严格地说，这种人不能算是学者。→这种人，严格地说，不能算是学者。→这种人不能算是学者，严格地说。

③音像性独立语。如：哼，你小子还好意思要奖金！→你小子，哼，还好意思要奖金！→你小子还好意思要奖金，哼！

④招呼性独立语。如：队长，这件事让我来处理！→这件事，队长，让我来处理！→这件事让我来处理，队长！

有的独立语，由于受到语义关系的制约，不能出现在句首，只能出现在句中或句末：

⑤例释性独立语。如：有的理事，比如张金星，很不以为然。→有的理事很不以为然，比如张金星。(由于“比如张金星”是对“有的理事”的例释，因而不能出现在句首。)

此外，还有两种比较特殊的独立语。即：

⑥接句独立语。如“这就是说”“换句话讲”之类，起的是承接上句引出下句的作用。它们在句与句之间起关联作用，不属于某一小句，因此不能在某一小句的前中后三个位置移动。

⑦口头禅独立语。如“他妈的”“这个这个”之类，位置特别灵活，简直任何地方都可以出现。比方：“我什么时候请过你他妈的哥哥?”“有的理事，比如张金星，很不这个这个以为然。”这里的“他妈的”“这个这个”出现在十分特殊的位置上。

(二) 外位语

外位语是居于外位但有内应的成分。这是句子的另一种语用成分，也叫外位成分。所谓居于外位，是说它跟配对成分内部的某个词语存在语义联系，但在结构上又不是属于配对成分的本位，而是居于配对成分的外位；所谓有内应，是说句子的配对成分内部有一个词语（一般是代词）跟它相应合，指同样的对象。

根据出现的位置，外位语分为前外位语和后外位语两种。

1. 前外位语

前外位语出现在句子的前边。如：

(1) 我们的部队、我们的战士，我感觉他们是最可爱的人。(魏巍《谁是最可爱的人》)

(2) 王春林，那个木匠，你怎么认得他？(冰心《小橘灯》)

(3) 那个身段苗条、脸儿很秀气的女民兵，她叫黄云香。(黎汝清《海岛女民兵》)

前一例，前外位语是“我们的部队、我们的战士”，配对成分内部有个“他们”称代应合。中间一例，前外位语是“王春林，那个木匠”，配对成分内部有个“他”称代应合。后一例，前外位语是“那个身段苗条、脸儿很秀气的女民兵”，配对成分内部有个“她”称代应合。

有时，一个前外位语，可以在配对成分内用代词多次称代应合。例如

(4) 商品这个东西，千百万人，天天看它，用它，但是熟视无睹。(毛泽东《整顿党的作风》)

(5) 这个家伙，玉宝看见过他，他就是保长的兄弟周长泰，在县城里当警备队长。(高玉宝《高玉宝》)

(6) 可爱而又可怜的谢惠敏啊，她单纯地崇信一切用铅字新排印出来的东西，而在“四人帮”控制舆论工具的那几年里，她用虔诚的态度拜读的报纸刊物上，充塞着多少他们的“帮文”，喷溅出多少戕害青少年的毒汁啊！(刘心武《班主任》)

前一例，“商品这个东西”是前外位语，配对成分内部“它”两次称代应合。中间一例，“这个家伙”是前外位语，配对成分内部“他”两次称代应合。后一例，“可爱而又可怜的谢惠敏啊”是前外位语，配对成分内部“她”两次称代应合。

2. 后外位语

后外位语出现在句子后边。例如：

(7) 什么都有：稻鸡、角鸡、鹁鸪、蓝背……(鲁迅《故乡》)

(8) 我们这里什么人没有啊：科学家、艺术家，还有劳动模范。(乔雪竹《“杰出”人物》)

(9) 以后女孩子就学习纺织的全套手艺了：纺，拐，浆，落，经，镶，织。(孙犁《山地回忆》)

前一例，“稻鸡、角鸡、鹁鸪、蓝背……”是后外位语，配对成分内部有“什么”称代应合；中间一例，“科学家、艺术家，还有劳动模范”是后外位语，配对成分内部有“什么人”称代应合；后一例，“纺，拐，浆，落，经，镶，织”是后外位语，配对成分内部有“纺织的全

套手艺”称代应合。

对于后外位语，配对成分内部也可以用代词多次称代应合。例如：

(10) 苓苓觉得自己突然与他生疏了，陌生得好像根本不认识他了，这个恋爱一年已经成为她未婚夫的人。(张抗抗《北极光》)

上例“这个恋爱一年已经成为她未婚夫的人”是后外位语，配对成分内部“他”两次称代应合。

(三) 辅助性语法成分

辅助性语法成分是句子里在语法上起黏合作用的成分。对于句法配置来说，它们不是跟特定词汇意义相联系的句子成分。

所谓辅助性，有的重在“黏”。即：黏附在某个语法单位后边，表示某种语法意义。所黏附的语法单位，或者表现为小句，或者表现为一个成分，或者表现为一个词语。比如：

他走了吗？

“吗”黏附在小句后边。

胜利的旗帜哗啦啦地飘。

“的”和“地”分别黏附在定语和状语的后边。

老师和同学们 | 慰问并帮助了

“们”和“了”分别黏附在两个联合短语的后边。

所谓辅助性，有的重在“合”。即：把甲乙语法单位组合起来，在二者之间表示某种语法关系。所组合的语法单位，或者表现为小句和小句，或者表现为成分和成分，或者表现为词语和词语。比如：

因为大家都反对，所以我不能签字。

“因为”“所以”把两个小句组合了起来。

为实现社会主义现代化而努力

“而”把状语和心语组合了起来。

老师和同学 | 慰问并帮助 | 庄严而美丽

“和”“并”“而”把前后两个词组合了起来。

有的成分，其辅助性作用很难说是重在“黏”还是重在“合”。比如：

分析得很对

调查得清楚

心语和补语中间的“得”，既可以认为黏附于心语，也可以认为用在心语和补语之间起组合作用。

充当辅助性语法成分的，是一些连词和助词。

三 特定句式

特定句式是在句型系统的某个分支上具有特定外延和内涵的句式。特定句式可以从不同角度归纳和提取。这里说的是主要的几类。

(一) 存现句式

存现句式也叫存现句，是说明人或事物的存在、出现或消失的句子。其基本格式为：

某处存在着（出现了/消失了）某人某物。

存现句的基本特点主要表现在三个方面。

1. 主语的方所性

存现句属动词谓语句，但跟一般动词谓语句有所不同，存现句的主语表示方所。例如：

贵宾席上坐着几位将军。

我们村出了一件新闻。

老王家死了一头猪。

存现句可以是主谓句，也可以是非主谓句。在句首只出现方所词语的时候，方所词语充当主语，整个存现句是主谓句；句首如果出现介词，形成“介词＋方所词语”的介词短语，这种介词短语便是句子的状语，整个存现句便是非主谓句。例如：

对面急匆匆地跑来一个人。(主谓句)

→从对面急匆匆地跑来一个人。(非主谓句)

2. 动词的存现性

存现句中，带宾语的动词有的表示存在的意义。有三种情况：①用“有”或“是”直接表示存在；②动词带“着”，既叙述存在，又说出怎样存在；③动词带“满”再带“了”，表明已经普遍存在。比如：

(1) 门口有两个石狮子。

(2) 屋子右边是一棵梧桐树。

(3) 沙发上躺着一个白发老人。

(4) 大厅里坐满了客人。

存现句中，带宾语的动词有的表示出现或消失的意义。有三种情况：①"出现、发生、走、跑、死"等动词带"了"，表示出现或消失。其中，"出现、发生"带不带"了"比较自由。②趋向动词带"了"，表示出现。其中，双音的趋向动词带不带"了"比较自由。③动词带趋向动词，表示出现。通常不用"了"。比如：

(1) 汽车道上出现（了）一部甲虫似的卡车。

(2) 这一带死了不少人。

(3) 街上来了好些外国水兵。

(4) 我们乡回来（了）几个女同学。

(5) 会场上响起一阵阵笑声。

(6) 洞里钻出来一只老鼠。

3. 宾语的施事性和不确指性

存现句里的宾语往往是施事，大都具有不确指性。宾语里带"一个、几个"之类数量定语，不能带"这个"这样的确指性定语。比如"大树下蹲着一个人"，其中的"一个人"具有施事性和不确指性，不能说成"大树下蹲着这个人"。

有时宾语可以不是施事，但一定具有不确指性。比如"墙上贴着一幅画"，"一幅画"不是施事，但也不是确指的，不能说成"墙上贴着这幅画"。

有时宾语指确定的人，不过这实际上是一种凝缩的说法。例如：

(1) 在斜对门的豆腐店里确乎终日坐着一个杨二嫂。（鲁迅《故乡》）

(2) 从墙头上跳下了孙家的眉娘。（莫言《檀香刑》）

例 (1) 实际上是由"在斜对门的豆腐店里确乎终日坐着一个人，

这个人就是杨二嫂”凝缩而成的；例（2）实际上是由“从墙头上跳下了一个人，这个人就是孙家的眉娘”凝缩而成的。

存现句的动语和宾语之间，不能有明显的停顿。比较：

（1）从敌人的包围圈中冲出来了三连的英勇战士！

（2）从敌人的包围圈中冲出来了，三连的英勇战士！

前一例是存现句，后一例是主语后置的主谓句。

存现句的主语不会是时间主语。如果方所词语和时间词语同时在动词前边出现，方所词语是主语，时间词语是状语。如：

（1）校门口今天摆满了小汽车。

（2）去年武汉下过几场大雪。

这里，不管位次如何，方所词语“校门口”和“武汉”都是主语，时间词语“今天”和“去年”都是状语。

如果动词前边只出现时间词语，这个时间词语仍然是状语，因为留有方所词语的空位，可以补出。如：

（1）昨晚来了几个客人。（＝我们家～。）

（2）今天终于下起雨来了。（＝我们这里～。）

存现句的主语也不会是物体主语。有的名词通常表示物体，但如果充当存现句的主语，便具有方所性。比如：

（1）盘子杯子全都爬满了蟑螂。（＝盘子杯子上全都爬满了蟑螂。）

（2）每辆公共汽车都挤满穿厚大衣的人。（王朔《玩儿的就是心跳》）（＝每辆公共汽车里都挤满穿厚大衣的人。）

（二）连动句式

连动句式也叫连动式，是针对同一主语连续使用动词或动词结构的句式。例如：

我去游泳。　　（动词＋动词）

我写条子请病假。　（动宾＋动宾）

我买份报看。　　（动宾＋动词）

我笑着躲开了他。　（动词［着］＋动宾）

我抬起头笑了一下。(动宾+动补)

我坐着不动。　　　(动［着］+状动)

构成连动式的各个连动项可以有不同形式：可以是词或短语，可以是动宾、动补或状动短语。但是，所有连动项在语义上针对同一主语，每个连动项都可以连着主语单说。如：我去游泳。→我去。｜我游泳。‖我写条子请病假。→我写条子。｜我请病假。这是检验是否连动式的基本标准。有的连动式，第二连动项是形容词或形容词结构，但符合这一标准：

他学习用功。　　　(动词+形容词)

她照顾病人很细心。(动宾+状形)

前一例可以说成：他学习｜他用功。后一例可以说成：她照顾病人｜她很细心。这两例也是连动式。

连动项相互之间有种种不同的关系。如“去游泳”“抬起头笑了一下”重在表示行为的先发与后续，“写条子请病假”重在表示行为的方式与目的，“买份报看”重在表示后项是目的，“笑着躲开了他”重在表示前项是方式，“坐着不动”重在表示同一行为的肯定方面与否定方面，“学习用功”之类重在表示行为动态与相关的性状。但是，不管相互间是什么语义关系，对于主语来说各个连动项的语义指向是相同的，每个动词（少数时候后项是形容词）都具有谓语中心的地位。有时，句子可能是无主语句，但是如果认为这类句子留有主语空位，我们就会发现各个连动项对于主语空位的语义指向是相同的。例如：

上车买票！

入场出示证件！

连动项有时是两个，有时还可以是三个、四个或更多。如：

他　提起水壶—去厨房—打开水。

他　乘火车—离开武汉—去三峡—参观。

不管连动项是多少个，它们之间都没有语音停顿，书面上不用逗号隔开，而且，它们之间也不用跟复句关系有牵连的关系词语。比如：

我上树摘果子换几个鸡蛋。

我上树，摘果子，换几个鸡蛋。

前一例是连动式，后一例是复句。又如：

我接过苹果咬了一口。

我一接过苹果就咬了一口。

前一例是连动式，后一例是复句紧缩形式。

(三) 兼语句式

兼语句式也叫兼语式，是通过动宾结构的延展造成兼语现象的句式。例如：

引诱我们

引诱我们上当

兼语式最突出的特点是包含“兼语”成分。兼语成分对于前面的动词来说是宾语，对于后面的词语来说是主语。如“引诱我们”是动宾，延展出“上当”，就造成兼语现象：“我们”既是“引诱”的宾语，又是“上当”的主语。正因如此，凡是兼语式都可以分化出“动宾”和“主谓”两种结构。例如：

好奇心促使我答应了他。

(促使我—我答应了他)

各生产队派出青壮劳力参加修渠。

(派出青壮劳力—青壮劳力参加修渠)

代表们请求上级领导重视大家的建议。

(请求上级领导—上级领导重视大家的建议)

兼语式有不同类型。比较重要的是“使令”式、“爱恨”式和“有无”式，其中最典型的是“使令”式。

1. “使令”式。兼语前头用带“使令”意义的动词，兼语后头的成分表示目的或结果。例如：

老师的话使所有同学全都流了眼泪。

会议邀请一流学者作学术报告。

这类兼语式句子跟主谓结构做宾语的句子有些相似，二者的区别在于：这类兼语式句子大都能分化为两个分句，分句间有“行动·目的/结果”的关系；主谓结构做宾语的句子不能分化为两个分句，即使能勉强分开，也不存在“行动·目的/结果”的关系。比较：

我们要求他唱了一段昆曲。

我们听见他唱了一段昆曲。

我们知道他唱了一段昆曲。

前一例，“要求”有“使令”意义，可以分化为分别表示“行动·结果”关系的两个分句：“我们要求他，（结果）他唱了一段昆曲。”这是兼语式句子。中间一例是主谓结构做宾语的句子，不能分化为“我们听见他，他唱了一段昆曲”。后一例也是主谓结构做宾语的句子，即使勉强分化为“我们知道他，他唱了一段昆曲”，也不存在“行动·结果/目的”的关系。

2. “爱恨”式。兼语前头用“爱”“恨”意义的富于感情色彩的动词或动词结构，兼语后头的成分表示原因。例如：

我爱他聪明。

你恨我提了你爸爸的意见？

她看不起这个人为几个钱出卖灵魂！

这类兼语式句子也跟主谓结构做宾语的句子有些相似。二者的区别在于：这类兼语式句子能分化为两个分句，分句间有“结果·原因”的关系；主谓结构做宾语的句子不能分化为两个分句，即使能勉强分开，也不存在因果关系。比较：

大家都讨厌他太狂妄。

大家都认为他太狂妄。

前一例，“讨厌”有“恨”义，可以分化为分别表示“结果·原因”关系的两个分句：“大家都讨厌他，因为他太狂妄。”这是兼语式句子。后一例不包含因果关系，不能分化为“大家都认为他，因为他太狂妄”。这是主谓结构做宾语的句子。

3. “有无”式。兼语前头用“有”或“没有”，兼语后头的成分述说有关事物的情况。例如：

我有几个亲戚当过外交官。

我没有朋友在税务局工作。

这类兼语式句子，用“有”的是肯定式，用“没有”的是否定式。肯定式可以分化为具有解注关系的两个分句，如前一例可以分化为：“我有几个亲戚，他们（这几个亲戚）当过外交官。”否定式，由于否定意义一贯到底，不能像肯定式那样分化，但是，由于“没有”的宾语又带上了谓语性成分，这就明显地形成了兼语现象。这类兼语式句子，有时是无主句：

有外宾来了！

没有什么人注意他。

从可能有的复杂情况看，兼语式可以有多次兼语连用式，还可以跟连动式交错使用，形成连动兼语交错式。此外，有的现象既像兼语又像连动，是连动兼语混合式。

所谓多次兼语连用式，指句式中包含两个或几个兼语。这是“动宾—主谓”多次延展的结果。例如：

（3）我可不可以再要求首长让我到班里去？（巴金《杨林同志》）

（4）我请他派一个人送这个孩子回家。（吕冀平用例）

前一例包含“首长”“我”两个兼语，后一例包含“他”“一个人”“这个孩子”三个兼语。

所谓连动兼语交错式，指句式中连动式和兼语式交错组合。有时先连动后兼语，有时先兼语后连动，有时有更复杂的情况。如：

（5）玉生站起来腾出一把椅子让他坐下。（赵树理《三里湾》）

（6）父亲鼓励邵华去江陵农村参加“四清”。（毛岸青、邵华《我们爱韶山的红杜鹃》）

前一例，先连动后兼语：“站起来—腾出—让—”，连动；“（让）他（坐下）”，兼语。后一例，先兼语后连动：“（鼓励）邵华（去……）”，兼语；“去—参加—”，连动。

（7）第二天上午，卫兵来提郑瑾去过堂。（杨沫《坚强的战士》）

（8）我要求总理代我请毛主席给少石写几个字。（廖梦醒《恩情》）

(9) 她又吩咐坤宁宫管事太监明日一早派人骑马去西郊玉泉山取新鲜泉水。(姚雪垠《李自成》)

这里出现更复杂的情况。前一例是:“来—提—”,连动;“(提) 郑瑾 (去)”,兼语;“去—过堂”,连动。中间一例是:“(要求) 总理 (代我)”,兼语;“代—请—”,连动;“(请) 毛主席 (写)”,兼语。后一例是:“(吩咐) 坤宁宫管事太监 (派)”,兼语;“(派) 人 (骑马……)”,兼语;“骑马—去—取—”,连动。

所谓连动兼语混合式,指句式中混合了连动和兼语两种格式的内容。例如:

我陪着他看戏。(=我陪着他,我和他都看戏。)

一方面,就“我陪着他,他看戏”说,是兼语;另一方面,就“我陪着他,我也看戏”说,也是连动。

这种混合式,兼语前头用“引陪”意义的动词,包括“引、陪、领、帮”等等。可以认为,这类动词可以造成句法格式中一种特定的“引陪式”。看两个实际用例:

(10) 泽覃叔叔率领赣南独立师转战在武夷山。(毛岸青、邵华《我们爱韶山的红杜鹃》)

(11) 冯有梅引着徐国梁走出村东。(孙谦《南山的灯》)

这两例,同时包含了连动和兼语的两种语义关系。

有时,“引陪式”或者偏重于“连动”,或者偏重于“兼语”。这要在具体语境中根据句子的内容与客观实际的联系来断定。例如:

我天天帮大妈挑水。

我马上引玉梅跟他相会。

前一例,实际上只是连动式,因为大妈不挑水;后一例,实际上只是兼语式,因为玉梅才需要跟他相会。

在一些特殊情况下,兼语式跟双宾语现象有牵连。这有两种情况:

①在一些称呼人物名号的双宾语句式中,两个宾语之间若加上“是、为、做”之类动词,就会形成比较特殊的兼语式。比如:

我骂他大笨蛋。

我骂他是大笨蛋。

前一例是双宾语句式，后一例成了兼语式。又如：大家都称他小鲁班。→大家都称他为小鲁班。｜你还叫他师傅？→你还叫他做师傅？

②在一些给予人物什么东西的双宾语句式中，两个宾语后边如果带上谓语性成分，就会形成特殊的“双兼语”句式。例如：

我给你一个馒头。

我给你一个馒头吃。

前一例是双宾语句式，后一例结构相当特殊。在后一例里，前后两个动词不共一个主语。“你”是“给”的宾语，又是“吃”的主语，它具有明显的兼语身份；“一个馒头”也是“给”的宾语，但对于“吃”来说不是施事而是受事，只能勉强看成受事主语，它具有特殊的兼语身份。这样，句子里就出现了一个指人施事兼语和一个指物受事兼语的“双兼语”现象。同类的例子：他送你几块钱用。｜我赠你几本书看。

“双兼语”中，如果指人施事兼语隐匿，或者失去兼语的地位，那么，就会出现单用指物受事兼语的现象。如：

大妈，给杯水喝！

大妈，给杯水我喝！

前一例，隐匿了指人施事兼语“我”，单用指物受事兼语“(一) 杯水”。后一例，对于“(一) 杯水”来说，“我喝”整个成了由主谓结构充当的谓语性成分，“我”失去了兼语的地位，因而句子里实际上也是单用指物受事兼语“(一) 杯水”。这样的兼语句式，由“双兼语”句式演变而成，也是特殊的兼语句式。

(四)“把”字句式

“把”字句式也叫“把”字句，是以“把”为字眼标志的句式。

“把”字句式里，“把”字后边大都是名词或名代词，一般表示有定的、被处置的人或事物。例如：

把他砍了！

把行李清理清理！

表示有定的人或事物，这是“把”字后边的词语的共性。但是，它们有的时候不是表示被处置的人或事物，而是表示受影响的人或事物。例如：

她把观众都唱跑了。（她还说她唱得好听！）

我把鞋子走破了。

“把”字后边有时也可以不是名词或名代词，而是动宾结构或主谓结构。但是，这样的动宾结构或主谓结构可以用“这件事”去复指，可见它们表示的是有定的、被处置或受影响的事情。例如：

一定要把整顿学风当作一项重要工作来抓。

请把小莲是怎么跟歹徒搏斗的写出来。

前一例，“整顿学风”是动宾结构，可以说成：一定要把整顿学风这件事当作一项重要工作来抓；后一例，“小莲是怎么跟歹徒搏斗的”是主谓结构，可以说成：请把小莲是怎么跟歹徒搏斗的这件事写出来。

在“把”字句里，“把”字同后边的词语组合成介词短语，简称“把”字短语。“把”字短语充当状语，其心语一般是动词性词语。心语必须是比较复杂的形式，不能用简单形式的一个动词，特别是不能用一个单音动词。例如：

我把钱一扔，转身就走。

我把钱交还失主。

我把钱清点一下。

我把钱寄出去！

我把钱收了！

我把钱数数！

“把钱”后边的动词性词语，或者是一个短语，或者是动词带“了”，或者是动词的重叠形式。只有在特殊的场合，比方在唱词里，才会出现“把钱扔”“把钱交”“把钱数”之类的用法。

“把”字短语所修饰的，有时也可以是形容词短语。在这种情况下，“把”字后边的词语仍然表示受影响的人或事物，但“把”带有“致使”的意义。例如：

这一针，把我痛得直咬牙！

一阵奔跑，把白马累得浑身大汗！

“把”字句中，如果出现否定词“不、没”，一般用在“把”字前面。比较：

你怎么不把申请书交上去？（+）

你怎么把申请书不交上去？（-）

我真后悔当时没把他的事情揭发出来！（+）

我真后悔当时把他的事情没揭发出来！（-）

不过，也有特殊情况。比方，在用“当成”一类动词的句子里，否定词“不”往往可前可后。如：

你怎么能不把人当人？（+）

你怎么能把人不当人？（+）

我能不把你老兄的事当成我自己的事吗？（+）

我能把你老兄的事不当成我自己的事吗？（+）

（五）“被”字句式

“被”字句式也叫“被”字句，是以“被”为字眼标志的句式。

在“被”字句里，“被”字后边用名词或名代词，表示施行动作的人或事物。例如：

字据被他烧了！

书被老鼠咬破了！

有的时候，“被”字后边的词语表示无生命的事物，但它被说话人主观意念上认定为动作的施行者。比如：

字据被火烧了！

书被墨水弄脏了！

有的时候，“被”字后边不出现名词性词语，它直接用在动词前边。这是因为动作的施行者不可知，或者不必说出来。例如：

所有景物都被笼罩在一片浓雾里。

这个寺庙已被确定为国家级重点文物保护单位。

前一例，施动者不可知；后一例，施动者不必说出。这是介词“被”的特殊用法。这样的“被”可以认为已经助词化，成了句子里的辅助性语法成分，黏附于心语，表示被动语法关系。

在“被”字句里，“被”字同后边的词语组合成介词短语，简称“被”字短语。“被”字短语充当状语，其心语一般是包含完结意义的动词性词语。例如：

敌军全被我们歼灭了。

李小松被校长批评得垂头丧气的。

“歼灭了”“批评得垂头丧气的”都包含完结意义。

如果“被”字句用于假设语境之中，或者“被”字前边用“可能、必将、已经”等词语，那么“被”字后边也可以出现不包含完结意义的双音动词。如：

如果我的话被他误解，请你帮我做些解释。

我的意见可能被他采纳。

这一点必将被历史证明。

前一例，“被”字句用在“如果”后边；后两例，“被”字前边分别用了“可能”和“必将”。

有时，“被”字短语跟心语之间出现了助词“给”或“所”。出现“给”时心语仍然要求用包含完结意义的动词性词语；但如果出现“所”，心语就只用一个动词，这个动词不带其他成分。如：

这家伙，已经被公安局给抓起来了。

这个论点，已经被事实所否定。

前一例用了“给”，后一例用了“所”，它们都是句子里的辅助性语法成分。

“被”字句的主语一定是受事主语。但有两点值得注意：

①有的“被”字句，对于作为谓语中心的动词来说，前有受事主语，后有受事宾语，主语和宾语之间具有整体与部分的关系。例如：

四间房子被他们占用了三间。

敌人的一个团被我们消灭了两个连。

大叔被匪徒砍断了一条腿。（＝大叔的两条腿被匪徒砍断了一条。）

②有的受事主语句，不是“被”字句。“被”字句是有字眼标志的特定句式，在不需特别强调被动关系的时候，不必使用。例如：

饭吃完了。

衣服洗干净了。

这都是一般的受事主语句。因为是一般性的述说，不必用也不好用“被”。再比较：

厂门打开了！（我们进去吧。）

厂门被打开了！（可能要出事！）

前一例不用“被”，是一般性述说；后一例加个“被”，显得情况异常。

主要参考文献

[1] 张斌，胡裕树．如何确定句型［M］//汉语语法研究．北京：商务印书馆，1989.

[2] 张斌，胡裕树．试论汉语句首的名词性成分［M］//汉语语法研究．北京：商务印书馆，1989.

[3] 朱德熙．“在黑板上写字”及相关句式［M］//语法丛稿．上海：上海教育出版社，1990.

[4] 朱德熙．包含动词“给”的复杂句式［M］//语法丛稿．上海：上海教育出版社，1990.

[5] 吕冀平．复杂谓语［M］．北京：新知识出版社，1958.

[6] 李临定．现代汉语句型［M］．北京：商务印书馆，1986.

[7] 李临定．“被”字句［M］//李临定自选集．郑州：河南教育出版社，1994.

[8] 陈建民．现代汉语句型论［M］．北京：语文出版社，1986.

[9] 陈建民．非主谓句［M］．北京：人民教育出版社，1990.

[10] 陈恩泉．普通话句型论析［M］．广州：广东教育出版社，1990.

[11] 王维贤．动词小句的基本短语形式［J］．中国语文，1993 (6).

[12] 史有为．施事的分化与理解［M］．中国语言学报：第5期．北京：商务印书馆，1991.

[13] 吴为章．关于句子的功能［J］．语言教学与研究，1994 (1).

[14] 吴启主．连动句·兼语句［M］．北京：人民教育出版社，1990.

[15] 饶长溶．把字句·被字句［M］．北京：人民教育出版社，1990.

[16] 陆俭明．“V来了”试析［M］//陆俭明自选集．郑州：河南教育出版社，1993.

[17] 陆俭明．“V A了”述补结构语义分析［M］//陆俭明自选集．郑州：河南教育出版社，1993.

[18] 龚千炎．由“V给”引起的兼语句及其变化［M］//语言文字探究．北京：北京语言学院出版社，1994.

[19] 龚千炎．论“把”字兼语句［M］//语言文字探究．北京：北京语言学院出版社，1994.

[20] 刘叔新．现代汉语被动句的范围和类别问题［M］//刘叔新自选集．郑州：河南教育出版社，1993.

[21] 宋玉柱．现代汉语特殊句式［M］．太原：山西教育出版社，1991.

[22] 缪锦安．汉语的语义结构和补语形式［M］．上海：上海外语教育出版社，1990.

[23] 范晓．复动“V得”句［J］．语言教学与研究，1993 (4).

[24] 杨成凯．广义谓词性宾语的类型研究［J］．中国语文，1992 (3).

[25] 邵敬敏．“比”字句替换规律刍议［J］．中国语文，1990 (6).

[26] 邵敬敏．语气词“呢”在疑问句中的作用［J］．中国语文，1989 (3).

[27] 李芳杰．说“话头”［J］．语言教学与研究，1992 (3).

[28] 方梅．宾语与动量词的次序问题［J］．中国语文，1993 (1).

[29] 袁毓林．现代汉语祈使句研究［M］．北京：北京大学出版社，1993.

[30] 袁毓林．正反问句及相关的类型学参项［J］．中国语文，1993 (2).

[31] 蒋平．形容词谓语祈使句［J］．中国语文通讯，1986 (1).

[32] 蒋平．关于“笑着说”一类格式的处理［J］．语文论坛，1982 (创刊号).

[33] 李宇明．毛泽东著作设问句研究［J］．中国语文，1993 (6).

[34] 萧国政．毛泽东著作中是非性反问句的反意形式［J］．中国语文，1993 (6).

[35] 邢福义．论现代汉语句型系统［M］//语法研究和探索：一．北京：北京大学出版社，1983.

[36] 邢福义．现代汉语的特指性是非问［J］．语言教学与研究，1987 (4).

第二章　小句构件

第一节　构件单位

一　构件的级类型

小句构件有两个类型，即词和短语，它们代表两个不同的级别。作为最低级别的语法单位的语素，当它以词的身份出现的时候，才成为小句构件，否则，就只是词的构件。

（一）词

作为一种语法单位，词是最小的小句构件单位。语法系统或语法分析中的严格意义上的词，具有三个方面的规定性。

第一，一个单音节形式，如果是词，本身必须具有特定意义，并且能够独立活动。不然，就不成词。比如“很好”，“很”和“好”都是词。又如“腼腆”，“腼”和“腆”都没有特定意义，不能独立活动，它们本身都不成为单音词，只有“腼腆”整个才是一个双音词。

第二，A 单音节形式同 B 单音节形式配搭成为一个表意单位，如果 A 和 B 都是词，那么，不仅 A 本身具有特定意义和能够独立活动，而且相配搭的 B 形式也必须符合这一要求。不然，不仅 B 不成词，A 也不成词。比如“很好”，“很”固然符合要求，“好”同样符合要求。又如“妖娆”，尽管“妖”有意义，能独立活动，但“娆”不符合要求。因此，不仅“娆”不成词，相搭配的“妖”在这里也不成词。换句话说，“妖娆”不是词和词的结合，它整个是一个双音词。

第三，A 单音节形式和 B 单音节形式搭配成为一个表意单位，如果 A 和 B 都是词，那么，不仅 A 和 B 都必须有特定意义和能独立使用，而且它们的结合具有可离析性，形式上可以插入别的语言成分。要是相结合的双方共同形成一个整体意义，不能离析，便不是两个单音词，而是一个双音词。例如：

很好　救活　牛羊

“很”和“好”、“救”和“活”、“牛”和“羊”都具有可离析性。比方，如果把“很好”离析成“很不好”，把“救活”离析成“救得活”，把“牛羊”离析成“牛和羊”，其中的“很”“好”“救”“活”“牛”“羊”都不变动原来的意义。这就是说，“很”和“好”、“救”和“活”、“牛”和“羊”都是单音词，它们分别结合成状心短语、心补短语和联合短语。又如：

美好　存活　山羊

“美”和“好”、“存”和“活”、“山”和“羊”结合起来表示一个整体意义，不能用插入别的语言成分的办法来进行离析。它们的结合不是单音词和单音词的结合。它们的结合体，是双音词。

所谓“严格意义上的词”，意味着还有非严格意义上的词。

（二）短语

作为一种语法单位，短语也叫词组，是由词和词组合而成的小句构件单位。短语和词的基本区别，可以从以下三个方面来观察。

1. 单位的大小。短语大于词。一个短语，起码包含两个词。从理论上说，一个短语所包含的词的数量可以是无限的，这取决于人们表述意旨的需要。在实际语言运用中，有的短语所包含的词可以多达数十个。例如：

> 邓小平ˇ同志ˇ一九五七ˇ年ˇ的ˇ言论，ˇ反映ˇ了ˇ他ˇ在ˇ同ˇ“四人帮”ˇ进行ˇ针锋ˇ相ˇ对ˇ的ˇ斗争ˇ中，ˇ为ˇ消除“ˇ文化ˇ大ˇ革命ˇ”的ˇ动乱，ˇ为ˇ促进ˇ安定ˇ团结ˇ和ˇ国民ˇ经济ˇ发展ˇ所ˇ进行ˇ的ˇ巨大ˇ努力。（中共中央文献编辑委员会《〈邓小平文选〉第二卷出版说明》）

这是一个句子。减去这个句子的语气语调，剩下的就是一个短语。这个短语包含了将近四十个词。

2. 音节的长短。短语的音节一般多于词的音节。大多数的词是两个音节。最少的，一个音节；最多的，一般不超过三个音节。比方，三个音节的“解放军”“冲锋枪”和“游泳池”是词，四个音节的“解放大军”“冲锋部队”和“游泳场所”便成了短语。四个音节的词也有，不过，它们是词的特殊表现形态，如象声形式“叮叮咚咚”、重叠形式“漂漂亮亮”之类。短语的音节，从少的方面说，不能是一个，至少得两个，跟词有所不同；从多的方面说，基本上不受控制，可以是十几个、几十个甚至上百个，更不同于词。当然，所谓不受控制是理论上的，在使用上，究竟用多少个音节，得符合意旨表述的要求。

3. 层次的多少。短语的结构层次多于词的结构层次。由于词的音节一般不超过三个，合成词在结构上一般最多只有两个层次，包含两种关系；而短语，由于其长度不受严格控制，它在结构上自然可以形成多个层次，包含多种关系。以三个音节的定心式合成词来说，第一个层次的关系是定心，第二个层次的关系就只能是联合、动宾、动补、主谓等关系之中的一种，不能兼容；定心式短语就不同，它可以在定心关系之内，层层包容其他关系。比如：

看到歹徒打伤旅客的列车员

这个短语就层层包容了以下多种关系：①定心（“看到歹徒打伤旅客的列车员”），②动宾（“看到歹徒打伤旅客”），③主谓（“歹徒打伤旅客”），④动宾（“打伤旅客”），⑤心补（“打伤”）。可以说，短语包容了小句所能包容的任何结构关系，而合成词则只是有限地而且只能有选择地反映小句的某些结构关系。

毫无疑问，典型的短语和典型的合成词有着明显的区别。然而，短语和合成词之间并没有严格的界线，无法一刀两断。在这个问题上，要有正确的思想方法。假若在客观实际中甲乙两种事物之间的界限本来并非一清二楚，研究工作者就只能采取科学的态度，实事求是地采取对策。比方说，中年和老年自然是有区别的，但二者的绝对界限在哪里，实在没法划定；又比方说，秃头与非秃头自然是有区别的，但二者的明确界限在哪里，这就很难认定。研究工作，不应在绝对化思想方法的导引下做徒劳无功的努力。

短语和合成词纠缠不清之处，主要表现在双音节和三音节的现象上面。由于这种纠缠不清是不以人们意志为转移的客观事实，在语法分析中要确定一个单位是词还是短语，就只好人为地做出带有偏向性的规定。即：

第一，按常用标准处理无争议现象。比方：两个音节的单位，如果明显是两个词，确认为短语，如“好人”“很香”“不去”“是的”等；三个或三个以上音节的单位，如果明显不成为短语，确认为一个词，如“解放军”“冲锋枪”“运动会”“金钱豹”“印度尼西亚”等。

第二，用“音节基准”处理“两难”现象。从汉语发展上看，现代汉语的词倾向于双音节化。根据这一倾向，在“两难”情况下可以以两个音节作为“定词基准”。比方：“两难”的两个音节单位划归合成词，“两难”的三个音节单位划归短语。如两个音节的“猪肉”“猫肉”“鼠肉”都判定为词，三个音节的“野猪肉”“野猫肉”“老鼠肉”都判定为短语。

“两难”情况下根据两个音节圈进来的词，是“非严格意义上的词”。比如“河里”“树下”之类，明显是“单音名词＋单音方位词”。因为它们是两个音节，所以语法书上通常都处理为词，但已经不是严格意义上的词。要是上了三个音节，如“大河里”“河里头”“槐树下”“树下面”，就得判定为短语了。

第三，有的单位，通常用作词，但在语言运用中有时被插入别的语言成分。对于这样的情况，可以把“本来形式”判定为词，把“扩展形式”判定为短语。比如“鞠躬、洗澡、散步”，这是本来形式，它们都是词；“鞠了一个躬、洗了一个澡、散了一会儿步”，这是临时性扩展形式，它们都是短语。

第四，尽管根据两个音节和三个音节来划开“两难”现象中的词和短语，但仍然存在问题。因为到底是否“两难”，可以见仁见智，处理起具体现象来就会出现分歧。有个折中的办法，这就是：用“短语词”这个术语来帮助解释一部分事实。比方：两个音节的，如果觉得不大像短语，但又不大像典型的词，可以认为是“短语词”，如“据说、按理、不成”等；三个音节的，如果觉得不大像词，但又不大像一般的短语，也可以认为是“短语词”，如“禁得住、禁不住、差点儿、差不多、来不及、了不起”等。当然，不管用什么办法来解释有关事实，处理上出现分歧总是在所难免的。在各持己见的情况下，可以认为各种处理都对，而各种处理都不影响对构成成分之间的关系的认识。比如“差点儿”，甲判定为词，乙判定为短语，丙判定为短语词，这没什么关系，因为不同的判定并不影响对这个构件单位本身所包含的心补关系的认识。

二 构件的备用性和组装性

作为小句的构件，不管是词还是短语，都是造句的材料。不同之处在于，词是语言运用中的备用性材料，而绝大多数的短语则是语言运用中的组装性材料。

（一）词的备用性

对于小句的组造来说，词具有备用性。

有的词，包括单音词、双音词和多音词，由一个语素构成，这是单纯词；有的词，包括双音词和多音词，由两个或两个以上的语素构成，这是合成词。从总体上来说，语素是通过词同小句发生关系的，它们不是小句的组造单位，只有词才是小句的最小构件单位。

作为小句最小构件单位的词，既是语法单位，又是词汇单位。就词汇单位而言，词是定型的，客观存在的，可以脱离具体句子而形成词汇系统。正因如此，可以被编成词典，可以做词频统计，可以成为词汇学的研究对象。词的备用性，就表现在它们独立地存在于句子之外，需要时就使用到句子之内。

在我国，影响最大的词典是《现代汉语词典》。这是一部以记录普通话语汇为主的中型词典，目前所收条目共约 69000 条，大部分是典型的词。不管是不是典型的词，所收条目全都为了“备用”。造句时，如果有的地方不知道该用哪个词，便可以翻阅《现代汉语词典》，查查那里头所“备用”的词。

在《汉语水平等级标准和等级大纲（试行）》一书中，有个《词汇等级大纲》。此大纲把所选收的现代汉语的8000个词分为四个等级：①甲级词，即最常用词，1011个；②乙级词，即常用词，2017个；③丙级词，即次常用词，2040个；④丁级词，即普通词，3000个。甲级词，单音节的有“白、抱、比、的、和”等，双音节的有“安静、帮助、操场、当然、但是”等，三音节的有“办公室、图书馆、文学家、自行车”等；乙级词，单音节的有“猜、答、肥、哼、为”等，双音节的有“饼干、达到、繁荣、尽管、连忙”等，三音节的有“礼拜天、摩托车、乒乓球、热水瓶”等。编写此大纲，是为了帮助外国留学生更加有效地学习和使用现代汉语。大纲中分级罗列现代汉语词汇，鲜明地反映了各个等级的词的备用性。

刘叔新指出：“词总是以一种语法单位的身份而出现于言语和语句结构中。但是，从更为根本的性质来说，词首先是词汇性的语言建筑材料，是词汇的基本单位。离开了词的这一词汇属性，就不可能抓住词的最重要的本质特点。”“无疑，词作为语言建筑材料单位的词汇性质，是客观事实，不容否定。”这些论述，有利于对词的备用性的理解。

（二）短语的组装性

对于词在造句中的使用情况来说，短语具有组装性。

作为比词大的语法单位，短语是备用单位的组装，但本身不是备用单位。首先，从跟小句的关系说，除了单词句，任何小句减去语气就是短语。这就是说，在语法单位的组合上，短语的长度相当于小句的长度，小句有多长，短语就可以有多长，小句是什么样子，短语也会呈现为什么样子。显然，语法规则是有限的，备用单位也是有限的，而根据语法规则调动备用单位组造出来的小句则是无限的，长度和组造状况相当于小句的短语自然也是无限的。既然如此，短语就不可能是备用单位。其次，从跟小句内部结构成分的关系说，在绝大多数情况下，短语都是随句组装的单位，究竟如何组装，完全取决于意旨表述的实际需要，极少有定型化的现象。对于同一个人，人们一下子可以说“鲁迅先生”，一下子可以说“鲁迅教授”，一下子可以说“伟大的作家鲁迅”，一下子可以说“鲁迅这位伟大作家”，诸如此类，不一而足。“鲁迅”“先生”“教授”“伟大”“的”“作家”“这”“位”，都是词，都是作为备用单位被收入了词典的（“鲁迅”是个人名字。著名人物的个人名字才会被收入普通词典或专业性词典。不过，即使是极为普通的人，他的名字也会在特定范围内被收入了“人脑词典”的）。至于“鲁迅先生”“鲁迅教授”“伟大的作家鲁迅”“鲁迅这位伟大作家”，显然都是由备用单位临时组装而成的单位，它们本身并没有形成定型的词汇单位，换句话说，它们本身并没有形成可以进入词典的、“备用”的单位。

关于词的备用性和短语的组装性，通过对实际语言现象的观察，可以加深认识。请看一篇小说开头的几个自然段：

> 边英杰彻底栽了。
>
> 堂堂镇党委副书记，带着工作组蹲点包大王（村），班子搞半天等于没搞，村里工作样样差劲，落后面貌一点没变，灰头土脸回到镇里，一头扎进自己办公室兼卧室整整三天没出门。病了。
>
> 纪检委员席扬拉了何玉良，两个人蹲在边英杰窗台下闲唠。
>
> “小何，咱们的改革家回来了，咋不见有什么好经验给咱传传呀?”
>
> “屁的改革家!”何玉良鼻子里哼一声，“开口闭口改革改革，改来改去倒把自己改一边去了!”
>
> “究竟毛嫩。农村的事要这么简单，倒显得咱这些人只会喝酒了!”
>
> “当初我没少劝过，大王是个大泥潭，偏不听！逞能，逞得了么？活该!”
>
> （赵秀林《残棋》）

从上面的例子可以看到：首先，充当小句的短语不可能是备用单位。比方，“边英杰彻底栽了”，“村里工作样样差劲”，“两个人蹲在边英杰窗台下闲唠”，“屁的改革家”，诸如此类如果都是备用单位，备用单位岂不是无法计数的？其次，充当小句内部构件的短语，哪怕是比较短小的，如“包大王（村)”“哼一声”“一点没变”“开口闭口”“改来改去”，同样也不可能是备用单位。只有“党委副书记”和“纪检委员”两个，有点专名性，但还是很难进入一般的词典的。因此，说到底，还是一个个的词，如“边英杰”“彻底”“栽”“了”“堂堂”“镇”“党委”“副”“书记”“带”“着”“工作组”“蹲点”等，才是上述话语的备用单位。

短语本身不是备用单位，这是就一般情况说的。短语绝大多数是自由短语，自由短语都是备用单位的组装。但是，也有一部分短语是定型短语。定型短语包括专名短语和熟语，它们从意义到形式都经常整体使用，已经进入词汇单位的行列，具有备用性。正因如此，一般的现代汉语教材，在讲“词汇”或“语汇”时，除了讲典型的词，还要讲定型短语，既介绍专用名称及其缩略形式，又介绍成语、惯用语、歇后语等熟语。至于辞典，除了专题性的《成语辞典》《惯用语辞典》《歇后语辞典》之外，一般的词典也或多或少地收入定型短语。比如，《现代汉语词典》，收入“中国人民解放军”“中国同盟会”，这就是专名；收入“画龙点睛”“破釜沉舟”，这就是成语；收入“八九不离十”“不管三七二十一”，这就是惯用语。

汉语的小句，大部分不仅仅包含一两个词，而是包含几个或许多个词。这样，从结构组织看，大多数情况下从词到句就会出现不同的层次，就会形成或小或大的组装性构件短语。吕叔湘《汉语语法分析问题》曾指出：“把短语定为词（或者语素）和句子之间的中间站，对于汉语好像特别合适。”“中间站”的比喻，对于帮助解释“备用构件—组装构件—小句成活”的汉语语法事实来说，是合适的。

主要参考文献

[1] 吕叔湘. 汉语语法分析问题 [M]. 北京：商务印书馆，1979.

[2] 刘叔新. 论词的单位的确定 [M]//刘叔新自选集. 郑州：河南教育出版社，1993.

[3] 张斌，胡裕树. 词的范围、性态、功能 [M]//汉语语法研究. 北京：商

务印书馆，1989.

[4] 中国社会科学院语言研究所词典编辑室. 现代汉语词典 [M]. 6 版. 北京：商务印书馆，2012.

[5] 中国对外汉语教学学会汉语水平等级标准研究小组. 汉语水平等级标准和等级大纲（试行）[M]. 北京：北京语言学院出版社，1988.

[6] 徐枢. 语素 [M]. 北京：人民教育出版社，1990.

[7] 洪笃仁. 词是什么 [M]. 北京：新知识出版社，1957.

[8] 张中行. 词组和句子 [M]. 上海：上海教育出版社，1959.

[9] 邢福义. 现代汉语 [M]. 北京：高等教育出版社，1991.

第二节 成分词

一 名词

名词是表示人物时地的词。这是一类十分重要的成分词。

（一）名词的语法特征

从基本倾向看，名词在语法上有两方面的重要特征。

1. 在组合能力上，名词一般能受数量词的修饰，排斥跟“不”字的组合。例如：

来宾	汽车	中午	书房
四位来宾	三辆汽车	一个中午	两间书房
*不来宾	*不汽车	*不中午	*不书房

所谓排斥跟“不”字的组合，指的是单独一个名词不能跟“不”字结合。“不人不鬼”这样的说法不算，因为不能单独说“不人”和“不鬼”；“我们俩不一个想法”这样的说法也不算，因为不能单独说“不想法”。

2. 在句法功能上，名词以能够充当主语或宾语为必要条件。这是一种“无之必不然”的条件。就是说，能够充当主语或宾语的词不一定是名词，但根本不能充当主语或宾语的词肯定不是名词。例如：

来宾就座。　　未请来宾。

汽车坏了。　　谁开汽车？

中午不冷。　　刚过中午。

书房太小。　　请进书房。

介词的后置成分，类似宾语。名词也经常充当介词后置成分。例如：

对来宾要客气！　　把汽车开过来！

到中午再休息！　　往书房搬！

（二）名词的基本类型

名词有三类：人物名词、时间名词和方所名词。

1. 人物名词。称人或指物。这是典型名词。比如“来宾”称人，“汽车”指物。

人物名词一定不能跟“不”组合，一定能充当主语或宾语。有的由于受到本身语义内容的影响，在跟数量词发生组合关系时受到限制。比方称人名词“鲁迅”，特指某个人，自然不能说“一个鲁迅”“两个鲁迅”，但在对举强调的情况下，也可以这么说：“法国有一个雨果，中国有一个鲁迅。”又如事物名词“马匹”，代表的是一个群体，自然不能说“一匹马匹”“两匹马匹”，但如果跟数量词的意义不相冲突，也可以这么说：“一批马匹”“两船马匹”。

2. 时间名词。表示时间概念。比如“现在”“中午”“刚才”“片刻”，它们所表示的概念都跟时间相联系。

时间名词一定不能跟“不”组合，一定能充当主语或宾语。但是跟人物名词相比较，存在差异性。主要表现在：第一，跟数量词组合的能力较差。若跟数量词组合，往往更多地强调其事物性，如：“两个中午”“三个夜晚”。第二，充当状语的能力很强，而人物名词充当状语则是罕见现象。

时间名词所表示的时间概念，有时点和时段的分别。在客观世界里，“过去—现在—将来”构成一条时间链，时间链上存在一个一个时点和一个一个时段，而任何一个点都是时点，任何一个段都是时段。如果把所要表述的时点和时段叫作本位点段，把跟本位点段相对比而存在的点段叫作外位点段，那么，不管是从本位点段本身看，还是从本位点段跟外位点段的关系看，时点和时段在内涵上都存在相互区别的特征。

从本位点段看，在时间链上，时点具有定位性，时段具有历程性。就是说：时点表示在时间序位中所占据的特定的点，时段表示在时间历程中所占据的特定的段。比如：

刚才　　时点。位置在说话前不久。

片刻　　时段。历程起码比一小时短比一秒钟长。

从跟外位点段的关系看，在时间链上，时点具有位移性，时段具有伸缩性。就是说：如果乙时点是本位时点，甲时点和丙时点便是外位时点，而从甲时点到乙时点到丙时点是位置移动的关系；如果乙时段是本位时段，甲时段和丙时段便是外位时段，而从甲时段到乙时段到丙时段则是历程伸缩的关系。比如：

刚才　→　现在　→　下午

片刻　＜　短期　＜　长期

以“现在”为本位时点，那么从“刚才”到“现在”是位移，从“现在”到“下午”也是位移，本位点和外位点之间不存在甲时间包容乙时间的关系。以“短期”为本位时段，对“片刻”来说是“伸”，对“长期”来说是“缩”，本位段和外位段之间存在甲时间包容乙时间的关系。

点段的表示有时具有绝对性，但更多时候具有相对性。即是说：某个词在甲语言环境中可能表示时点，在乙语言环境中可能表示时段，在丙语言环境中甚至似点似段，点段模糊。比如：

［春天］表示时点：我春天开了一次刀。

表示时段：我整个春天都住在乡下。

似点似段：春天，一个风和日丽的日子。陈教授家。

时点和时段的表达形式不限于时间名词。更多的时候，由时间短语表示。点段的区别，一般都没有十分明确的形式标志，语法环境的制约起着十分重要的作用。

3. 方所名词。表示处所和方位。处所指地点，方位指方向和关系位置。比如“枣庄”是处所，指一个地点；“东边”是方位，指一个方向和跟“西边”相对的一个关系位置。

方所名词能充当主语或宾语，一般不能跟“不”组合。同人物名词相比较，其差异性主要表现在：第一，跟数量词组合的能力较差。若跟数量词组合，往往更多地强调其事物性，如：“两个客厅”“三个剧场”。第二，充当状语的能力很强，而人物名词充当状语则是罕见现象。第三，纯粹表示方位的词，有时能跟某些程度副词组合（“他站在最前面”），有的在特殊格式中还能跟“不”字发生组合关系（“裹足不前”）。

“方所”是空间范畴。处所和方位并非互相排斥。

从处所看，有两个类型：第一，定域处所。包括：①地区类处所，如“海南省”“乐东县”；②楼馆类处所，如“图书馆”“少林寺”；③部门类处所，如“组织部”“社科院”。凡是定域处所，都有确定的辖域。第二，非定域处所。指的是带有方位指示的处所。这类处所，以某一地点和某一事物为参照点，加上方位指示来表明。它们的辖域是不确定的，有时是十分模糊的。比如“树上”“门外”。

从方位看，有两种情况：第一，纯方位。指的是单独使用的方位指示。在这种情况下，如果脱离具体语境，就不知道方位指示的具体参照点。比如：前有小河，后有青山。第二，附用方位。指的是附用在具体参照点后边的方位指示。在这种情况下，“具体参照点＋附用方位”构成非定域处所。比如“树上”，这是一个非定域处所，“树”是参照点，“上”是附用方位；又如“门外”，也是一个非定域处所，“门”是参照点，“外”是附用方位。

现代汉语的方所名词，往往带有“方所标”。“方所标”有两大类：

（1）命名标

命名标是用来构成专名性处所词语的方所标记。专名性词语表示定域处所，命名标是一种词汇标。这是一个比较开放的类。例如：

X国　X省　X市　X镇　X县　X村　X庄　X巷　X街
——地区专名

X楼　X馆　X寺　X庙　X殿　X观　X祠　X所　X厅

——楼馆专名

X部　X院　X系　X校　X司　X局　X科　X所　X厅

——部门专名

命名标如果单用，便是一个方所名词。如“出国”“进校”中的“国”和“校”。

(2) 方位标

方位标，即通常所说的方位词，是非定域处所的形式标记。凡是利用方位标构成的方所词语都是非专名性的。方位标起指明方位的作用，以所附事物为方位参照点。由于不起构成专名的作用，它同其他词语的结合是比较灵活、比较自由的。研究语法问题，主要研究方位标。

现代汉语的方位标又可以分为两类：

A. 典型方位标。这是一种语法标，附在别的语言成分后边时在一定程度上像是词尾。单音节的，一共16个：

上　下　左　右　东　西　南　北

前　后　外　里　内　中　间　底

B. 准方位标。这种方位标，不用来构成专名，不同于命名标，但词汇意义强于典型方位标，也许可以看作准语法标。数量不多，但目前还不能明确说出一共多少个。例如：

旁　边　头　面　方　处　角　端

位　部　顶　脚　背　心　腰　侧

方位标和命名标在组合功能上有区别。命名标可以受“全”的修饰，说成“全～所有人”。方位标不能这么办。比如能说“全村”，却不能说“全东”或“全旁”。

典型方位标和准方位标在组合能力上也有区别。首先，典型方位标全都不能受数词修饰，大多数准方位标却受数词修饰，如：一旁｜两旁｜一头｜两头｜四面｜八方。其次，典型方位标能配对组合，准方位标一般不能。如：上下｜左右｜东西｜南北｜东南｜西北｜西南｜前后｜里外｜内外｜中间｜底下。这些都是典型方位标的配对组合。准方位标中，有的由人体部位或物体部位引申而成，例如“顶（山顶)、脚（山脚)、背（山背)、腰（山腰)、口（街口)、心（街心)”，由于它们受到本身语义的限制，不能受数词修饰，但也不能配对表示方位，因而不同于典型方位标。

在单音方位标的基础上，可以构成复合方位标。构成方式，有以下几种：

①“标＋标”。如前边提到的“南北、里外、中间、底下”。少数有时用来表示概数，是方位标作用的引申，如：上下（五十岁上下)，左右（五十个左右)，前后（五十年前后)。

②“之＋标”，或者“以＋标”。如：“之上、之下、之东、之西、之前、之后、之里、之外、之内、之中、之间”，“以上、以下、以北、以南、以内、以外”。近来有“以远”的说法（如武昌火车站规定“衡阳以远”才给买47次列车的票)，这是一个比照“以南”之类构成的特殊方位词。

③“标＋准标”，或者“准标＋标”，或者“准标＋准标”。如：“上边、下边、东头、西头、左方、右方、里面、外面”，“边上、脚下”，“旁边、部位”。

方位标，不管是单音的还是复合的，如果单用，便成为一个方所名词。如前面提到的“前有小河，后有青山”。又如：

东头很热闹。

西边在下雨。

(三）名词入句

名词有时可以直接成为小句构件。即一个名词直接带上某种语气，形成一个名词单词句。比如，剧本开头交代：“大海。”（陈述句）惊叹一声：“上帝!”（感叹句）要求出示证件：“护照!”（祈使句）询问对方身份：“记者?”（疑问句）但是，名词的更常见的用法，是在小句里充当一个成分。

在小句里，人物名词的基本功用是充当主语、宾语和介词后置成分。如：

大妈把借款退还公司。

人物名词也经常充当定语，表示领有、材料或属性。如：

鲁迅作品

水彩作品

文艺作品

少数人物名词还可以充当状语和谓语。充当状语的，或者表示某种性质，或者表示某种出身或经历，如“要历史地评价作家及其作品”，“他本科毕业”；充当谓语的，主要表示姓名或身份，如“我，李华”，“她，秘书”。

在小句里，时间方所名词的基本功用是充当状语和定语。如：

今天走	客厅坐
今天的报纸	客厅的地毯

时间方所名词充当主语，一般用于表示变易、承受、判断、描写、存现等意义的句子。如：

假日快到了。	客厅变了样了。	（变易）
假日可以利用！	客厅要打扫！	（承受）
假日是休息时间	客厅也是书房。	（判断）
假日很清静。	客厅很宽敞。	（描写）
假日来了一批外宾	客厅坐满了客人。	（存现）

时间名词有时还可以充当谓语，表示日期或天气。在这种情况下，句子的主语也是时间名词。如：

明天星期日。

今天晴天。

（四）关于名词的语义

研究名词，弄清有关的语法规律，特别需要注意分析其语义。因为，不管如何分类，类分得多细，都不可能全部代替对具体事实的语义特征的分析。比较：

工人	——	男人
小伙子	——	小孩子
夫妻	——	兄弟

“工人”和“男人”，“小伙子”和“小孩子”，“夫妻”和“兄弟”，它们都是称人名词，然而语法上却有不同的反映：

工人了，要有组织纪律性！（＋）

男人了，要有组织纪律性！（－）

小伙子了，还哭鼻子？（＋）

小孩子了，还哭鼻子？（－）

夫妻了，还分那么清干什么？（＋）

兄弟了，还分那么清干什么？（－）（＋）

用“N P了”句式来检验，可以知道，有的名词能进入这一句式，有的名词不能。凡是能够进入“N P了”句式的名词，都具有推移性语义特征。即名词所表示的概念是由相对的概念推移而来的，原来并非如此。工人由非工人推移而来，小伙子由儿童推移而来，夫妻由非夫妻推移而来，因此“工人了”“小伙子了”“夫妻了”都能说。“男人”不是由什么人推移而来，“小孩子”不是由什么孩子推移而来，因此“男人了”“小孩子了”都不能说。如果本来就是亲兄弟，不能说“兄弟了”；只有由非兄弟推移成为兄弟，即拜把兄弟之类，才可以说“兄弟了”。这个规律，不仅对于称人名词，而且对于指物名词和时间名词、方所名词都适用。例如：

团长了，不严肃点行吗？（职务推移：连长→营长→团长）

旧书了，还按原价出卖？（状况推移：新书→半新不旧的书→旧书）

春天了，怎么还这么冷？（时点推移：秋天→冬天→春天）

保定了，你要下车了吧？（地点推移：甲地→乙地→保定）

二　动词

动词是表示行为活动的词。在小句中，动词往往居于核心的地位。动词和名词的配合使用，构成句子最基本的框架。

（一）动词的语法特征

从基本倾向看，动词在语法上有两方面的重要特征。

1. 在组合能力上，以能带宾语、能重叠表动量和能带“着、了、过”为充足条件，以前边能出现“不、都”等副词为必要条件。

首先，一个词如果能进入“X不X”的格式，并且能带上宾语，这个词一定是动词。比如：

听　　听不听—听音乐—听不听音乐

翻阅　翻阅不翻阅—翻阅原件—翻阅不翻阅原件

其次，一个词如果能重叠起来表示动量，这个词一定是动词。单音节的，按AA式重叠；双音节的，按ABAB式重叠。所谓动量，指的是“一下”或“反复多次”的意思。比如：

让我拿回家去听听　　（听一下/反复听）

请您翻阅翻阅　　　　（翻阅一下/反复翻阅）

有的动词，还能采用AABB的叠结形式表示“不断交错反复”。比如：

说说笑笑　　走走停停

打打闹闹　　上上下下

这类现象，构成叠结形式的A和B都是单音节动词，比如“说”和“笑”、“走”和“停”、“打”和“闹”、“上”和“下”；但是，整个AABB叠结形式浑然一体，共同表示AB行为的不断交错反复，如“说说笑笑”是说和笑不断交错反复，“上上下下”是上和下不断交错反复。这类叠结形式，是词和短语之间的特殊现象，可以看成短语词。

再次，一个词如果能带上“着、了、过”，这个词一般是动词。比如：

听着　　听了　　听过

翻阅着　翻阅了　翻阅过

此外，动词能够跟副词“不、都”等组合。比如：

不听　　都听

不翻阅　都翻阅

一个词，如果前边根本不能出现“不、都”等副词，这个词不大可能是动词。这是动词跟名词恰好相反的地方。

2. 在句法功能上，以能够充当谓语或谓语中心为必要条件。

凡是动词都能够充当谓语或谓语中心。尽管能够充当谓语或谓语中心的词不一定都是动词，但是，一个词如果根本不能充当谓语或谓语中心，这个词肯定不是动词。比如“打头”和“打手”：“打头”可以成为谓语或谓语中心（谁打头？我打头!），是动词；“打手”不能成为谓语或谓语中心，它不可能是动词。

（二）动词的基本类型

词类中，动词最为复杂。大体分，有六类。

1．行为动词。指表示人物行为的动词。这是典型的动词，包括行为他动词和行为自动词两类。如“翻阅”是行为他动词，“睡觉”是行为自动词。

行为他动词和行为自动词没有绝对的明确的界限，但它们的典型现象是有区别的。主要看两点：

①双音节的，看能否带宾语。能带宾语的是他动词，不能带宾语的是自动词。比如：“翻阅”“批评”“打击”“讨论”，能带宾语，是他动词；“睡觉”“哭泣”“咳嗽”“游泳”，不能带宾语，是自动词。

②单音节的，看能带什么样的宾语。能带对象宾语或目标宾语的，是他动词；不能带对象宾语或目标宾语的，是自动词。如：“烧”是他动词，可以带对象宾语和目标宾语：烧房子｜烧开水（当然也可以带“代体宾语”：烧煤球）；“睡、走、飘”之类是自动词，不能带对象宾语或目标宾语，它们如果带上宾语，也只是方所宾语或施事宾语：睡地板｜里屋睡人｜走大桥｜飘雪花。

2．心理动词。指表示人物心理活动的动词。包括情绪心理动词和感知心理动词两类。前者有褒贬情绪，如“爱、恨、喜欢、讨厌、羡慕、佩服”等；后者无褒贬情绪，如“猜、料、感到、觉得、认为、知道”等。

心理动词的重要特点有二：

①全部能够带上谓词性宾语。即所带的宾语可以由谓词性词语充当。如：爱笑｜喜欢清静｜觉得可以干｜认为他很好。当然，这并不等于说这类动词只能带谓词性宾语。它们之中，有的可以带名词性宾

语：爱花｜喜欢文学｜讨厌酒鬼。

②有褒贬情绪的一类，不仅可以带宾语，还可以跟程度副词组合。如：很爱（他）｜十分讨厌（大吵大闹）｜特别佩服（张老师）。

3. 历程动词。指跟时间历程有关的动词。如“开始、进行、继续、停止、结束”等。

历程动词的重要特点有二：

①其宾语由动词充当，不大可能由典型的名词充当。如：开始改革｜进行评定｜继续发言｜停止销售｜结束答辩。

②所带的动词宾语，跟心理动词所带的动词宾语有所不同：做宾语的动词前边可以自然地加上名词，形成有体词性倾向的结构。如：开始体制改革｜进行职称评定｜继续大会发言｜停止鞭炮销售｜结束论文答辩。

4. 断事动词。指表示是非、有无、像似等意义的动词。包括三小类：

①是非类。现代汉语里只有一个“是”。作为词，“是”的否定形式是“非”，但“非”是文言词，现代汉语里一般在“是”前边加“不”构成“不是”。尽管有时也用“非”，但带有文言色彩。

②有无类。包括“有”和“没有”。动词“没有”可以替换为“无”。现代汉语里有时也用“无”，但带文言色彩。如果采用然否相叠形式，可以说成“有没有”，有时也说成“有无”，可是不能说成“有不有”。“没有”有时是副词，可以替换为“未”。

③像似类。包括“像、似、如”和双音节的“好像、犹如、有如、比如”等。“好像”有时用在动词结构前边表示推测，相当于“似乎”，是副词。如“好像要下雨了”。

断事动词的重要特点，是带名词宾语，动宾之间只有断事关系，没有施事、受事、用事等关系。

5. 使令动词。指表示命令或请求的动词。包括“使、令、叫、请、教、让、迫使、逼使、命令、请求”等。这类动词的重要特点是能够造成兼语式。如：虚心使人进步｜上级命令我们立即出发。

6. 辅助动词。指用在动词前边或后边起辅助作用的动词。包括能愿动词和趋向动词。

①能愿动词。这是一类前辅助动词，用在动词或形容词前边表示可能性、必要性和意愿性。如“能、会、能够、可能、可以”等，表示可能性；“应、应该、应当、要”等，表示必要性；“愿、愿意、肯、敢、要”等，表示意愿性。这类动词的基本用途，是同动词、形容词等组成能愿短语，如：可以讨论｜应该严肃。在语法上，这类动词不仅能进入“X不X”的格式，而且能进入“不X不”的格式。如：能不能看？不能不看！｜应该不应该参加？不应该不参加！｜敢不敢接受？不敢不接受。这类动词有时单用，但实际上是在特定语境中简省了后边的动词。如：（问）谁能回答？（答）我能［ ］！

②趋向动词。这是一类后辅助动词，用在动词或形容词后边表示某种趋向。如“来、去”表示单纯趋向，“上、下、进、出、回、过、开、起”表示单纯趋向，二者结合成为“上来、上去、下来、下去、进来、进去、出来、出去、回来、回去”等等，表示复合趋向。这类动词的用途是充当趋向补语。如：跑来｜爬上｜走出去｜平静下来。这类动词全部可以单用。这时，它们除了具有趋向意义，在语法上已经成了一般的行为自动词或行为他动词。比如：你明天来？（行为自动词）｜快开门！（行为他动词）

“趋向动词”这一术语，有广义和狭义的区别。广义趋向动词，包括单用的和后附的两种；狭义趋向动词，则专指充当补语的一类现象。在把趋向动词作为辅助动词来描述的时候，显然指的是狭义趋向动词。

在六类动词里，行为动词和心理动词数量最多，所占比重最大。相对地说，历程动词、断事动词和辅助动词数量有限，容易全部列举，具有较大的封闭性。

（三）动词入句

动词有时可以直接成为小句构件。即一个动词直接带上某种语气，形成一个动词单词句。通常是形成祈使句：“停！”“立正！”“射击！”“启动！”但是，动词的更常见的用法，是在小句里充当一个成分。

在小句里，动词经常充当谓语，尤其是充当谓语中心。这是动词最基本的句法功能。

在小句里，动词也可以充当补语、定语和状语，但受到这样那样的限制。

能充当补语的动词，数量较少。双音的，似乎只有“发抖”一个：吓得发抖。单音的，主要有“死、活、走、跑、懂、丢、掉、翻、倒、见、到、成、作、为、住”等。如：打死，救活，寄走。有的跟前边的动词结合很紧，起码可以看作短语词，因此析句时可以当成一个成分，不必分析为“动词心语＋动词补语”，如“打倒、推翻、看见、当成”之类。

动词做定语，有时要求带“的”。如果不带“的”，会形成动宾关系。如：讨论的问题很重要。有时也可以不用“的”。这时，作为心语的名词不具备成为宾语的语义内容，动词和名词之间只能形成定心结构。如：建筑材料，救济物资，写作技巧，赔偿条件，演唱晚会。

动词做状语，一般要求带“地”。常见的有两类。一类是情绪性心理动词，包括“同情、羡慕、崇敬、尊敬、感谢、担心、怀疑、怜悯、鄙视、蔑视、怨恨、仇恨、厌恶”等。例如：同情地看着他｜尊敬地献上了一束鲜花。另一类是意向性行为动词，包括“试探、乞求、讨好、巴结、挽留、安抚、爱抚、征求、征询、请示、纠正、服从、反抗、嘲弄、挑逗、审视”等。这类动词，表示人们在某种意向支配下所采取的行为。例如：试探地敲了敲门｜反抗地扭着头｜挑逗地唱着小曲。

在小句里，动词有时充当主语、宾语或者主语中心、宾语中心。如：“学习不是容易的事情，使用更加不容易。”（毛泽东《中国革命战争的战略问题》）这里“学习”和“使用”充当主语。又如：“这确是人的喊叫。”（管桦《暴风雨之夜》）这里“喊叫”充当宾语中心。这样使用的动词，对行为起指称作用，有体词化倾向，在句法配置的灵便性上大大不同于正常情况下使用的动词。

辅助动词的句法地位具有特殊性。假设“各国科学家”是主语，

“应该团结起来”是谓语，那么，行为动词“团结”是谓语中心，能愿动词“应该”和趋向动词“起来”则分别居于前辅助和后辅助的地位。就通常用法而言，起前辅助作用的能愿动词和后边的动词或形容词一起构成能愿短语，起后辅助作用的趋向动词和前边的动词或形容词一起构成心补短语。

（四）关于动词的语义

研究动词和相关的语法规律，弄清动词的语义特征极为重要。动词的分类，无论如何总是粗线条的，不可能代替对具体事实进行语义特征的分析。

举例来说。“看”和“塌”有不同：

就陈述语气而言，只说“看”，“我看”，“看报”，“马上看”，能成立；只说“塌”，“房子塌”，“塌房子”，“马上塌”，不能成立。若用“塌”，就必须说成“塌了”，“房子塌了”，“塌了一间房子”，“马上要塌了”。

就疑问语气和祈使语气而言，“看”可以用来提问，可以用于祈使：看吗？看吧！“塌”却不能单独用来提问，不能单独用于祈使：＊塌吗？＊塌吧！

如果把“看”和“讲、剪、骑、参观、保护、压缩”等联系起来进行考察，把“塌”和“病、跌、瘫、死亡、败退、蜕化”等联系起来进行观察，就可以发现两类动词在语义上具有不同的特征。前一类动词能表示有意识的或有心的行为活动，即行为活动可以由行为活动者主观决定和自由支配；后一类动词表示无意识的、无心的行为活动，即行为活动不受行为活动者所左右，不能由行为活动者所自由支配。前一类是“自主动词”，后一类是“非自主动词”。

上述现象，有的能说，有的不能说，正是跟动词的“自主”与“非自主”有关。

再举例来说。“台上放着君子兰”和“台上演着黄梅戏”，它们都是存现句，结构层次和结构关系似乎没有什么区别，然而，它们实际上并不完全相同。比较：

台上放着君子兰	→	君子兰放在台上	（＋）
		台上正在放君子兰	（－）
台上演着黄梅戏	→	黄梅戏演在台上	（－）
		台上正在演着黄梅戏	（＋）

如果把“放”和“坐、站、躺、蹲、写、挂、贴、刻、钉、绣、戴”等联系起来进行观察，把“演”和“敲、跳、冒、上、下、炒、熬、哼、嚼”等联系起来进行观察，就可以发现两类动词在语义上具有不同的特征。前一类都含有“附着于某物”的意思，后一类不包含“附着于某物”的意思。因为语义特征不同，所在句子实际上在语法关系上存在差别。跟“台上放着君子兰”采取同样的变换形式的存现句，其动词都具有“附着”的特征；跟“台上演着黄梅戏”采取同样的变换形式的存现句，其动词都不具有“附着”的特征。比较：

A	中间坐着总导演	→	总导演坐在中间	（＋）
			中间正在坐总导演	（－）
	头上戴着大草帽	→	大草帽戴在头上	（＋）
			头上正在戴大草帽	（－）
B	外面下着鹅毛雪	→	鹅毛雪下在外面	（－）
		→	外面正在下鹅毛雪	（＋）
	嘴里哼着黄梅戏	→	黄梅戏哼在嘴里	（－）
		→	嘴里正在哼黄梅戏	（＋）

三　形容词

形容词是表示性质状态的词。形容词和名词、动词一样，是句子建构中表述意旨的重要材料。不过，从新词产生的能量看，形容词不及名词和动词。查李行健等主编的《新词新语词典》，可以知道，1949 年以来出现的新词一般都是名词和动词。

（一）形容词的语法特征

从基本倾向看，形容词在语法上有两个重要特征。

1．在组合能力上，以能受程度副词的修饰但不能带宾语作为最重要的充足条件，同时，也以能够重叠强调度量作为充足条件。

首先，凡是能受程度副词的修饰但又不能带宾语的词，一定是形容词。比如：老实→很老实，非常老实，特别老实；干净→很干净，非常干净，特别干净。

动词和形容词都是谓词，它们有许多共同之处。比方，都能受“不、都、也”等的修饰，都能进入“X不X”的格式，这使它们区别于名词。比如：讨论→不讨论，都讨论，也讨论，讨论不讨论；干净→不干净，都干净，也干净，干净不干净。

作为谓词，形容词和动词难免发生纠葛。这就需要从以下几点上明确语法特征对于动词和形容词的规定性：①能带宾语的词是动词。正因如此，能受程度副词修饰但又不能带宾语的词，才是形容词。如果一方面能受程度副词的修饰，另一方面又能够带上宾语，这样的词还是动词。比方许多心理动词和断事动词：爱→很爱，很爱他；像→很像，很像大嫂。②有的自动词不能带任何宾语，但它们能作谓语而不能受程度副词的修饰，不会跟形容词相混。比如“睡觉、游泳”。③有的词，在一般情况下是形容词，但运用中有时带上了宾语。这是一种“入句变类”现象。带上了宾语的形容词完全失去了接受程度副词修饰的特性，在具体句式中转变成了动词。比如“暗淡”，词典中只会注明为形容词，但在“暗淡了刀光剑影”里，它被强制成了动词。④有的形容词，在运用中有动态化用法。一方面，它们仍然可以受程度副词的修饰，另一方面，它们又用在“已经X了”“立即X起来”之类动词经常出现的带有时间性的格式之中。比如：外头已经很黑了｜大家立即更加紧张了起来。

其次，凡是能重叠起来强调度量的词，一定是形容词。

有的形容词能重叠。单音节的，按AA式重叠；双音节的，按AABB式或ABAB式重叠。所谓强调度量，指的是强调出“很、相当”之类的意思，或者强调出一种“特别”的语气。比如：红→红红，黑→黑黑，老实→老老实实，干净→干干净净，笔直→笔直笔直，漆黑→漆黑漆黑。

不是所有形容词都能重叠，但能重叠表度量的词，肯定是形容词。

有的词，在一般情况下是形容词，若按ＡＡＢＢ式重叠表度量，肯定还是形容词，但如果按ＡＢＡＢ方式重叠表动量，便成了动词。比如："我很高兴"，"高兴"是形容词；"一定要高高兴兴地接待他"，"高高兴兴"是形容词；"一定要让大家高兴高兴"，"高兴高兴"是动词。

有的形容词还能采用Ａ里ＡＢ的方式重叠，既有"很"的意思，又表明嫌恶的感情。这是一些表示人们不喜爱的性状的形容词。如：马虎→马里马虎，啰嗦→啰里啰嗦，慌张→慌里慌张。

有的形容词，还能采用ＡＡＢＢ的叠结形式表示"性状兼容"。比如：长长短短，厚厚薄薄，红红绿绿，白白胖胖。从原形看，构成叠结形式的Ａ和Ｂ都是单音形容词，如"长"和"短"、"厚"和"薄"、"红"和"绿"、"白"和"胖"；从结果看，叠结成为ＡＡＢＢ之后则浑然一体，共同表示ＡＢ性状的兼容，如"长长短短"是有长有短，长短兼容，"白白胖胖"是又白又胖，白胖兼容。这类形容词叠结形式，可以看成短语词。看个例子：

(1) 村道成东西向，窄窄的，仅可通过一辆大卡车，清清爽爽不见污物，……树上玉米棒儿，金黄金黄，高高低低，错落有致。(裴积荣《冯家村》)

"清清爽爽"是形容词的ＡＡＢＢ重叠形式，"金黄金黄"是形容词的ＡＢＡＢ重叠形式，"高高低低"是形容词的ＡＡＢＢ叠结形式。

2. 在句法功能上，以能够充当定语或谓语（或谓语中心）作为必要条件。

一个词，能够充当定语或谓语（或谓语中心）的词不一定是形容词，但根本不能充当定语或谓语（或谓语中心）的词肯定不是形容词。比如，"突然"是形容词，符合上述条件：突然事件，这件事很突然；"忽然"尽管跟"突然"意思近似，但不符合上述条件，它不可能是形容词：＊忽然事件，＊这件事很忽然。

(二) 形容词的基本类型

形容词大体可以分为两大类。

1. 性状形容词。指通常用来表示性质状态的形容词。这是典型形容词。这类形容词的突出特点是具有程度性，形式上一般能够受程度副词的修饰。比如：凉爽→很凉爽，非常凉爽；硬朗→很硬朗，十分硬朗；洁白→很洁白，特别洁白。

有的性状形容词本身包含程度，即它们在构成上包含程度的因素。这样的形容词自然不能再加程度副词。这有两种情况：①用“X＋形”构成的状心式形容词，其中的X已强调了程度。如：冰凉，雪白，笔直，金黄，深红，浅绿。②用ABB方式构成的形容词，其中的BB是叠音，既有摹状或拟音的作用，同时又强调了性状的程度。如：硬邦邦，凉飕飕，白茫茫，直溜溜，黄灿灿，红通通，绿油油。

2. 定质形容词。指性质固定、没有级度变化的形容词。这是一类比较特殊的形容词，包括“小型、中型、大型、恶性、良性、上等、中等、下等、唯一、真正、全能”等。这类形容词有两个重要特点。其一，由于没有级度变化，因而不能受程度副词的修饰。其二，基本功能是充当定语，有的还能充当状语（如“真正”），但一律不能单独充当谓语或成为谓语中心。它们如果用于谓语部分，必须出现在“是……的”之间，形成“是＋‘的’字短语”的结构。如：小型→小型水库，这水库是小型的｜恶性→恶性肿瘤，这肿瘤是恶性的。正因如此，这类形容词通常被称为非谓形容词。

定质形容词和性状形容词之间没有不可逾越的鸿沟。有的词，本来是定质形容词，但使用中可以受程度副词的修饰，有向一般的性状形容词转化的倾向。比如“高级、中级、低级”，其中的“高级、低级”有时受“很、特别”等的修饰；又如“直接”和“间接”，有时也受“很、太”之类的修饰。看实际用例：

(2) 这种润滑油是射电望远镜用的，相当高级。（钟道新《宇宙杂星》）

(3) 从理论上说，没有一个女孩子不喜欢被人追求的，但马的追求太露骨，太直接，从而使她厌恶。（钟道新《宇宙杂星》）

(4) 有的时候S与S’意义上的关系十分间接。（朱德熙《语法讲义》107页）

上例里出现了“相当高级”“太直接”和“十分间接”。

定质形容词不同于做定语的名词。做定语的名词，有时表示事物的质料，不再具有受到数量词修饰的功能。但是，做定语的名词可以经过转化出现在宾语或介词后置成分的位置上，定质形容词却不能出现在这样的位置上。比如：银手镯→用银制作的手镯，木头房子→用木头做成的房子，彩色电视→有彩色的电视。这里的“银”“木头”“彩色”都是名词，而不是定质形容词。

（三）形容词入句

形容词有时可以直接成为小句构件。即一个形容词直接带上某种语气，形成一个形容词单词句。通常是感叹句或祈使句：“好！（就这么办！）”“（进球了。）漂亮！”“静！”“小心！”但是，形容词的更常见的用法，是在小句里充当一个成分。

在小句里，形容词可以充当定语、谓语（或谓语中心）、状语和补语。比如：

请给我换个干净的房间。

这套房间（很）干净。

她干净地打扫了所有的房间。

你要立刻把房间打扫干净！

这里的“干净”，分别充当了定语、谓语、状语和补语。

不是所有的形容词都能充当定、谓、状、补这四种成分。且别说定质形容词，即使是一般的性状形容词，也有不同情况。比方，有的形容词不能充当状语。如“伟大”这个词，不可能出现在“伟大地VP”的结构之中。又比方，有的形容词不能充当定语。如“不一”，这是在意义上跟“相同、一致”相对的一个词，正如《现代汉语词典》所指出，这个词“只做谓语，不做定语”（长短不一，质量不一，意见不一）。不同形容词在入句时表现出来的不同功能，要做具体分析。

在小句里，形容词有时也充当主语、宾语或者主语中心、宾语中心。这样的形容词对性质状态起指称作用。如：“骄傲不好。”这里“骄傲”充当主语。又如：“首长一直关心大家的安全。”这里“安全”

充当宾语中心。这样使用的形容词，跟这样使用的动词一样，已经带上体词化倾向，在句法配置的灵便性上跟正常情况有相当大的不同。

(四) 关于形容词的语义

研究形容词和相关的语法规律，同样需要弄清其语义特征。

举例来说。“你要小心，千万别大意!”这里的“小心”和“大意”都是形容词，都充当了谓语。然而，有的时候，它们在语法上表现出差异性。比方：“X点儿!”这是祈使句肯定形式之一种。“小心”能直接进入这一句式，“大意”却不能：小心点儿!(+) 大意点儿!(-)。这是因为，“小心”具有“主观能控”的语义特征，而且是褒义的，“大意”不具有“主观能控”的语义特征，而且是贬义的。

凡是表示主观能控的性状，并且具有褒义或中性色彩的形容词，都能直接进入上述祈使句式，如“高、低、大、小、重、轻、谦虚、客气、主动、热情、果断”等；凡是不表示主观能控的性状，或者具有贬义色彩的形容词，都不能直接进入上述祈使句式，如“伟大、聪明、崇高、出色、平凡、幼稚、滑头、自满、胆小、悲观、啰嗦、冒失”等。比方，能说“高点儿，低点儿，谦虚点儿，热情点儿”，不能说“伟大点儿，聪明点儿，悲观点儿，啰嗦点儿”。

再举例来说。有的形容词有动态化用法，但是，并不是任何形容词都可以进入动态化的各种模式之中。比方“X起来”的模式，可以进入“壮大”，但不能进入“伟大”：壮大起来(+)，伟大起来(-)。

“X起来”中的形容词，表示有级差的可以逐渐加强的性状。“壮大”具有这样的语义特征，因此能说成“壮大起来”；“伟大”不具有这样的语义特征，因此不能说成“伟大起来”。

一对反义形容词，不管是积极义的还是消极义的，只要语义上符合“有级差，可加强”的要求，二者都能说成“A起来”。比如“好”和“坏”，“好起来”能说，“坏起来”也能说。又如：

大方·小气 → 大方起来(+)·小气起来(+)

清楚·糊涂 → 清楚起来(+)·糊涂起来(+)

认真·马虎 → 认真起来(+)·马虎起来(+)

舒服·难受　→　舒服起来（＋）·难受起来（＋）
谦虚·傲慢　→　谦虚起来（＋）·傲慢起来（＋）
整洁·凌乱　→　整洁起来（＋）·凌乱起来（＋）

反之，如果不具有“有级差，可加强”的语义特点，不能说“X起来”。如：

真·假　→　真起来（－）·假起来（－）
必然·偶然　→　必然起来（－）·偶然起来（－）
主要·次要　→　主要起来（－）·次要起来（－）
显然·　→　显然起来（－）
彻底·　→　彻底起来（－）
基本·　→　基本起来（－）

“不X起来”有时能说，有时不能说。能不能说，取决于“不X”是否在语义上“有级差，可加强”。比如：

A　舒服·不舒服　→　舒服起来（＋）·不舒服起来（＋）
　　高兴·不高兴　→　高兴起来（＋）·不高兴起来（＋）
　　认真·不认真　→　认真起来（＋）·不认真起来（＋）
　　规矩·不规矩　→　规矩起来（＋）·不规矩起来（＋）
B　热烈·不热烈　→　热烈起来（＋）·不热烈起来（－）
　　漂亮·不漂亮　→　漂亮起来（＋）·不漂亮起来（－）
　　坦然·不坦然　→　坦然起来（＋）·不坦然起来（－）
　　微妙·不微妙　→　微妙起来（＋）·不微妙起来（－）

四　副词

副词是专门充当谓词修饰成分的词。作为成分词，就能否充当多种成分而言，副词的能力弱于名词、动词和形容词。

（一）副词的语法特征

副词的语法特征，可以从组合能力和句法功能两个方面来观察。

1. 在组合能力上，以能修饰谓词作为必要条件。

副词的基本功能是修饰动词或形容词。一个词，能够修饰动词、形容词，不一定是副词，但是，如果根本不能修饰动词、形容词，一定不是副词。

副词有时也跟名词或名词结构组合，这是副词的特殊用法，受到特殊规律的制约。主要有四种情况：①人物名词受副词“净”或“光”的修饰，共同用在方所词后边，表示某一地点普遍存在着某种人或事物。例如：炕上净人，园里净游客，江岸净岗哨，山上净树，河边净杂草，屋子里光书。②时间名词，在用作谓语直接对某个时点加以表述的时候，可以受某些时间副词或频率副词的修饰。比如：今天已经星期六了。｜明天才初八呢。｜后天又中秋了。③许多方位词，还有某些方位意义明显的其他方所名词，可以受某些副词的修饰。常见的是受“最”的修饰，如：最前，最后（“他的名字被排在最后”），最前面，最后面，最底层，最前线。④名词带上数量词，前头可以用表示范围或频率的副词。如：只两瓶黄酒，仅仅七个学生，大约三辆汽车，共二十块钱，才五张桌子，又一阵暴雨，再一个问题。

2. 在句法功能上，以纯状语性作为充要条件。

副词的基本用途是充当状语。由于充当状语是副词的“专职”，“纯状语性”便被当成副词的充足而必要的条件。即是说，一个词，如果能够充当状语，而且只能充当状语，那么，这个词一定是副词。

需要进一步解释几点：

①在副词和名词或名词结构组合的格式中，有的副词仍然明显处于状语的位置上面。比如：“炕上净人”，相当于“炕上净是人”，“净”是状语；“今天已经星期六了”，相当于“今天已经是星期六了”，“已经”是状语。“只两瓶黄酒”之类略为特殊，它相当于“黄酒只两瓶”，其中的副词实际上更多地跟数量词发生关系，还是可以分析为状语。“最前面、最底层”之类更为特殊，其中的“最”不好分析为状语，析句时它们可以整个看作一个句法成分。这一点表明，某种特殊情况对副词的纯状语性稍微有所突破。

②个别副词，包括“很”和“极”，以及强调极度的“万分”，可以做补语。比如：焦急得很，焦急极了，焦急万分。这一点表明，个别程度副词对副词的纯状语性稍微有所突破。

③名词、动词、形容词、数量词都可以充当状语，但它们不具有纯状语性，不同于副词。比如：“他大学毕业”，“他炫耀地打开了珠宝盒”，“他恭敬地递上了一杯茶”，“他一次处理不完这么多的文件”，其中的“大学、炫耀、恭敬、一次”分别是名词、动词、形容词和数量词，但它们都还能充当别的成分。即使是表示动量的“一次”，通常用作补语和状语，但有时也有接近于谓语中心的用法，如：就这么一次！这一点表明，对于其他各类成分词来说，纯状语性是副词的区别性类特征。

④个别副词有时可以单独成句。比如，甲问：你们什么时候出发？乙答：马上！又如，某人在真相大白之后说：“果然!”这么使用的“马上”和“果然”都可以认为是副词独词句。不过，从隐含的意思上说，它们后边实际上留有谓词的空位，它们在本质上还是状语性的。

（二）副词的基本类型

副词大体可以分为三类。

1. 一般副词。指表示程度、时间、否定、范围、频率等意义的副词。这是副词的主体，它们主要活动在谓词或谓词结构前头，只有少数几个还可以用到主语前头。主要包括以下几种：①程度副词。如“很、最、太、更、极、非常、特别、十分、格外、相当、略、较、稍、稍微、略微、越发、还、还要、多、多么、何等”等。②时间副词。如“正、在、正在、马上、立刻、立即、刚、已、已经、曾经、将、将要、顿时、往往、一直、一向、渐渐、常常、永远、始终、老、总、终于、偶尔、忽然”等。③否定副词。如“不、没、未、别、甭、莫、勿、没有、未必、不用”等。④范围副词。如“都、只、仅、共、净、光、全都、统统、总共、一齐、一概、仅仅”等。⑤频率副词。如“再、又、也、还、一再、再三、再次、屡次”等。一部分范围副词和频率副词有时跟数量词发生关系，如“仅仅一次”　“又一个”之类。

2. 语气副词。指表示推断、逆反、疑问等语气的副词。如：“也许、大概、大约、敢情、准、必、必定、其实、的确、简直、几乎、索性、当然、果然、居然、竟然、幸亏、偏偏、反倒、倒反、反正、难道、莫非、究竟、到底、何尝”等。

在主谓结构中，大多数语气副词既可以用在谓词或谓词结构前边，也可以用到主语前边。例如“也许”：他也许会去。｜也许他会去。又如“难道”：你难道还不知道？｜难道你还不知道？用到主语前边的副词，实际上修饰整个主谓结构，从层次结构上说，是全句的状语。

3. 关联副词。指用在词语或分句之间起关联作用的副词。包括“却、既、又、也、就、才、还、越”等。

关联副词在句法地位上具有特殊性。尽管它们还是处在状语的地位，但在关联作用特别明显的时候，比较接近于连词，可以分析为黏合成分，即辅助性语法成分。比方在“（尽管）……却……”“既……也……”“又……又……”“（如果）……就……”“（只有）……才……”“（不仅）……还……”“越……越……”这样的格式中，关联副词是可以分析为辅助性语法成分的。

（三）关于副词的语义

名词、动词和形容词语义实在，副词却语义较虚。为了了解副词的意义和作用，最好多把甲副词和乙副词进行比较。

举例来说。“就”和“才”有同有异，在表意上往往表现出明显的对立。这两个词有时都可以表示范围，都有“只”的意思，比如：我就有几元钱，不够买衣服的。｜我才有几元钱，不够买衣服的。但是，在别的时候，它们的意义就有显著的不同。比较：

a. 你六七点钟就起床？（以为早）
   你六七点钟才起床？（以为晚）

b. 你个把月就能学会？（以为快）
   你个把月才能学会？（以为慢）

c. 吃了三碗就不吃了？（以为少）
   吃了三碗才不吃了？（以为多）

d. 他就回来，您稍等。（相当于“马上”，行为尚未实现。）

　他才回来，您稍等。（相当于“刚刚”，行为已经实现。）

e. 你签个字，我就走。（跟“只要”之类关联，条件偏宽。）

　你签个字，我才走。（跟“只有”之类关联，条件偏严。）

再举例来说。“比”字句中常出现“更”和“还”，形成“比 X 更 Y”和“比 X 还 Y”的说法。“比”字句中的“更”和“还”都是程度副词，都表示程度深，但它们并不等同。比较：

张松比李正更能干。(+)　→　张松更能干。(+)

张松比李正还能干。(+)　→　张松还能干。(-)

上例表明，用“更”时可以省去“比 X”，用“还”时不能省去“比 X”。由此可知，“更”既可以用于两物定较，也可以用于泛较；表示程度深的“还”却只能用于两物定较，不能用于泛较。不联系“比”字句来看，“张松还能干”也能说，不过这里的“还”不是表示程度深，而是表示程度浅，带有并不理想的意味。

张松近来的发音比李正更准确了。(+)（张过去就强于李）

张松近来的发音比李正还准确了。(+)（张过去可弱于李）

上例表明，除了能不能省去“比 X”，用“更”和用“还”有时在表意上还有差别。用“更”，重在事物发展的递进性，即甲以前强于乙，现在更强于乙；用“还”，重在事物发展的转折性，即甲以前弱于乙，现在却已经赶上和超过了乙。

张松比李正能干，萧金比李正就更能干了。(+)

张松比李正能干，萧金比李正就还能干了。(-)

上例表明，在由三项比较构成的递进句式中，能用“更”，不能用“还”。

张松的声音比打雷还响。(+)

张松的声音比打雷还响。(-)

上例表明，“比”字句有时不是表示一般的比较，而是用来表示比似，构成修辞上的“强喻”。在构成强喻的“比”字句中，能用“还”，不能用“更”。

主要参考文献

[1] 俞敏. 名词、动词、形容词 [M]. 北京：新知识出版社，1957.

[2] 施关淦. 名词·动词·形容词 [M]. 北京：人民教育出版社，1990.

[3] 文炼. 处所、时间和方位 [M]. 北京：新知识出版社，1956.

[4] 陈宁萍. 现代汉语名词类的扩大 [J]. 中国语文，1987 (5).

[5] 陈平. 释汉语中与名词性成分相关的四组概念 [J]. 中国语文，1987 (2).

[6] 陈平. 论现代汉语时间系统的三元结构 [J]. 中国语文，1988 (6).

[7] 袁毓林. 一价名词的认知研究 [J]. 中国语文，1994 (4).

[8] 龚千炎. 汉语的时相 时制 时态 [M]. 北京：商务印书馆，1995.

[9] 李向农. 时点时段的内涵及构成与汉语社会的时间观念 [J]. 世界汉语教学，1995 (2).

[10] 邢福义，李向农，储泽祥. 时间方所 [M]//语法问题思索集. 北京：北京语言学院出版社，1995.

[11] 李临定. 现代汉语动词 [M]. 北京：中国社会科学出版社，1990.

[12] 胡裕树，范晓. 动词研究 [M]. 开封：河南大学出版社，1995.

[13] 马庆株. 自主动词和非自主动词 [M]//中国语言学报：第 3 期. 北京：商务印书馆，1988.

[14] 吴为章. 单向动词及其句型 [M]//语法研究和探索：二. 北京：北京大学出版社，1984.

[15] 洪心衡. 能愿动词、趋向动词、判断词 [M]. 北京：新知识出版社，1957.

[16] 尹世超. 试论粘着动词 [J]. 中国语文，1991 (6).

[17] 周有斌，邵敬敏. 汉语心理动词及其句型 [J]. 语文研究，1993 (3).

[18] 吕叔湘. 说“胜”和“败”[M]//语法研究和探索：四. 北京：北京大学出版社，1988.

[19] 吕叔湘. 形容词使用情况的一个考察 [J]. 中国语文，1965 (6).

[20] 吕叔湘，饶长溶. 试论非谓形容词 [J]. 中国语文，1981 (2).

[21] 朱德熙. 现代汉语形容词研究 [J]. 语言研究，1956 (1).

[22] 李宇明. 非谓形容词的词类地位 [J]. 中国语文，1996 (1).

[23] 石毓智. 现代汉语的肯定形容词 [J]. 中国语文，1991 (3).

[24] 张国宪．论单价形容词 [J]．语言研究，1995 (1).

[25] 邢福义，李向农，丁力，等．形容词的 A A B B 反义叠结 [J]．中国语文，1993 (5).

[26] 张谊生，吴继光．略论副词“才”的语法意义 [M]//语法研究与语法应用．北京：北京语言学院出版社，1994.

[27] 陆俭明．语义特征分析在汉语语法研究中的运用 [M]//陆俭明自选集．郑州：河南教育出版社，1993.

[28] 陆俭明．“还”和“更” [M]//陆俭明自选集．郑州：河南教育出版社，1993.

[29] 邢福义．现代汉语的特殊格式“V 地 V”[J]．语言研究，1991 (1).

[30] 邢福义．形容词动态化的趋向态模式 [J]．湖北大学学报（哲学社会科学版），1994 (5).

[31] 邢福义．强喻初探 [J]．华中师范学院学报（人文社会科学版），1960 (2).

第三节　特殊成分词

一　数词和量词

现代汉语词类系统中，数词和量词是两类特殊的成分词。特殊之处在于：数词或量词有时可以单独充当一个句子成分，但“数词＋量词”这种经常使用的结合体却仍然只充当一个句子成分。

（一）数词

数词是起计数作用的词。

数词最突出的语法特点，是能同量词组合，而且一般跟量词结合使用。一个词，如果具有跟量词结合起来共同表示数量的能力，这个词是数词。比如：

三个　第三个

几个　许多个　无数个

“三”“第三”“几”“许多”“无数”都是数词。

现代汉语数词系统，包括统数系统和序数系统。所谓统数，指统计数目多少的数；所谓序数，指排列次序先后的数。比如，“三人”的

“三”是统数，“三哥”的“三”是序数。

1. 统数系统

统数系统由两类形式按两种方法构成其基本面貌。

统数系统中存在两类形式：①个位数形式，②段位数形式。个位数形式，指小于“十”的表数形式，包括“一”至“九”等；段位数形式，指在数目字组合中起十进划段作用的形式，包括“十”“百”“千”“万”等。个位数形式和段位数形式都是汉语里的基本数目字，但是它们在统数系统的构成方法上各有特定的作用和地位。

统数系统的构成，有两种方法：①累积十进法，②段位系连法。前者是计数方法，后者是结构方法。

内容上，以累积的办法逢十进一，这是累积十进法。具体点说，就是：由一累积到九，加一进为十；由十累积到九十，加十进为百；由一百累积到九百，加一百进为千；由一千累积到九千，加一千进为万。即：

九 ＋一 ＝ 十个一 ＝ 一十
九十＋十 ＝ 十个十 ＝ 一百
九百＋一百 ＝ 十个百 ＝ 一千
九千＋一千 ＝ 十个千 ＝ 一万

结构上，以段位数形式为系连点，通过添加个位数形式，构成复合表数形式。这是段位系连法。具体办法：或者同时前加后加个位数形式，或者只在前边加上个位数形式，或者只在后边加上个位数形式。如：

个位＋段位＋个位： 三十三 三百三 三千三 三万三
个位＋段位： 三十 三百 三千 三万
段位＋个位： 十三

用段位系连法构成的复合表数形式中，可以出现多个段位：

三百二十一 （出现两个段位：百｜十）
四千三百二十一 （出现三个段位：千｜百｜十）
五万四千三百二十一（出现四个段位：万｜千｜百｜十）

统数系统里，除了基数，即上述由基本数目字表示的确定数目，实际上还包括概数、倍数和分数。不过，从形式上看，倍数和分数采用的是“三倍”“四成”“六分之一”之类结构形式，它们是“数量词”，而不是单纯的“数词”；概数所采取的形式有的是数词，如“十五六、二三十、几、许多、无数”，有的则不是单纯的数词，如“三十左右、二十上下”。

2. 序数系统

序数系统由统数形式加“第”构成其基本面貌。统数系统是基础系统，序数系统是衍生系统。即：

第＋统数形式＝序数形式

“第三”是序数形式，“第三十三”也是序数形式。在理论上，“第三万三千三百三十三”这样的序数形式完全可以成立，只是，由于事实上一般不会出现数目这么大的次序，因此这么长的序数形式在语言的实际运用中不大可能出现。

有的时候，序数形式直接采取统数形式，实际上是借用统数形式表示序数，隐含有“第”字。可以通过同义变换把“第”字补出。如：

三楼＝第三层楼　四车厢＝第四个车厢

五中＝第五中学　六铺位＝第六个铺位

总起来看，现代汉语数词系统，由个位数形式和段位数形式按照累积十进法和段位系连法构成统数系统基本面貌，又由“第＋统数形式”的组合构成序数系统的基本面貌。诚然，就基本面貌而言，现代汉语数词系统是简明而匀称的。比较：

［汉语］	一	第一	一月	星期一
	二	第二	二月	星期二
	三	第三	三月	星期三
	四	第四	四月	星期四
	五	第五	五月	星期五
	六	第六	六月	星期六
［英语］	one	first	January	Monday
	two	second	February	Tuesday
	three	third	March	Wednesday

four	fourth	April	Thursday
five	fifth	May	Friday
six	sixth	June	Saturday

可知，不管是单纯用于统数和序数，还是用来表示月份和时日名称，汉语都保持“一、二、三、四、五、六”等在形式上的一致。跟英语的说法有所不同，汉语数词表述系统在更大程度上表现出了简明匀称的一面。

但是，另一方面，这种简明匀称并不是绝对的、一贯到底的。仅就普通话计数开头的三个数目字“一、二、三”而言，就是如此。它们不仅各有自己的语义内涵，从语法上看，也有不同的表现。具体点说：如果立足于“一”，可以看到“一”不同于“二、三”。比方：“一个一个地往里走”可以说成“一个个地往里走”，“两个两个地往里走”“三个三个地往里走”却不能说成“两个个地往里走”“三个个地往里走”。又比方：可以说“老二、老三”，但不能说“老一”。如果立足于“二”，又可以看到“二”不同于“一、三”。最大的不同，是“二”有异化形式。比方，“二重性、两重性、双重性”，“二、两、双”都跟量词“重”组合，都是数词，而且都表示“二”的概念。它们在表示统数和表示序数时在大体倾向上有分工。如表示序数，说“第二”，不说“第两”；表示统数，说“两碗”，一般不说“二碗”；在比较特殊的语境中表示统数，说“双架床”，不说“二架床”，也一般不说“两架床”。此外，还有别的不同。如可以说“一而再，再而三”，但不能说“一而二，二而三”。如果立足于“三”，又可以看到“三”不同于“一、二”。比方，“三”在统数序数系统中都完全保持形式上的一致性。又比方，“一根油条分为两半，他吃一半，我吃一半”，跟量词“半”组合，经常有“一半、两半”的说法，但一般情况下没有“三半”的说法。

在小句里，数词也能单独充当句子成分。主要限于下面四种情况：

①数词表示大数目，后边常常不用量词。在这种情况下，数词可以充当定语或谓语。比如“六亿妇女撑着半边天”，“十多万儿童营养

不良”，其中“六亿”“十多万”是定语；如果“妇女六亿”“儿童十多万”做句子使用，“六亿”和“十多万”便成为谓语。

②继承古汉语用法，数词直接附加于名词或动词，充当定语或状语。如：“一士兵被击中”，“一”做定语；“三进山城”，“三”做状语。

③数词在特定语境中指称事物，充当“是”字句的主语或宾语。如：“过河的办法有两个，一是造船，二是修桥。”“给你们两个重要任务：找到粮食，这是一；了解敌人的动向，这是二。”前一例，“一、二”是主语；后一例，“一、二”是宾语。

④序数词有时充当独立成分。比方“第一”“第二”“第三”都可以带出一句话、几句话甚至一段话。这时它们都是独立成分。

（二）量词

量词是表示计量单位的词。

量词的突出的语法特点有二：第一，能跟数词组合，而且一般跟数词结合使用；第二，单音量词大都可以重叠，重叠后表示“每”或强调“多”。比如：

一句　三朵　五根

句句（是实）　（白云）朵朵

“句”“朵”“根”都是量词。

量词系统中，有单音量词，有复音量词和复合量词。此外，还有准量词。

（1）单音量词——这是最基本、最有代表性的量词。从一个角度看，包括物量词和动量词；从另一个角度看，包括惯用量词和度量衡量词。如果把两个角度综合起来考察，可以分为三类：

A. 惯用物量词。如：个，位，根，件，盏，株，朵，句，股，群，对，双。

B. 惯用动量词。如：下，次，遍，趟，回。

C. 度量衡量词。如：斤，两，尺，寸，磅，里，亩。

三类量词既有共性，又各有特性。其特性，主要表现在它们跟三大成分词名动形的联系上。如表：

	名 定	动 补	形 状
惯用物量词	＋	－	－
惯用动量词	－	＋	－
度量衡量词	＋	－	＋

通过同数词组合，惯用物量词经常与名词发生联系，即“数＋物量”做名词的定语。如：四个客人，三杯咖啡，两片云糕，一团乱麻。“数＋物量”不能做动词的补语。“数＋物量”通常也不能做形容词的状语，只有“一片、一团”例外。如：（局势）一片混乱，（洞里）一团漆黑。

通过同数词组合，惯用动量词经常跟动词发生联系，即“数＋动量”做动词的补语。如：考了一次，看了一下，翻了一遍，去了一趟。“数＋动量”不能做名词的定语，也不能做形容词的状语。

通过同数词组合，度量衡量词经常与名词发生联系，即“数＋度量衡”做名词的定语。如：四斤猪肉，三尺红绸，两里山路，一亩稻田。“数＋度量衡”也经常用作形容词的状语，如：四斤重，三尺深，两里长，一亩大。其中的形容词，是跟重量、宽度、长度、高度等相联系的“重、宽、长、高、深、远、大”等；其中的“数＋度量衡”，在语法性质上跟“多”“这么、那么”之类相近。这可以从以下的问答对应中看出来。如：这块猪肉到底多重？——四斤重。——真的这么重吗？

三类量词中，如果只看物量和动量的区别，那么惯用物量词和度量衡量词都是物量词。

三类量词中，许多惯用物量词可以加特定形容词作量的评估。如：六大张，五小堆，四满袋，三厚本，两长条，一整箱。除非是有特殊需要，惯用动量词和度量衡量词一般“不可估”。比方，“斤、两”之类，由于是定量的，因此一般不能加“大、小”；但为了表示不满意，也可以这么说俏皮话：“他让我每天吃饭四大两，我饱得很呢！”

（2）复音量词和复合量词——少数量词，是复音量词和复合量词。

复音量词是包含两个或几个音节的量词。比如“嘟噜、疙瘩”之类，又如“公斤、公里、立方米”之类。

复合量词也属于复音量词。结构上，复合量词由两个计量语素组合而成。有两类：

a. 加合型的。如：“架次、人次、吨公里、吨海里、人公里、秒立方、千米小时”等。在表意上，它们是 A B 加合，既论 A 也论 B。比方：“架次”，表示“架”和“次”的加合量。一架飞机出动一次是一架次。六架飞机出动一次是六架次，一架飞机出动六次也是六架次；两架飞机出动三次是六架次，三架飞机出动两次也是六架次。“人次”，表示“人”和“次”的加合量。以参观为例，一人一次是一人次。如果第一次七百人，第二次八百人，第三次九百三十人，那么就是二千四百三十人次。“吨公里”，表示“吨”和“公里”的加合量。一吨货物运输一公里为一吨公里，如果五吨货物运输一百公里，便是五百吨公里。又比方：“吨海里”，一吨货物运输一海里为一吨海里；“人公里”，一个旅客乘车行一公里为一人公里；“秒立方”，一秒钟一立方为一秒立方；“千米小时”，一小时一千米为一千米小时。

b. 选择型的。如“部集、台件、件套”等。在表意上，它们是或 A 或 B，可以选择。例如：

> 据有关资料统计，1985 年全年，中央电视台播放的电视剧有 500 部集，各地发送中央电视台的电视剧则高达 5000 部集之多。实际上，各地制作的电视剧数目要远超过 5000 部集。(王希杰用例)

这里的“部集”就是“部”或“集”的意思。

复合量词表示物量，属物量词。“数词＋复合量词”的结构总是单独使用，通常出现在宾语位置上，后边不再出现名词。从这一点看，复合量词有名词倾向。不过，复合量词总是跟统数词直接组合，“数词＋复合量词”之间不能再插入别的量词。可见，应该承认，复合量词仍然是量词。

(3) 准量词——有些用来计量的词，跟名词有纠葛。它们是兼属名词的准量词。主要有两类：a. 时间性的。如“年、天、夜、小时”等。在受数量结构或序数词修饰时，它们是名词。如：第一年，第二天，第三夜，两个小时。在跟统数词直接结合，用作补语或定语时，它们是准量词。如：等了一年，一年时间匆匆过去了；等了一夜，一夜时间匆匆过去了。b. 区域性的。如“省、县、市、村、车间”等。在受“一个”之类数量结构修饰时，它们是名词。如：一个省，两个县，三个市，四个村，五个车间。在跟统数词直接结合，用作定语时，它们是准量词。如：一省的人口，一县的父老乡亲，一车间的用电量。

从跟客观事物的语义联系看，大部分量词具有理据性。这需要分三点来说。

第一，少数量词是习俗性量词。如“个、位、件、项、下、次”等。这类量词的使用主要决定于习俗，很难说出明确的理据。比如“人”称“个”，有的方言里却称“只”，说不清为什么。

第二，绝大多数量词是理据性量词。如“一块肉”和“一片肉”，前者一定是块状的，后者一定是薄而成片的。“理据”有种种不同的角度。主要有：a. 相关形状。如：点状的“点、粒、颗、滴”，线状的“线、丝、条、缕”，面状的“面、片、幅、方”，以及“块、团、圈、朵、轮”等。b. 相关动态。如：“串、堆、叠、挂、担、封、挑、截、捆、抱、束、卷、搂、捧、包”等。c. 相关局部。如：“口（一口猪）、头（一头牛）、尾（一尾鱼）”等。d. 相关用具。如：“幕（一幕戏）、刀（一刀纸）、杆（一杆枪）”等。e. 相关数量。如：“对（一对夫妻）、双（一双鞋子）、打（一打铅笔）、副（一副纸牌）、营（一营士兵）”等。当然，任何理据性量词都有惯用的习俗性的一面，只不过程度轻重有所不同而已。比方“对”和“双”，都跟“二”的数量相联系，为什么“一对鞋子、一双鞋子”都能说，“夫妻双双”也能说，“一双夫妻”却不能说？又比方“张”，成平面或大体呈平面状态的东西可以称“张”，如“一张纸，一张床，一张脸”，能够张开并合拢的东西也可以称“张”，如“一张嘴，一张弓”，然而，眼睛也是可以张合的，为什么却不能说“一张眼睛”？其原因，恐怕只能归结于受到习俗性的制约。

第三，按照数量结构的语法框架，可以随时产生理据性借用量词。

比如："车、桶、书架、脸、手、裙子"都是名词，它们可以根据"可容"或"可附"的理据性联系借用为量词：一车化肥，一桶酱油，一书架书，一脸汗水，一手鲜血，一裙子污泥。又如："笑、看、摇、踢"都是动词，它们可以根据"可计量"的理据性联系借用为量词：笑了一笑，看了一看，摇了一摇，踢了一踢。可知，跟相对封闭的数词相比较，量词是相对开放的类。

在小句里，量词有时也能单独充当句子成分。主要限于下面两种情况：

①量词的重叠形式，可以充当主语和定语。如：句句都是实话。个个都是铁汉子。（主语）条条江河归大海。门门功课都是满分。（定语）有时还可以充当谓语，但不是表示"每"的意思，而是表示"多"的意思。如：白云朵朵，暖风阵阵。（谓语）可以认为，出现在谓语部分的"朵朵""阵阵"之类是"一朵朵""一阵阵"之类的简省形式。

②在"动・量・宾"格式中，在隐去"一"的情况下，一个单音量词可以成为定语。如：买本小说，喝碗热茶，看场电影。

"动・补"之间有时用"个"强调结果。如：吃个饱，喝个足，闹个天昏地暗，打个落花流水。这是"个"的特殊用法，从性质上说，已经用作了助词，只能算是辅助性语法成分。

（三）数量词

数量词是由数词和量词组合而成的结构。比如"三匹马"，"三"是数词，"匹"是量词，"三匹"是数量词。按说，数词是词，量词也是词，它们的组合体"数词＋量词"应该是短语。不过，由于它们的组合是定型组合，组合体总是共同充当一个句子成分，已经近似于短语词，因此，固然可以认为是数量短语，也可以称之为数量词。

现代汉语数量词系统是现代汉语词类系统中一个特殊的子系统。数量词系统的基本特点，表现在：数词和量词定型组合，共同外向；数词和量词相互规定，相互促成。这就决定了数量词系统的"数不离量，量不离数"的基本面目，也决定了一般情况下可以"据数辨量，或者据量辨数"的识别标准。现代汉语词类系统中，没有另外两类词像数词和量词那样具有“联盟式”的结合关系。

首先，“数词＋量词”，即数量词，是一种相当定型的组合。句法结构中，数量词在同成分词名动形发生组合关系时，作为一个整体结构“一致对外”。如：九架飞机（数量→名），飞机九架（名←数量）；三次访问（数量→动），访问三次（动←数量）；万丈高（数量→形），高万丈（形←数量）。

其次，在“数词＋量词”的结构中，“数”规定“量”，“量”规定“数”。换句话说，数词对量词的性质有促成作用，量词对数词的性质有促成作用。当我们看到这样的结构框架：

数 X→名

X 量→名

如果已知项为“数”，未知项 X 一定是“量”。比如：“三 X 书”，已知其中的“三”是数词，那么，X 一定是“本、册、页、箱、柜”等量词。有的形式通常是名词，一进入这种结构，也会被促成量词。如：“三书架书”，“书架”通常是名词，这里却被促成了量词。反之，如果已知项为“量”，未知项 X 如果不是“这、那”等指示代词，或者不是“大、小、整、满”之类形容词，X 一定是“数”。如：“X 箱书”，已知其中的“箱”是量词，那么，排除了“这箱书（可以说成‘这一箱书’）、整箱书（可以说成‘整整一箱书’）、满箱书（可以说成‘满满一箱书’）”等情况，X 不可能不是数词。这就是说，数词和量词的基本语法特征，是通过数量组合的结构框架显示出来的。比较：

半份遗产　　一半遗产

双份工资　　三双筷子

“半份、双份”中的“半、双”是数词，“一半、三双”中的“半、双”是量词。

作为一种定型组合，数量词还有以下几点值得注意。

1. 数量词可以按 A B A B 的方式重叠，表示按次序进行等意思。如“一队一队的人”“两个两个地往里走”。

数词是“一”的时候，可以采用三种重叠方式，表示三种附加意思。重叠方式是：①A B A B，如“一处一处地检查”；②A B B，如“一队队的人”“一处处地改”；③A A（省量式），如“一一订正”“一一处决”。附加意思是：①表示按次序进行，如“一个个地进来”；②表示每一、不例外，如“一个个横眉竖眼”；③强调多而整齐，如“葡萄一串串”。

2. 往“小”的单位看，数量词“两个”和“三个”在口语里有时融合成了“俩（liǎ）”和“仨（sā）”。如果说数量词最多只能算是短语词，那么，“俩”和“仨”自然是典型的词了。由于“俩”和“仨”都是数量的融合，它们后边不能再出现量词。“俩人”不能说成“俩个人”，“仨人”不能说成“仨个人”。

3. 往“大”的单位看，由于某些量词可以加形容词做量的评估，“数”和“量”之间有时便插入了“大、小、满、整、厚、长”等少数几个形容词，如“一大滩、一小滴、一满碗”等。这表明，“数量”本身确实不是一个词。但是，这种插入毕竟是有限的插入，而且不能进一步扩大，可见在词类体系中“数量”还是一种相当特殊的组合单位。

4. 从性质类别和句法功能看，根据量词性质的不同，数量词可以分为物量数量词和动量数量词。它们充当句子成分的情况有所不同。

物量数量词，由“数词＋物量词”构成。基本功能是充当定语。如：三条鲤鱼，四斤猪肉。如果单独用在一个名词的后边起说明描写的作用，便成为谓语。如：鲤鱼三条，猪肉四斤。有时也用来充当主语或宾语，这是让事物的数量在特殊语境中指称事物。如：买了三条鲤鱼，一条还活着。——做主语｜买了三条鲤鱼，已经吃掉了两条。——做宾语。如果是数量重叠式，还可以充当状语。如：请大家三个三个（地）自由组合。｜饭要一口口（地）吃。

动量数量词，由“数词＋动量词”构成。基本功能是充当补语。如：看了一遍，笑了一下。有时也充当状语。如：一次看不完，三拳击倒了对方。

二 代词

现代汉语词类系统中，代词是又一类特殊的成分词。如果说，数词和量词的特殊性表现为二者的凝结性，那么，代词的特殊性则表现为它的游移泛代性。

（一）代词的游移泛代性

代词是指代某种思想对象的词。比如“我”“这”“谁”“怎么样”等，都是代词。

代词没有独立的足以把自己同其他词类区别开来的语法特点。就句法功能而论，代词能够充当任何一种句子成分，这类成分词的句法功能实际上就是名、动、形、副、数量等成分词的句法功能的总和。比较可知，词类系统中的名、动、形等是横排并列的关系，而代词同其他成分词之间则是纵横相交的关系。如表：

<table>
<tr><td>名词</td><td rowspan="5">代
词</td></tr>
<tr><td>动词</td></tr>
<tr><td>形容词</td></tr>
<tr><td>副词</td></tr>
<tr><td>数词和量词</td></tr>
</table>

在语法上，如果分别同名、动、形等加以比较，代词不是完全没有一点自己的特性。比方，名词以能带定语（包括能带数量定语）为通常用法，指代内容跟名词相当的代词虽然在书面语里有时也可带定语，却不能算是通常用法。又比方，动词、形容词可以重叠表示某种语法意义，指代内容跟动词、形容词相当的代词却不能这么办。然而，从总体上说，代词不是根据语法特点划分出来的类。作为词类系统中的一个特殊类别，代词凭的仅仅是它的“游移泛代性”。

所谓“游移泛代性”，指的是：在任何宽泛的范围内，可以游移地指代某一需要指代的对象。世界上所有的人都可以称“我”，世界上所有的事物都可以问“什么”，世界上所有的人或事物都可以用“这、那”去指代。一个代词，或代甲，或指乙，要进入指代语境才能确定下来。比如：爸爸走了，他要开会；爷爷也走了，他是想早点休息。——同一个“他”，一会儿代“爸爸”，一会儿指“爷爷”；而且，如果脱离上面的句子，“他”就会同“爸爸”或“爷爷”失去必然的联系。诚然，名词、动词、形容词、副词和数词、量词情况不同：在句子里，它们表示特定的人物、行为、性状、程度、数量；脱离了句子，它们仍然具有特定的内涵和外延。

（二）代词系统的基本面貌

代词系统由人称代词、指示代词、疑问代词的配套的基本形式组成其基本面貌。

1. 人称代词——称代人或物的代词。

人称代词以“我”“你”“他”为基础形成配套形式。

“我”是第一人称，复数形式是“我们”。跟“我”“我们”基本相同的是“咱”“咱们”。不过，“我”一定是单数，“咱”却可单可复。“咱们”有较重的口语色彩，“咱”基本上还是方言词。在谈话场合，“咱们”和“我们”在指代对象上往往有分工：“咱们”包括对方，“我们”排除对方。如：我们今晚看球赛，你要是没事，咱们一块儿去。

“你”是第二人称，复数形式是“你们”。“您”是“你”的敬称形式。书面语里，小说的人物对话里，“您们”的说法颇为常见。从发展上看，“您们”具有生命力。

“他”是第三人称，复数形式是“他们”。书面上，第三人称代词分化为“他”“她”“它”，分别称代男性、女性和事物。“她”和“它”也有复数形式“她们”和“它们”。不过，“她们”限于指女性，“他们”却可以统指男性和女性。

2. 指示代词——指别人或事物的代词。

指示代词以“这”“那”为基础形成配套形式。

“这”表近指，“那”表远指。既可指别人，也可指别物。比如：这是张先生，那是李先生；这是张先生的车子，那是李先生的车子。

在“这”“那”基础上构成的形式，有的指别方所和时间，有的指别数量，有的指别性状、行动、方式或程度。其中，指别方所和时间的，“这”组仍然比较明确地表示近指，“那”组仍然比较明确地表示远指。即：

	“这”组	“那”组
方所	这（儿/里）（近指）	那（儿/里）（远指）
时间	这会儿　　（近指）	那会儿　　（远指）
数量	这些	那些
	这么些	那么些
性状等	这么	那么
	这样	那样
	这么样	那么样
	这么着	那么着

3. 疑问代词——求代人或事物的代词。这类代词不是直接称代，而是通过提问寻求称代。

疑问代词以“谁”“什么”“哪”“几”“多”“怎”为基础形成互有交叉的若干配套形式。

“谁”问人。跟“谁”同义的有短语或短语词“什么人”“哪个”“哪位”。

“什么”问物。跟“什么”同义的代词是“啥”。以“什么”为基础，可以构成“什么样”。“什么样”用作定语，问性质、状态、情况等。

“哪”或问人（哪是友？哪是敌？），或问物（哪是麦子？哪是韭菜？），或问方所（敌人在哪？）。以“哪”为基础，可以构成“哪些”“哪儿”“哪里”“哪会儿”“哪样”，分别问人物、方所、时间和性质状态。

“几”问数量。以“几”为基础，构成“几时”“几儿”，问时间。如：“他几时走的？”“今儿是几儿？”此外，还构成“几多”，问数量，有方言色彩；还构成“几何”“几许”，问数量，有文言色彩。如果不是用来提问，“几”是表示大概数目的统数词。如：我刚刚买了几本书。

“多”问数量或程度。以“多”为基础，构成“多会儿”“多少”“多么”，分别问时间、数量和程度。跟“多少”同义的是书面语色彩较浓的“若干”。“多”和“多么”，在用来提问（你能跳多高？洛阳离这里有多么远？）的时候，才是疑问代词；如果用于感叹句，便是程度副词。

“怎”在近代汉语里常单用，在现代汉语里一般不单用。以“怎”为基础，可以构成“怎么”“怎样”“怎么样”“怎么着”，用来问性状、行动、方式、程度等。跟这组代词同义的是文言色彩较浓的“如何”。

（三）代词的活用

代词具有游移泛代性，这是从总体上就代词同所指对象之间的关系而言的。从实际运用的结果看，具有游移泛代性的任何一个代词，在进入具体语境之后，都是分别实现各自的具体指代功能的。比如“我”，在进入具体语境之后，指代说话者本人，是第一人称单数，而“我们”在进入具体语境之后则指代以说话者为集聚点的若干人，是第一人称复数。

如果代词进入具体语境之后不是实现各自的指代功能，换句话说，不是起到本来应该起到的作用，那么，便是代词的活用。从语用价值看，代词的活用是为了取得特定的语用效果。

1. 人称代词活用

常见情况有三种：

第一，单复数变易。即以单数形式表达复数的内容，以复数形式表达单数的内容。比如：

（1）对于这种挑衅行动，我边防部队采取克制态度。

（2）对待一种新事物，我们的意见是，先好好儿的研究研究，不要作过早的肯定，也不要作过早的否定，也不要作过早的“批判地接受”。（吕叔湘《关于“语言单位的同一性”等等》）

前一例，我＝我们。“我边防部队”这样的说法，是在公开的场合、对外的场合使用的。如果是几个朋友一起聊天，交流感想，就应该用“我们的……”这样的说法。例如：“老张，我们的边防部队真是纪律严明啊！”这样说才能使对方听起来感到亲切。后一例，我们＝我。文章只是一个人写的，但文章里却说“我们的意见是”，这是为了避免过于强调“我个人”。初恋的女孩子害羞，不好太突出“我个人”，也往往会对男孩子说这样的话：“你，你，你可别忘了我们！”

第二，人称变易。即以“你”表“我”，以“你”表“他”，等等。比如：

(3) 在我的心里，他是一个很好很热情很诚恳的朋友。他把你当作朋友以后，他从不忘记你，他从各方面关心你，……（冰心《悼念罗常培先生》）

(4) 因为我们是为人民服务的，所以，我们如果有缺点，就不怕别人批评指出。不管是什么人，谁向我们指出都行。只要你说得对，我们就改正。你说的办法对人民有好处，我们就照你的办。（毛泽东《为人民服务》）

前一例，你＝我。把原该“我怎样”说成“你怎样”，能使听话人觉得亲切真实，容易产生亲身体验到的感觉。后一例，你＝他。承接前边的“别人”，后边完全可以都用“他”。然而，这里用“你”，可以使在场听讲演的每个人都感到不是在讲别人的事，从而把自己摆进去。

第三，游动称代。即“我”“你”“他”在特定范围中有所指，但跟具体人物没有固定性的联系。比如：

(5) 卖爆竹的停止了买卖，你看着我，我看着你，谁也不知道这是出了什么事。（梁斌《红旗谱》）

(6) 不多一会，屋里，院里，你的嘴对着我的耳朵，我的嘴又对着他的耳朵，各哩各得都嚷着这几个字——“小飞蛾”“小飞蛾”……（赵树理《登记》）

前一例的“你”“我”，后一例的“你”“我”“他”，都指特定范围中的某一个人，但它们都既可以指张三，也可以指李四，所指是游动的。

2. 指示代词活用

常见情况有两种：

第一，游移指别。即“这”“那”在特定范围中有所指，但跟具体的远近对象没有固定性联系。比如：

(7) 老孙头来到人们的跟前，大伙围拢来，问这问那。(周立波《暴风骤雨》)

(8) 许多人把这架机器包围起来，有的摸摸这，有的摸摸那，谁也弄不清这是什么怪物。(马烽《一架弹花机》)

上例“这”“那”呼应使用，所指不定。

第二，统括指代。即“这”“那”之类呼应使用，具有统指特定范围内的一切事物或一切情况的作用。比如：

(9) 这也不吃，那也不吃，你想饿死呀？

(10) 小燕子停了半天，才这么长那么短的，把一切经过说了一遍。(秦兆阳《小燕子万里飞行记》)

上例“这”和“那”，“这么”和“那么”，不但表示所指不定，而且都有统括一切的意思。

3. 疑问代词活用

跟人称代词、指示代词相比较，疑问代词的活用更为丰富多样。大体说，有以下几种：

第一，任指。即用来强调任何人、任何事物。如：

他对谁都客客气气。

我什么都不知道。

我哪儿都不想去。

第二，虚指。即用来指代说不出来的若有若无、若实若虚的事物。如：

我总在等待，可是我也不知道在等待谁。

他好像在地上寻找着什么。

假期里我大概要到哪儿去旅游一下。

第三，游移指。即两两呼应使用，所指游移不定。如：

大家争论不休，谁也没说服谁。

什么便宜我就买什么。

你要我去哪儿，我就去哪儿。

第四，笼统指。即重叠使用，把分别列举的事项笼统化。如：

他告诉我，谁谁又买了些什么什么。

他告诉我，哪儿哪儿又出了新鲜事。

他告诉我，怎样怎样才能打开新的销路。

此外，“什么”还有别的活用情况。比如：

什么处级干部！马屁精一个。（表示不以为然的语气）

我已经没什么钱了。（表示不十分肯定的语气）

什么三字经，什么千字文，他熟得很！（表示列举的语气）

（四）成套形式之外的代词

代词系统中，典型的人称代词是成套的“我”“你”“他”类代词。此外，还有其他一些人称代词。即：

自己、自个儿——复称。可以说成：我自己，我自个儿；你自己，你自个儿；他自己，他自个儿。

人家、别人、旁人——旁称。指自己或某个人、某些人以外的人。

大家、大伙儿、大家伙儿——总称。指一定范围内所有的人。

代词系统中，典型的指示代词是成套的“这”“那”类代词。此外，还有一些特殊的指示代词。即：

每、各——分指。指代对象包括人物、方所、时间、数量等。

某——不定指。指代对象包括人物、方所、时间、数量等。

另、另外、其他、别的——旁指。指代对象包括人物、方所、时间、数量等。

一切、所有、任何——统指。指代对象包括人物、方所、时间、数量等。

彼此、互相、相互——互指。指代甲乙双方。指代对象主要包括人和事物。

以上代词，跟典型代词一样具有游移泛代性。比如“人家”，作为名词，指的是住户或家庭；作为代词，所指的对象却在具体语境中才能确定。又如“每”和“各”，它们都能跟量词组合，共同修饰名词，如“每位旅客”“各条战线”。它们所处的是数词的位置，按照“数量相互规约”的原则，应当归数词。但是，数词总要跟特定数目相联系，而“每、各”却具有极大的游移泛代性。只是由于这个特殊的原因，它们才被归入代词。

三　拟音词

词类系统中，拟音词又是一类特殊的成分词。特殊之处，表现在它具有不同于其他成分词的三个特性。

（一）拟音词三特性

拟音词是摹拟音响的词。比如：“哈哈”“哎呀”“叮咚”“轰隆”。这类词，具有独用性、拟音性和非定型性。

首先，在语法功能上，拟音词具有独用性。

拟音词没有否定形式，不能受“不”的修饰。其基本功用，是充当句子的独立成分。例如：

（1）唧唧喳喳，麻雀早早醒来了，站在枝头上，吵得好凶。随后，喜鹊出窝了，一跳，两跳，从这枝头跳到那枝头，喳喳，喳喳，喳喳喳喳，嘴里也自不消闲。（谢村《春闹枝头》）

上例的“唧唧喳喳”“喳喳”“喳喳喳喳”，都是独立成分。它们如果单独使用而不伴随句子出现，便会成为单词句。

有的时候，拟音词也能进入句子，参与组句，临时用作名词、动词或形容词。但是，书面上仍然可以加上引号标示其特殊性。例如：

几声“唧唧喳喳”，打破了可怕的寂静。（用作名词）

他恭敬地“喳”了一声。（用作动词）

你听，那边有“唧唧喳喳”的叫声。（用作形容词）

根据既常独用又可入句活用的特点，可以用下图表示拟音词和名词、动词、形容词的关系：

名词	……
动词	……
形容词	……
拟音词	↑

其次，在同客观事物的联系上，拟音词具有拟音性。一方面，它

们只跟声音相联系，不跟具体事物相联系。比方“鸭”，本是一种叫声，但已跟一种动物相联系，它不是拟音词，而是名词。至于“呀”，它只是摹拟一种感叹声，不表示具体事物，它才是拟音词。另一方面，既然是“拟音”，毕竟只是一种模仿，因此只能近似，跟客观存在的原来的声音不会是完全相同的。比如上例摹拟麻雀的叫声是“唧唧喳喳”，摹拟喜鹊的叫声是“喳喳”，跟原来的实际音响是有距离的。同样，通常摹拟人的笑声为“哈哈”，这自然只是大体上的摹拟而已。

再次，在词的形式上，拟音词具有非定型性。这主要表现在三个方面：第一，拟音词可以根据需要随时造出来。比如，词典上查不到“咚啷啷”，运用中却可以自己造出一个“咚啷啷”，听者或读者完全能够理解。第二，拟音词只有结构形式，却没有相应的结构关系。比方，A、A A、A B、A B B、A A B B、A B A B等形式（如“哟”“哟哟”“哎哟”“哎哟哟”“哎哎哟哟”“哎哟哎哟”），从单音到复音，都不过是声音的复用，没有构成联合、定心、主谓之类结构关系。第三，拟音词可以很短，只有一个音节，也可以比较长，包含好几个音节，使用起来不像别的成分词那样受到限制。比如：唧！—唧唧！—唧唧唧！唧唧唧唧唧！又如：哈！—哈哈！—哈哈哈！—哈哈哈哈哈！看这个实际用例：

(2) 啊哟哇，你干什么呀。灰皮嚷了起来。（范小天《桂花掩映的女人》）

这里的“啊哟哇”，很难说是一个词还是三个词。这个形式，可以印证以上所说的三个方面。

(二) 叹词和象声词

拟音词可以分为叹词和象声词两类。

1. 叹词

叹词表示感叹和呼应的声音。例如：

(3) 他迎上去，大声的吐一口唾沫：“咳，呸！”（鲁迅《阿Q正传》）

(4) 喂！一手交钱，一手交货！（鲁迅《药》）

“咳”“呸”“喂”都是叹词。

叹词大都表示感叹的声音，如“哈、啊、唉、咦、哼、咳、呸、哎呀、哦哟”等。对于同样的事实，如果用不同的叹词来充当独立成分，可以帮助表达说话时不同的口气和心情。比较：

哈哈，下雨了！　　（高兴）

唉，下雨了！　　（沮丧）

哟，下雨了！　　（感到突然）

表示招呼的叹词，只有一个“喂”；表示应答的叹词，通常是“嗯”或“唔”，有时是“哎”。

2. 象声词

象声词表示物体的音响或动物的叫声。例如：

（5）叭！叭！几声枪响。（张者《苦泉水》）

（6）没容开口，炕上的两只猫嗷嗷地叫上了。

嗷嗷，嗷嗷——

啊喔，啊喔——

呜哇，呜哇——　　（魏润身《毙画》）

“叭”“嗷嗷”“啊喔”“呜哇”都是象声词。

从独用性、拟音性、非定型性等方面看，叹词和象声词没有大的区别。如果特别看重语法上独用性的一面，它们可以统称为“独用词”。它们的区别，主要表现在以下两个方面。

①叹词跟人相联系，在摹拟声音的同时带有这样那样的情绪；象声词则跟物相联系，一般是纯声音的摹拟。比如“噫呀”，在表示人的声音的时候是叹词，在表示物的音响的时候是象声词。

②叹词和象声词入句充当成分时书面上都可以加引号，但它们如果充当独立成分，那么，只有象声词可以加引号，叹词不能加引号。比较：

叭！枪声又响起来了！　＝　“叭！”枪声又响起来了！

唉！枪声又响起来了！　≠　“唉！”枪声又响起来了！

“叭”是象声词，“唉”是叹词。

在实际语言运用中，叹词和象声词经常结合使用。如：

（7）“咯支咯支，哈哈！”（鲁迅《肥皂》）

（8）“呵呵，洗一洗，咯支……唏唏……”（鲁迅《肥皂》）

上例里，“咯支咯支”“咯支”是象声词，“哈哈”“呵呵”“唏唏”是叹词。

有的时候，叹词和象声词可能相混。比如人叫鸡：“咯咯咯！”似乎是叹词，也可以认为是象声词。又如：

（9）但阿Q又四面一看，忽然扬起右手，照着伸长脖子听得出神的王胡的后颈窝上直劈下去道：“嚓！”（鲁迅《阿Q正传》）

这里的“嚓”，似是“叹”，也似是“象声”。

在实际语言运用中，象声词有时摹拟为人的语句。如：

（10）别理姑姑，别人姑姑，别了姑姑。

一只雄斑鸠在村里的柚树上叫。雄斑鸠……希望找到如意的伴侣。（傅太平《春天》）

这里的“别理姑姑”“别人姑姑”“别了姑姑”实际上是象声词。

主要参考文献

[1] 胡附．数词和量词［M］．北京：新知识出版社，1957．

[2] 林祥楣．代词［M］．北京：新知识出版社，1958．

[3] 王希杰．数词·量词·代词［M］．北京：人民教育出版社，1990．

[4] 陆俭明．数量词中间插入形容词情况考察［M］//第二届国际汉语教学讨论会论文选．北京：北京语言学院出版社，1988．

[5] 邵敬敏．量词的语义分析与名词的双向选择［J］．中国语文，1993（3）．

[6] 孙德宣．助词和叹词［M］．北京：新知识出版社，1957．

[7] 文炼．关于象声词的一点思考［J］．中国语文，1995（1）．

[8] 耿二岭．汉语拟声词［M］．武汉：湖北教育出版社，1986．

[9] 邢福义．谈“数量结构+形容词”［J］．中国语文，1965（1）．

[10] 邢福义．现代汉语数量词系统中的“半”和“双”［J］．语言教学与研究，1993（4）．

[11] 邢福义．从海南黄流话的“一、二、三”看现代汉语数词系统［J］．方言，1995（3）．

第四节　非成分词

一　介词

词类系统中，介词是一类非成分词。如果以构造房屋来作比，成分词大体相当于砖头、瓦片、木料之类，非成分词大体相当于石灰、水泥、钉子之类。

（一）介词的语法特征

介词是在句法构造中起介引作用的词。其主要语法特征，有两点。

1. 介词同受介词语相结合，起介合作用；介词不单独充当句子成分，它和受介词语共同充当一个句子成分。

任何一个介词，在造句中都必须用在一个受介词语前头，一起形成一个结构。受介词语，也叫介词后置成分。“介词＋受介词语”，或者“介词＋介词后置成分”，叫作“介词结构”。句子里，一个介词结构充当一个成分，介词则是介词结构内部的一个构件。比如：“我们一定按照这个意见办理。”“按照这个意见”是介词结构，做状语，介词“按照”是其中的一个构件。

介词的重要作用，在于“介引”。所谓“介引”，包括介入和引合两个方面。一方面，作为介词结构的构件，介词的不同，决定了介词结构的语义类型的不同。比如“按照这个意见”“关于这个意见”“对于这个意见”“除了这个意见”，这几个介词结构具有不同的意义，是由于“按照、关于、对于、除了”这几个介词具有不同的意义。这就是说，从介词结构的组成看，不管是在结构上还是在语义上，介词都具有“介入”的作用。另一方面，受介词语本来不能或不大能作为一个成分跟句子的某个成分直接发生组合关系，通过介词的帮助，组合关系就可以形成。比如“按照这个意见办理”，要是没有介词“按照”的介引，“这个意见”和“处理”不能直接组合，更谈不上表明特定的结构关系。这就是说，从句子甲成分与句子乙成分之间的组合看，不管在结构上还是在语义上，介词都有“引合”的作用。

2. 介词可以用在名词前头。

凡是介词，都可以用到名词的前头。尽管受介词语不一定都是名词，但是，受介词语是以名词为代表的。这可以从两个方面来看。一方面，就一般情况而言，受介词语往往是名词或名词短语；另一方面，虽然受介词语有的时候也可以是动词、形容词或动词短语、形容词短语，但它们全都可以替换为名词或名词短语。比如：

培养优秀选手，必须从小开始。

→ 培养优秀选手，必须从小时候开始。

为了当上主任，他什么手段都用出来了。

→ 为了这个目的，他什么手段都用出来了。

可以占据名词前头的位置，这是介词的必要条件。一个词，如果根本不能用在名词前边，这个词不可能是介词。比较“往”和“往往”，“向”和“一向”，“从”和“从来”，“对于”和“过于”：

往北京	*往往北京
向太阳	*一向太阳
从天涯海角	*从来天涯海角
对于技术人员	*过于技术人员

“往往、一向、从来、过于”不是介词。

（二）介词的类别

根据介合作用中语法上的不同反映，介词可以分为两大类。

1. 涉动介词

涉动介词，指在介合作用中涉及动词的介词。这类介词，在组成介词结构之后主要归向动词，或者说，主要跟动作行为发生联系。大多数介词都属于这一类。

根据语义范畴来划分，涉动介词主要包括以下几类：

①时空类介词在介合作用中跟时间或方所的意义相联系。包括“从、自、打、自从、打从、在、到、当、于、往、朝、向、顺着、沿着”等。例如：

从星期一算起　　从山脚出发

在解放前回国　　在家乡教书

到明年毕业　　到北京相会

打今天开始　　打水路运走

自各地寄来　　当他的面讲

朝山上跑去　　向后方运动

顺着江边走　　沿着河堤追

②缘由类介词在介合作用中跟原因或目的的意义相联系。包括“因、因为、为、为了、为着”等。例如：

因事请假　　因为天气关系不能起飞

为生活奔波　　为了治病不得不这么办

③凭借类介词在介合作用中跟工具或方式的意义相联系。包括“用、以、拿、凭、借、通过、经过”等。例如：

用鲜血谱写史诗　　用生命保卫胜利果实

以名誉担保　　以高标准要求自己

拿玻璃杯装上　　拿通俗的话表明自己的意思

凭常识判断　　借这个机会回一趟家

通过居委会了解　　经过反复实验获得了新的结论

④施受类介词在介合作用中跟施事或受事的意义相联系。包括“被、叫、由、任、把、将、对、对于、向、管、连”等。例如：

被狗咬了（介+施）　　叫黄鼠狼叼走了（介+施）

由我点菜（介+施）　　任泪水肆意地直流（介+施）

把狗杀了（介+受）　　将这家伙处决了（介+受）

对他不信任（介+受）　　对于不良学风要及时批评（介+受）

向雷锋学习（介+受）　　管他叫坦克（介+受）

连我都想去（介+施）　　连蛇都敢吃（介+受）

⑤范围类介词在介合作用中跟范围涉及面或范围排除点的意义相联系。包括“关于、论、连同、跟、同、与、和、除了”等。例如：

关于这个问题，请直接找钱工程师谈谈。

我的家乡，论气候属亚热带地区。

算一算，连同利息有多少钱?

我刚刚和钱工程师谈过了。

知道这件事的人，除了我还有老张和小王。

⑥替代类介词在介合作用中跟替代语义相联系。包括“替、代、为、给”等。例如：

大家都替你高兴。

代我问候张老师。

您能为小张写几个字吗?

您能给这位大爷换个座位吗?

2. 涉形介词

涉形介词，指在介合作用中涉及形容词的介词。这类介词，在组成介词结构之后主要归向形容词，或者说，主要跟性质状态发生联系。

如果说涉动介词是时空类、缘由类、凭借类、施受类和范围类的介词，那么涉形介词便是比较类介词。这类介词用于比较的意义，最典型的是“比”，此外还有“跟、同、和”等。例如：

我比他年长，可他比我老练。

他的情况，跟我完全一样。

涉形介词数量有限。“比”字结构，尽管经常用来修饰形容词或形容词结构，但也可以用来修饰某些跟“强弱—高低—多少”等意义有联系的动词结构。例如：

他比我有经验。

他比我会处理人际关系。

他比我喜欢冒险。

他的体重比上个月增加了几公斤。

介词的类别归属，有相当大的灵活性。有的介词，可以跟不止一种语义范畴相联系。比方“在”，不仅可以跟时空相联系，有时还可以跟范围相联系：

我在这几个问题上没有作过什么研究。

介词尽管有不同的语义类型，但它们的句法地位是同等的。凡是介词结构都能充当状语，在句子中一般都以状语的身份出现。有的时候，介词结构也可以充当别的成分。比如：

他在会上谈了关于住房问题的几点意见。（做定语）

这就是我对于这件事情的一点不成熟的看法。（做定语）

这到底是为了什么？（做宾语）

（三）介词和动词

介词由动词发展而来，二者之间难免存在相互纠结的现象。介词的划定，需要分两个步骤来分别处理两种情况。即：

1. S‖X N+V P（+） → S‖X N（－）

2. S‖X N+V P（+） → S‖X N（±）

S 代表主语；X 代表可以容纳介词的位置；N 代表可以容纳受介词语的位置；V P 代表接受 X N 的时空修饰、缘由修饰等的动词或动词结构。

情况一：X N 根本不能成为谓语，跟谓语毫无瓜葛。其中的 X 是当然介词。比如：

他连这件事都避而不谈。（+） → 他连这件事。（－）

这件事连他都避而不谈。（+） → 这件事连他。（－）

上例的“连”，以及“从、自、自从、打、打从、于、沿着、顺着、以、被、对于、关于、比”等，都肯定是介词。

情况二：X N 有时能够成为谓语，跟谓语存在瓜葛。其中的 X 是有异议介词。比如：

他用脏话骂人。（+） → 他用脏话。（－）

他用斧头砍树。（+） → 他用斧头。（+）

上例表明，有的“用 N”后头必须出现 V P，有的“用 N”后头可以不出现 V P。跟“用”情况相同的有“在、到、凭、替”等。

对这类现象的处理，有两个办法：①认为“X N+V P”中的 X 居于介位，一律判定为介词；如果单说成“S－X N”，X 便是动词。如“他用脏话骂人”和“他用斧头砍树”中的“用”都是介词，而“他用斧头”中的“用”是动词。②认为“X N+V P”中的X兼属介词和动词。不能单说“S—X M”的，X肯定是介词；能单说“S—X N”的，X划归动词。如“他用脏话骂人”中的“用”是介词，“他用斧头砍树”和“他用斧头”中的“用”都是动词。

采取第一种办法麻烦要少一些。理由有二：①可以避免对连动式的干扰。通常所说的连动式，前后连用的动词都表示具体行为活动，而且前项对后项没有时空修饰、范围修饰等关系。如果认为“X N+V P”中的X是动词，就得相应认为这类“X N+V P”也是连动式。这样一来，连动式的定义便要改写。②可以避免在动词和介词的区分上造成解不开的疙瘩。如果把“X N+V P”中的X分成介词和动词两类，往往会感到十分勉强。比较：

他在黑板上写字。

他在办公室写字。

按照第二种办法，前一例的“在”是介词，因为不能说成“他在黑板上”；后一例的“在”是动词，因为可以说成“他在书房里”。然而，再比较：

他在办公室翻看着一叠报纸。

他在办公室留下了一张条子。

他在办公室安下了一个床铺。

同是“他在办公室V P”，实际上有不同语义联系。前一例，他翻看着一叠报纸，人在办公室；中间一例，他留下了一张条子，人已不在办公室；后一例，他安下了一个床铺，人在不在办公室，不知道。诚然，若把这三个例子中的“在”统统说是动词，起码忽视了后两个例子中“在”的介词性；若把这三个例子中的“在”分成介词和动词两类，又显得忽视了它们之间的共性。既然如此，为了更方便于从总体上观察和描写介词的形式和意义，不如采取第一种办法。

采取第一种办法，意味着在介词和动词的划分上有两个断定：其一，在“X N+V P”中出现的X，统统断定为介词。当然，X N有时能够连着S单用，有时不能，有时似能似不能，这正反映了介词和动词之间的割不断的渊源关系。其二，在“S ‖ X N”的格式里，X N 充当谓语，是动词结构。这就是说，介词结构不充当谓语。当经常以介词结构的面貌出现的 X N 充当谓语的时候，XN 不再是介词结构。比方：

他在办公室写字。“在办公室”是介词结构，“在”是介词。

他在办公室。　　“在办公室”是动宾结构，“在”是动词。

我凭良心办事。　“凭良心”是介词结构，“凭”是介词。

我办事凭良心。　“凭良心”是动宾结构，“凭”是动词。

(四) 介词的黏附化

所谓介词的黏附化，指出现在动词后边的介词往前黏附于动词。比较：

到长春来

来到（了）长春

“到长春来”，“到长春”是介词结构做状语。“来到（了）长春”，由于“来到”和“长春”之间可以插入“了”，这就使介词“到”附向动词“来”，形成了特殊组合“动介（了）＋宾”。具体说，在“来到（了）长春”里，“长春”是“来到（了）”的宾语，“来到”是动补结构，“到”是补语性成分。

介词及其受介词语出现在动词后边，按说整个介词结构应该成为补语。但是，在现代汉语里，“动介”后边可以用“了”，“介”显然有往前黏附于“动”的倾向。这就突破了介词跟受介词语组成介词结构充当一个成分的一般格局。不仅是“到”，“给、向、在”等介词也是这样。如：

我把一本新出的书送给（了）他。

战士们猛虎般扑向（了）敌人。

聘请专家的任务落在（了）我的头上。

需要特别指出：“V 在了＋宾”的说法近年来越来越多了起来。应该承认这是规范的、有生命力的说法。下面所提几点，都值得注意。

第一，“V 在了＋宾”中的 V，可以是不及物动词，构成主动句式，也可以是及物动词，构成被动句式。如：

(1) 她一下子瘫在了手术室外面的长椅子上。(蒋子龙《冬绮之奇》)

(2) ……驹子就被夹在了中间。(尤凤伟《金龟》)

第二,"V在了+宾"中的V,不限于一个音节,可以是两个音节的动词或动词结构。如:

(3) 逝去的白鹤被封闭在了湖里,空中的白鹤却决不会再朝这里飞。(陈吉容《星星索》)

(4) 她调皮地将头侧了过来,长长的秀发披散在了肩膀的一边。(王金年《韧》)

(5) 她全身的力量聚集在了她胸中的一点。(万方《杀人》)

第三,"V在了+宾"可以和"V到了+宾"交错使用,从而造成富于变化的说法。如:

(6) 大响挥动木棍乱打着,也不看清是打在了狗身上还是打到了猫身上。(莫言《猫事荟萃》)

第四,"V在了+宾",这只是代表性格式。有的时候,V的位置上还可以出现形容词。下面的例子中,"硬""斜"是形容词:

(7) 这种检验又将一个新的驴经纪的名字硬在了秦晋豫三省响在了秦晋豫三省。(郑彦英《北方旧事》)

(8) 6月6日的金黄色的日头斜在了老远的西边天上。(郑彦英《北方旧事》)

还需要特别指出:不能完全排除介词结构整个充当补语的现象。下面两种情况,不好不分析为介词结构充当补语。

第一,动词部分结构复杂,念起来,停顿在动词和介词结构之间。如:

那些年,我们摸爬滚打在一起。

这帮人,还能胡作非为到何时?

前一例,只能念成"摸爬滚打ˇ在一起",不能念成"摸爬滚打在ˇ一起","在一起"是补语;后一例,只能念成"胡作非为ˇ到何时",不能念成"胡作非为到ˇ何时","到何时"是补语。

第二，介词结构一共只有两个音节，念起来，停顿在动词和介词结构之间。如：

婆婆病倒在床，我要尽心照顾。

我们要血战到底。

前一例，只能念成“病倒ˇ在床”，不能念成“病倒在ˇ床”，“在床”是补语；后一例，只能念成“血战ˇ到底”，不能念成“血战到ˇ底”，“到底”是补语。

二　连词

在词类系统中，连词是另一类非成分词。

(一) 连词的语法特征

连词是在语法结构中起连结作用的词。其主要语法特征，有两点。

1. 连词只有连结作用，不能成为句子成分或句子成分中实质性结构部分。

连词的作用是“连结”。所谓“连结”，既有连接的意思，也有组结的意思。即把两个或几个语法单位连接起来，使它们组结成为一个更大的语法单位。比方：“和”是连词，它可以把“我”“他”连结起来，组结为更大的语法单位“我和他”。“因为”“所以”是连词，它们可以把“他去了”“我不能不去”连结起来，组结成为更大的语法单位“因为他去了，所以我不能不去”。

只有连结作用的连词，不能成为句子成分，“因为A，所以B”“虽然A，但是B”中的“因为、所以、虽然、但是”都只是连结小句的起语法作用的辅助性材料，都不是句子成分。

作为非成分词，连词有时即使包含在一个句子成分之内，也不成为该句子成分的一个实质性结构部分。这是跟介词相对而言的。介词虽然不能单独充当句子成分，但在“介词+受介词语”充当的句子成分中，介词是两个实质性结构成分之中的一个。连词不同。比如：“我和他都是刚走上工作岗位的年轻人。”主语“我和他”是联合短语，其实质性结构部分是作为联合项的“我”“他”，连词“和”只在二者之间起连结作用。

2. 连词起码具有双向性。

起连结作用的连词，在句法结构中总要关涉到两个或几个语法单位。因此，只要有连词出现，不管是单个儿使用，还是配对照应使用，都一定有它所关涉到的两个或几个单位出现。如果关涉到两个单位，便是双向的；如果关涉到三个或更多的单位，便是多向的。

假若把居于前项、后项二者之间的连词叫作“中位连词”，把居于前项、后项二者前头的连词叫作“前位连词”，那么，连词的双向性和多向性，决定了中位连词同它所连结的单位之间的“等距离”关系。正因如此，用在A B之间的中位连词，前边不能出现副词或其他词语。比方说，如果用X代表副词或其他状语性词语，那么“A和B”“A或B”等不能说成“A X和B”“A X或B”等。这是连词在语法上不同于介词的重要表现。

前位连词不处于A B之间的位置，但是，前位连词可以在主语前后活动。这也反映出跟双向性有联系的连词不同于介词的词类特征。例如：

因为张老师害了病，今天的课请李老师代上。

张老师因为害了病，今天的课请李老师代上。

前一例“因为”用在主语前边，它所连结的是“张老师害了病”和“今天的课（有关领导）请李老师代上”；后一例“因为”用在主语后边，它所连结的是“（张老师）害了病”和“今天的课（张老师）请李老师代上”。可知，一个前位连词到底出现在主语前边还是出现在主语后边，实际上也受到双向内容的规约。又如：

不但小张可以去，小李也可以去。（+）

小张不但可以去，小李也可以去。（-）

前一句能说，后一句不能说。这是因为，“不但”的双向之所指，应该是“小张怎么样”和“别人怎么样”。再如：

小张不但可以去，还可以当队长。（+）

不但小张可以去，还可以当队长。（？）

前一句能说，后一句不怎么能说。这是因为，“不但”的双向之所指，只限于“可以这样”和“可以那样”。

（二）连词的类别

着眼于连结单位的不同，连词大体可以分为两类。

1. 词语连词

词语连词，指在词语之间起连结作用的连词。

典型的词语连词，一定用在词语之间，而不用在分句之间，如“和、与、同、跟、及、以及、并”。此外，“并且、或、或者、而”有时也是词语连词。

词语连词一般是中位连词，而且一般单独起连结作用，不存在配对使用的问题。只有“或”稍微特殊。比如“或前或后”，这里的“或……或……”配对连结“前”和“后”两个词。

2. 句间连词

句间连词，指经常在分句与分句之间起连结作用的连词。

典型的句间连词，用来连结分句与分句。如“因为……所以……”“虽然……但是……”“如果……那么……”“要么……否则……”等。

句间连词，有的是前位连词，有的是中位连词。从总体上说，它们的使用是配对应和的。如“因为”和“所以”相应和，“虽然”和“但是”相应和。有时，即使语表上只出现一个连词，但实质上这种应和性仍然存在。比如：

虽然我身体不怎么好，每星期讲几节课是没问题的。

我身体不怎么好，可是每星期讲几节课是没问题的。

前一例，语表的“虽然”同隐含的“但是”之类相应和；后一例，语表的“可是”同隐含的“虽然”之类相应和。

有的连词，兼属词语连词和句间连词。比较：

我们应该并且能够解决老教师们的困难。

我能够把他请来，并且有办法让他在这里长期干下去。

前一个“并且”连结词语，是词语连词；后一个“并且”连结分句，是句间连词。再比较：

街道宽阔而清洁。

不应当临急抱佛脚，而应当平时多用功。

前一个“而”连结词语，是词语连词；后一个“而”连结分句，是句间连词。

（三）连词和副词

一个同形单位，可能分属连词和副词。区别在于：具有双向性，能表明两个语法单位之间的关系的，是连词；只具有单向性，能单独充当状语的，是副词。比较：

尽管天气不好，出发时间不会改变。

出发时间不会改变，尽管天气不好。

有什么话，你尽管说！

前两例，“尽管”是连词；后一例，“尽管”是副词。

居于前位的连词，往往跟居于中位的连词或关联副词应和使用，形成特定格式。比如“因为……所以……”，这是连词和连词应和使用；“只有……才……”，这是连词和关联副词应和使用。中位连词和关联副词的不同之处在于：中位连词可以出现在主语前边；关联副词只能出现在主语后边；如果中位连词和关联副词同现，就会形成“连词（S）关联副词……”的说法。例如：

因为情况紧急，所以我动用了这笔钱。

因为情况紧急，我才动用了这笔钱。

因为情况紧急，所以我才动用了这笔钱。

“所以”是连词，“才”是关联副词。又如：

如果生活没有美好的前景，那么人们不会感到幸福。

如果生活没有美好的前景，人们就不会感到幸福。

如果生活没有美好的前景，那么人们就不会感到幸福。

“那么”是连词，“就”是关联副词。再如：

虽然她没上过大学，但是她的文章写得很好。

虽然她没上过大学，她的文章却写得很好。

虽然她没上过大学，但是她的文章却写得很好。

“但是”是连词，“却”是关联副词。

关联副词是副词的特殊类型。两个关联副词也可以互相应和，起连结作用。比如“又……又……”“也……也……”等。如果仅看连结作用，关联副词也可以认为是“准连词”。

（四）连词和介词

一个同形单位，可能分属连词和介词。

介词和词语连词，有不同特点。如果是介词，前边已经出现或者可以出现副词等状语性成分；如果是连词，组合单位后边已经出现或者能够出现总括副词“都”。比如，以“和”为代表的一组词（包括“和、跟、同、与”）：

a. 我和他争了几句。→我刚刚和他争了几句。
他和我争了几句。→他确实和我争了几句。

b. 我和他都是孤儿。
他和我都在部队待过。

a里的“和”是介词，b里的“和”才是连词。有的时候，“A和B……”似乎既可以说成“A都和B……”，也可以说成“A和B都……”。到底是介词还是连词，需要结合语境来判别。

介词和句间连词，有不同的语义关系。要言之，句间连词表示“句”与“句”之间的关系，而介词却只是表示“句内”关系。例如：

（1）任凭沈云娥怎样苦苦哀求，他丝毫不再动心。（田增翔、陶正《天女》）

（2）这件事，任凭你处理。

前一例，“任凭”是连词，它表示了前后两个分句之间的无条件让步关系；后一例，“任凭”是介词，它所表示的关系不超出一个小句之外。

复句的前位连词前头，有时出现副词，但并不改变连词的性质。常见的是“因为”前边出现“正”“就”之类副词。例如：

（3）正因为老讲这一套，所以我希望换个什么题。（梁晓声《表弟》）

（4）就因为她没有男人，所以她就被欺负了。（万方《杀人》）

这样的用法不能证明“因为”不是连词而是介词。因为，就实际修饰关系而言，“正”“就”之类不仅仅修饰“因为”，而是整个修饰“因为……”的。有力的证据，是可以加上“是”字，说成：“正是因为……”“就是因为……”。例如：

(5) 正是因为太震惊，她反而平静了。(张欣《首席》)

这里的“正是”，不能认为仅仅修饰“因为”。

为了简化句法分析，也可以把“正因为”“就因为”“正是因为”“就是因为”之类整个看成关系词语，归属下一章讲复句关系词语时提到的“超词形式”。

三 助词

助词又是一类非成分词。在现代汉语语法系统中，助词的地位相当微妙，特别值得重视。

(一) 助词的语法特征

助词是在语法结构中起助加作用的词。其主要语法特征，有两点。

1. 助词附着于某个语法单位，帮助某个语法单位附加上某种语法意义。如果说介词的作用是“介合”，连词的作用是“连结”，那么，助词的作用便是“助加”。

首先，助词附着于某个语法单位。被附着的语法单位，或者是一个词，或者是一个短语，或者是一个小句。比如：

	着	地	嘛
词	笑着	高兴地（说）	你嘛，（可以不去!）
短语	发展和演变着	有计划地（进行）	工资问题嘛，（好说!）
小句	—	—	你可以不去嘛!

其次，在语法结构中助词是一种助加单位。由于总是跟某种语法意义相联系，因此往往成为某个词类或某种结构的标志。比如：

着——表示行为状态的持续。在不严格的意义上，是动词的标志。

地——表示前边的语法单位是后边的语法单位的状语。在不严格的意义上，是状语的标志。

嘛——通常用在句末，表示某种陈述语气。在不严格的意义上，是某种陈述句的标志。

再次，助词仍然是词，但作为一种助加单位，不能成为句子成分。

有的助词，主要附着于词。如“着”主要附着于动词，“们”主要附着于称人名词或“我、你、他”等人称代词。从这一点看，它们像是词尾。但是，它们有时也附着于短语，如：发展和演变着｜老师和同学们。从这一点看，它们还是词。为了能够反映这类助词的特殊性，可以管它们叫词尾性助词。至于语气助词和结构助词，前者主要附着于小句，后者经常跟短语发生联系，它们的词的地位就要明显一些。

不管词的地位明显程度如何，所有的助词在句子结构中都是辅助性语法材料，不能成为句子成分。比如：

华中师范大学学生　　华中师范大学的学生

你想吃点什么？　你想吃点什么呢？　你想吃点什么吗？

不管是否出现“的”，“华中师范大学”都是定语。出现“的”，是句法结构在形式上出现一个定语的标志。不管是否出现“呢”“吗”，“你想吃点什么”都是问句。出现“呢”或“吗”，是句子在形式上出现一个标明语气类型的标志。

2．绝大多数的助词居于后位。少量助词不居于后位，但也不同于介词和连词。

从位置上说，介词在介词结构中居于前位，连词在它所连结的单位中居于中位或前位，而绝大多数助词则是后附着的。如“着”“嘛”“呢”等都明显居于后位。典型的结构助词尽管用在定心之间、状心之间和心补之间，但也倾向于后附。即“的”倾向后附于定语，“地”倾向后附于状语，“得”更倾向后附于心语。这从以下的比较中可以看到：

他是华中师范大学的学生。→他是学生，华中师范大学的。

他十分惊奇地盯着大个子。→他盯着大个子，十分惊奇地。

看他累得腰都直不起来了！→看他累得！

少量助词居于前位，但跟介词或连词有所不同。比如“第”和“所”，它们不像介词那样，能够用在名词前头；也不像前位连词那样，总是用在相互间存在特定关系的AB两个单位之中的A单位的前头。

还有少量助词有时居于中位，跟某些连词相当近似。不过，它们不表示一般连词所表示的关系。比较：

他把衣服给晾干了。　　　我们为了进攻而防御。
彩电被他给弄坏了。　　　这次行动因缺乏经验而失败。
我被他的真情所感动。　　计划由于各种原因而有所变动。

“给”“所”是助词，这里用在“把”字结构和VP或者“被”字结构和VP之间，帮助表示处置关系或被动关系。“而”是连词，这里尽管也用在介词结构和VP之间，但它的前边是“为”字结构、“因”字结构之类，它表示的是属于因果类型的关系，而因果类型的关系是一般连词所表示的关系。

（二）结构助词

结构助词起表明结构关系的作用。

结构助词有两个基本特点：①用在AB两个结构项之间，居于中位。②表示某种结构关系，成为某种成分的标志。

1. 典型的结构助词

典型结构助词，能够成为定语、状语或补语的结构标志。有三个：一为“的”，二为“地”，三为“得”。即：

X的Y（定心）　　X地Y（状心）　　X得Y（心补）

在需要出现“的、地、得”的场合，“的”用在定语和心语之间，成为定语的标志；“地”用在状语和心语之间，成为状语的标志；“得”用在心语和补语之间，成为补语的标志。一般情况下，提到结构助词，只指“的”“地”“得”。

从所据位置看，“的、地、得”居于中位。不过，如上所说，它们倾向于往前后附于定语、状语或心语。

从语音形式看，“的、地、得”都读de，轻声。它们的分工是书面上的。这种分工有利于帮助书面语显示结构关系，具有积极意义。比较：

他的画渐渐的画的传神了。
他的画渐渐地画得传神了。

后一例，语法单位之间的结构关系一目了然。再比较：

他高兴地呵呵大笑。

他高兴得呵呵大笑。

前一例，“地”标示出状心关系；后一例，“得”标示出心补关系。如果按口头上所说的，记录成“他高兴 de 呵呵大笑”，结构关系就没有那么确定。

从口头语音和书写形式的关系看，“的、地、得”的分工跟“他、她、它”的分工情况相同。但是，“他、她、它”分别同男性、女性和事物相联系，所指对象是凭最起码的常识就可以分清楚的，因此容易掌握和使用；“的、地、得”则同定心、状心、心补的结构关系相联系，而这些结构关系一般人有时分不清，因此，严格地按分工用法来使用有一定的难度。不过，不能因噎废食，不应倒回去主张采用统一的形式，废除分工的写法。正确的态度是：一方面，面对现实，肯定大几十年来已经形成的具有广泛群众性和社会性的分工写法；另一方面，不强求分工的严格性，有的时候有的地方可以灵活。具体说，可以提出这么几条要求：①定语后边必须用“的”，不能用“地”或“得”。如“美丽的校园”，不能写成“美丽地校园”“美丽得校园”。②状语后边通常用“地”，但用“的”不算错。不过，不能用“得”。如“广泛地传播”，也可以写成“广泛的传播”，但不能写成“广泛得传播”。③补语前边通常用“得”，但用“的”不算错。不过，不能用“地”。如“来得很意外”，也可以写成“来的很意外”，但不能写成“来地很意外”。

“X 的 Y”的定心结构，如果 Y 不出现，“X 的”便成为“的”字结构。如：

吃的（　）　　塑料的（　）

看热闹的（　）　　刚刚摘下来的（　）

“的”字结构指称事物，一个“的”字结构相当于一个名词。在“的”字结构中，“的”字参与组构，成为结构的后一个组成部分。

2. 准结构助词

准结构助词，在位置和作用上跟典型结构助词有近似之处。一方面，它们通常用在X和Y两个结构项之间，处于中位，并且跟特定结构关系有联系；但是，另一方面，它们未成为某种成分的专用标志。

准结构助词包括“给”“所”和“来”“去”。

①“给”

作为准结构助词，“给”通常出现在“介词结构＋所＋V P”格式之中。例如：

（大水）把河堤给冲垮了。

（河堤）被大水给冲垮了。

居于中位的“给”，前边是“把”字结构或“被”字结构。由于前边的介词结构充当状语，因而可以认为“给”跟状语有联系。但是，“给”不成为状语的标志。

“给”有时居于前位。这时，介词结构不出现，“给”帮助后边的V P表示被动关系。如：

河堤给冲垮了。

“被”有时直接出现在V P前头。这样的“被”也是助词。如：

河堤被冲垮了。

②“所”

作为准结构助词，“所”主要出现在三个格式之中。

其一，介词结构＋所＋V P。

“所”用在“介词结构＋V P”之间，帮助表达被动关系。“所”前边的介词结构，是充当状语的“被”字结构或“为”字结构。例如：

被猛烈的炮火所摧毁

为生活所迫

其二，N P＋所＋V P＋的＋心语。

“所”用在某些做定语的主谓结构中间，使主谓结构在定语位置上形成“N P所V P”的特殊形式。“N P所V P”后边一般用“的”。例如：

我认识的老张 → 我所认识的老张

炮火摧毁的村庄 → 炮火所摧毁的村庄

依赖特定语境，“所”前边的N P可以隐去。例如：

我来的时间还很短，ϕ所见到的事情还不多。(隐去“我”)

这里有一部小说，ϕ所写的人物全是市民。(隐去“这部小说”)

如果“N P＋所＋V P＋的＋心语”的格式隐去心语，剩下的“N P＋所＋V P＋的”便成为“的”字结构。这种“的”字结构，内部包含助词“所”。例如：

老师所讲的问题 → 老师所讲的

我所特别敬重的人 → 我所特别敬重的

其三，有 / 无＋所＋V P。

“所”用在“有 / 无＋V P”的动宾结构中间，帮助 V P 表示有限度的动量。例如：

有所图　　有所改进

无所求　　无所顾虑

在以上三个格式中，“所”分别跟状心、定心、动宾等关系相联系。正因如此，“所”可以归入结构助词，但不是典型结构助词。

此外，“所”还可以形成“所”字结构。数量不多。如“所见”“所闻”“所知”等。

③“来”“去”

作为准结构助词，“来”“去”通常出现在“介词结构＋来 /去＋V P”的结构之中。例如：

(1) 昨晚他喝了几杯茅台，准备用酒精来麻醉自已神经。(莫然《大饭店风云录》)

(2) 他这次要用经济手段去赢取。(莫然《大饭店风云录》)

上例的“来”“去”，已经不是趋向动词，而是助词。由于这种助词用在介词结构和 V P 之间，跟状心结构关系发生联系，因而可以认为是准结构助词。

比较而言，助词“来”的使用频率比“去”要高。它们前边的介词结构，通常是“用”字结构，但也可以是别的介词结构。例如：

(3) 从某种意义上来讲，他这个主管财贸的副省长，对前四年银行的盲目信贷负有不可推卸的责任。(莫然《大饭店风云录》)

这里，“来”的前边是“从”字结构。

(三) 时态助词

时态助词起表明时态的作用。

时态助词有两个基本特点：①附着在以动词为代表的谓词性词语的后边，总是居于后位。②表示某种时态。

1. 典型的时态助词

典型的时态助词，对动词的附着性特别强，往往可以看成词尾。有三个：一为“着”，二为“了”，三为“过”。即：

V着　　V了　　V过

“着”表示持续时态，“了”表示实现时态，“过”表示经验时态。比较：

弹着钢琴——行为正在持续

弹了钢琴——行为已经实现

弹过钢琴——行为成为经验

动词后边用了“过”，还可以再加“了”，形成“V过了”。这是多层次的时态建构：“V | 过”为第一层次，“V | 过 ‖ 了”构成第二层次。这时，“了”表示经验的实现。比较地讲，说“V过”，行为的发生可能离说话时间较远；说“V过了”，行为发生的时间离说话的时间较近。例如：

我见过王先生。

我见过了王先生。

前者单纯表明经验，可以指二三十年前的事；后者既表明经验，又表明已经实现，给人的感觉是不久前发生的事。

“着”“了”“过”全都轻读。当它们附着在一个动词后边的时候，可以看作词尾。正因如此，一般不再做语法分析。即使附着在一个动词短语后边，也被看作词尾性成分。比如：

会议已经讨论并通过了新的方案。

他们曾经观察和描写过该地地形。

这里“了”附着于短语“讨论并通过”，“过”附着于短语“观察和描写”。“了”和“过”尽管不是词尾，但还是近似词尾，因此只被看成起辅助作用的语法成分，而不被分析为补语之类句子成分。

由于“着”“了”“过”表示时态，而时态总是跟行为变化相联系，因此，它们的使用往往被当作动词的特征。不过，这是不严格的。比如：

X着　　X了　　X过

一般地说，在看到这样的形式的时候，首先在脑子中出现的判断是动词。这表明，“着”“了”“过”被当成了动词的形式特征。不过，到底是不是动词，还得结合其他条件来检验。比方“为着、为了”，尽管有“着、了”，但属于介词；又比方“雨略微小过一阵”，尽管有“过”，但其中的“小”并非典型动词，而是形容词的动态化用法。

2. 准时态助词

准时态助词表示跟时态有联系的意义，尽管具有附着性，但不能看作词尾。只要用了准时态助词，有关的动词或形容词一般不能再带典型时态助词“着、了、过”。

①“来着”

“来着”表示经验时态。即行为状况已成为经验，说话时情况已有所变化。例如：

你听见来着？（通过提问，求证是否曾经听见。）

他刚刚还在这儿来着。（曾经在这儿，现在已不在。）

前几年妈妈的身体还十分壮实来着。（曾经十分壮实，现在差些了。）

如果带“来着”的句子用于反问，所表示的意思便是“未曾”。例如：

我什么地方得罪你来着？（未曾得罪）

你什么时候告诉我来着？（未曾告诉）

如果带“来着”的句子中间用了“怎么”之类问方式的词语，句子的表意焦点落在“怎么”之类上面，但“来着”仍然跟经验时态相联系。例如：

那么高的山，您是怎么爬上去来着？

告诉我们，他怎么给你出点子来着？

“来着”可以用在动词或动词结构的后边，也可以用在形容词或形容词结构的后边，但是，总是出现在句末。如果把凡是总出现在句末的助词都归入语气助词，“来着”也可以认为是语气助词。

“来着”有时只说成“来”：

你听见来？

他刚刚还在这儿来。

前几年妈妈的身体还十分壮实来。

②“着呢”

“着呢”既强调性状的程度，同时又强调性状的现实性持续。例如：

这家伙近来神气着呢！（很神气，神气的性状正在现实中持续。）

张嫂的小酒店红火着呢！（很红火，红火的性状正在现实中持续。）

“着呢”通常附着在形容词后边，有时也附着在动词结构后边。如：

他干起工作来带劲儿着呢！

这种泥塑对外国人可有吸引力着呢！

就时态而言，“着呢”强调的是性状的现实性持续。至于这种持续是短暂的，还是长期的，是可变的，还是不可变的，则由具体对象及其所在语境来决定。比如：

他家里客人多着呢！

他家里摆设多着呢！

这两例，都强调“多”的现实性持续。但是，比较地说，客人多是短暂的，可变的；摆设多则是长期的，相对稳定的。

跟“来着”一样，“着呢”总是出现在句末。如果以出现在句末作为确定语气助词的标准，“着呢”也可以认为是语气助词。

“着呢”有时是两个词：“着”是时态助词，“呢”是语气助词。

例如：

船在开着呢！

门在关着呢！

这是由两个词组成的“着呢”。这种“着＋呢”，一般出现在动词或动词结构的后边。动词前边往往出现“正”“在”“还”之类时间副词，“呢”可以不出现：

船在开着！

门在关着！

有的带“着呢”的句子，是歧义句。例如：

我忙着呢！　a. 我忙｜着呢！（现实情况是我很忙。）

b. 我忙着｜呢！（我正在忙着。）

灯亮着呢！　a. 灯亮｜着呢！（现实情况是灯很亮。）

b. 灯亮着｜呢！（灯在亮着。）

③“的”

“的”用在动词和宾语之间，表示已然时态。即表明行为在过去发生，已经成为事实。例如：

我昨天进的城。

他上午买的车票。

准时态助词“的”如果用于问句，便是问已成事实的行为在过去的什么时候或什么地方发生。如：

他什么时候参的军？

你在什么地方遇到的他？

准时态助词“的”可以移到句末，转化为语气助词。不过，用作准时态助词时更强调已然时态，转化为语气助词之后则更强调确认的语气。比较：

大哥去年提的教授。（“的”是准时态助词，表意跟“了”相当接近。）

大哥去年提教授的。（“的”是语气助词，重在表明对事实加以确认。）

（四）表数助词

表数助词起帮助表达数概念的作用。

表数助词有两个基本特点：①或者附着在名词或名代词后边，或者附着在数词前后。②表示跟数量范畴有关的某种附加意义。

1．复数助词

“们”是复数助词。它用在称人名词或人称代词后边，表示复数。例如：

老师们　　同学们　　我们　　他们　　它们

用“们”，是在显性的语法形式上标示出复数。然而，在隐性的语义内容上，不用“们”的名词不一定不是复数。比如“学生们”肯定是复数，但“学生”也往往可能是复数。有一个例外现象：“娘们”“爷们”“哥们”尽管用了“们”，有时却不表示复数。比如：“我讨厌你这个娘们!”“你看，我这个哥们够不够意思?”

附着于名词的“们”，表示人的复数；附着于代词的“们”，不仅可以表示人的复数，而且可以表示物的复数。对于名词来说，“们”附着于非专名性表人名词。如果附着于专名，“们”有一类人的意思，如“李白杜甫们”；如果附着于非表人名词，“们”有使事物拟人化的作用，如“猫们狗们”。对于代词来说，“们”附着于典型的人称代词。由于典型的人称代词中“它”指物，因而“代词＋ 们”也可以表示物的复数。除了典型的人称代词，“大伙儿”也可以说成“大伙儿们”，问人的“谁”也可以说成“谁们”。

“名词＋们”的前头不能出现表示确定数目的数量词，如不能说“三个学生们，四个教师们，二十八个代表们”；但是，前头可以出现表示不定多数的词语，如可以说“诸位代表们，各位先生们，一群打手们，一些学生们”。

“们”轻读，具有词尾性。在跟代词“我、你、他”等结合成“我们、你们、他们”等时，实际上已经成了典型的固定性的词尾。在跟名词“教师、学生”等结合成“教师们、学生们”等时，实际上也用作了词尾。有时，“们”用在名词短语后边，如“教师和学生们”“工作人员们”。这时，可以看成词尾性助词。

跟“们”有点类似的是“等”。“等”可以说成“等等”，还可以说成“等等等等”。不仅可以附着于称人名词，而且可以附着于事物名词和时间方所名词；不仅可以附着于词，而且可以附着于短语，甚至还可以附着于小句。从本身的形式和所附着的对象看，“等”不像“们”那样具有明显的词尾性，可以看作是准复数助词。

2. 序数助词

“第”是序数助词。它附加在统数词的前边，一起表示序数，是构成现代汉语序数系统的重要语法手段。例如：

第一　　第九　　第十八

“第”是前缀性助词，可以看作序数词的前缀。之所以认为是助词，是因为它后边的数目字有的时候在实质上可能已经是短语。例如：

第一万零三百二十一

序数词和统数词一样，都能够跟量词结合。比如“三个”是“统数＋量”，“第三个”是“序数＋量”；“八碗”是“统数＋量”，“第八碗”是“序数＋量”。有的形式，似乎表示序数，但不是序数词。如：

初一　　初二　　初三　　初四　　初五

初六　　初七　　初八　　初九　　初十

这些词的后边不能出现量词。它们不是序数词，而是时间名词。

3. 概数助词

“多”“来”“把”有时用在统数词后边，表示概数。这时，它们是概数助词。例如：

二百多　　三万三千多

十来　　三十来　　五百来

百把　　千把　　万把

“多”还可以用在数量词后边，如：一碗多，两瓶多，三斤多，四亩多。

“把”还可以用在“里、丈、斤、个”等量词后边，但前头不能再出现数词。如：里把（路），丈把（土布），斤把（苹果），个把（坏人）。

(五) 比况助词

比况助词起表明比况意念的作用。比况助词有两个基本特点：①附着在词或短语的后边，表示比况。②跟前边的词语一起构成以“(像) X似的”为代表格式的比况结构。

典型的比况助词是“似的”。例如：

鲜花似的　　　像鲜花似的

小老虎似的　　像小老虎似的

所谓“比况”，有两个意义：一是比拟，二是测断。假如用S代表表述的本体事物，那么，X对S来说具有比拟性联系时，“似的”是比拟性的，X对S来说具有推测断定作用时，“似的”是测断性的。比较：

他那样子，像鸭子走路似的。(比拟)

他那样子，像有恃无恐似的。(测断)

“似的”和“(像) X”构成比况结构。“(像) X似的”之类比况结构可以充当多种成分。例如：

这家伙，像哈巴狗似的。　　(谓语)

这家伙，服帖得像哈巴狗似的。　(补语)

这家伙，像哈巴狗似的让人讨厌。(状语)

这是像哈巴狗似的一个家伙。　(定语)

可见，“似的”跟句子成分的联系不是专一的。比况结构做状语时，“似的”可以写作“似地”，但这是文字问题。

“一般”“一样”有时相当于“似的”，也是比况助词。例如：

红玛瑙一般　像红玛瑙一般

芦柴棒一样　像芦柴棒一样

“似的”和“一般”有时可以说成“似”和“般”。如：

(4) 兵爷们桩子似傻了，呆了。(吴昊《原因不详》)

(5) 每次约会沈安妮都睁大眼睛，如梦似醉般聆听沈子平慷慨激昂述说满怀壮志。(张立国《沙猪传奇》)

(六) 语气助词

语气助词起加强语气表达信息量的作用。包括“的、了、呢、罢了、嘛、吗、吧、啊”等。

语气助词有两个基本特点：①除了句中特殊用法，通常附着在句子末尾。②不仅配合句子语气表明特定意图，而且可以加强语气表达的信息量。

语气助词和语气有瓜葛，但它们不是一回事。语气是跟语调相联系的语法实体，是不能切分为块状语法单位的语法实体；语气助词是由于语气表达的需要而使用的语法单位，是作为块状语法单位的语法实体。语气的表达是因，语气助词的使用是果。一个句子，如果没有语气助词，照样有语气；之所以使用语气助词，是为了在配合语气表明特定意旨的同时，使语气表达的信息量得以加强。比如：

他知道一些情况。

→ 他知道一些情况的。

他知道一些情况了。

他知道一些情况呢。

他知道一些情况罢了。

他知道一些情况嘛。

他知道一些情况啊。

上例表明：陈述一件事，可以不用语气词；但是，陈述一件相同的事，也可以用上不同的语气助词。由于语气助词具有加强信息量的作用，因而用了不同的语气助词，句子的意思发生了微妙的变化。

不同的语气助词，适应于不同语气类型的句子的选择需要。有的语气助词，比如“啊”，可以出现在感叹、陈述、祈使、疑问四种语气类型句子的末尾；有的语气助词，比如“了”“呢”“吧”，它们可以分别出现在陈述和祈使、陈述和疑问、疑问和祈使两种语气类型句子的末尾。即使是“吗”，似乎一定得用于疑问句，其实，这只是文字问题，或者说，只是书面语里的问题。在口语里，ma 这个音是不一定只跟疑问句相联系的。总之，选用什么语气助词来配合语气表述特定意旨，要做具体分析。

“啊”这个语气助词，不管是否用在感叹句的末尾，都有“呀”

“哇”“哪”等变体。连读时，如果前一个字末了的音是 i，“啊”念成 ya，可以写成“呀”，如“多么美丽呀”；如果前一个字末了的音是 u、ao，“啊”念成 wa，可以写成“哇”，如“真苦哇”“多好哇”；如果前一个字末了的音是 n，“啊”念成 na，可以写成“哪”，如“多么狠哪”。

语气助词通常用在句子末尾：或者出现在一个单句的后边，或者出现在一个复句的某个分句的后边。但是，语气助词也有“句中特殊用法”，即出现在句子里成分与成分或词语与词语之间。这有两种情况。

①句子开头的一个成分后边用语气助词。例如：

他呀，这几年神气得很。

原因么，是发表了几篇文章。

文章呢，有的确实写得不错。

以最近发表的那篇来说吧，我们几个人都很爱读。

句子开头的一个成分后边用“呀、么、呢、吧”之类，一方面可以强调突出前边的成分，另一方面又表示语意未尽，后边将有述说。语气助词不同，表意自然也有差异。比方，用“呀”可以让人特别注意后边将说的话；用“么”有“论到”的意思；用“呢”既有“论到”的意思，也让人注意后边将说的话；用“吧”表明是举例性质。

②联合结构中各部分后边用语气助词。例如：

山啊，水啊，花啊，草啊，都像在随着人心欢笑歌舞。

冰箱啦，彩电啦，录像机啦，都是他送给我的。

上例的“啊”“啦”，用来加强列举的语气。如果列举的是两个并列部分，也可以说成“A 啊 B 的”。如：猫啊狗的，跳啊唱的。如果列举的是存在选择关系的两个部分，也可以说成“A 啊还是 B”。如：当时我已经不知道手里拿的是镰刀啊还是锄头。

语气助词“的”和结构助词“的”有所不同。语气助词“的”，用于句末；“的”字结构中的结构助词“的”，有时也出现于句末。例如：

我是喜欢的。

我是外来的。

一般地说，可以从两个方面判别这两个“的”。第一，如果是语气助词“的”，它（连同句中出现的“是”）可以去掉；如果是“的”字结构中的结构助词“的”，它（连同句中出现的“是”）不能去掉。如：“我是喜欢的”可以说成“我喜欢”，其中的“的”是语气助词；“我是外来的”不能说成“我外来”，其中的“的”是结构助词。第二，如果是“的”字结构中的结构助词“的”，它的后边能够添加可以成为心语的名词；如果是语气助词“的”，它的后边不能这么办。如：“我是外来的”可以说成“我是外来的干部”之类，其中的“的”是结构助词；“我是喜欢的”不能说成“我是喜欢的干部”之类，其中的“的”是语气助词。此外，如果单用“是的”，其中的“的”肯定是语气助词。如：(问) 你愿意去？(答) 是的。

有的时候，孤立地看，“S是VP的”既可以说成“SVP”，也可以说成“S是VP的NP”。这时，“S是VP的”是歧义句。到底是什么意思，要在特定语境中才能辨别。如：

我是刚到的。——我刚到。我是刚到的。我确实刚到的。

我是刚到的。——我是刚到的代表。

在前一个语境里，“的”是语气助词；在后一个语境里，“的”是结构助词。

语气助词“了”和时态助词“了”有所不同。语气助词“了”用于句末，它的前边可以是名词；时态助词“了”经常用于句中，而且紧跟着动词。比如：“他买了计算机了”句末的“了”表示情况的变化，出现在名词“计算机”后边，是语气助词；句中的“了”用在动词后边，表示行为的实现，是时态助词。

有的时候，“了”既用在动词后边，又出现在句末。这有两种情况：

其一，“了”只表示情况变化，或者表示有所祈使，并不表示行为的实现。这样的“了”还是语气助词。如：

姑妈，我走了。(过几天再来看您。)

听姑妈的话，把借款退了！

其二，“了”既表示情况发生变化，又表示行为已经实现。这样的“了”，是语气助词和时态助词的混合形式。如：

她个把月前就走了。（＝她走了个把月了。）

我已经把借款退了。（＝我已经退了借款了。）

主要参考文献

[1] 郭翼舟．副词、介词、连词［M］．北京：新知识出版社，1957.

[2] 吕叔湘，孙德宣．助词说略［J］．中国语文，1956 (6).

[3] 孙德宣．助词和叹词［M］．北京：新知识出版社，1957.

[4] 武克忠．现代汉语常用虚词词典［M］．杭州：浙江教育出版社，1992.

[5] 饶长溶．再说次动词［M］//语法研究和探索：五．北京：语文出版社，1991.

[6] 张斌，胡裕树．从“们”字谈到汉语语法的特点［M］//汉语语法研究．北京：商务印书馆，1989.

[7] 张斌，胡裕树．从“吗”和“呢”的用法谈到问句的疑问点［M］//汉语语法研究．北京：商务印书馆，1989.

[8] 陆俭明，马真．虚词［M］．北京：人民教育出版社，1990.

[9] 陆俭明．“的”字结构和“所”字结构［M］//语法研究和探索：一．北京：北京大学出版社，1983.

[10] 陆俭明．由“非疑问形式＋呢”造成的疑问句［M］//语法研究和探索：二．北京：北京大学出版社，1984.

[11] 陆俭明．关于现代汉语里的疑问语气词［M］//语法研究和探索：三．北京：北京大学出版社，1985.

[12] 施关淦．关于助词“得”的几个问题［M］//语法研究和探索：三．北京：北京大学出版社，1985.

[13] 于根元．关于动词后附“着”的使用［M］//语法研究和探索：一．北京：北京大学出版社，1983.

[14] 吕文华．“了$_2$”语用功能初探［M］//语法研究和探索：六．北京：语文出版社，1992.

[15] 孟琮．谈“着呢”［J］．中国语文，1992 (5).

[16] 孟琮．“咧”字小考［M］//语法研究和探索：三．北京：北京大学出版

社，1985 .

[17] 宋玉柱. 谈“着呢”及其分析 [M]//语法论稿，北京：北京语言学院出版社，1995.

[18] 江蓝生. 助词“似的”的语法意义及其来源 [J]. 中国语文，1992 (6).

[19] 高更生. “给”的词性和有关句子分析 [M]//汉语语法问题试说. 济南：山东人民出版社，1981.

[20] 邢福义. 现代汉语的特指性是非问 [J]. 语言教学与研究，1987 (4).

第五节 各类短语

一 短语的分类

(一) 成分短语和非成分短语

根据能否充当句子成分，短语可以分为成分短语和非成分短语。

一般的短语都是成分短语。它们一进入句子，便成为这样那样的成分。少数短语是非成分短语。它们通常用来作为句间关系词语，如“换句话说”“否则的话”等。

非成分短语是一些虚化了的短语，数量不多。作为篇章语法的重要建构因素，其语法作用不可忽视。

(二) 关系类短语和标志类短语

根据结构成分之间语义关系是否明显，短语可以分为关系类短语和标志类短语。

关系类短语是结构成分之间有明显语义关系的短语，又可以分为成分配对式和依次排列式两类。前者主要包括主谓短语、动宾短语、定心短语、状心短语和心补短语，后者主要包括联合短语和同位短语。

标志类短语是结构成分之间语义关系比较模糊，只从语表上找出标志的短语。这类短语的命名，有的利用前标志，即利用前面一个结构成分作为标志；有的利用后标志，即利用后面一个结构成分作为标志；有的利用双标志，即同时利用前后两个结构成分作为标志。这类短语包括：

能愿短语——前一个结构成分是能愿动词。

"的"字短语——后一个结构成分是"的"字。

介词短语——前一个结构成分是介词。

方位短语——后一个结构成分是方位词。

趋向短语——后一个结构成分是趋向动词。

比况短语——后一个结构成分是比况助词。

数量短语——数量词，前后两个结构成分分别是数词和量词。

各个标志类短语，关系上的模糊程度并不相同。有的，说不上结构成分之间有什么语义关系。如"的"字结构和比况短语，"的"和"似的"跟前面的结构成分之间说不上有什么语义关系。有的，结构成分之间最多只能认为存在某种"准关系"。如介词短语，介词和后边的结构成分之间很像有动宾关系，但实际上并不是动宾关系，最多只能认为存在可以称之为介宾关系的准动宾关系。有的，结构成分之间的关系不够明确，不好认定。如能愿短语，前边的能愿动词和后边的谓词或谓词结构之间既像是状心关系，又像是动宾关系。比方"能VP"，一方面，"能"的作用在于辅助表意，在"只有答应我的要求，我才能跟你走"或者"这么做准能行"这样的语法环境中，"能"可以不要（"只有答应我的要求，我才跟你走"｜"这么做准行"），分析为状语更加合理；但是，另一方面，"能VP"通常可以跟许多动宾结构一样采用"能不能VP""能VP不能"的提问方式（能不能跟你走？能跟你走不能？），因而又似乎很像是动宾关系。把这两个方面综合起来看，可以认为能愿短语是介于状心短语和动宾短语之间的一种特殊短语。由于能愿动词本身不表示行为动作，而后边的包含行为动词的谓词结构又可以很长，分析句子时，可以将能愿短语作为状心短语来处理。不过，这毕竟只是简单化的处理办法，能愿短语毕竟不同于状心短语。

标志类短语也好，关系类短语也好，它们本身都是一种结构。正因如此，既可以把关系类的主谓短语、动宾短语等叫作主谓结构、动宾结构……，也可以把标志类的介词短语、方位短语等叫作介词结构、方位结构……。

（三）名词短语、动词短语和形容词短语

成分短语还可以从整体功能的角度进行分类。分类的结果，得到名词短语、动词短语和形容词短语。

一般地说，名词短语由名词和名词构成，或者以名词为主体构件，语法功能大体相当于名词；动词短语由动词和动词构成，或者以动词为主体构件，语法功能大体相当于动词；形容词短语由形容词和形容词构成，或者以形容词为主体构件，语法功能大体相当于形容词。

如果把分类的各个角度结合起来，短语的分类可以列成一表：

- 短语
  - 成分短语
    - 结构类
      - 结构关系类
        - 成分配对
          - 主谓短语
          - 动宾短语
          - 定心短语
          - 状心短语
          - 心补短语
        - 依次排列式
          - 联合短语
          - 同位短语
      - 结构标志类
        - 能愿短语
        - “的”字短语
        - 介词短语
        - 方位短语
        - 趋向短语
        - 比况短语
        - 数量短语
    - 功能类
      - 名词短语
      - 动词短语
      - 形容词短语
  - 非成分短语

本节后边两个部分只讨论关系类短语。在讨论各个关系类短语时，分别说明它们同名词短语、动词短语和形容词短语的关系。由于各个标志类短语在前面的章节里已分散地做了介绍，本节里只在有必要的时候才涉及。

后边所讨论的只是最基本的关系类短语，并非穷尽遍举。由于小句的任何大于词的构件都可以认为是短语，因而短语的实际关系类型要比列出了名目的多得多。同样，名词短语、动词短语和形容词短语的分类，也不是穷尽性的分类，它们并未覆盖全部短语。比如，介词短语既不是名词短语和形容词短语，也不能说就是动词短语；又如比况短语既不是名词短语，也不能说就是动词短语或形容词短语。另外，名词短语、动词短语和形容词短语不仅可以是关系类短语，也可以是标志类短语。比如，在标志类短语中，能愿短语是动词短语，“的”字短语、方位短语和数量短语都是名词短语。

二 关系类短语的成分配对式

这一类型的短语，由配对成分组结而成，结构成分之间具有主谓、动宾等关系。

观察小句的成分配置和观察短语的结构类型，是两个不同的角度。前者是从动态上观察小句怎样进行成分配置，以便了解成分配置与意旨表述的相互关系；后者则是从静态上观察小句的形成可能包含一些什么样的构件，以便从总体到部分了解小句可能有的结构状况。

（一）主谓短语

1．主谓短语的结构成分

主谓短语是结构成分之间具有主谓关系的短语。换句话说，主谓短语包含主语和谓语两个结构成分。

主谓短语的两个结构成分可以是词，也可以是短语。只要其中的主语或谓语是短语，整个主谓短语便是复杂的多层次主谓短语。比方，“炮火猛烈”是主谓短语，只有一个层次；“敌人的炮火猛烈得出乎意料”也是主谓短语，但包含三个层次：

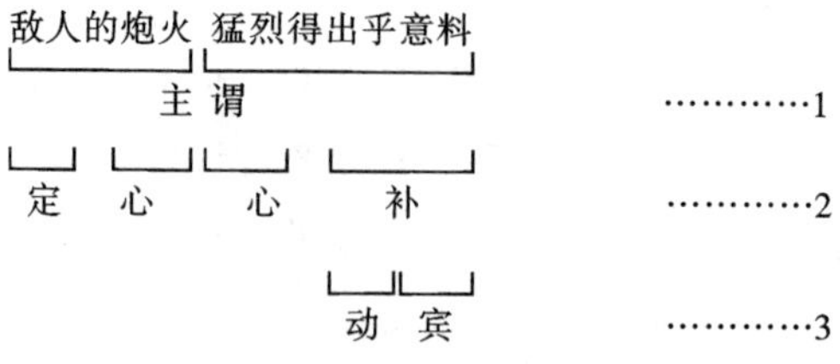

2. 主谓短语的句法功能

从总体上说，主谓短语经常带上特定语气语调成为小句。作为短语，主谓短语还可以充当各种句子成分。例如：

这家伙，态度粗暴。　　　　（做谓语）

态度粗暴的人怎么能当外交官？（做定语）

他态度粗暴地打断了我的话。　（做状语）

他近来变得态度粗暴了。　　　（做补语）

态度粗暴是你的最大毛病。　　（做主语）

切忌态度粗暴！　　　　　　　（做宾语）

主谓短语做谓语，情况较为复杂。主要情况有四种：

①主语是受事，谓语用主谓短语表示施事者及其行为活动。如：

这个人我见过。

这种事谁肯干？

②主语是施事，谓语用主谓短语表示受事者及所承受的行为。如：

我们什么鞋子都做。

李师傅香烟抽得特别凶。

③主语表“物主”，谓语用主谓短语从所属的某一方面加以描写。如：

这个人心胸狭隘。

这件事关系重大。

④主语表“整体”，谓语用主宾同形的主谓短语做分解式的说明。如：

咱们各管各。

火红的日子一天胜过一天。

说主谓短语既可以成句，也可以充当各种成分，这是把主谓短语作为一个整体来评判。就具体的主谓短语而言，它们的句法功能是存在差异性的。比方，有的主谓短语一般成句，不大充当句子的一个成分。例如“我是教师”这样的主谓短语，除非是出现在“我说 X”“他知道 X”的句法环境之中，才可以成为宾语，然而“说”“知道”的后边是可以出现跟小句等值的成分的。相反，有的主谓短语，总是充当句子的一个成分，而不能成为一个句子。比如“手拉手”，在“我们大家手拉手”中做谓语，在“我们手拉手地前进”中做状语，却不能单独成为一个句子。这是因为，这类短语在语义上不具有单独表述一个意旨的完整性，必须跟随别的成分出现才行。还有的主谓短语，在逻辑上本应是“主—动—宾”，但形式上只出现“主—动”。这样的主谓短语，如果不是充当复句里的一个分句，在单句里就只能充当谓语。如“我吃过”，在“菠萝很甜，我吃过”里，充当后分句；在“菠萝我吃过”里，充当谓语。如果孤零零地说出来，表意不完整。

3. 主谓短语的语法性质

如果从功能类别的角度来观察主谓短语，主谓短语具有一定的特殊性。

一方面，“名—动”类主谓短语，由于结构核是动词，因而可以认为是动词短语；“名—形”类主谓短语，由于结构核是形容词，因而可以认为是形容词短语。但是，有的“名—动”类主谓短语，谓语中心是动词，整个谓语却采用“非常 X”的形式。例如：

这个小伙子非常有毅力。

她这身装束十分引人注目。

从结构成分说，这样的“名—动”类主谓短语还是动词短语。不过，也应承认，它们具有明显的描写性，在表意上靠向了形容词短语。

另一方面，有的主谓短语由“名—名”构成。例如：

李白唐朝人

我们新疆好地方

按照通常情况，名名结合而成的短语应该是名词短语，然而作为主谓短语的名名结合却不可能是名词短语。因为，凡是名词短语，都可以自由地充当主语，“李白唐朝人”“我们新疆好地方”却总是独立使用，分别表示一个判断，隐含有“是”字，根本不能做主语。

（二）动宾短语

1. 动宾短语的结构成分

动宾短语是结构成分之间具有动宾关系的短语。换句话说，动宾短语包含动语和宾语两个结构成分。

动宾短语的两个结构成分可以是词，也可以是短语。只要其中的动语或宾语是短语，整个动宾短语便是复杂的多层次动宾短语。比方，“医治伤员”是动宾短语，只有一个层次；“及时医治和精心护理伤势严重的伤员”也是动宾短语，但包含三个层次：

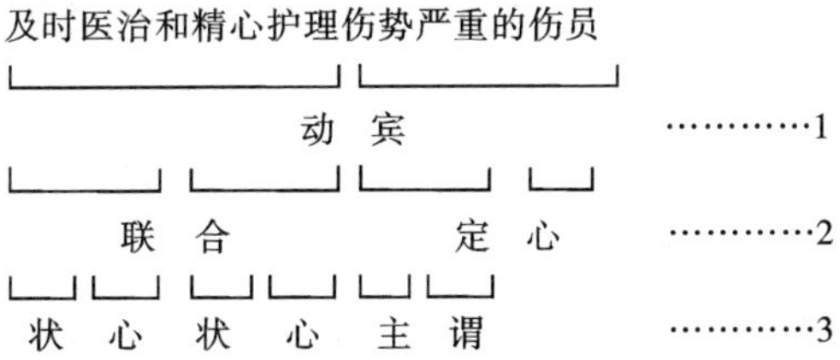

动宾短语的宾语部分有时是双宾语。这时，双宾语是并举单位，二者跟动语都有联系，相互间没有组合关系。即：

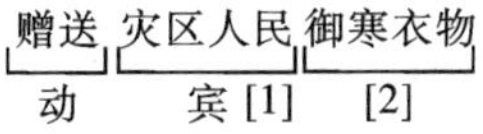

2．动宾短语的语法性质和句法功能

动宾短语是动词短语。

动宾短语有时带上特定语气语调，可以成为非主谓句。比如：严禁烟火！

在小句中，动宾短语的基本的功能是充当谓语。此外，也可以充当其他各种成分。例如：

新技师的录用降低标准了。　　（做谓语）

他们做出了降低标准的决定。　　（做定语）

他们降低标准地录用了几名技师。（做状语）

他们被逼得降低标准了。　　（做补语）

降低标准恐怕不是好办法。　　（做主语）

他们早就决定降低标准了。　　（做宾语）

跟主谓短语的情况一样，一个个具体的动宾短语，它们充当成分的功能实际上存在这样那样的差异性。

(三) 定心短语

1. 定心短语的结构成分

定心短语是结构成分之间具有定心关系的短语。换句话说，定心短语包含定语和心语两个结构成分。

从定心短语的结构成分和使用位置看，定心短语的形成有三个条件：①心语是名词或具有名词性；②定语是名词或具有名词性；③用在主语宾语或介词后置成分的位置上，A B 结构成分之间用“的”。三个条件中，只要符合其中一个条件，便可以成为定心短语。例如：

他特别欣赏苏轼的诗词。

“苏轼的诗词”符合①②③三个条件，是定心短语。

他特别欣赏豪放的诗词。

他特别欣赏苏轼的豪放。

苏轼，宋朝人。

“豪放的诗词”，符合①③两个条件；“苏轼的豪放”，符合②③两个条件；“宋朝人”，符合①②两个条件。它们都是定心短语。

我们高规格地接待了来宾。

这个人小心眼。

老李把情况做了深入的分析。

“高规格”，符合条件①；“小心眼”，符合条件①；“深入的分析”，符合条件③。它们也是定心短语。

符合条件③的定心短语，两个结构成分可以都不是名词或名词性词语。这就是说，在条件③下，定心短语对构成部分的词性并不限定于名词。比如：

凶猛 de 反击，打乱了敌人的部署。

站在首长的面前，他们露出了讨好 de 微笑。

“凶猛 de 反击”和“讨好 de 微笑”分别用在主语和宾语的位置之上，这决定了它们是定心短语，书面上 de 一定要写成“的”。如果不符合这一条件，情况就会不同：

战士们正在凶猛 de 反击。

他们一个个都在讨好 de 微笑。

“凶猛 de 反击”和“讨好 de 微笑”都用在谓语位置之上，这决定了它们不是定心短语，而是状心短语，书面上 de 一般要写成“地”。

从充当结构成分的语法单位看，定心短语的两个结构成分可以是词，也可以是短语。只要其中的心语或定语是短语，整个定心短语便是复杂的多层次定心短语。比方，“苏轼的诗词”是定心短语，只有一个层次；“宋朝人苏轼的风格豪放的诗词”也是定心短语，但包含三个层次：

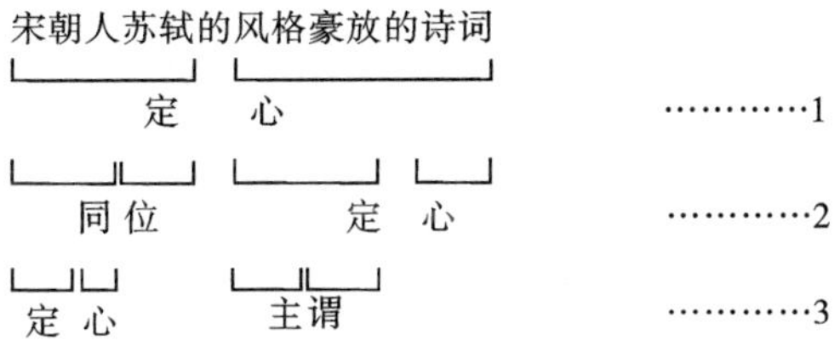

2. 定心短语和“的”

结构助词“的”有时对定心短语的形成起到强制的作用。例如：

“名名”是联合短语，“名的名”成了定心短语：

儿子女儿 → 儿子的女儿

梅园鹤园 → 梅园的鹤园

后勤部组织部 → 后勤部的组织部

“名名”是同位短语，“名的名”成了定心短语：

你们演员们 → 你们的演员们

革命队伍新四军 → 革命队伍的新四军

部队驻地万泉河一带 → 部队驻地的万泉河一带

“名动”“名形”是主谓短语，“名的动”“名的形”成了定心短语：

母亲去世使他悲痛万分。 → 母亲的去世使他悲痛万分。

要保持情绪稳定。 → 要保持情绪的稳定。

3. 定心短语的语法性质和句法功能

从心语的构成看，定心短语分两类：其一，心语由名词充当，或者是“名的名”，或者是“形的名”“动的名”等。其二，心语由动词或形容词充当，或者是“名的动”“名的形”，或者是“形的动”“动的动”等。如果严格按照核心构件的性质来确定短语的性质，那么，前一类无疑是典型的名词短语。后一类，情况比较特殊：一方面，这一类定心短语的核心构件是动词或形容词，按标准应该是动词短语或形容词短语；但是另一方面，这一类定心短语或者不能充当谓语，或者不能无条件地充当谓语，跟一般的动词、形容词有所不同。因此，可以认为是靠向名词短语的特殊的动词短语或形容词短语。例如：

我讨厌你们的争吵。

我害怕生活的紧张。

这里的“你们的争吵”和“生活的紧张”没有充当谓语的能力。

我讨厌无休止的争吵。

我害怕毫无意义的紧张。

这里的“无休止的争吵”和“毫无意义的紧张”如果要成为谓语，必须变动 de 的定语标记的性质，书面上要把“的”改为“地”。如：

你们不要无休止地争吵！

这些人，毫无意义地紧张！

从句法功能看，定心短语有时带上特定语气语调，可以成为非主谓句。如：“卑鄙的小人！”“野兽的嚎叫！”

在小句中，定心短语的基本的功能是充当主语和宾语。以名词为核心构件的，还可以充当其他成分。例如：

新书的出版讲求高质量。　　（做宾语）

高质量是第一位的要求。　　（做主语）

这是一批高质量的书。　　（做定语）

成果高质量。　　（做谓语）

一定要高质量地完成任务。　　（做状语）

充当状语的定心短语，由形容词和名词直接组结而成。其中的形容词跟事物的度量有关，包括“高、低”“长、短”“大、小”“粗、细”等。如：

高水平地发挥了特长。　　低限度地使用了古代词汇。

长时间地关押了他们。　　短距离地观察了周围地势。

大幅度地提高了产量　　小面积地栽种了热带水果

粗线索地分析了课文　　细线条地描绘了面部表情

“水平”之类名词不能做状语，“高水平”之类定心短语却可以做状语。可见，定心短语中的名词短语，其句法功能不完全等同于名词。

（四）状心短语和心补短语

1．两类短语的结构成分

状心短语是结构成分之间具有状心关系的短语。换句话说，状心短语包含状语和心语两个结构成分。心补短语是结构成分之间具有心补关系的短语。换句话说，心补短语包含心语和补语两个结构成分。跟其他短语一样，不管是状心短语还是心补短语，既可以是单层次的，也可以是多层次的。例如：

仔细地观察　　非常仔细地观察和分析

状　心　　　　状　心　…………1

　　　　　　　状　心　联　合　…………2

阴暗得出奇　　阴暗潮湿得人人害怕

心　补　　　　心　补　…………1

　　　　　　　联　合　主　谓　…………2

两类短语在结构成分上有一个共同点，这就是，它们的心语主要由动词和形容词充当。它们的重要区别，在于心语的位置。同样的两个词语，如果它们的组结可以分出“心”与“非心”，那么，心语在后时是状心短语，心语在前时是心补短语。例如：

云团缓慢移动。　　（状心）

云团移动缓慢。　　（心补）

小猴子无比灵活。　（状心）

小猴子灵活无比。　（心补）

两类短语的心语有时是名词（或名词性短语词）。例如：

你们俩多年夫妻，谁不了解谁呀？　（状心）

你们俩夫妻多年，谁不了解谁呀？　（心补）

状心短语还可以由“副词＋名词/数量词/数量名结构”构成。前面讲副词时曾谈到这类现象。如：

岸边净杂草。 （副＋名）

小宝才三岁。 （副＋数量）

这个哨所就七八个人！ （副＋数量名）

心补短语的“心”，不可能由“副词＋名词/数量词/数量名结构”充当。

2. 两类短语和“地”“得”

作为状语和补语的标志，“地”“得”对于状心短语和心补短语的形成有时具有强制作用。比较：

a. 反抗坐着（?） 反抗地坐着（状心）

吃头上冒汗（?） 吃得头上冒汗（心补）

b. 回忆说 （连动） 回忆地说 （状心）

老实可怜（联合） 老实得可怜（心补）

“地”“得”都是书面形式。如果只看口头形式，有的短语是歧义的。如：

得意 de 摇头晃脑

→ a. 得意地摇头晃脑（状心）

b. 得意得摇头晃脑（心补）

懊恼 de 坐在地下

→ a. 懊恼地坐在地下（状心）

b. 懊恼得坐在地下（心补）

到底 de 在书面上该是“地”还是“得”，只能根据具体语境来辨别。

3. 两类短语的语法性质和句法功能

状心短语和心补短语一般以动词和形容词为核心构件，它们是动词短语或形容词短语。状心短语有时以名词、数量词或数量名结构为核心构件，心补短语有时以名词为核心构件，如上面提到的“就七八个人、多年夫妻、夫妻多年”之类，它们是特殊的名词短语。

从句法功能看，状心短语或心补短语有时带上特定语气语调，可以成为非主谓句。比如公路拐弯处所挂字牌："向左拐！"（状心）"当心点！"（心补）。

在小句中，状心短语和心补短语通常充当谓语，有的还通常充当定语。以动形为核心构件的状心短语和心补短语，还可以充当状语、补语和主语、宾语。例如：

条件过分苛刻。（做谓语）

不要提过分苛刻的条件。（做定语）

不应该过分苛刻地要求别人。（做状语）

所有条件都提得过分苛刻！（做补语）

过分苛刻不好。（做主语）

我反对过分苛刻。（做宾语）

这里状心短语充当谓语、定语和其他成分。又如：

冬天的海南岛温暖如春。（做谓语）

温暖如春的海南岛吸引着无数冬日游人。（做定语）

海南岛温暖如春地吸引着无数冬日游人。（做状语）

青年们把冷冰冰的屋子闹腾得温暖如春。（做补语）

温暖如春是海南岛冬日的特点。（做主语）

堂屋里生了火，真正做到了温暖如春。（做宾语）

这里心补短语充当谓语、定语和其他成分。

三 关系类短语的依次排列式

这一类型的短语，按照一定逻辑顺序排列结构成分，结构成分之间具有联合、同位等关系。

这类短语跟成分配对式短语的不同之处，在于它们只能直接分析出按逻辑顺序排列的结构成分，而不能直接分析出相互配对的句法成分。

（一）联合短语

1. 联合短语的结构成分

联合短语是结构成分之间具有联合关系的短语。

联合短语包含两个或几个结构成分。一个结构成分是一个联合项。例如：

哥哥和嫂嫂　　（两个联合项）
柴米油盐酱醋茶（七个联合项）
关心和帮助　　（两个联合项）
观察了解和分析（三个联合项）
严厉而善良　　（两个联合项）
天真纯朴和烂漫（三个联合项）

充当联合项的词，一般是名词动词或形容词，以及功能跟它们相当的代词。有时也可以是数量词，如“三楼和五楼”。在特殊的句法结构中，还可以是副词。如：

这伙人，一贯和仍然放肆地蔑视法律。

一般说，联合短语的联合项词性相同。如名名联合，动动联合，形形联合。有的时候，也可以名动联合，或者形动联合。在这种情况下，将会出现词性同化现象。在名动联合里，动接受名的同化，名动相当于名名；在形动联合里，动接受形的同化，形动相当于形形。例如：

（1）我代表中共中央向你们表示感谢和敬意。（邓小平《在全国科学大会开幕式上的讲话》）

（2）那双眼睛……明亮又深邃，映照着眉宇间所包容的幻想和沉思。（雨岛《超负荷运转》）

前一例是动名联合，后一例是名动联合，由于在宾语位置上接受同化，实际上都相当于名名联合。又如：

（3）阿蓉……怨艾而充满希望地看着他。（哲夫《长牙齿的土地》）

（4）她又笑了，笑得那么畅快和无拘束。（张长《失去的凤尾竹》）

这两例都是“形容词＋动词结构”。由于后边的动词结构接受前边的形容词的同化，整个短语都相当于形形联合。

如果充当联合项的是短语，换句话说，如果联合短语内部又包含短语，那么，就构成复杂的多层次联合短语。例如：

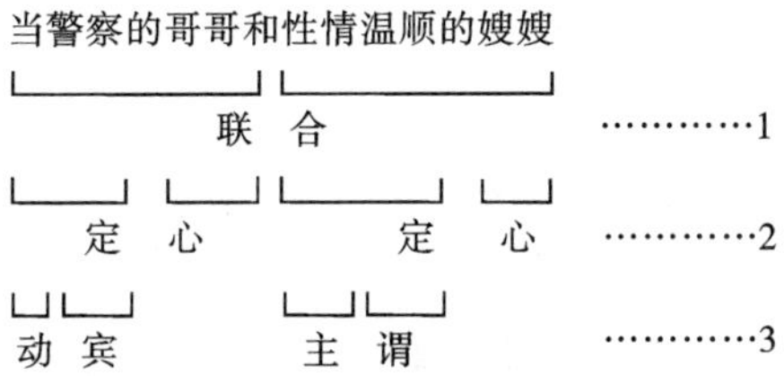

这是一个复杂的包含三个层次的联合短语。

2. 联合短语的结构标志

联合短语的结构标志，简称联合标志，指用在联合项之间标示联合关系的语法成分。

联合短语的联合项可以按照一定的逻辑要求排列次序，直接组结，其联合关系是内含的；许多时候，联合项之间用上某个结构标志，这就使联合关系外显化。充当联合短语结构标志的是特定的连词和关联副词，包括“和、及、或、并、而、又、而又、且”等。

不同的联合标志，其前后结构成分在性质上不完全相同。“和”和“或”，可以用在各种性质的结构成分之间；“及”，一般只用在名名之间（“厂长、经理及他们的秘书”）；“并”，一般只用在动动之间（“一定要检查并落实今年的招生计划”）；“而”“又……又……”“而又”和“且”，一般只用在形形之间（“细致而深刻”“又快又好”“热情而又爽快”“敏感且多疑”）。

不同的联合标志，在结构成分之间所表示的具体关系不完全相同。有的表示并列，如“和、及、并、而、而又”等；有的表示选择，如“或”或“或者”；有的表示递进，如“且”或“而且”。例如：

聪明而壮实　（并列）

聪明或壮实　（选择）

聪明且壮实　（递进）

有的联合标志，即使所处语法环境相同，在具体表意上也有差异。比方“和”和“及”都可以用在名名之间表示并列关系，但“及”特别强调前后联合项有主次之分。如“张三、李四和赵五”，尽管在排列上讲究一定的逻辑次序，但用“和”表明说话人是把三个并列项放在一个层级上来述说的；而“张三、李四及赵五”就不一样，用“及”

表明说话人把张三和李四看作高一个层级的人，把赵五看作低一个层级的人。

“而又”这一标志，比较特殊，它前后的两个联合项有时是同一个形容词。如：

(5) 这一天平常而又平常。(高建群《遥远的白房子》)

这是一种强调说法，“平常而又平常”相当于“十分平常”。

3. 联合短语的语法性质和句法功能

名名联合短语，是名词联合短语；动动联合短语，是动词联合短语；形形联合短语，是形容词联合短语。

一般地说，联合短语的句法功能，跟联合项的词性相一致。即名名的功能一般相当于名，动动的功能一般相当于动，形形的功能一般相当于形。不过，也有不一致的时候。

比方，名词和名名联合短语都可以做宾语，但是，有的名名联合短语可以带“地”做状语，单独一个名词却不行。比较：

他经常跑北京上海。 (+)
他经常跑北京。 (+)
他经常跑上海。 (+)
他经常北京上海地跑。(+)
他经常北京地跑。 (−)
他经常上海地跑。 (−)

又比方，有些形容词和有些形形联合短语都可以用在谓语部分，但是，形形联合短语可以带“地”做状语，单独一个形容词却不行。比较：

打击敌人一定要稳准狠。 (+)
打击敌人一定要稳。 (+)
打击敌人一定要准。 (+)
打击敌人一定要狠。 (+)
一定要稳准狠地打击敌人。(+)
一定要稳地打击敌人。 (−)

一定要准地打击敌人。　　（一）

一定要狠地打击敌人。　　（一）

此外，介词短语“从 X”和介词短语“到 Y”连用，形成“从 X 到 Y”。“从 X 到 Y”是特殊的多层次联合短语，表示系列性纵向联合关系，指称一段距离中所包容的形成序列的人物、时地、数量等，具有名词性。例如：

从青年教师到老教授都热烈发表意见。

从幼儿园到研究生院都在兴建。

从宿舍到校门口都打扫干净了。

从昨天到今天热得人透不过气来。

每班学生一般从二十五个到三十个。

这种“从 X 到 Y”短语是特殊名词短语，它的整体功能不同于介词短语“从 X”或介词短语“到 X”。

“从 X 到 Y”有时是“介词短语＋动宾短语”，属于动词短语。比较：

他今天从武汉到长春。

（动词短语。“从”是介词，“到”是动词。）

从武汉到长春这段距离可不短呀。

（特殊名词短语。“从”和“到”都是介词。）

（二）同位短语

1. 同位短语的结构成分

同位短语是结构成分之间具有同位复指关系的短语。

同位短语包含两个结构成分，每个结构成分都是同位项。例如：

司机小张　故乡绍兴

他自己　　我们大家

甲乙两个同位项由两个不同的词语充当，但二者指同一个对象，并且处于同一个句法位置。即：两个不同的词语“同位复指”。如果是两个相同的词语，不能构成同位短语，如“故乡故乡”；如果两个词语不处于同一句法位置，也不能构成同位短语，如“故乡是绍兴”。

许多同位短语，其中的同位项又是短语。这就是说，同位短语往往是多层次的。例如：

优秀教师李延涛　（定心十名）

你们这些小家伙　（代十定心）

大黑小胖两个人　（联合十定心）

一般说，在两个同位项中，一个同位项所指比较具体，一个同位项所指比较概括。同位项的排列，通常是“概括—具体”；如果排列成“具体—概括”，往往采用“A这个B”之类的形式。比较：

大傻瓜王老三　（概括—具体）

王老三这个大傻瓜（具体—概括）

风水宝地黄流　（概括—具体）

黄流这块风水宝地（具体—概括）

人的姓名及其职务、职称、称谓等很容易构成同位短语，而且前后位次比较灵活。比如：

校长萧国良　萧国良校长

教授李宇开　李宇开教授

大哥汪国盾　汪国盾大哥

当姓名在前、职务等在后时，很容易省名留姓，出现“萧校长、李教授、汪大哥”之类说法。这是一种近似短语词的说法。“吴先生、张同志、丁爷、赵嫂”等等，实际上也属于这种说法。

有的时候，姓名前头并列几个职务，整个同位短语似乎是多分的。然而，实际上还是二分。如：

全国政协副主席、著名物理学家、中国科学院院士钱学森

“全国政协副主席”“著名物理学家”“中国科学院院士”三者之间并没有必然联系，它们实际上是分别同“钱学森”发生复指关系的。因此，这个同位短语不是包含四个同位项，而是包含两个同位项，即：全国政协副主席、著名物理学家、中国科学院院士（联合）｜钱学森（名）。

有的时候，同位关系中包含同位关系，整个同位短语似乎是三分的，然而实际上还是二分。例如：

中国科学院院士钱学森教授

“中国科学院院士”和“教授”二者之间的联系不是必然的。“钱学森教授”是一个同位短语，“中国科学院院士钱学森教授”又是更大的一个同位短语，即：中国科学院院士｜钱学森教授。

2. 同位短语的语法性质和句法功能

同位短语是名词短语。其句法功能，跟名词相当。

表示人物的，经常充当主语、宾语或定语。例如：

工程师汪国盾办事特别认真。（做主语）

部长特别欣赏工程师汪国盾。（做宾语）

我同意工程师汪国盾的看法。（做定语）

表示时间的，可以直接充当时间状语；表示方所的，往往同“在、到、从”等组成介词短语充当方所状语。例如：

我春秋两季看守庄稼。

他从海口三亚那些地方买来了许多南方特产。

同位短语有时可以独用成句。例如：

甲问　谁来了？

乙答　工程师汪国盾。（＝汪国盾）

但是，同样的形式，有时可能不是同位短语，而是主谓短语。例如：

甲问　有新的人事安排？怎么样？

乙答　工程师汪国盾。助手张邱山。

（＝工程师是汪国盾。助手是张邱山。）

（三）连动短语和兼语短语

由于表述的需要，小句的组造出现成分延展的形式。从构件的角度看，成分延展的连动形式和兼语形式分别形成连动短语和兼语短语。

连动短语也是依次排列式短语。连动短语里，依次排列两个或几个连动项。连动项的排列，一般根据行为的先后顺序，比如“乘车进城买日用品”。有时也根据别的逻辑关系，如“坐着不动”，是先从肯定方面说，再从否定方面说。

连动短语是动词短语，经常充当谓语。也可以充当别的成分。例如：

我写报告辞职。　　　　　　（做谓语）

我气得写报告辞职。　　　　（做补语）

你就是写报告辞职的人？　（做定语）

你决定写报告辞职？　　　　（做宾语）

写报告辞职是错误的。　　　（做主语）

有的连动短语还可以充当状语。例如：

我们关门打狗。　　　　　　（做谓语）

关门打狗地把敌人消灭掉！（做状语）

兼语短语不是依次排列式短语。兼语短语里，形式上有三个结构成分，但语义关系上中间一个结构成分是“兼语”，可以分析出相互套合的“主一谓”与“动一宾”两对成分。因此兼语短语实际上属于成分配对式短语，是成分配对式短语中结构比较特殊的一类。之所以把兼语短语放到这里，仅仅是因为在连动短语后边提及兼语短语较为方便。

兼语短语也是动词短语，基本功能是充当谓语。也可以充当别的成分。例如：

他命令士兵开枪。　　　　　（做谓语）

他气得命令士兵开枪。　　　（做补语）

你就是命令士兵开枪的人？（做定语）

你决定命令士兵开枪？　　　（做宾语）

命令士兵开枪是错误的。　　（做主语）

有的兼语短语还可以充当状语。例如：

情况令人不可捉摸。　　　　（做谓语）

情况变得令人不可捉摸。　　（做补语）

情况在令人不可捉摸地变化着。（做状语）

主要参考文献

[1] 张中行．词组和句子［M］．上海：上海教育出版社，1959．

[2] 史锡尧. 名词短语 [M]. 北京：人民教育出版社，1990.

[3] 张理明，于根元. 动词短语 [M]. 北京：人民教育出版社，1990.

[4] 吴为章. 主谓短语·主谓句 [M]. 北京：人民教育出版社，1990.

[5] 范晓. 介宾短语·复指短语·固定短语 [M]. 北京：人民教育出版社，1990.

[6] 范晓. 汉语的短语 [M]. 北京：商务印书馆，1991.

[7] 高更生. 词组分析 [M]. 武汉：湖北教育出版社，1986.

[8] 吴启主，李裕德. 现代汉语"构件"语法 [M]. 武汉：湖北教育出版社，1986.

[9] 张斌，胡裕树. 词语之间的搭配关系 [M]//汉语语法研究. 北京：商务印书馆，1989.

[10] 王维贤. 汉语小句的基本短语结构形式 [J]. 中国语文，1994 (1).

[11] 廖秋忠. 现代汉语并列名词性成分的顺序 [J]. 中国语文，1992 (3).

[12] 孔令达. 影响汉语句子自足的语言形式 [J]. 中国语文，1994 (6).

[13] 黄南松. 试论短语自主成句所应具备的若干语法范畴 [J]. 中国语文，1994 (6).

[14] 李宇明. 析"N P出身" [J]. 汉语学习，1992 (6).

[15] 卢卓群. 词语的习用性组合 [M]//语法词汇问题论集. 武汉：武汉工业大学出版社，1994.

[16] 贺凯林. 现代汉语形形组合的非并列结构 [J]. 华中师范大学学报（人文社会科学版），1994 (2).

[17] 段益民. 略论单音反义形容词 A_1A_2 组结的语法性质和语法特征 [J]. 汉语学习，1996 (1).

[18] 邢福义. 关于"从……到……"结构 [J]. 中国语文，1980 (5).

[19] 邢福义. 形容词短语 [M]. 北京：人民教育出版社，1990.

第六节 问题思考

一 词的语法特征

(一) 语法特征词类划分的根据

小句构件的类别，包括词的类别和短语的类别。确定和分析短语的类别，特别是短语的功能类别，往往需要以词的类别为基础，而词的类别问题才是特别令人感到棘手的问题。因此，本节里只谈词的类别问题。

语法上所说的词的类别，即“词类”，是指根据词的语法特征划分出来的词的类别。词的语法特征包括词在形态、组合能力和造句功能三方面表现出来的特征。

1. 形态

形态是指构词和构形的语法形式。现代汉语里，构词的语法形式包括前缀和后缀。它们有构成新词的作用，并且有词类标志的作用。例如：

老X： 老三 老大 老张

X子： 剪子 胖子 月子

X化： 绿化 工业化 合作化

这里的“老”是前缀，附加在词根“三”“大”“张”的前边。前缀“老”有构成新词的作用：老三≠三，老大≠大，老张≠张。不管词根是不是名词性的，只要是用“老”构成的词，都是名词。因此，它可以看作名词的标志。

这里的“子”“化”都是后缀，分别附着在“剪”“胖”“月”和“绿”“工业”“合作”的后边。它们有构成新词的作用：剪子≠剪，胖子≠胖，月子≠月，绿化≠绿，工业化≠工业，合作化≠合作。不管词根是什么词性的，凡是用“子”构成的词都是名词，凡是用“化”构成的词都是动词。因此，它们可以分别作为名词和动词的标志。

构形的语法形式，也就是词的变化方式。在现代汉语里，构形的语法形式有两种：①重叠式——把词或语素重叠起来表示某种语法意义。②黏附式——把具有词尾性质的助词黏附在实词后边表示某种语法意义。这两种构形的语法形式也可以体现词的不同特性。比较：

观看	观众
观看观看（观看一下）	——
观看着（正在观看）	——
观看了（已经观看）	——

观看过（曾经观看）　　——

观众们（多个观众）

“观看”是动词，能按 AABB 方式重叠，能带上“着、了、过”，表示某种语法意义；“观众”是表人名词，能带上“们”，表示某种语法意义。动词“观看”和名词“观众”性质不同，构形的语法形式也不同。

2. 组合能力

某类词可以跟一些什么词发生组合关系，不能跟一些什么词发生组合关系，这就是词的组合能力。例如：

一个观众（+）　　都观众（−）

两把剪子（+）　　不剪子（−）

三种办法（+）　　也办法（−）

“观众、剪子、办法”都是名词。一方面，它们可以跟物量数量词“一个、两把、三种”等组合，组合以后产生定心关系；另一方面，它们不能跟“都、不、也”等副词组合。

都观看（+）　　一个观看（−）

不剪除（+）　　两个剪除（−）

也办理（+）　　三个办理（−）

“观看、剪除、办理”都是动词，可以跟副词“都”等组合，组合以后产生状心关系；它们前边不能直接用“一个”之类表物量的数量词。有时有“一个上来，一个下去”之类说法，但是，这里的“一个”称代了事物，不单纯表示数量，再说，“一个”和“上来、下去”组合以后产生的是主谓关系。

可见，组合能力的不同，体现出词的特性的不同。

3. 造句功能

词在句子中能不能充当句子成分，能充当什么句子成分，这就是词的造句功能。例如：“观众、剪子、办法、观看、剪除、办理”可以充当句子成分，而“和、如果、从、对于、的、吗”不能单独充当句子成分；“观众、剪子、办法”可以充当主语、宾语，不能单独充当谓语，而“观看、剪除、办理”可以充当谓语或谓语中心，在一定条件下才能充当主语、宾语。这就是说，在造句功能上同样也体现出词的不同特性。

语法特征是词类划分的“根据”，是“主裁判”。在词类划分工作中，必须紧紧扣住词的语法特征。

有时，某个词的词类意义相当模糊，只有依靠语法特征才能有把握地判断它所属的类。比如“起码”这个词，从意义上是很难确认属于哪一类的。但是，从语法特征上去考察，可以看到，这个词可以做定语、状语，可以在谓语部分里用在“是……的”之间。并且不管用在哪里，前边一般都可以加程度副词“最”。如：（最）起码的条件，（最）起码的要求，（最）起码要吃三碗，（最）起码必须走三天，吃三碗是（最）起码的，走三天是（最）起码的。可见，“起码”应归入形容词，因为别类词不具备这样的语法特点。

有时，甲乙两个词可能在意义上是近似的，但不一定属于同一个词类。应该如何断定，还是要依据词的语法特征。比较“迅速”和“迅即”：

迅速处理	（+）	迅即处理	（+）
非常迅速地处理	（+）	非常迅即地处理	（-）
动作迅速	（+）	动作迅即	（-）
动作非常迅速	（+）	动作非常迅即	（-）

“迅速”和“迅即”意义近似，然而用语法特点来衡量，可以知道一个是形容词，一个是副词。再比较“突然”和“忽然”：

突然出现	（+）	忽然出现	（+）
非常突然地出现	（+）	非常忽然地出现	（-）
出现得非常突然	（+）	出现得非常忽然	（-）
突然事件	（+）	忽然事件	（-）
这件事很突然	（+）	这件事很忽然	（-）

“突然”和“忽然”意义近似，然而用语法特征来衡量，可以知道它们分别是形容词和副词。

所谓“词类”，一般专指词在名动形副介连助等这一层级上的语法分类。“词类”上面，有上位类别，即成分词、特殊成分词和非成分词。划分的根据，是词的句法功能；划分的目的，是加强对各个词类之间的共同性和差异性的认识。“词类”下面，有下位类别，即词类次类。如人物名词、时间名词和方所名词，及物动词和不及物动词，都是动词的次类。划分词类次类，是为了更好地认识各个词类内部的不同现象，以便更好地阐述有关的规律。某个词类可以从不同角度划分为两个或几个次类，各个次类下面又可以划分出更多的次类。次类划分的不同角度和深浅程度，取决于进一步说明现象和阐明规律的需要，然而，都必须根据这样那样的语法特点。

（二）词的意义对语法特征具有参酌作用的因素

词的语法特点和词的意义有一定的联系。一般地讲，有相同的语法特点的词，在意义上也会有相同之处；反过来说，在意义上有共同之处的词，也往往（当然也不一定）具有相同或相近的语法特点。比如上面所举的“观众、剪子、办法”，它们具有相同的语法特点，在意义上也有共同之处：都表示人或事物。

在根据语法特点进行词类划分的过程中，词的意义具有参酌作用。

首先，只有参酌意义，对于根据语法特征所作的验证才能有所鉴别。比较：

名：过错

一个大过错（+）　不过错（−）　很过错（−）

动：过问

一个大过问（−）　不过问（+）　很过问（−）

形：过分

一个大过分（−）　不过分（+）　很过分（+）

在考察词的组合能力时，要知道一个词能不能跟什么词组合，能不能在什么样的格式中出现，必须参考意义进行斟酌才能得到明确的答案。如果离开了对词的意义的了解，那是无从知道的。

其次，只有参酌意义，划分词类中才能始终贯彻“分合”的同一性原则。比较：

细心的人　　细心照顾他

特别的人　　特别照顾他

“细心”，不管做定语还是做状语，都表示“用心细密”的意思。语法上，二者都能加“很”，这可以帮助证明它们具有同一意义：很细心的人，很细心地照顾他。“细心”不应分化为两个不同的类，比方，不能说做定语时是形容词，做状语时是副词。“特别”情况不同：有时表示“与众不同”的意思，“特别的人”可以说成“很特别的人”；有时表示“特地”的意思，“特别照顾他”不能说成“很特别地照顾他”。由于两个“特别”具有不同的意义，并且相应地在组合能力上具有不同的特点，它们可以而且应该分属两个不同的类，前者属形容词，后者属副词。这里，有一条“分合”原则：同一意义并且在组合能力上具有共性的同一形式，不得分化为不同的类；不同意义并且在组合能力上不具有共性的同形形式，才应该分化为不同的类。明确这条原则，始终遵守这条原则，可以保证在运用标准的过程中不致陷于混乱。而要贯彻这条原则，如果不参酌意义是做不到的。

总之，词类划分中只有参酌意义，才能做到准确合理。当然，意义毕竟只是“参酌”的因素，而不是语法上的“根据”。词的语法特征，才是划分词类的客观标准。

(三) 语法特征的不规整性

词的语法特征，不是规整的。不然，词类问题不会这么难以解决。为了在词类划分中较好地利用词的语法特征，应该对其不规整的情况有所了解。

1. 语法特征的实际作用和条件性质

形式标志、组合能力和造句功能三个方面的特征，在实际作用和条件性质上表现出不规整性。

(1) 主裁性标准和辅助性标准

划分词类时，形态、组合能力和造句功能这三个方面的特点都起作用。不过，它们所起作用的大小程度不完全一样。汉语不是形态发达的语言，汉语里词类的语法特点主要表现在组合能力和造句功能这两个方面，尤其突出地表现在组合能力这一方面。

对于名动形等类别的划分来说，组合能力方面的特征可以作为主裁性标准，而另外两个方面的特征则只能作为辅助性标准。这是因为，另外两个方面的特征各有突出的弱点。以形式标志来说，这方面的特征作为标准最有用，又最没用。它一看便知，可据性特强，但它说明不了多少现象，解释力是极差的。再以造句功能来说，要是以这方面的特征作为标准，其覆盖面是百分之百，但只能得出或然性的结论。因为，甲成分固然经常由 A 类词充当，但也可以由 B C 等类词充当，A 类词固然经常充当甲成分，也可以充当乙丙等成分，甲成分和 A 类词的联系不是必然的。相对说来，组合能力方面的特征覆盖面比形式标志大得多，可据性又比造句功能强得多。因此，在三个方面的特征里，只能以组合能力方面的特征作为主裁性标准。

“主裁”和“辅助”之间的关系，应该如何处理？

第一，在各个标准所引出的结论完全一致的时候，可以从各个方面对一个词所属的类做出解释。比如“可爱”，是个形容词。它可以受程度副词修饰（很可爱），不能带宾语，在组合能力方面符合形容词的特征；它可以充当定语、谓语等成分（可爱的孩子｜这孩子可爱｜这孩子长得可爱），在造句功能方面符合形容词的特征；它前一个部分用“可”，“可”作为构词成分，有前缀性，往往构成形容词，往往成为形容词的形式标志（可喜，可靠，可观，可取，可疑，可口，可体）。

第二，在主裁性标准的解释力有所不足的时候，可以借重于辅助性标准。正如排球比赛中主裁判如果看不清，可以听取副裁判的意见。比如“贼亮”，在组合能力上不能带宾语，也不能受程度副词修饰。不能受程度副词修饰，是由于它本身已经包含表示程度的语素。在造句功能上，它跟一般形容词一样，可以充当定语、谓语等成分（贼亮的头发，头发贼亮，头发梳得贼亮）。这样，通过主裁性标准的检验，并且借助于辅助性标准的配合，便可以断定这个词是形容词。

第三，主裁性标准和辅助性标准如果有矛盾，服从主裁性标准。

比如“X头”结构的词一般是名词（木头，话头，锄头，看头，想头，苦头，甜头），其中的“头”是名词的形式标志。但“滑头”这个词，有时是名词（“这个滑头!”），有时却是形容词（“这种人太滑头!”）。把它判定为形容词时，主要看它能受程度副词的修饰，而不管它形式上带有“头”。

（2）充足条件和必要条件

对于名动形等类别的划分来说，这个那个语法特征可能具有不同的条件性质。具体点说，有的可能是充足条件，有的可能是必要条件。

所谓充足条件，是指“有之必然，无之未必不然”的条件，也就是“有它就够，没有它不一定不行”的条件。比如，对于动词来说，“带宾语”是充足条件。只要符合这一条件，就一定是动词（或动代词），但不符合这一条件不一定不是动词。

所谓必要条件，是指“无之必不然，有之未必然”的条件，也就是“少了它一定不行，但有了它不一定能行”的条件。比如，语法书里讲副词的语法特点时，总要指出“副词能够做状语”。对于副词来说，能够做状语就是必要条件。一个词，如果不能做状语，它不可能是副词；但如果能够做状语，它可能是副词，也可能是别类的词。

必要条件不能当作充足条件来使用。以“刚才”来说，这个词可以做状语。如果仅仅看到这一点，就断定这个词是副词，这便是把必要条件当作充足条件来使用。因为，在意义不变的前提下，这个词不仅能够做状语，还能够做定语（刚才的事），还能够用在“是”的前后分别做主语和宾语（刚才是刚才，现在是现在），还能够用在介词的后边（情况比刚才好多了）。副词不可能具有这么多的造句功能。这个词应该是时间名词。可见，弄错条件的性质，把必要条件当作充足条件来使用，就会得出不可靠的结论。

如果说，充足条件可以帮助断定符合某一条件便是某类词，那么，必要条件的最大好处便是帮助断定不符合某一条件就一定不是某类词。比如，对于名词来说，能够充当主语、宾语或介词后置成分，这是必要条件。能够充当主语、宾语或介词后置成分的词，不一定是名词；

但根本不能充当主语、宾语或介词后置成分的词，不可能是名词。

就一个个具体的语法特征而言，在形式标志、组合能力和造句功能这三个方面的特征中，形式标志方面的特征往往是充足条件的，造句功能方面的特征一般都是必要条件的，而组合能力方面的特征则既有充足条件的，也有必要条件的。

然而，多个必要条件结合起来，有可能成为必要而充足的条件。比如，把“能充当状语（只有极少数还能充当补语）”和“不能充当其他成分，也不能用在介词后边和‘是……的’之间”结合起来，得到一个“纯状语性”的条件，这便是副词的必要而充足的条件。这种条件，“有之必然，无之必不然”。

2．语法特征的适用面

形式标志、组合能力和造句功能三个方面的特征，在适用面的大小上表现出不规整性。

（1）面大特征

有的语法特征解释面较大，是全局性或带全局性的特征。这样的特征能够反映一类词的基本面貌。比方，能带宾语，这是动词的带全局性的类特征；能受程度副词的修饰，不能带宾语，这是形容词的带全局性的类特征。差不多所有的语法教科书都利用这样的类特征来说明词类的特点。

“面大特征”可以反映“一般规律”。然而，不管解释面多么大，某类词的语法特征都不可能完全对外具有封闭性，对内具有普遍性。比如名词这类词有好几个语法特征，其中，在组合能力上的重要特征是：一般能受物量数量词的修饰，一般不能受副词的修饰。这里所说的也只是“一般”，不能绝对化。一方面，有的名词不受数量词的修饰，有的非名词能受数量词的修饰；另一方面，在某种条件下，某些副词也可以修饰名词或以名词为中心的短语。因此，必须分清一般规律和特殊现象，弄清楚一般规律在哪些情况下不起作用，特殊现象只是在哪些情况下才能成立。如果以一般来抹杀特殊，或者以特殊来否定一般，都会出现偏颇。

(2) 面小特征

有的语法特征解释面很小，是局部性或微小局部性的特征。这样的特征也许只能在极小范围中起作用，但它们可以成为充足条件，很有用处。

比如“着想”，这是个什么词？根据意义，说汉语的人大概都可以猜到是动词，但是，语法上的根据是什么？它不能带宾语，不能受“不、都”等副词的修饰，动词的解释面大的特征对它无能为力。但是，“面大特征”无能为力，“面小特征”却可以发挥作用。这个词，可以进入“为NPX过”格式中X的位置（你为谁着想过？为我着想过吗？为你的儿子着想过吗？），而能在这个位置上出现的词都是动词（我为你哭过，为你笑过。他为理想奋斗过，为出路挣扎过）。由于这一特征可以成为充足条件，因而在特定范围内可以凭借它对有关现象做出有效的解释。

又如，“人身攻击、人身自由”中的“人身”是个什么词？凭意义也许可以猜想是名词，但是语法上有什么根据？这个词，不能受副词修饰，并且可以在“受到攻击”的前头做主语（“人身受到攻击”）。除了名代词，凡是能在“X受到VP”格式中X位置上出现，并且不能受副词修饰的词，一定是名词。据此，可以断定这个词是名词。作为名词的特征，跟“能受物量数量词的修饰”这一特征相比较，能用在“受到VP”前头做主语这一特征的解释面当然小得多，但是，在遇到“人身”这样的词的时候，后者却比前者更具有解释力。

百分之七十左右的词大概可以用“面大特征”来解释，百分之三十左右的词却可能不得不借助于“面小特征”。既着眼于“大”，又不忽视“小”，对可能有的种种特征全面发掘，充分利用，会大大有利于词类划分的工作。

二 词性判别的论证方法

(一) 三种论证方法

词类划分，是从全局着眼，研究如何把词划分为若干语法类别；词性判别，是从一个一个具体的词出发，考察它们的特性，判定应该把它们分别归入哪个词类。二者有不同的着眼点，但相互间存在着紧密的不可分割的联系。说到底，进行词性判别的工作，实际上也是在进行词类划分的工作。

词类划分的根据是词的语法特征，词性判别的根据自然也是词的语法特征。不过，语法特征情况多样，并不规整，而具体的词千千万万，它们的情况错综纷繁。有的词，语法特征比较明显；有的词，并没有什么明显的语法特征。有的词，可以直接指明其词性；有的词，却只能用间接的方法说明它属于哪一类。情况不同，采取的方法也应有所不同。

这里所说的方法，实际上是词的归类的论证方法。有“直判”“排他”“类比”三种。

1. 直判

所谓直判，是根据某类词的语法特点直接判定某个词属于某一类。这是一种直接证明的方法。其公式为：

凡符合A类语法特点的，属A类。

X符合A类的语法特点，

所以，X属A类。

比方，凡是能进入“为NPX过”格式的词，是动词。“着想”符合这个特点，所以它是动词。

2. 排他

所谓排他，是通过排斥其他各种可能，借以肯定只有某种可能。这是一种间接证明的方法。这一方法，可以在难以根据语法特征直接判定词性的时候采用，但所列举的前提必须是穷尽遍举的。其公式为：

或者是A类，或者是B类，或者是C类。(没有别的可能)

X不可能是A类，不可能是B类，

所以，X是C类。

比方，“必然”通常用作状语。这样的“必然”，或者是副词，或者是形容词，没有别的可能。它不可能是副词，因为副词不具备这样的特征：在保持意义同一的情况下，还可以做定语（必然取得最后胜利→取得最后胜利是必然趋势，取得最后胜利是必然结果），还可以在谓语部分里居于“是……的”之间（必然取得最后胜利→取得最后胜利是必然的）。

这个词，不能受程度副词的修饰，无法从充足理由的角度直接判定它是形容词。现在，通过排他法的运用，就可以比较有把握地判定它是形容词了。

3. 类比

所谓类比，是已知甲词属某类，由此推知只能跟甲词同类的乙词也属某类。这也是一种间接证明的方法，在某个词难以直接判别其词性时也可以采用。不过，不能做简单化的轻率类比。其公式为：

X只能跟Y同类。(没有破坏性根据)

Y是A类，

所以，X也是A类。

比如“会心”，找不到明显的语法特征。在“会心的微笑”这类结构里，像动词，也像形容词，因为动词和形容词都可以占据其中“会心”的位置。如“赞赏的微笑”，“赞赏”是动词；“亲切的微笑”，“亲切”是形容词。在“别有会心”这类结构里，像动词，但也不能说一定是动词，因为动词和名词都可以出现在“会心”的位置上。如“别有领悟”，“领悟”是动词；“别有天地”，“天地”是名词。

找不到明显语法特征，无法“直判”，可以用类比的方法来试试。首先，“会心”和“会意”意义相同。尽管能用“会意”的地方不一定都能用“会心”，但是凡能用“会心”的地方都能用“会意”。这说明，“会心”在意义上和用法上从属于“会意”，跟“会意”是有同类关系的。其次，“会意”可以证明是动词。如：“他一使眼色，我就会意了。”这是动词经常出现的语法环境。虽然形容词也能在这样的语法环境中出现，成为形容词的动态化用法（如：“天一冷，树叶就黄了。”），但“一……就……”中的“会意”不是形容词的动态化用法，它可以判定为动词。最后，既然无法证明“会心”是动词以外的别类词，而它又跟动词“会意”同类，那么，可以判定它也是动词。

当然，不能轻率类比。所谓轻率类比，是指不管语法上的根据，一抓住意义上的共同点就拿来类比，从而轻率地做出结论。

直判也好，排他和类比也好，都不是彼此孤立的，更不是相互排斥的。进行词性判定时，为了提高结论的可靠性，增强结论的说服力，直判、排他、类比这些方法可以综合使用，让它们互相配合，互相辅助，共同说明问题。

（二）论证方法的讨论

应该对直判、排他、类比这些方法的性质、作用等有正确的了解。

以排他法来说，可以假设有这么一段批评：

> 用逻辑方法排他法来证明“必然”是形容词，这种推理本身就不合逻辑。因为按照这种推理，我们也可以先根据“必然”不能做谓语、不受“很”修饰等确定它不是形容词，然后用归余的办法证明它只能是副词。这个例子说明一个道理：把一个词归入某个类里去，必须符合这个词类的分类标准。离开分类标准，用走后门的办法把它硬塞进去是不行的。“必然”只在状语、定语和“的”字前头三种位置上出现，最合理的办法是把它看成区别词（非谓形容词）兼副词。在状语位置上是副词，在其他位置上是区别词（非谓形容词）。

讨论这段批评，对正确了解直判、排他、类比等论证方法很有好处。下面从三个角度进行阐述。

1. 论证方法和分类根据

论证方法和分类根据不能混为一谈。

分类根据是分类的实际标准。分类根据不同，分类的结果也就不同。比如：第一，如果把能够充当谓语作为形容词的必要条件，那么，非谓形容词就不能归入形容词，一般形容词和非谓形容词就应该是两个不同的类，即 A 和 B 的关系。比方，在朱德熙《语法讲义》中，形容词和区别词是两个不同的类，区别词就是一般所说的非谓形容词。第二，反之，如果不把能够充当谓语作为形容词的必要条件，那么，非谓形容词就可以归入形容词，一般形容词和非谓形容词便同是A类，它们之间是Aa和Ab的关系。比方，在胡裕树主编《现代汉语》中，非谓形容词是形容词中的一个类，跟一般形容词一起属于形容词。

证明方法不是具体的分类根据。不管是“直判”还是“排他”和“类比”，都是以某一分类根据为前提，在某一分类根据的导引下对某个或某些词的词性进行推断。如果推导过程正确，而所得的结果可以讨论，这只能说明作为前提的分类根据可以商榷。

在运用排他法证明“必然”不是副词而是形容词的时候，分类标准中并没有把能够充当谓语作为必要条件，非谓形容词是被包括在形容词范围之内的。人们完全可以不同意这样的分类标准，对根据这样的标准而建立的论证前提提出不同意见，但不能因为对分类标准有意见，就否定论证方法。

在说“我们也可以先根据‘必然’不能做谓语、不受‘很’修饰等等确定它不是形容词，然后用归余的办法证明它只能是副词”的时候，分类标准中是把不能做谓语和不受“很”修饰作为必要条件的。这么说，实际上已经采用了排他法，可见论证方法本身无法否定。特别是，这样的说法里所用的标准是可疑的。根据其标准而建立的前提是：凡是不能做谓语的词，不是形容词；凡是不能受“很”修饰的词，不是形容词。那么，“通红”不能受“很”的修饰，难道不是形容词而是副词吗？“起码”不能做谓语，但能受程度副词“最”“顶”的修饰，难道不是形容词而是副词吗？

归总一句话，不管以哪一种分类标准为前提，都可以采取同样的论证方法。论证方法和分类根据、分类标准不是一回事。如果用对分类标准的不同想法来否定论证方法，就会陷入逻辑混乱。

2. 论证方法和分类系统

论证方法和分类系统没有必然联系。

分类系统是运用分类根据对词进行分类的结果。甲乙学者各有分类根据，甲乙学者就会得出各自的分类系统。任何分类系统都可以采取直判、排他、类比等论证方法。论证方法为所有分类系统服务，对所有分类系统一视同仁。当然，由于分类系统不同，论证的结果自然会有所不同。

关键在于，要明确论证所据的是一个什么样的分类系统，不能偷换。当甲学者根据第一种分类系统讨论论证方法时，乙学者要批评他所说的论证方法不能成立，必须也要根据同一种系统，不然，就没有共同的语言，造成“胡乱放箭”的局面。比方，甲根据“形容词包含非谓形容词”的系统，论证“必然”可以归入形容词；乙却根据“形容词不包含非谓形容词”的系统，指出“必然”兼属相当于非谓形容词的区别词和副词。二者的实际分歧，在于“必然”是否兼类。不管谁对谁错，都是不能由论证方法来负责任的。

自相矛盾是论证问题之大忌。即使所据的只是一个分类系统，自相矛盾也会造成不能自圆其说的尴尬局面。比如：“‘必然’只在状语、定语和‘的’字前头三种位置上出现，最合理的办法是把它看成区别词兼副词。在状语位置上是副词，在其他位置上是区别词。”这样的论断，对于所据的分类系统本身来说，就是自相矛盾的。首先，不要忘了一条同一性原则：同一意义的同一形式，不得分化为不同的类。“必然”这个词，不管做状语、做定语或用在“是……的”之间，都表示“事理上确定不移”。比如：“必然自食其果”“自食其果是必然的”和“自食其果是必然的事”，其中“必然”的意思没有什么变化。既然如此，就不应分为不同的两个类。要知道，“直接”“间接”之类是仅仅被确定为区别词的。“直接”“间接”也可以在三个位置上出现，为什么不认为在状语位置上是副词，在其他位置上才是区别词？情况相同，有的这样处理，有的那样处理，岂不自相矛盾？其次，不要忘了所谓“依句辨品”。在一个词保持意义同一的情况下，把这个词分为两类，说做状语时是副词，不做状语时是区别词，这实际上就是“依句辨品”。按照这一思路，“直接”“间接”自然也应认为是区别词兼副词。不仅如此，其他词跟着也涌来了。比如“笔直”：

一条笔直的路（定语）

笔直地往前延伸（状语）

确确实实是笔直的（“是……的”之间）

按照上述思路，这里的“笔直”有什么理由不认为是副词兼区别词，或副词兼形容词呢？然而，要知道，“依句辨品”的做法是被明确否定了的。如果对“必然”另眼看待，格外给予“依句辨品”，是会带来理论上和实践上的自相矛盾的。

3．论证方法和研究实践

研究的实践离不开论证方法。论证方法不仅适用于语法研究，包括教学语法研究和科学语法研究，而且也适合于其他各门科学。

语法学家们在自己的研究实践中往往使用直判法，有时也借重于排他法或类比法。

【例子一】工作程序上使用论证方法，借重了排他法。

这是一则关于词类研究的报道：“朱德熙、陆俭明等先生正在致力于现代汉语词类研究。其具体做法是，依据朱德熙先生《语法讲义》的词类系统，给《现代汉语词典》每个现代汉语的词定性归类。词类研究的难点是实词，其中代词、时间词、处所词、方位词、数词、量词等都是封闭性的，可以暂时不管，工作重点放到名词、动词、形容词、区别词、状态词、副词等方面。他们首先用（a）能否受程度副词修饰，（b）能否受‘不’否定，（c）能否带宾语，（d）能否带补语等四条标准，把词分为两大类，凡能具备这四条标准之一者，为第一类，否则为第二类。第一类又通过（a）能否受程度副词修饰，（b）能否带宾语这两条标准再分两类：能受程度副词修饰是形容词，否则是动词。”(Y. M《北京大学的现代汉语词类研究》，《语言学通讯》1988年第3期)

这项研究在工作程序上一再配合使用了直判法和排他法。其中，凡能具备abcd四条标准之一者为第一类，这是用的直判法；否则为第二类，这是用的排他法。凡具备a标准者为形容词，这又是用的直判法；否则是动词，这是又用的排他法。

第一步所用的排他法，如果列成公式，便是：

要么是第一类（符合abc或d），否则是第二类。

X 不是第一类（不符合 abcd），

因此，X 是第二类。

第二步所用的排他法，如果列成公式，便是：

要么是形容词（能受程度副词修饰），否则是动词。

X 不是形容词（不能受程度副词修饰），

因此，X 是动词。

【例子二】问题论证中使用论证方法，借重了排他法。

“出品”一词，《现代汉语词典》断定为：有时用作动词，有时用作名词。（第 6 版只是改变了一下次序：有时用作名词，有时用作动词。）

有文章指出：“出品”是地地道道的名词，《现代汉语词典》误以为有动词用法，是只从对词义的朦胧的感觉出发，没有考虑它的功能和分布。之所以说“出品”是地地道道的名词，是因为“出品”在功能和分布上跟“出版”之类动词明显不同。如：可以说“不出版｜出版没有｜已经出版（了）｜出版（了/过）许多书｜出不出版”，但是不能说“不出品｜出品没有｜已经出品了｜出品（了/过）许多书｜出不出品”。文章又指出：“出品”和“产品、制品”一样是地地道道的名词，“中国出品”和“中国产品、中国制品”一样是名词性偏正结构。

这里，把所有“出品”全都划归名词，并没有采用直判法，并没有根据判别名词的标准直接说出“出品”到底具有哪些名词的语法特征。首先，文章主要是用排他法。大前提是：“出品”要么是动词，要么是名词（以《现代汉语词典》的解释确定选择范围）。小前提是：“出品”不可能是动词（因为不能进入“出版”等动词可以进入的诸如“已经 X 了”的格式）。结论是：“出品”只能是名词。其次，文章也配合采用了类比法。大前提是：“出品”和“产品、制品”一样。小前提是：“产品、制品”一定是名词。结论是：“出品”也是名词。

由此可见，不管有意无意，自觉不自觉，语法学家们在问题论证中，是抹杀不了直判和排他、类比等方法的运用的。当然，运用论证方法是一回事，结论是否可信又是一回事。如果所据前提有问题，即使论证过程不可非议，结论也是有问题的。

比如上述所用的排他法，存在问题。问题出在前提上。凡是符合“不AB、AB没有、已经AB了……”这套格式的，固然一定是动词；但不符合这套格式的是不是就一定不是动词？比如“出身”，“他出身贫农｜他贫农出身”中的“出身”肯定不是名词而是动词或动词结构，但不能说“不出身｜出身没有｜已经出身了……”；又如“起源”，“起源于汉代”中的“起源”肯定不是名词而是动词或动词结构，但不能说“不起源｜起源没有｜已经起源了……”；再如“出落”，“半年没见，小妞儿出落得更漂亮了”中的“出落”肯定不是名词而是动词，但不能说“不出落｜出落没有｜已经出落了……”。事实上，上述这套格式对于动词来说是充足条件，却不是必要条件，误把充足条件当作必要条件来使用，结论就不可靠了。

又如上述所用的类比法，也存在问题。如果限于按文章所举的格式来检验，“出品”和“产品、制品”显然具有同一性。然而，如果换个角度来观察，又可以看到它们的差异性：

中国产品大受欢迎。(+)
中国制品大受欢迎。(+)
中国出品大受欢迎。(−)
他们大量订购中国产品。(+)
他们大量订购中国制品。(+)
他们大量订购中国出品。(−)

“中国产品、中国制品”能自然地充当主语宾语，“中国出品”却不能。能够充当主语宾语的词语不一定是名词性质的，但是，根本不能充当主语宾语的词语，其名词性质就大可怀疑了。总之，“出品”到底能否用作动词，到底如何给它定性，还可以进一步讨论。这里，顺带一提：《现代汉语词典》的各版本都举出了“这个牌子的彩电是本厂出品的”这么个例子。其中的“出品”判为动词，应是大家能够接受的。

诚然，论证方法只能看作是词类划分、词性判别中的一种辅助性手段。严格根据语法标准来判定词的归属，这自然是最理想的，也是最简明不过的。可惜，理想不能代替现实，简单化的做法对付不了错综纷繁变化多端的汉语词类问题。自觉地使用论证方法，在帮助处理复杂的词类问题中，是有积极意义的。

三 同形异类

（一）什么是同形异类

同一个形式在语法上分属不同的类，这是同形异类。例如：

建议 我提个建议。
我建议暂时休会。（名—动）
科学 语法是一门科学。
这个说法很科学。（名—形）
讲究 这个人讲究排场。
他的衣着很讲究。（动—形）
比较 请比较这两个词。
这个词比较特殊。（动—副）
通过 列车通过大桥了。
他通过我调走了。（动—介）

同形异类现象，也叫兼类现象。严格地说，“同形异类”的提法要比“兼类”的提法更科学，更灵活。

首先，“兼类”的提法容易在“是不是一个词”上纠缠不清。因为，既然是“兼类”，自然是指一个词兼属两类或几类。可是，从理论上讲，凡是不同类的词，必然代表着不同的概念，因而它们很难说是同一个词。比如，名词“科学”和形容词“科学”，前者指一种知识体系，后者指一种性质，不好说是同一个词。又如，名词“锁”（买了一把锁）和动词“锁”（把门锁上），前者表示一种金属器具，后者表示一种动作，不好说是同一个词。管它们叫“同形异类”，可以避开“是不是一个词”的问题。

其次，“兼类”的提法容易在“是不是同音词”上纠缠不清。因为，既然是“兼类”，就必须在语源上有一定的血缘关系。如果来源不同，比如“打人”的“打”和“一打铅笔”的“打”，便是同音词，而不是兼类词。麻烦的是，有的词历史上有一定联系，但一般人已经意识不到这种联系，比如“一把刀”的“刀”和“一刀纸”的“刀”，它们是应该处理为同音词，还是应该处理为兼类词？拿是否意识到渊源关系作为同音词和兼类词的划分标准，极难得出明确的结论。读过古书和没读过古书的人，古书读得多和古书读得少的人，对同一现象的看法可能是不很一样甚至很不一样的。“同形异类”的提法，可以避开这种“语源”问题。

再次，“兼类”之所指，限于词。即总是指某词兼属甲词和乙词。“同形异类”之所指，可以不限于词。换句话说，可以涵盖更加复杂的现象。例如：

a. 你准备采取什么写法？
　 你到底准备怎么写法？
b. 请谈谈金鱼的养法！
　 金鱼不能这么养法！

a里第一句的“写法”和b里第一句的“养法”，都是名词。a里第二句的“写法”和b里第二句的“养法”，都不是名词。不是名词的“写法”和“养法”可以含混地说是动词性词语，然而到底是“动＋法”构成的动词，还是在一个动词后边带上一个助词性的“法”？还需要进一步讨论。显然，“同形异类”的提法具有较大的灵活性。

“兼类”或“兼属两类”之类提法也不必排除。不过，最好是在“同形异类”的意义上来使用。

(二) 同形异类现象的词性判别

同形异类现象，给词的定性归类增加了难度。进行词性判别工作时，特别需要注意两点。

1. 判定同形异类现象的归属，必须始终坚持分类标准。例如：

①“多”

他的论著很多。　　(形)

他又多了一个头衔。（动）

他精通多种外语。　（数）

多好的学者！　　　（副）

他走了多久？　　　（代）

第一句，“多”受程度副词修饰，不能带宾语，是形容词；第二句，“多”不仅带“了”，而且带上了宾语，是动词；第三句，“多”跟量词“种”组合，是数词；第四句，“多”修饰形容词表示程度，具有纯状语性，是程度副词；第五句，“多”用于疑问，求代数量，是疑问代词。

②“原来”

他原来当过我们学校的校长。　　　　（状语）

他原来的身体状况，比现在坏多了。　（定语）

他的身体状况，原来比现在坏多了。　（主语）

他的身体状况，现在哪能比得上原来？（宾语）

他的身体状况，现在比原来好多了。　（介词后边）

原来是原来，现在是现在！　　　　　（主—宾）

上例里，不管用在哪里，充当什么成分，“原来”意思不变。这样的“原来”，只能是时间名词。

啊呀，原来冯在山就是老冯！

啊，是她，原来是她！

阿梅，你原来还在想着他啊！

上例的“原来”表示有所发现、有所领悟的语气，只能做状语，是语气副词。

2. 判定同形异类现象的归属，可以按需选用论证方法。例如：

①“根本”

“根本”有时做主语、宾语，能出现在“从……上”之间，不能受副词修饰。如：农民的根本就是土地。｜地是根本，怎能卖掉？｜问题必须从根本上解决。这种情况下的“根本”符合名词的语法特征，它是名词。

"根本"有时做定语，能受程度副词的修饰，不能带宾语。如：根本问题→最根本的问题｜根本原因→最根本的原因。这种情况下的"根本"符合形容词的语法特征，它是形容词。

"根本"有时只能做状语，不能充当别的成分，不能受程度副词的修饰。如：今年冬天根本不冷。｜你根本不是人！这种情况下的"根本"符合副词的语法特征，它是副词。

以上判定"根本"分属名词、形容词和副词，都采用了直判法。

②"临时"

"临时"有时做定语或状语，表示时间的短暂，能带上"性"字。它大都能出现在"是……的"之间，意义跟做定语、状语时是一样的。如：我们设置了一个临时机构。→我们临时设置了一个机构→这是个临时性的机构→这个机构是临时的。这种表示时间短暂的"临时"，要么是形容词，要么是时间名词。它会不会是时间名词？不会。它能跟"性"组合，时间名词不能；它不能跟"在、到"等组成介词短语，时间名词却可以（虽然动词和一般名词也能带上"性"字，如"创造性、人民性"，但"临时"不可能是动词和一般名词）。既然不可能是时间名词，那么，它只能是形容词。

"临时"有时做状语，表示"临到事情发生的时候"，不能带"性"字，不能用在"是……的"之间。如：事先准备好，省得临时着急。｜不能临时抱佛脚！这样的"临时"，要么是形容词，要么是时间名词，要么是副词。首先，它不具备形容词"临时"的任何特征，无法证明是形容词。其次，它不能说成"在临时"或"到临时"，无法证明是时间副词。那么，只剩下一种可能：它是副词，即时间副词。

以上判定"临时"有时是形容词，有时是副词，都采用了排他法。

③"加以"

"加以"常带由双音动词充当的宾语。许多时候，双音动词前边还出现定语。如：加以总结→加以科学的总结｜加以讨论→加以认真的讨论。既然"加以"能带宾语，它就可以肯定是动词。

"加以"有时用在复句里分句与分句之间，表示进一层的关系。

如：他非常聪明，加以特别用功，所以进步很快。这样的“加以”，用来联结分句，表明关系，具有连词的特点。再说，它可以用连词“并且、而且”之类去替换，应跟“并且、而且”等同类。另外，它不具有上述动词“加以”的特点，不可能是动词。总之，可以判定它是连词。

以上，在证明“加以”是动词时，采用了直判法；在证明“加以”是连词时，综合使用了直判、类比和排他的方法。

四　词类问题的症结和对策

（一）问题症结

在汉语语法研究中，词类问题是最大的“老大难”问题。问题的症结，说穿了，有两个：第一，语法书里的词类系统是先验性的；第二，对词类系统的阐述是护卫性的。

先说系统的先验性。

《马氏文通》以来，出现了这样那样的词类系统。如果把各种可能有的情况都考虑在内，词类系统可以分为两大类：①穷尽类。系统所包括的各个词类可以穷尽所有的词，全无遗漏。同是穷尽类，又有多种模式。有的可能只有五六个词类，有的可能有十一二个词类，有的可能有二三十个词类。但是，不管有多少个词类，它们的总和是周遍性的。比如，如果分类系统包括 ABC 三类，那么，所有的词都可以无一例外地归入这三类。②不穷尽类。系统所包括的各个词类穷尽不了所有的词，有的词是被排斥在系统之外的“剩余词”。不穷尽类的系统也有不同的模式，词类数目不等，但各类词的总和都不是周遍性的。比如，分类系统中只建立 ABC 三类，但三类之外还存在“剩余词”。现有的词类系统，不管是哪种类型的，也不管是哪个版本的，无一不带有先验性。它们都不是对客观存在的词进行全面分析和全面归纳的产物，而是先由语法学家所构拟然后又由语法学家加以解说的框架。不可否认，语法学家在构拟框架和解说框架时都在力求更接近于事实，然而，无论如何，这样的框架必然带有语法学家的成见和缺陷。

再说对系统阐述的护卫性。

构拟了一个系统，就需要进一步解说这个系统，阐述这个系统。为了使构拟的系统为大家所接受，不被别人所否定，理所当然地需要千方百计对这个系统加以护卫。比方，以分类标准来讲，按说应该先有标准，然后才有类别。可是，现有的划分词类的标准却是“后天”的，是为护卫所构拟的系统而“想”出来的。又比方，以实际类别来讲，按说在划分的标准上应该具有同一性，不能忽而用 A 标准，忽而又不用 A 标准。但是，现有的词类系统并非如此。比方说，如果坚持同一的分类标准，代词是很难独立出来的，然而，从实际需要考虑，代词又有独立的必要！这样一来，对这类词那类词的解说，自然就成了护卫性的了。

本书的词类系统和有关的阐述，同样是先验性和护卫性的。然而，正因为知道这一点，所以不是先讲分类标准，再讲分类系统，而是来个“马后炮”，在讲过具体问题之后，用思考的方式来做补充说明。

（二）两手对策

今后词类问题的研究，面临两种选择。第一，在现有成果的基础上逐步求完善。这就是说，即使明知存在先验性和护卫性的问题，也努力通过不断修正和不断充实来促使词类理论和词类系统向相对完善的方向发展。第二，推倒重来。对客观存在的词进行全面分析和全面归纳，产生理论，产生标准，然后产生系统。后一种选择自然很“革命”，但实践起来困难重重，到头来可能只成为一句空洞的“革命”口号。因此，实事求是的态度，恐怕还是应该采取第一种选择。

那么，如何在现有成果的基础上求完善？在对策上，需要有“两手”。第一手，抓词类的基本特点和词的常规性质；第二手，抓词进入小句之后所形成的可以显示词性的种种格式。

先简单说说第一手。

抓词类的基本特点和词的常规性质，目的在于获得关于汉语词类的最基本的认识。一类词有一类词的基本特点。比方名词有名词的基本特点，动词有动词的基本特点。一般地说，基本特点就是适用面很大或相当大的特点。当对一类词的基本特点进行描述的时候，不大可能照顾到一些适用面很小的特点。另一方面，一个词有一个词的常规性质。比方“车厢”的常规性质是名词，人们通常不大会特别注意到“一车厢水果”中的“车厢”可以是量词；又比方“究竟”的常规性质是副词，人们通常不大会特别注意到“我一定要问个究竟”中的“究竟”可以是名词。一般地说，常规性质就是在使用频率中具有经常性的性质。当一部词典给一个词标明词类的时候，不大可能全部顾及它的种种非常规性质。凡是教科书，都是“大题小作”，只需要这么“一手”就够了。然而，词类研究却不能总是停留在这“一手”上面。

再着重谈谈第二手。

为了对汉语词类获得深入细致了解，有必要重视分析和归纳词在进入小句之后所形成的可以显示词性的种种格式。简而言之，有必要重视词的入句结果。

本书第一章里说过，在小句处于中枢地位的汉语语法系统里，词类系统中的词受控于小句。一个词的词性，要接受句规约，不管是“入句显类”还是“入句变类”，都是句规约的结果；一个词的语法功能，也要接受句规约，不管是组合能力还是造句功能的特点，都要入句以后才能实现。正因如此，跟一般所说的词的语法特征比较起来，词的入句结果所涵盖的内容要丰富得多，所包容的现象要复杂得多。诚然，对入句结果的有效了解，大大有利于词类划分和词性判别的工作。

这两手，需要结合起来。在做法上，一部讲汉语词类的书，或者一部标明词类的汉语词典，需要包括两个方面的内容。一方面，讲清词类的基本特点并标出各个词的常规性质；另一方面，给出可以显示词性的种种格式。所给出的格式，例如：

数X名	X是量词
X了名	X是动词
很X的名	X是形容词
已经很X了	X是形容词的动态化用法

前一方面的内容是基础，后一方面给出的格式是必要的补足。光有前一方面的内容不行，因为，一来不管怎么讲都不可能讲全，二来同形异类现象很多，如果大多数的词下面都注出兼属的两类或几类，不但繁琐，而且会使词类标明的工作变得没有多大意义。如果有后一方面的补足，情况就大大不同：即使前一方面的内容有较多的疏漏，问题仍然可以解决。

最后，回答几个相关的问题。

第一，到底给出多少格式？这不是现在能够回答得了的。总的原则是，尽可能齐全。要做到这一点，需要大家群策群力，花若干年时间来进行研究和归纳。

第二，词类的数量以多少为宜？类别过少，失之笼统；类别太多，不易记忆。相对地讲，立十一二个词类是比较理想的。

第三，讲基本特征也好，给出特定格式也好，如果不了解词语的意义就不能掌握和运用，怎么办？这正是掌握汉语语法的难点。外国人学习汉语，必须词义和语法同时学习。当然，如果能撰写出一部《汉语词类大全》，人们在学习汉语的过程中就可以随时查阅了。

第四，如何评价“依句辨品”？黎锦熙“凡词，依句辨品，离句无品”的论点多年来一直遭到非议。其实，这个论点并非完全没有不合理的东西。它的问题出在两个方面：其一，“离句无品”的判断不符合事实。不然，一部标明词性的词典永远编写不出来。事实上，有的词总是固定地属于某一类，孤立地说“马匹”，人们可以立即知道是名词；有的词尽管同形异类，但到底分属多少个类，是一个形式已经具备的功能，孤立地说“困难”，人们只能在名词与形容词之间辨析其词性。其二，“依句辨品”的标准缺乏科学性。汉语里词和句子成分并不存在严格的对应关系，而黎氏却把词类和句子成分的关系固定起来，依据句子成分来判定词类，这自然不能正确反映汉语词类的特点。但是，如果扬弃黎氏主张中不合理的方面和具体内容，“依句辨品”这一说法本身还是符合汉语实际的。当然，必须把“依句辨品”理解为依据入句模式辨别词类，而不应理解为依据句子成分辨别词类。

主要参考文献

[1] 吕叔湘. 关于汉语词类的一些原则性问题 [J]. 中国语文, 1954 (9).

[2] 王力. 词类 [M]. 北京: 新知识出版社, 1957.

[3] 胡裕树. 现代汉语 [M]. 修订本. 上海: 上海教育出版社, 1981.

[4] 朱德熙. 语法答问 [M]. 北京: 商务印书馆, 1985.

[5] 朱德熙. 语法讲义 [M]. 北京: 商务印书馆, 1982.

[6] 朱德熙. 词义和词类 [M]// 语法研究和探索: 五. 北京: 语文出版社, 1991.

[7] 张斌, 胡裕树. 谈词的分类 [M]// 汉语语法研究. 北京: 商务印书馆, 1989.

[8] 眸子. 借助逻辑学研究现代汉语 [J]. 语文导报, 1986 (7).

[9] 宋玉柱. 关于确定词性的排他法 [J]. 语文导报, 1987 (11).

[10] 史有为. 词类: 语言学的困惑相对性词类模式试探 [M]// 语法研究和探索: 五. 北京: 语文出版社, 1991.

[11] 史有为. 划分词的普遍性原则和系统性原则 [M]// 语法研究和探索. 北京: 北京大学出版社, 1983.

[12] 陆俭明. 关于词的兼类问题 [J]. 中国语文, 1994 (2).

[13] 徐枢. 兼类与处理兼类时遇到的一些问题 [M]// 语法研究和探索: 五. 北京: 语文出版社, 1991.

[14] 李临定. "依句辨品, 离句无品" 及其他 [M]// 语法研究和探索: 五. 北京: 语文出版社, 1991.

[15] 杨成凯. 词类的划分原则和谓词"名物化" [M]// 语法研究和探索: 五. 北京: 语文出版社, 1991.

[16] 高更生. 汉语词分类的设想 [M]// 中国语言学报: 第 7 期. 北京: 商务印书馆, 1995.

[17] 马彪. 运用统计法进行词类划界的一个尝试 [J]. 中国语文, 1994 (5).

[18] 张伯江. 词类活用的功能解释 [J]. 中国语文, 1994 (5).

[19] 邢福义. 词类辨难 [M]. 修订本. 北京: 商务印书馆, 2003.

第三章 小句联结

第一节 复句的构成

一 复句与小句

(一) 复句的构成部分

复句是包含两个或几个分句的句子。

小句是复句构成的基础，任何复句都由两个或几个小句所构成。但是复句一旦形成，其中的小句便不再是独立的一个一个单句，而是共同组成复句的一个一个分句。因此，从复句构成的结果说，分句是复句的构成部分，若分析复句的构成部分，得到的便是两个或几个分句。比较：

武汉很热，长沙也很热。

武汉和长沙都很热。

前一例，可以分析出两个分句“武汉很热”和“长沙也很热”，是复句；后一例，不包含分句，只能分析出主语“武汉和长沙”和谓语“都很热”，不是复句。

一个复句，其构成部分不管是多少个分句，都在整个复句的末尾才出现一个终止性停顿，书面上一般用句号。比如：

或者你去，或者我去。

或者你去，或者我去，或者我们俩人都去。

或者你去，或者我去，或者我们俩人都去，或者我们俩人都不去。

当然，跟单句一样，由于语气的需要，书面上复句句末既可以用句号，也可以用问号或感叹号。例如：

如果大娘有什么问题，我们就及时通知你。

如果大娘有什么问题，我们怎么通知你呢？

如果大娘有什么问题，我们太对不起你了！

(二) 复句中的小句

复句中的小句，是分句化的小句，即分句。它们既相对独立，又相互依存。

一方面是相对独立。每个分句都有“句”的性质和地位，甲分句不是乙分句里的一个成分，乙分句也不是甲分句里的一个成分。比较：

陈琳辞职的事，很快就传开了。

我不同意陈琳辞职。

陈琳辞职到底是不是好事？

陈琳辞职，工程进度会受影响吧？

第一例，“陈琳辞职”做定语，它被包含在“什么事很快就传开了”这个句子里头。第二例，“陈琳辞职”做宾语，它被包含在“我不同意这件事”这个句子里头。第三例，“陈琳辞职”做主语，它被包含在“这事到底是不是好事”这个句子里头。只有第四例，“陈琳辞职”和“工程进度会受影响吧”之间没有这种包含与被包含的关系，它们都是分句，组成一个复句。

另一方面是相互依存。这有三个方面的意思：①甲分句和乙分句互有关系。换句话说，它们处在一定的关系之中。②甲分句和乙分句往往由特定的关系词语联结起来。特定的关系词语往往形成特定的句式。这就是说，它们出现在特定的格式之中。③甲分句可以依赖于乙分句而简省某个成分，成为“蒙后省”的分句；乙分句也可以依赖于甲分句而简省某个成分，成为“承前省”的分句。这就是说，它们可以互相依赖而有所简省。比如：

尽管他不想去，可是他不能不去。

首先，这个复句有两个分句，分句间有转折关系。其次，这个复句的两个分句用“尽管”和“可是”联结起来，形成了“尽管……可是……”的句式。第三，这个复句的前后分句都用主语“他”，“他”司以蒙后省或承前省：

尽管Φ不想去，可是他不能不去。

尽管他不想去，可是Φ不能不去。

总而言之，分句是“句”，但又只是“分句”。作为分句，相互间也有比较明显的停顿，但又是非终止性的句间承接停顿。这种停顿，并不表示意思已经可以终止，可以断掉，而是表示后边将会有紧密相关的意思。比较：

他没有上过大学。我们要不要他？

他没有上过大学，我们就不会要他了。

前一例，“他没有上过大学”是单句。后边用终止性停顿，表示意思已尽。后一例，“他没有上过大学”是分句。后边用非终止性停顿，表示意思未尽，必须跟下面的句联结起来，才能表明特定意旨：正因为他上过大学，我们才会要他。

书面上，分句之间的停顿常用逗号表示，也往往用分号、破折号等表示。前面所举的例子，分句之间都用逗号。又如：

(1) 一方面，尽可能地保存自己的力量；另一方面，尽可能地消灭敌人的力量。(毛泽东《抗日游击战争的战略问题》)

(2) 春天里也有一宗不好：东西容易发霉。(傅太平《春天》)

(3) 他们半夜里还爬起来把手插在谷种间掌握温度和湿度的变化——比女客人服侍孵蛋的母鸡还要细心周到。(傅太平《春天》)

第一例，分句与分句之间用分号；第二例，分句与分句之间用冒号；第三例，分句与分句之间用破折号。

二　分句的分层联结和凝合联结

(一) 多重复句

多重复句是包含不止一个结构层次的复句。这是一种由分句和分句按分层联结的方式所构成的复句，包括二重复句、三重复句、四重复句等。

所谓“重”，就是层次；“多重”，就是不止一个层次。如果一个复句由三个或更多的分句所构成，那么，这些分句就可能不是在一个层次上一次联结起来，而是发生分层联结的关系，从而形成了复句的多重状态。例如：

小松收入微薄，①｜但是，为人慷慨大方。②

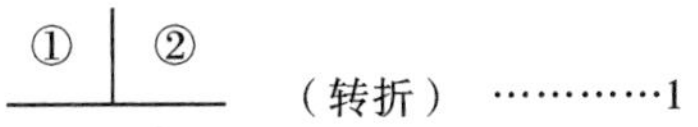

这个复句只有两个分句，它们直接联结成为因果复句，不存在分层联结的现象。

小松收入微薄，①‖而且家庭负担很重，②｜但是，为人慷慨大方，③‖经常帮助比他更困难的朋友。④

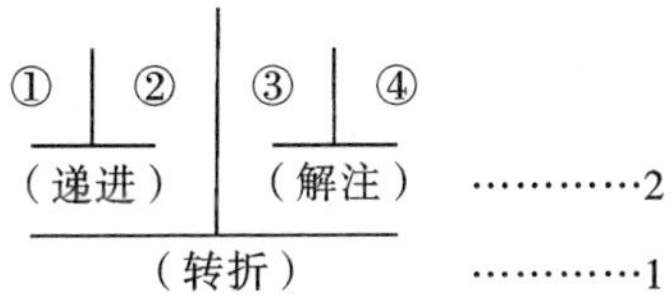

这个复句有四个分句，它们分层联结，形成一个二重复句。

小松收入微薄，①‖而且有父母子女，②|||家庭负担很重，③｜但是，为人慷慨大方，④‖宁可不添置衣服，⑤|||也要经常帮助比他更困难的朋友。⑥

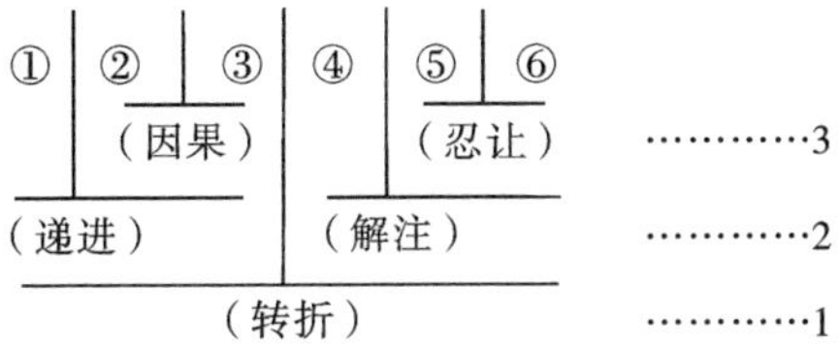

这个复句有六个分句，它们分层联结，形成一个三重复句。

小松收入微薄，①‖而且上有父母，②||||下有子女，③|||家庭负担很重，④｜但是，为人慷慨大方，⑤‖宁可不抽烟，⑥||||不添置衣服，⑦|||也要经常帮助比他更困难的朋友。⑧

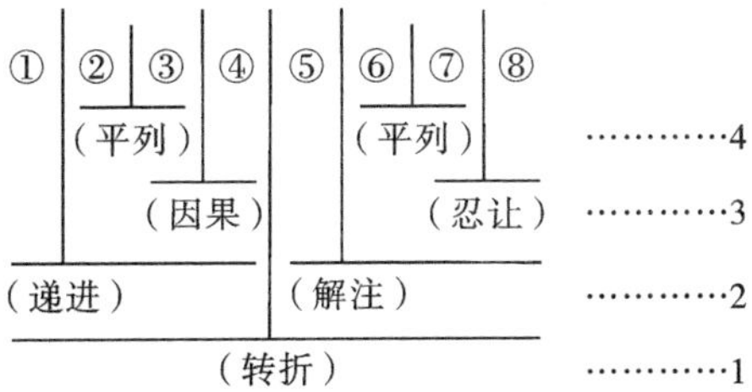

这个复句有八个分句，它们分层联结，形成一个四重复句。

在多重复句里，各个部分所包含的层次不一定是均等的。假若一个多重复句包含甲乙两大部分，那么，可能甲部分所包含的层次多于乙部分，也可能乙部分所包含的层次多于甲部分。比如：

小松收入微薄，①‖而且上有父母，②||||下有子女，③|||家庭负担很重，④|但是，为人慷慨大方，⑤‖经常帮助比他更困难的朋友。⑥

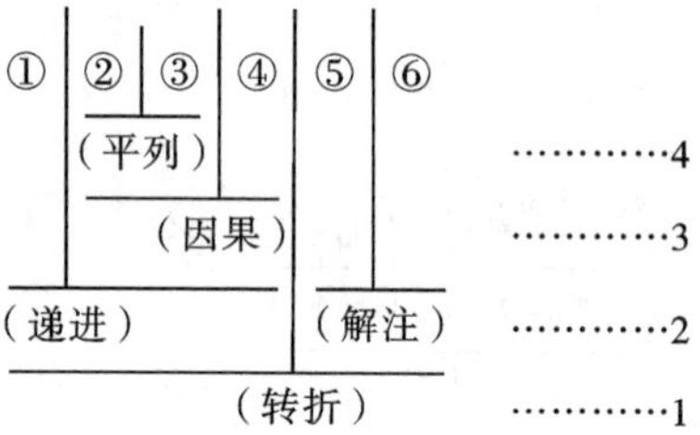

这个四重复句，由六个分句形成。甲部分的层次多于乙部分的层次。

小松收入微薄，①|但是，为人慷慨大方，②‖宁可不抽烟，③||||不添置衣服，④|||也要经常帮助比他更困难的朋友。⑤

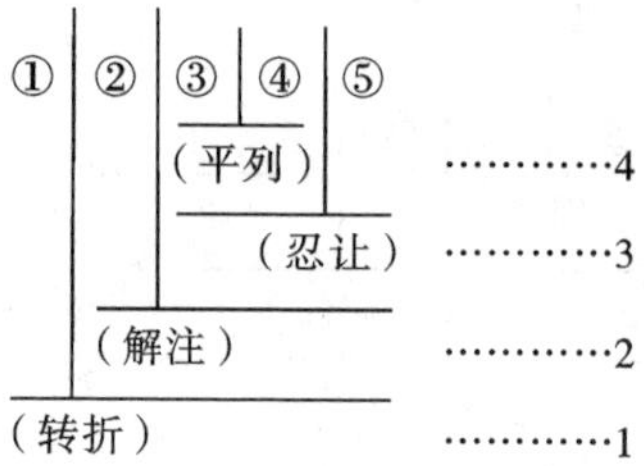

这个四重复句，由五个分句形成。乙部分的层次多于甲部分的层次。

最常见的多重复句是二重复句和三重复句。四重复句比较少，五重、六重的复句就很罕见了。

分析多重复句，确定其层次和关系，有三个要领：(1) 逐层剖析。要善于从大到小地划清层次。首先，总观全局，划出第一个层次，确认在总体上这个多重复句是什么关系的复句；然后，按先后顺序层层深入地划分清楚第二个、第三个、第四个等层次。(2) 据标判别。在逐层剖析的过程中，要善于抓住标志，根据关系词语来判别层次关系。如果复句本身未用关系词语，就要看看可以把什么样的关系词语添加上去；如果根本添加不上任何关系词语，便一定是并列复句中的某种复句。(3) 化繁为简。在逐层剖析的过程中，还要善于把繁复形式简化为单纯形式，以便容易看清层次关系。比方，如果整个多重复句能简化成“尽管那样，但是这样”，那么，便是转折复句。往里分析第二个层次，如果能简化成“不仅那样，而且这样”，便是递进关系；同理，往里分析第三个层次，如果能简化成“因为那样，所以这样”，便是因果关系。看个实际用例：

(1) 不论未来的目标还有多么遥远，也不论将来的道路还有多么曲折漫长，人民决不会选择倒退，因为倒退是没有出路的。(邓贤《中国知青梦》)

这是个由四个分句形成的三重复句。总观全局，抓住“因为”这一标志，整个复句表示“因为倒退没有出路，所以不论如何人民不会选择倒退”，是因果关系，其中的原因分句倒置在后面。进一步分析第二层次，抓住“不论…… (都) ……”，可知是无条件让步转折关系；再进一步分析第三层次，抓住“(不论) ……也 (不论) ……”，可知是平列关系，即：

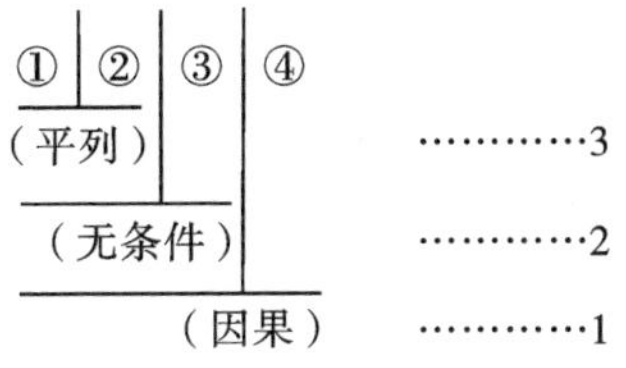

(二) 紧缩句

紧缩句是分句与分句的凝合联结形式。比较：

即使不给钱，我们也要干。

不给钱也干。

前一例是虚拟性让步转折复句，后一例是包含虚拟性让步转折关系的紧缩句。

紧缩句是复句的变形，变形的原因在于分句的凝合联结。本来，分句与分句之间有句间承接停顿；然而，有时为了语句的凝练，句间承接停顿被取消，于是产生凝合联结的状态，形成了紧缩句。紧缩句近似单句，当它单独使用的时候，可以看作一个单句，但如果分析其结构，须指明它所包含的复句关系。复句里面如果有紧缩句，那么，一个紧缩句只算一个分句。比如："这件事很重要，我们一定要干好，不给钱也干。"这个复句有三个分句，第三个分句是紧缩句。

紧缩句都很简短，根据凝合形式的不同，可以分为三种：

1. 直接凝合紧缩——句分句和分句直接凝合，中间没有明显语音停顿，书面上不用逗号隔开。例如：

电闪雷鸣。(并列)

雨过天晴。(连贯)

人逢喜事精神爽。(因果)

人在阵地在。(条件)

明天你去呀我去?(选择)

眼高手低!(转折)

2. 加标凝合紧缩句——凝合的分句之间加上具有标志性的关系词语。这类紧缩句往往有所缩略。比方"钟不敲不响"，隐匿了"敲"与"不敲"的施事"人们"之类。

有的用成对关系词语。例如：

a. "不……不……"。相当于"如果……就……"。

话不说不明。

文章不改不精练。

咱们不见不成交!

b. "非……不……"。相当于"除非……否则……"。

我非写不可。

她非二黑不嫁。

你非吃安眠药不能睡?

c. "不……也……"。相当于"即使……也……"。

过一会雨不停也走。

这老兄不请也会来。

盒子里的东西不看也知道。

d. “再……也……”。相当于“即使……也……”。

你们再说也没用。

好书再贵也要买。

他再笨也比你强！

e. “一……就……”。或者相当于“……接着……”，或者相当于“只要……就……”。

我一出站就见到姑妈。

他一毕业就当了记者。

小张一喝酒就脸红。

这东西一碰就碎。

f. “越……越……”。大体相当于“只要……就……”。

我越想越不安。

他越说越得意。

芒果越熟越好吃。

有的用单个关系词语。例如：

a. “……也……”。一般相当于“即使……也……”。

天塌下来也顶得住。

剥了皮我也认得你的骨头。

我考不取也有办法。

b. “……就……”。相当于“既然……就……”、“如果……就……”或“只要……就……”。

他肯出面就好办。

你有想法就请说。

我敢说就敢做！

c. “……才……”。一般相当于“只有……才……”或“因为……才……”。

无私才能无畏。

见了面才好下判断。

饿坏了才来找您的。

d. “……却/又……”。相当于“虽然……却又……”。

有职却无权。

想走却不敢说。

说出来又不好意思。

3. 呼应凝合紧缩句——凝合的分句嵌进了成对呼应的疑问代词。这类紧缩句表示“无论……都……”“如果……就……”“只要……就……”等意思，其中的疑问代词具有任指性。例如：

这姑娘谁见谁喜欢！

日记嘛，想什么写什么。

军人嘛，哪里需要哪里去。

这个浪荡子，有多少输多少！

看几个实际用例：

(2) 叫小D来搬，要搬得快，搬得不快打嘴巴。(鲁迅《阿Q正传》)

(3) 她不很爱说话，别人问了才回答。(鲁迅《祝福》)

(4) 雨，越下越大，风，越刮越急。(王愿坚《普通劳动者》)

前一例有三个分句，第三个分句是直接凝合紧缩句；中间一例有两个分句，第二个分句是加标凝合紧缩句；后一例有两个分句，都是加标凝合紧缩句。

三 分句的同质联结和异质联结

(一) 分句的同质联结

性质相同的分句相互联结，这是同质联结。

最常见的分句同质联结，是谓词性分句与谓词性分句的联结。一般的复句，都是由谓词性分句和谓词性分句构成的。

有的时候，分句的同质联结是名词性分句和名词性分句的联结。这样构成的复句，数量不多；由于前后分句性质相同，不可能产生句子成分与句子成分之间的关系，因此，复句身份无可怀疑。例如：

(1) 多么熟悉的山路，多么熟悉的生活！(谭谈《小路遥遥》)

(2) 石头房子，石头桌子，石头碾盘，石头猪圈。(到处都是石头，擦屁股也用石头。)(韩冬《含笑向你告别》)

前一例，由两个名词性分句构成一个复句；后一例，由四个名词性分句构成一个复句。

几个名词性分句构成复句，也可以形成二重复句。例如：

(3) 热闹的街市，水果店，咖啡店，鲜鱼店。(巴金《春天里的秋天》)

这是个二重复句，由四个分句构成。①和②③④之间形成第一个层次，是解注关系；②③④之间形成第二个层次，是平列关系。

(二) 分句的异质联结

性质不同的分句相互联结，这是异质联结。

有的复句，可以由异质的谓词性分句和名词性分句联结而成。最典型的情况，是定名分句和谓词性分句构成复句。在这样的复句里，即使定名结构用在前项，也会具有分句的身份。当然，需要特定的条件。主要情况有五种。

1. 充当分句的定名结构是“数量名”。定名分句后边，出现谓词性分句。例如：

一阵汽笛，一队航船驶过来了。

一场寒流，天色变了。

一道命令，军队开走了。

三天台风，旧房子全都倒塌了。

第一，这里的数量名结构，后边隐匿着 V P，作用相当于主谓结构。比较：

两声响鞭在群山中回荡，枣红马跑得更快了。

两声响鞭，枣红马跑得更快了。

前一例，前分句用主谓结构；后一例，前分句只用定名结构。后一例尽管只说“两声响鞭”，却等于说了“两声响鞭在群山中回荡”之类意思。因此，别人并不觉得缺少了什么，并不感到需要补加什么。

第二，数量名分句具有动态的叙述性。它叙述现实中出现的某一种或某几种变化，跟后边的谓词性分句之间是单纯的连贯关系或者带有因果联系的连贯关系。看实际用例：

(4) 闪电划出一个惊叹号，一声闷雷，大雨来了。(钟道新《超导》)

(5) 半月春风，草绿了，桃花打苞了。(谢璞《而月兰》)

例 (4),“一声闷雷”和“大雨来了”之间是单纯的连贯关系；例 (5),“半月春风”和“草绿了，桃花打苞了”之间既是连贯关系，也有因果联系。

第三，数量名分句的动态叙述性，跟它本身的结构成分有关。数量部分，常用动量或时量结构，如“一阵”“两声”“三天”“半月”之类；名的部分，往往包含“动”的因素，如“寒流”“命令”“响鞭”之类。

第四，“数量名”可以说成“数量X名”。X是形容词，或者是入句的拟音词。例如：

(6) 一阵剧烈的马蹄声，骑兵大队疾风似的驰出了乱坟堆。(克扬、戈基《连心锁》)

(7) 一阵得得的马蹄声，团长许哲峰和……骑兵警卫班赶上来了。(克扬、戈基《连心锁》)

2. 充当分句的定名结构是“这么形（的）名”。定名分句后边，出现谓词性分句。例如：

这么小的飞机，我不想走了。

这么多的小说，我不怕旅途寂寞了。

这么大的雨，他们还是出发了。

这么远的路，他从来不坐车。

第一，这里的“这么形（的）名”结构具有表述性，全都可以变换为“名这么形”的主谓结构。例如：

这么小的飞机，我不想走了。

→飞机这么小，我不想走了。

第二，“这么形的名”也往往说成“那么形的名”。不管用“这么”

或“那么”，整个定名分句都用来指明事实根据，跟后边的谓词性分句之间是因果关系或转折关系。比如“这么小的飞机”和“我不想走了”之间是因果关系，“这么大的雨”和“他们还是出发了”之间是转折关系。又如：

那么严密的阵势，敌人插翅也难飞。

那么微薄的工资，她的孩子却总是穿得整整齐齐的。

前一个复句，构成因果关系；后一个复句，构成转折关系。看个实际用例：

(8) 那么大的安培，还不给“底度”电费？（罗广斌、杨益言《红岩》）

这个复句，句末用问号表示反问语气。前后分句之间是因果关系：“那么大的安培”是因，“还不给‘底度’电费”表示必须给底度电费的意思，是果。

第三，这类定名分句，它的后边可以出现一个具有平列关系的谓词性分句，然后再跟后边的分句发生因果关系或转折关系。例如：

这么多的小说，又有你做伴，我不怕旅途寂寞了。

这么大的雨，天又黑，他们还是出发了。

上例都包含三个分句。前一例，①和②形成平列关系，①②和③之间是因果关系；后一例，①和②形成平列关系，①②和③之间是转折关系。看个实际用例：

(9) 那么远的路，又顶着风，一千多人三个小时就赶到了古镇。（克扬、戈基《连心锁》）

这里，“那么远的路”和“(又) 顶着风”形成平列关系，它们一起同“一千多人三个小时就赶到了古镇”形成转折关系。

3. 充当分句的定名结构是“形名＋形名”或“数量名＋数量名”。定名分句后边，出现谓词性分句。例如：

蓝蓝港湾，青青竹色，记忆里家乡犹如一首诗。

一座扬水站，一座水电站，他在黄河岸送走了无数个日夜。

第一，谓词性分句前边连用两个定名分句。两个定名分句分离出来，可以成为一个复句。如：

蓝蓝港湾，青青竹色。

一座扬水站，一座水电站。

就定名分句的数量而言，常见的是两个，但可以更多，也可以只用一个。看实际用例：

(10) 五彩缤纷的田野，栉比鳞次的厂房炼塔油罐，蜿蜒西去的长堤，金波粼粼的大海……，整个杭州湾都沐浴在金色的阳光下。(《上海文艺》1978 年第 1 期 54 页)

(11) 高高的梯田，山上有了绿意。(梁信《从奴隶到将军》)

前一例，出现了四个定名分句；后一例，只出现了一个定名分句。

就定名分句本身的结构而言，有时定语部分用形容词或作用相近的词，有时定语部分用数量词，有时也可以二者结合。如：

一个蓝蓝的港湾，一片青青的竹色，记忆里家乡犹如一首诗！

上例的两个定名分句都是“数量形的名”。再看个实例：

(12) 一根笔直的旗杆，庄严的五星国旗正徐徐升向高空。(《电影文学》1965 年第 1—2 期 54 页)

上例只出现一个定名分句，其结构是“数量形的名”。

第二，定名分句不管多或少，都用来指点客观存在的事物，同时具有描写性。定名分句和后边的谓词性分句之间，或者是平列关系，或者是分合关系。

平列关系的，后边谓词性分句是表意的重点，前边定名分句主要起烘托帮衬之类的作用，借以突出谓词性分句所表达的内容。这样的平列关系，跟一般的平等并列有所不同。例如：

(13) 黑沉沉的夜，黑沉沉的山……周围不断传来野兽的吼叫。(梁信《从奴隶到将军》)

这里的“黑沉沉的夜，黑沉沉的山”，显然用来涂抹背景，起着烘托的作用。

分合关系的，前边的定名分句一样一样地列举具体事物，后边的谓词性分句总起来作概括性的描写。例如：

(14) 蔚蓝的晴空，火红的彩霞，雪白的大地，苍绿的山林，炊烟袅袅的小燕村，山坡上蠕动的牛羊群，江山秀丽多娇。(曲波《山呼海啸》)

先用六个定名分句分说“晴空”“彩霞”“大地”“山林”“小燕村”“牛羊群”，后用一个谓词性分句加以归总：“江山秀丽多娇。”

第三，如果是两个定名分句连用，它们之间一般都有比较明显的停顿，书面上用逗号隔开。有时，两个结构直接凝合，这就出现了紧缩的形式。例如：

(15) 蓝天白云，歌声嘹亮。(《解放军文艺》1978 年第 1 期 36 页)

(16) (正是桃花艳阳天。) 青山绿水，禾苗嫩又鲜。(《长江文艺》1978 年第 6 期 61 页)

“蓝天白云”“青山绿水”，都是两个定名结构，合成一个“四字格”。

4. 充当分句的定名结构是“多么形（的）名”。“多么”可以只说“多”，或者可以说成“好”。定名分句的前边出现谓词性分句。例如：

大娘不由得心一热：多么懂事的孩子啊！

我接过杯子喝了一口，好甜的泉水啊！

第一，定名分句可以改用主谓分句来表述。不过，用主谓分句时一般名词前边加个“这”。如：

大娘不由得心一热：这孩子多么懂事啊！

我接过杯子喝了一口，这泉水好甜啊！

第二，定名分句是感叹句。它表示对事物的咏叹，特别突出地强调了人们对事物属性的感觉。具体点说，有两种情况。

一种情况是：前边用主谓分句叙述人物的具体行为，后边用定名分句表示人物对所见、所闻、所接触的事物的心理上的咏叹。如上面所举的例子。又如：

(17) 牛八一听，多熟悉的声音呀！(《湘江文艺》1973 年第 3 期 44 页)

另一种情况是：前边用两个或几个谓词性分句具体叙说足以引起

惊叹的事实，后边用定名分句作概括性的咏叹。例如：

(18) 那江心有几只小船在浮动，一忽儿小船被推在浪尖上，一忽儿小船又埋在浪头下，好大的风浪啊！（李心田《闪闪的红星》）

第三，定名分句前边特别容易出现叹词或其他咏叹性独立成分。如：

我用手电筒一照，好多的人！

→ 我用手电筒一照，啊，好多的人！

爬到楼顶往下一看，多么可怕的洪水啊！

→ 爬到楼顶往下一看，乖乖，多么可怕的洪水啊！

5. 充当分句的定名结构是“一派X的名”。定名分句的前边出现谓词性分句。例如：

高楼林立，彩灯闪烁，人来车往，熙熙攘攘，一派繁荣景象。

广播乐曲声和劳动号子汽车马达声交织在一起，一派热气腾腾的劳动气氛。

第一，定名分句主要由三个部分构成。一是以“一派”为代表的数量词。数词限于“一”，量词常见的是“派”或“片”。二是用X代表的形容词或其他有描写说明作用的词语。三是以“景象”“气氛”之类为代表的名词。

第二，这类定名分句前头往往可以加个“好”。比如上两例，可以说成：“……好一派繁荣景象。”“……好一派热气腾腾的劳动气氛。”

用不用“好”，跟用什么样的量词和名词有关。如果量词是“派”“片”，名词是“景象”“景色”“气氛”之类，用不用“好”都行；如果量词是“个”“支”等，名词表示比较具体的事物，“好”字就必须用。比如：

朝霞满山，泉流潺潺，好一个山区之晨！

尊老爱幼，纪律严明，好一支人民的队伍！

这里的“好”不好去掉。

“好”是赞叹之词，对不值得赞叹的事物自然不能加“好”。例如：

(19) 有的主张谈，有的主张打，一片乱哄哄的喊叫声。（张

行《武陵山下》）

“一片乱哄哄的喊叫声”不能说成“好一片乱哄哄的喊叫声”。

第三，这类定名分句重在强调事物所显示的特色或事物所具有的特点，具有归总性。对于前边的分句来说，它有“一言以蔽之”的作用。前边的分句越多，它的归总作用就越明显。例如：

（20）在通往矿山办公室的路上，以秧歌为前导，随着十几辆满载器材的手推车，后边有的一个人抱着，有的两个人抬着，接着又是秧歌队，又是人群，络绎不绝，队伍很长，红旗招展，锣鼓喧天，一片欢腾景象。（李云德《沸腾的群山》）

“一片欢腾景象”六个字，把前面分句里那么多的内容概括起来了。

第四，这一类定名分句跟上一类有所不同。这一类的“好”不能换成“多么”，上一类的“好”可以换成“多么”。再说，这一类不一定出现咏叹程度的“好”，而上一类则必须出现咏叹程度的“多么”“多”“好”等。

6. 充当分句的定名结构带“了”。“定名了”可前可后。例如：

大姑娘了，要注意整洁！

老机器了，毛病总会有的！

要注意整洁，大姑娘了！

毛病总会有的，老机器了！

第一，“定名了”成为分句，助词“了”起关键性作用。如果没有“了”，句法结构关系会起变化。如：

大姑娘，要注意整洁！

老机器，毛病总会有的！

要注意整洁，大姑娘！

毛病总会有的，老机器！

这里的“大姑娘”“老机器”都不能分析为分句。第一例，“大姑娘”可以分析为呼语或主语；第二例，“老机器”可以分析为主语；第三例，“大姑娘”可以分析为呼语；第四例，连着前边的“毛病总会有的”，紧接着只说个“老机器”，不大能站得住。

第二，定名分句在前，它同后边的谓词性分句之间有因果关系或转折关系。比较：

高峰时间了，交通肯定是很拥挤的。

高峰时间了，马路上车辆却还很少。

前一例是因果关系，后一例是转折关系。

为了强调结果或结论，后边的谓词性分句常用反问语气。看个实例：

(21) 一个部队的老战友了，还用我介绍吗？（宇心《雾中鼓声》）

“还用我介绍吗”是反问，等于说“不用我介绍了”。这是个因果关系的复句。

第三，定名分句在后，它同前边的谓词性分句之间有倒置因果关系、倒置转折关系或归结按注关系。比较：

一切都好商量，老关系户了！

你的条件太苛刻，老关系户了！

咱们的业务交往已有十多年，老关系户了！

前一例是倒置因果关系，中间一例是倒置转折关系，后一例是归结按注关系。

以上各种现象表明，现代汉语里由异质分句联结而成的复句多种多样。到底还有一些什么样的情况，还需做深入的研究。

主要参考文献

[1] 黎锦熙，刘世儒．中国语法教材：第六册．北京：五十年代出版社，1955．

[2] 张志公．汉语知识 [M]．北京：人民教育出版社，1979．

[3] 吕冀平．汉语语法基础 [M]．哈尔滨：黑龙江人民出版社，1983．

[4] 黄成稳．复句 [M]．北京：人民教育出版社，1990．

[5] 陈建民．现代汉语句型论．北京：语文出版社，1986．

[6] 陈建民．非主谓句 [M]．北京：人民教育出版社，1990．

[7] 宋玉柱．谈谈紧缩句 [J]．逻辑与语言学习，1991 (5)．

[8] 李宇明. N P场景描写句 [J]. 徐州师范学院学报，1987 (1).

[9] 吴继光. 语流中的名词句连用 [M]//中国语言学报：第 8 期. 北京：北京语言文化大学出版社，1997.

[10] 邢福义. 论定名结构充当分句 [J]. 中国语文，1979 (1).

[11] 邢福义. 复句问题论说 [J]. 华中师范学院学报（人文社会科学版），1985 (1).

第二节　复句关系词语

一　关系词语的性质和范围

（一）关系词语的性质

复句关系词语，是复句中用来联结分句标明关系的词语。

复句关系词语具有标志性。它们所标明的关系，是分句与分句之间抽象的"逻辑—语法"关系。绝大多数的复句，或者分句与分句之间用了特定关系词语，或者分句与分句之间可以用上特定关系词语。如果说，一个一个的分句是复句中表明实义的构件，那么，复句关系词语便是复句中标示关系的构件。正因如此，特定的复句关系词语所构成的句式，可以看作特定的复句格式。例如：

> (1) 孟人霞虽然已经做了体检，但还是不能最后决定。既然情况有出入，还需要调查。如果属实，可以纠正。（曹玉林《祠堂里的小学》）

这里有三个复句。"虽然……但……"标明第一个复句有让步转折关系，是让步转折句的特定格式；"既然……（就）……"标明第二个复句有推论因果的关系，是推断性因果句的特定格式；"如果……（就）……"标明第三个复句有假设与结论的关系，是假设句的特定格式。又如：

> (2) 要是窃书的愿意送还，他还会偷么？既然是偷，就会做得神不知鬼不觉。即使有谁真的知情，也别指望会有人跳出来揭发。孔乙己的话，虽是狡猾，也有一点道理。（陈村《住读生》）

这里有四个复句。"要是……（那么）……"标明第一个复句有假设与结论的关系，是假设句的特定格式；“既然……就……”标明第二个复句有推论因果的关系，是推断句的特定格式；“即使……也……”标明第三个复句有虚拟性让步转折关系，是让步转折句的特定格式；“虽是……（但）……”标明第四个复句有容认性让步转折关系，也是让步转折句的特定格式。

任何复句关系，包括上面两个例子里出现的让步转折关系、推论因果关系、假设推断关系等，都是抽象的“逻辑—语法”关系，而不是具体的句子的含义。

（二）关系词语的范围

复句关系词语是根据联结分句、标明结构关系、形成复句格式的共同特点组合拢来的一些词语，没有十分明确的标准，因而也没有十分明确的范围。大体说，有四种：

第一，句间连词。它们通常连接分句，不充当句子成分。如“因为”“所以”“虽然”“但是”“不但”“而且”等。

第二，关联副词。它们一般既起关联作用，又在句子里充当状语。如“就”“又”“也”“还”等。

第三，助词“的话”。这是一个表示假设语气的助词，总是用在假设分句末尾，标明分句与分句之间具有假设和结果的关系。

第四，超词形式。它们本身已不是一个词。如“如果说”“若不是”“不但不”“总而言之”等。有的超词形式，如“不但不”，是跨语法单位的非完整形式：“不但不A，反而B”，按层次关系，不是“不但不｜A，反而B”，而是“不但｜不A，反而B”。“就因为”“就是因为”“正因为”“正是因为”“正由于”“正是由于”等关系词语，也是跨语法单位的超词形式。

从上面所列举的种种词语，可以知道：

第一，在词类系统中，关系词语不属于固定的类。可以是连词，也可以是关联副词，还可以是别类的词。比如：

因为A，所以B。

无论A，都B。

如果 A 的话，就 B。

是 A，还是 B?

“因为”“所以”“无论”“如果”“而”是连词，“都”“就”是关系副词，“的话”是语气助词，“是”是判断动词（“还是”是“副词＋判断动词”）。

第二，在语法单位中，关系词语不处于固定的级。可以是词，也可以是比词大的单位。比如：

除非 A，否则 B。

要么 A，否则的话 B。

与其说 A，不如说 B。

不但不 A，反而 B。

“除非”“要么”“否则”“反而”是词，“否则的话”“与其说”“不如说”“不但不”是比词大的单位。

第三，在造句功用上，关系词语不具有划一性。有的是纯粹标明复句关系的语法成分，有的则在标明复句关系的同时兼作某个句子成分。比如：

无论 A，都 B。

是 A，还是 B?

“无论……都……”标明无条件让步的关系。但“无论”是连词，专门起标明关系的语法作用；“都”却是副词，除了起关联作用，还兼作状语。

“是……还是……”标明选择关系。但有不同情况：

是找熟人，还是有公事?

是关系户，还是老同学?

在前一例里，“是……还是……”只标明选择关系；在后一例里，“是……还是……”除了标明选择关系，还兼作句子成分：“是”兼作动语，带判断宾语“关系户”“老同学”，“还”兼作状语。

划定关系词语的范围，可严可宽。严和宽的条件和处理的结果如何，有待于做进一步的研究。

二 关系词语的作用

（一）静态和动态

复句关系词语的作用，需要从静态和动态两个角度去考察。

从静态的角度看，即从关系词语的运用结果看，关系词语的作用是标明复句关系。如“因为……所以……”标明因果关系，“虽然……但是……”标明容认性让步转折关系，“即使……也……”标明虚拟性让步转折关系。“标明”，通常也叫作“表示”，指见于语表的静态结果。

从动态的角度看，即从关系词语的运用过程看，对于隐性的逻辑基础来说，关系词语的作用有三种：一是显示，二是转化，三是复现强调。“显示”“转化”或者“复现强调”，指由语里到语表的动态过程。

静态结果和动态过程的关系，可用下图表示：

动态过程		静态过程
显示	→	标明
转化	→	
复现强调	→	

为了深入地而不是表面地了解复句现象，既有必要从静态结果的角度了解关系词语，更有必要从动态过程的角度了解关系词语。

（二）显示、转化和复现强调

1. 显示

所谓显示，是用某种形式显示某种关系，即：两个分句之间本来隐含某种关系，人们运用表示这种关系的关系词语显示了这种关系。如：

隔了几道墙，声音听不清楚。

→因为隔了几道墙，所以声音听不清楚。

隔了几道墙，声音仍然听得很清楚。

→虽然隔了几道墙，声音却仍然听得很清楚。

前一例，分句间本来就有因果关系，用“因为……所以……”显示了这种关系；后一例，分句间本来就有转折关系，用“虽然……但是……”显示了这种关系。

关系的显示，可以是一对一，也可以是多选一。如果本来只有一种关系，通过关系词语显示这种关系，这便是一对一。如上举两例。如果本来可能有两种或几种关系，通过关系词语显示其中一种关系，这便是多选一。例如：

他的话既影响了他，也影响了我。

他的话不但影响了他，而且影响了我。

“他的话影响了他”和“他的话影响了我”之间，可能是地位平等的，也可能是具有层级性的。前一例，说话人看重其中的平等地位，便通过“既……也……”显示为并列关系；后一例，说话人看重其中的层级性，便通过“不但……而且……”显示为递进关系。

一对一的关系，共识性很强；多选一的关系，则由于必须有所选择，因而在很大程度上带有说话人的个人意识。看这个例子：

（1）枫年和枫山虽然是堂兄弟，感情却极好。（姜滇《摄生草》）

跟同胞兄弟相比较，堂兄弟的关系毕竟没有那么亲。如果堂兄弟之间比亲兄弟还要亲，这样的感情便具有特异性了。说话人看重这一点，因而选用了“虽然……却……”，把“是堂兄弟”和“感情极好”之间的关系显示为让步转折关系。然而，话也可以这么说：

（2）枫年和枫山因为是堂兄弟，所以感情极好。

跟一般人相比较，堂兄弟不是一般的关系，堂兄弟之间有不同于一般人的亲密感情是很自然的。由于说话人看重这一点，因而选用了“因为……所以……”，把“是堂兄弟”和“感情极好”之间的关系显示为因果关系。

2. 转化

所谓转化，是用特定形式转化某种关系。即：关系词语所标明的关系，对本来存在的关系有所转化。比方说，化实为虚，实事虚说，就是一种转化。例如：

虽然当时处境十分困难，他却天天坚持写作。

即使将来处境更加困难，他也不会停止写作。

这两例都是“显示”。前一例，显示为容认性让步转折关系。“当时处境十分困难”本来是事实，用“虽然”，是从形式上标明这是事实。后一例，显示为虚拟性让步转折关系。“将来处境更加困难”本为虚拟，用“即使”，是从形式上标明这是虚拟情况。这两例，在虚实关系上表里一致。

即使当时处境十分困难，他也天天坚持写作。

这一例情况不同。“当时处境十分困难”是事实，语表上却用了表示虚拟的“即使”。这样，便成了化实为虚的说法。

“转化”，有特定的条件。“即使……也……”通常用来述说假设的事情，可以称为“即使”假言句；有时用来化实为虚，述说已然事实，可以称为“即使”实言句。“即使”实言句的使用条件，可以描写为以下四种格式。

【Ⅰ】订补式：那时……即使A，也B。

这一格式，先述说过去发生的某个事实，再通过“即使”引出过去发生的一个订补性事实。例如：

(3) 那时，他们很少交谈，即使交谈，也只是工作上的联系，干干巴巴，三言两语。(张洁《祖母绿》)

(4) 那时……很多无钱或舍不得花钱住店的旅客，都横七竖八地倚坐或躺卧在候车室的地上休息，……即使有人带了被盖，那被盖也……脏污得辨不出颜色。(叶文玲《紫石砚》)(省略号是引者所加)

观察这类例子，可以知道：

第一，“即使A，也B”前边出现了两个表意单位：一个是时间确指词语，一个是事实确指语句。这两个表意单位共同表明：那时，情况如此这般。如上面两例，时间确指词语是“那时”，事实确指语句分别是“他们很少交谈”和“……横七竖八地倚坐或躺卧在候车室的地上休息……”。事实确指语句，可短可长。

第二，“即使”可以替换为“虽然”。有的可以直接替换。如例(4)，可以说成：“……虽然有人带了被盖，但那被盖也……脏污得辨不出颜色。”有的可以根据原意补上“偶尔”。如例（3），可以说成：“……虽然偶尔交谈，但也只是工作上的联系，干干巴巴，三言两语。”

第三，在表意上，这一格式重在“订补”。“即使 A，也 B”的内容，由时间确指词语做了时间限定，并且跟事实确指语句的内容存在对立性联系。如果说事实确指语句所述说的是某种一般情况，那么“即使 A”里的 A 就是跟这种情况有所抵触的起订补作用的特异情况。比如例（3），“很少交谈”是一般情况，“（即使）交谈”则是一种订补；又如例（4），“横七竖八地倚坐或躺卧在候车室的地上休息”是一般情况，“（即使）有人带了被盖”则是一种订补。

第四，时间确指词语，除了“那时”，还可以用其他表示过去时间的词语。例如：

（5）大革命失败后，这些工人组织差不多都被摧垮了，即使有保留下来的工会，会员数量与党员差不多，已经很少。（周恩来《关于党的“六大”的研究》）

（6）平日，他少言寡语，只把心操在编辑工作上，即使有点小小的不顺心，也常常就在肚子里消化了。（可这一回，他实在无法冷静了。）（毕力格太《周编辑外传》）

大革命失败后＝大革命失败后的那个时候；平日＝“这一回”之前的那些日子。

如果事实出现的时间性是明显的，不必特别交代的，时间确指词语可以隐去。不过，根据上下文，可以明确地补出。例如：

（7）（　）皇帝倒是每天一早都到永和宫请安，但见到太后的时候甚少，即使见到了，太后也脸无笑容，沉默寡言。（高阳《乾隆韵事》）

（8）（　）工棚里，没有了往日的欢笑。即使歪诗杜和苟玉田能设法引出一点笑声，听来也是干巴巴的让人难受。（郑柯、子华《为君唱支风流歌》）

这两例的前边，都可以补加上“在那些日子里”。

第五，为了取得强调突出的效果，实言的“即使 A”也可以倒置在B的后边。比较：

(9) 那些日子，你对大哥太冷淡。即使他从来没有埋怨一句，你也确实伤了他的心。

(10) 不过，碧桐说你对大哥冷淡，这是事实。你确实伤了大哥的心，即使他从来没有埋怨一句。(毋国政《少女头像》)

前一例先A后B，后一例先B后A。由于地位突出，后一例中倒置的A特别引人注意。其中的"即使"，可以替换为"虽然"。

【Ⅱ】定位式：即使A（在……时候/地方/中/里），也B。

这一格式，"即使"后边的A是"在"字结构，包括"在……时候""在……地方""在……中""在……里"等。所用的"在"字结构具有"定位"的作用：要么用来确定人物活动的时间位置，要么用来确定人物活动的空间位置。例如：

(11) 中国的民族资产阶级，即使在革命时，也不愿意同帝国主义完全分裂，……(毛泽东《新民主主义论》)

(12)（如果让吊脚弓）吊死了一个人，即使在这一片蛮荒之地，也没有你的立足之地了。(詹幼鹏《山魂》)

观察这类例子，可以知道：

第一，"即使A"中的"在"字结构是定指的。它表明跟已然事实相联系的具体时间或具体地点。它的定指性，由特定语境所规约。如上例，"在革命时"定指以往处于革命阶段的时候，"在这一片蛮荒之地"定指人物活动的具体地点。又如：

(13) 广州

东峰湖心溪浦

十一月二十日

南国的夜晚，即使在冬天吧，也仍是旖旎和浪漫的。

(乔雪竹《落日的庄严》)

由于有上文的交代，"在冬天"定指人物所处的具体时间。

第二，"即使……也……"通常联结状语和心语，"即使"可以不用。当"在X"是明显的充当状语的介词结构时，由于"虽然"没有引出状语的用法，因而“即使”不能换成“虽然”。如例（11），“即使在革命时，也不愿意同帝国主义完全分裂”，不能说成：“虽然在革命时，也不愿意同帝国主义完全分裂。”然而，如果“在 X”有可能被分析为一个分句，“即使”就有可能改换为“虽然”。例如：

（14）即使在病中，她的信仍然是八天一封。（郑柯、子华《为君唱支风流歌》）

上例可以勉强说成：虽然在病中，……。

第三，“在”字结构的后边，可以补说某种事实。例如：

（15）其实，牛福对儿子管教极为严格，即使在三年经济困难时期，市场上买不到煤油，牛福也不惜高价弄几斤，不让儿子闲着。（程贤章、廖红球《彩色的大地》）

（16）所以，即使在今天，面对这血淋淋的现实，有谁敢去怀疑它的合理性呢？（詹幼鹏《山魂》）

前一例，“在三年经济困难时期”的后边补说一个事实：“市场上买不到煤油。”后一例，“在今天”的后边补说一个事实：“面对这血淋淋的现实。”

述说事实的语句，可以移到“在”字结构里头，充当定语。如：

（17）即使在市场上买不到煤油的三年经济困难时期，牛福也不惜高价弄几斤，不让儿子闲着。

（18）即使在面对这血淋淋的现实的今天，有谁敢去怀疑它的合理性呢？

上例里，“市场上买不到煤油”和“面对这血淋淋的现实”都充当了定语。这表明，“即使”后边的“在”字结构既可以为人物活动的时空定位，有时还可以指明相关的事实。

【Ⅲ】衬因式：确实 Y，因此即使 A，也 B。

这一格式，“即使 A”前边出现表示原因的语句 Y，后边出现表示结果的分句 B，“即使 A”用在 Y—B 之间，起衬托原因的作用。例如：

（19）杨老是奋斗发家的，因此即使后来他家财万贯，也始终保持着节俭的本色。（陈祖德《超越自我》）

(20) 他简直不相信自己的好运气了。因此，即使现在到了她的家门口，那种恍如梦中的感觉依然未曾消失。(叶文玲《紫石砚》)

观察这类例子，可以知道：

第一，因果关系发生在Y—B之间，“即使A”是需要特别强调出来的衬托性事实。如例(19)，因果关系是：“杨老是奋斗发家的，因此始终保持着节俭的本色。”中间插入的“即使后来他家财万贯”，是需要强调出来的衬托性事实。例(20)，因果关系是：“他简直不相信自己的好运气，因此，那种恍如梦中的感觉依然未曾消失。”中间插入的“即使现在到了她的家门口”，是需要强调突出的衬托性事实。

第二，这一格式中的“即使”，可以自然地替换为“虽然”。例如：

(21) 杨老是奋斗发家的，因此虽然后来他家财万贯，也始终保持着节俭的本色。

(22) 他简直不相信自己的好运气了。因此，虽然现在到了她的家门口，那种恍如梦中的感觉依然未曾消失。

第三，表示原因的Y和“即使……也……”之间，常用“因此/所以”。有时不用，但可以添加。例如：

(23) 我们党采取了毛泽东同志的建党路线，即使工人成分还不占多数，也能够建设并已经建成一个工人阶级的马克思列宁主义政党。(刘少奇《论党》)

这里未用“因此/所以”，但“……路线”和“即使……”之间可以加上“因此/所以”。

第四，表示原因的Y指的是已然事实，因此记为“确实Y”，但形式上不一定出现“确实”一词。由“即使”引出的A，总是跟“现在”“眼下”的观念相联系。(20)里就用了“现在”；(19)里用的是“后来”，但也可以改说成“现在”。又如：

(24) 一个待嫁女，一个未婚男，即使过了格，既不犯重婚罪，又没有破坏家庭罪的嫌疑，有什么关系呢？(张笑天《告别了，昨天的记忆》)

“一个(是)待嫁女，一个(是)未婚男”为因，“……有什么关系呢”

(=没有什么关系)是果。“过了格”指的是眼下的事，可以说成“即使眼下过了格”。

【Ⅳ】复指式：确实A，但是即使A(如此/这样)，也B。

这一格式，“即使……也……”前边出现确指事实的语句，“即使”的后边用指示代词“如此/这样”复指它。例如：

(25)她变得比过去丰腴，因而也更加显得白净，比他想象中要年轻得多。但是，即使如此，也无法掩盖岁月留下的痕迹。(叶文玲《紫石砚》)

(26)二年前，……他这项收入一年不过三千多元。即使这样，也引起四邻乡亲的惊羡。(程贤章、廖红球《彩色的大地》)

观察这类例子，可以知道：

第一，“即使”前边说的是确实存在的事情，“即使”后边用“如此/这样”加以复指。有时，“即使”后边也可以用包含“如此”之类的短语，整个短语既有复指作用，又有评说作用。例如：

(27)她教三个班的课，又当班主任，还要参加各种各样的社会活动，忙得没有年节假，没有星期天，可是，即使如此辛苦，她也没有一句怨言。

(28)他发了，又是盖房子，又是打家具，彩电冰箱样样有，但是，即使日子如此红火，他还是感到不满足。

对于所说的具体事实来说，“如此辛苦”“日子如此红火”既是复指，又有评说。

第二，“即使”可以替换为“虽然”。比如上例里的“即使如此”“即使日子如此红火”等，其中的“即使”都可以换成“虽然”。再比较：

(29)在表叔公的熏陶下，我从小学会了一点油漆和木匠的手艺，虽然如此，我却无力继承更无力开张。(叶文玲《紫石砚》)

(30)和许多“黑五类”子女一样，我身上也有一个“黑烙印”，……母亲去世前把我托给了在镇上当油漆匠的表叔公，即使这样，也未能擦掉我的“印记”。(叶文玲《紫石砚》)

这两例见于同一篇作品的同一页。前一例用“虽然……却……”，可以改说成“即使……也……”；后一例用“即使……也……”，可以改说成“虽然……却……”。

第三，前边的表示事实的语句，跟“即使……也……”之间具有转折关系。有的出现了“但是”之类转折词；有的不出现“但是”之类，但也可以添加上去。又如：

(31) 李珊现在绝不会构成对她的任何实际威胁，即使如此，她也不能善罢甘休。(柯云路《一个系统工程学家的遭遇》)

“即使”前边可以加上“但是”“可是”或“然而”。

实义上的转折关系，存在于表示事实的语句和B之间。如果出现“但是”之类，“即使如此”之类便可以省去，从而使表示事实的语句和B直接构成转折关系。如：李珊现在绝不会构成对她的任何实际威胁，然而，她不能善罢甘休。

第四，表示事实的语句和“即使……也……”，有时分别见于对话中甲乙二人所说的话。比如：

甲：他被上级领导部门点名批评了。

乙：即使这样，他也无所谓的。

关系词语对实际关系所起的转化作用，不管是什么样的情况，都具有特定的语用价值。就“即使”实言句而言，尽管跟“虽然”实言句相通，但语用效果有所不同。“虽然”实言句，实事实说，客观性较强；“即使”实言句，撇开其内部情况的不同，综合地说，是实事虚说，所说的事往往显得若有若无，似实似虚，并且带有某种主观情绪或夸张口气，因此让步意味特别重。

3. 复现强调

所谓复现强调，是说：分句与分句之间本来隐含两种关系，人们在复句中同时运用两种关系词语复现了这两种关系，从而起到了突出强调的作用。例如：

(32) 人们一边有高声的牢骚，低声的叹息，却也一边埋头向前。(苏叔阳《故土》)

“一边……（也）一边……”显示平列关系，“……却……”显示转折关系。上例同时显示既有平列又有转折的关系，这便是“复现强调”。

现代汉语里，关系词语在运用中的“复现强调”现象并不罕见。这里只提两类现象：

【现象一】“既……又……”＋“……但/却……”。例如：

(33) 他既希望周奉宛能办成此事，却又怕她弄不好捅出麻烦来。(张笑天《没画句号的故事》)

(34) 我既感到摆脱了一种负担的轻松，却又有一种相形见绌的沉重。(陆星儿《呵，青鸟》)

这两例，都可以分化为“平列”和“转折”两种关系：

a. 他既希望周奉宛能办成此事，又怕她弄不好捅出麻烦来。

b. 他希望周奉宛能办成此事，却怕她弄不好捅出麻烦来。

a. 我既感到摆脱了一种负担的轻松，又有一种相形见绌的沉重。

b. 我感到摆脱了一种负担的轻松，却有一种相形见绌的沉重。

只用“既……又……”，是显示平列关系；只用“但/却”，是显示转折关系。上面两例既用“既……又……”，又用“却”，便复现了两种关系，既强调了属性同时存在的一面，又突出了属性间的逆转关系。

“既A，又B”复句，能不能加上“但/却”造成复现强调现象，这取决于A B之间是否存在平列中含逆转的关系。比如：

张大叔既有威望，又有实权。

这个商店既出售新式家具，又负责送货上门。

这里的A B之间不存在逆转关系，不能添加“但/却”。又如：

(35) 我想着你，既想马上见到你，又怕马上见到你。(王中才《龙凤砚》)

(36) 哪个单位出个先进人物，既是那个单位领导的光荣，又是那个单位领导的包袱。(郑万隆《红灯黄灯绿灯》)

前一例的“想……”和“怕……”之间，后一例的“是……光荣”和

"是……包袱"之间，存在矛盾对立的关系。这样的"既 A，又 B"复句，可以自然地添加上"但/却"：

……既想马上见到你，却又怕马上见到你。

……既是那个单位领导的光荣，但又是那个单位领导的包袱。

【现象二】"一方面……另一方面……"＋"……但/却……"。例如：

(37) 一方面，他们不能禁止自己不犯已经知道的错误，他们明知故犯；但另一方面，他们又要禁止别的党员向党向上级报告及在会议上批评他们。（刘少奇《论党内斗争》）

(38) 许多人都有一种好奇的心理，他一方面说你是"无巧不成书"，另一方面却又"无巧不看书"。（陆文夫《误会与巧合》）

这两例，都可以分化为"平列"和"转折"两种关系：

a. 一方面，他们不能禁止自己不犯已经知道的错误，他们明知故犯；另一方面，他们又要禁止别的党员向党向上级报告及在会议上批评他们。

b. 他们不能禁止自己不犯已经知道的错误，他们明知故犯；但他们又要禁止别的党员向党向上级报告及在会议上批评他们。

a. 许多人都有一种好奇的心理，他一方面说你是"无巧不成书"，另一方面又"无巧不看书"。

b. 许多人都有一种好奇的心理，他说你是"无巧不成书"，却又"无巧不看书"。

只用"一方面……另一方面……"，是显示平列关系；只用"但/却"，是显示转折关系。上面两例既用"一方面……另一方面……"，又用"但/却"，便复现了两种关系，既能明确揭示事情的两面性，又能突出两面之间的逆转关系。

"一方面 A，另一方面 B"复句，能不能加上"但/却"造成复现强调现象，同样取决于 A B 之间是否存在平列中含逆转的关系。比如：

一方面做说服工作，另一方面尽可能干点实事。

一方面，要求教师认真备课；另一方面，教育学生尊重老师。

这里的 A B 之间不存在逆转关系，不能添加“但/却”。又如：

（39）他一方面侈谈工业化的计划经济，另一方面又憧憬于《礼运》大同之篇……（周恩来《论中国的法西斯主义——新专制主义》）

（40）一方面，有许多党员是合于这些标准的，他们能够作为党员的模范；另一方面，也有一些党员和干部还不合于这些标准，还存在着各种各色的或多或少的不正确的思想意识。（刘少奇《论共产党员的修养》）

这里的 A B 之间存在逆转关系，因此可以自然地加上“但/却”：一方面侈谈工业化的计划经济，另一方面却又憧憬于《礼运》大同之篇……｜一方面，有许多党员是合于这些标准的，他们能够作为党员的模范；但是另一方面，也有一些党员不合于这些标准，还存在着各种各色的或多或少的不正确的思想意识。

凡是可以复现的关系，它们一定是能够共容的，而不是互相否定的。比如，事物的两面性和两面之间的违逆性可以共容，因此形式上“一方面……另一方面……”和“但/却”可以同现；事实和虚构不能共容，因此形式上“虽然”和“即使”不能同现。

主要参考文献

[1] 吕叔湘. 现代汉语八百词［M］. 北京：商务印书馆，1980.

[2] 北京大学中文系 1955、1957 级语言班. 现代汉语虚词例释［M］. 北京：商务印书馆，1982.

[3] 张志公. 现代汉语：中册［M］. 北京：人民教育出版社，1982.

[4] 胡裕树. 现代汉语［M］. 修订本. 上海：上海教育出版社，1981.

[5] 黄伯荣，廖序东. 现代汉语：增订本［M］. 北京：高等教育出版社，1991.

[6] 张静. 新编现代汉语［M］. 上海：上海教育出版社，1980.

[7] 武克忠. 汉语常用虚词词典［M］. 杭州：浙江教育出版社，1992.

[8] 廖序东. 复句的分析［J］. 语文学习，1958（3）.

[9] 梅立崇. 现代汉语的“即使”假言句［J］. 世界汉语教学，1995（1）.

[10] 邢福义. 汉语复句研究［M］. 北京：商务印书馆，2001.

第三节 复句关系和复句格式

一 因果类复句

(一) 广义因果关系

因果类复句，是表示广义因果关系的各类复句的总称。

排除现实性和假设性、说明性和推断性等差异，甲乙两事之间只要存在因与果相互顺承的关系，都属于因果关系。这是广义因果关系。比如：

因为他做了充分的准备，所以临场有很好的发挥。

既然他做了充分的准备，临场就会有很好的发挥。

如果他做了充分的准备，临场就会有很好的发挥。

只有他做了充分的准备，临场才会有很好的发挥。

他做了充分的准备，以便临场有很好的发挥。

以上各例，尽管它们有所不同，但基本构成材料“他做了充分的准备”和“(他) 临场有很好的发挥”之间都具有因果关系，因此它们都表示广义的因果关系。

(二) 因果式

因果式复句说明事物间的因果联系。

因果式复句以“因为……所以……”为代表性形式标志，是最典型的因果类复句。跟广义因果关系相对而言，这类复句所表明的因果关系是最典型的、严格意义上的因果关系。

1. 语表标志

因果式复句由表因标志和表果标志构成其语表形式。表因标志简称为“因标”，表果标志简称为“果标”。可以有三种情况：①因标和果标同时出现；②只出现因标，不出现果标；③只出现果标，不出现因标。例如：

因为天太冷，所以他不想出门。

因为天太冷，他不想出门。

天太冷，所以他不想出门。

只出现因标，是偏重于强调事情的原因；只出现果标，是偏重于强调事情的结果；因标和果标同现，是同时强调前后所说的事互为因果。有时因标和果标都不出现，不过可以自然地补出。这是一种无标因果式复句，因果关系是隐含的。如：

天太冷，他不想出门。

这里可以自然地补出“因为”和“所以”。

典型因标是“因为”，有时也可以只用“因”。“因”是单音节词，书面语色彩较浓。“由于”也是一个常用的因标。比较地说，“由于”比“因为”书面语色彩还是要浓一些，因此口头交谈中多用“因为”。例如：

老师：你今天怎么又迟到啊？

小学生：因为……，因为……

典型果标是“所以”和“因此/因而”。如果出现因标，通常是“所以”同“因为”呼应使用，构成“因为……所以……”：“因此/因而”同“由于”呼应使用，构成“由于……因此/因而……”。例如：

(1) 贫农，因为最革命，所以他们取得了农会的领导权。（毛泽东《湖南农民运动考察报告》）

(2) 由于这本小说必须限期归还，因此他不得不用手支撑着脑袋，强迫自己努力一行行看下去。（邓贤《中国知青梦》）

(3) 由于不了解武装斗争在中国革命中的重要性，因而犯了不重视军队工作，不学习军事知识的错误。（刘少奇《论党》）

前一例是“因为……所以……”，后两例是“由于……因此/因而……”。

不过，“由于……所以……”或者“因为……因此/因而……”的说法也能成立。例如：

(4) 由于深，所以湖水并不浑浊。（张承志《黑骏马》）

(5) 因为任何缺点与错误，都是对人民不利的，因此也就对党不利。（刘少奇《论党》）

(6) 因为敌人驻守在藏江一带，防备我返回湖南，因而无法取得联系。(《现代汉语常用虚词词典》用例)

前一例是“由于……所以……”，后两例是“因为……因此/因而……”。

“以致”也是一个重要果标。“……以致……”强调乙事受到甲事的强烈影响，而乙事是一种不好的或不正常的结果。“以致”通常单独使用，但有时也可以跟“因为/由于”同现，构成“因为/由于……以致……”的说法。例如：

(7) 汉朝有位名将，在一次战斗中，因为迷失了方向，未能及时赶到战场，以致误失战机。(《现代汉语常用虚词词典》用例)

(8) 由于他脖子弯得太低，以致使别人无法看见他脸上的表情。(从维熙《北国草》)

除了“所以”“因此”“因而”和“以致”，果标还有“故”“是以”“致使”等，往往只在书面语色彩较浓的作品中出现。

2. 因果联系的已然和或然

因果式一般表示已然的因果联系，即就已实现的事情来述说因果。但是，所说的原因和结果不一定都是已然的。这有三种情况：第一，原因已然，结果或然；第二，原因或然，结果已然；第三，原因或然，结果也或然。以下三例分别代表三种情况：

因为我没有文凭，所以稍一出错就会被解雇。

因为稍一出错就会被解雇，所以我总是勤勤恳恳地工作。

因为稍一出错就会被解雇，所以我再苦再累也要努力干。

不能绝对地说“因为……所以……”之类句式表示现实的因果关系。不过，由于这类句式重在客观地述说事物的因果联系，因此，即使所说的事是或然的，也给人以重视客观事实，一切从客观情况出发的感觉。

3. 由果溯因

结果总是产生于原因之后。因此，因果式复句一般是前分句表示原因，后分句表示结果，即“由因到果”。但是，为了表达的需要，有时也可以先说结果，后说原因，从而形成“由果溯因”的句法。这有两种情况。

第一，重在断定结果产生的原因。语表形式上，常用“(之) 所以…… (就/是) 因为……”之类格式。前边的结果分句如果有主语，“(之) 所以”之类用在主语后头；后边的原因分句不管有没有主语，“(就/是) 因为”之类都用在前头。例如：

我们所以有力量，因为我们代表人民的利益。

我们之所以有力量，是因为我们代表人民的利益。

我们之所以有力量，就因为我们代表人民的利益。

这类由果溯因句法，也可以只用“是因为”：

(9) 小伙子说出这话，是因为远远看见，老支书忙人阿爷在山脚下放羊哩！(轩锡明《赶马车的小伙子》)

第二，重在补充说明结果产生的原因。语流中，一般是顺着上文说出某种结果，紧接这个结果再补说一个原因。形式上，只在补说原因的分句前头用“因为”，“因为”前边不用“是/就”之类。例如：

尽管上了大学，却没能读完，因为当时家里实在太穷。

只要您开口，他一定会答应，因为您毕竟是老上级啊！

(三) 推断式

推断式复句以事实为根据推断事物间的联系。

推断式复句的代表性形式标志是“既然……就……”。跟“因为……所以……”句式相比较，这类句式更重视理据性，更强调判断或行为有所据。

1. 语表标志

推断式复句的形式特征，主要由理据标志“既然”来体现。跟“既然”配合使用的“就”，是辅助标志。

作为主要标志，“既然”非用不可。比较：

既然他不能出席会议，会议就只好改期了。

　　他不能出席会议，会议就只好改期了。

前一例用“既然”，肯定是推断式复句。后一例不用“既然”，就有三种可能：一是可以加上“既然”，二是可以加上“如果”，三是可以加上“因为”。这就是说，后一例尽管仍然有“就”，但不一定就是推断式复句。

“既然”有时可以说成“既”。例如：

(10) 既拿来，我就不再拿回去。(常庚西《深山新喜》)

(11) 查档案既无结果，还得作调查。(韦君宜《平常疑案》)

上例的“既”可以替换为“既然”。

作为辅助标志，“就”的使用比较灵活。有时，“就”的前头还出现“那么”；有时，“就”可用可不用；如果后分句是问句，“就”一般不用。例如：

既然他不能出席会议，那么，会议就只好改期了。

既然他不能出席会议，会议只好改期了。

既然他不能出席会议，会议为什么不改期呢？

“那么”跟“就”一样，都是辅助标志。不过，“那么”的使用范围要比“就”大一些。比如上面三例，全都可以出现“那么”。正因如此，有时为了解说推断句式的方便，也可以“既然……那么……”作为代表格式。

2. 据因断果

推断句式，往往是“据因断果”。即以已然原因为根据，推断结果。大体说，有两种情况：

第一，根据是已然的原因，结论表示说话人对客观情况的推断。后分句一般包含表示可能性、肯定性的词语，如“可能”“一定”等。例如：

既然有奖学金，报考的人一定很多。

既然他有不同意见，他就可能不来参加会议。

第二，根据是已然的原因，结论表示说话人自身的某种反映。后分句包含须要面对某种事实或者只好接受某种事实的意思，有时用上“打算”“只好”“只有”之类词语。例如：

既然有奖学金，我打算报考。

既然他有不同意见，我只好修改计划了。

跟“因为……所以……”相比较，“既然……就……”重在推断，主观性较强，而“因为……所以……”重在述说，客观性较强。例如：

因为他反对，会议才开不成。

既然他反对，会议就开不成。

前一例是客观地述说事实，后一例是主观地推断事物的发展。又如：

因为他反对，我只好留下来。

既然他反对，我只好留下来。

前一例，偏重于就客观的事实说明因果；后一例，偏重于就主观的推断来论说因果。

3．据果断因

推断句式，有时是“据果断因”。即以已然结果为根据，推断原因。所推断的原因，不一定是事实。例如：

既然报考的人这么多，奖学金可能不少。

既然他不来参加会议，一定是他有不同意见。

据果断因，有时不用“既然……就……”，而用“……可见……”。就复句而论，“……可见……”也是一种推断句式。例如：

连池塘都干得见了底，可见旱情多么厉害！

＝既然连池塘都干得见了底，准是旱情特别厉害。

（四）假设式

假设式复句以假设为根据推断某种结果。

假设式复句的代表性形式标志是“如果……就……”。跟推断式复句相比较，这类复句不是以事实作为推断的前提，而是以某种假设即某种虚拟性原因作为推断的前提。

1．语表标志

假设式复句的形式特征，主要由假设标志“如果”来体现。同义形式有“要是、要、假使、假如、如、倘若、倘或、倘、设使、设若、如若、若”等。

跟“如果”配合使用的“就”，是辅助标志。有时“就”的前头还出现“那么”，有时“就”可用可不用。例如：

(12) 如果生活失去令人向往的前景和理想，那么就不会召唤人们紧张地全力以赴地去工作。(赵丹涯《蓝天，也是属于你的》)

(13) 假如你一个人害怕，我送你去。(鄢国培《巴山月》)

前分句句末有时用“的话”。作为表示假设语气的助词，“的话”是个特殊的假设标志。这个标志，经常跟“如果”之类配合使用，也可以单独使用。例如：

(14) 假使真有能力把供销干下去的话，他肝胆涂地也要报知遇之恩。(高晓声《陈奂生包产》)

(15) 你不讨厌的话，我会常来的。(阿耀《序奏》)

2. 使用范围

假设式是使用范围最广的复句句式，后分句可以用陈述、疑问、祈使、感叹等语气。例如：

如果二珠出任队长，队员们不会有意见。(假设—陈述)

如果二珠出任队长，会有什么问题？ (假设—疑问)

如果二珠出任队长，你千万别阻拦！ (假设—祈使)

如果二珠出任队长，那该多好啊！ (假设—感叹)

同是“假设—陈述”，又有多种用途。例如：

如果你抛弃她，道德法庭会审判你的。(推测事物的发展)

如果你抛弃她，我就不认你这个儿子。(表明应变的对策)

如果你抛弃她，这将是你一生最大的错误。(评论假设的事件)

3. “如果……”的后置和独用

“如果……”有时后置，即先说结果，再用“如果……”补说一个假设。例如：

大作下期发表，如果没有特殊情况的话。

我会常来的，要是你不讨厌。

后置的假设分句有补充说明的作用；由于位序特殊，还有引人注意的作用。

“如果……”有时独用。即语表上隐去表示结果的语句，只出现表示假设的“如果……”。例如：

甲　我要找到他，向他讨个公道！

乙　如果他不肯见你呢？

这种说法有一定的上下文，而且限于问句，句末要求带“呢”。

（五）条件式

条件式复句以条件为根据推断某种结果。

条件式复句的代表性形式标志是“只有……才……”和“只要……就……”。跟假设式复句相比较，这类复句也以虚拟性原因作为推断前提，但着重强调所虚拟的原因是条件。

1. 语表标志

条件式复句的形式特征，主要由条件标志“只有”“只要”来体现。跟“只有”配合使用的“才”，跟“只要”配合使用的“就”，都是辅助标志。例如：

只有大家一条心，才能克服困难朝前进。

只要大家一条心，就能克服困难朝前进。

这两例，“只有”和“只要”标明了它们都是条件式复句。光是“……才……”“……就……”，有可能是条件复句，这要在特定语境中通过添加“只有”“只要”来检测。但是它们同条件句的联系并不是绝对的，必然的。比如：

事实已经证明：大家一条心，才能克服困难朝前进。

事实将会证明：大家一条心，就能克服困难朝前进。

前一例，固然可以认为是“只有……才……”，但不一定不能认为是“因为……才……”；后一例，固然可以认为是“只要……就……”，但不一定不能认为是“如果……就……”。到底偏向于哪种关系，仍然得借助于具体语境。

相当于“只有……才……”的形式，还有“必须……才……”和“除非……才……”。例如：

必须剿灭这股土匪，东庄人民才会过上好日子。

除非剿灭这股土匪，东庄人民才会过上好日子。

2. 必要条件和充足条件

条件式分为必要条件式和充足条件式。

必要条件是“缺少不得”的条件，“只有”是必要条件的典型标志，“只有……才……”是必要条件式的代表形式；充足条件是“有了就够”的条件，“只要”是充足条件的典型标志，“只要……就……”是充足条件式的代表形式。

用“只有……才……”表示的必要条件，强调必不可少，口气坚决，要求偏严；用“只要……就……”表示的充足条件，强调应该满足也不难满足，口气缓和，带有宽容意味。比较：

只有坦白交代，才有出路！（不然便是死路一条！）

只要坦白交代，就有出路！（你还是有前途的！）

有的条件只能是必要条件，而不可能是充足条件，因此只能采用“只有……才……”的形式，不能采用“只要……就……”的形式。比较：

只有到过海南岛，才能深刻反映海南岛。（+）

只要到过海南岛，就能深刻反映海南岛。（？）

缺少到过海南岛这个条件，不可能深刻反映海南岛；但是，仅仅具备到过海南岛这个条件，不一定能够深刻反映海南岛。

有的条件只能是充足条件，而不可能是必要条件，因此只能采用“只要……就……”的形式，不能采用“只有……才……”的形式。比较：

只要坐上1路电车，就可以过江到汉口。（+）

只要坐上1路电车，才可以过江到汉口。（？）

具备坐上1路电车这个条件，肯定可以过江到汉口；但是缺了坐1路电车这个条件，不一定不能过江到汉口，因为人们也可以坐4路电车、10路汽车或者坐轮渡。

“只有……才……”所表示的必要条件，可能是唯一条件，但不一定就是唯一条件。例如：

只有坐飞机，才可以在两小时内从武汉到北京。

这里，作为必要条件，坐飞机是两小时内从武汉到北京的唯一条件。

只有呼吸到空气，人类才能生存。

只有吃到食物，人类才能生存。

只有喝到水，人类才能生存。

对于人类能够生存来说，呼吸到空气不是唯一条件，吃到食物也不是唯一条件，喝到水也不是唯一条件。在实际语言运用中，“只有……才……”句式的作用在于带强制性地迫使人们去认识所提条件的决定性影响，至于所提条件是不是唯一的，除非是逻辑学家和语言学家，一般的说话人和听话人都是并不关心的。

3．条件和假设

从逻辑学角度说，假设前提也就是条件前提，任何一个假设都是条件。而且，在逻辑学上，“如果……就……”也好，“只要……就……”也好，表示的都是充足条件。这样，语法学上的处理，跟逻辑学就有所不同。

语法学更重视语言层面上的区别。在语言的实际运用上，“只要……就……”和“如果……就……”是存在差别的。比方，纯粹表示假设的场合用“如果”，不好换成“只要”；在以客观存在的事实作为虚拟性条件时用“只要”，不好换成“如果”。比较：

如果你牺牲了，我怎么办呢？（＋）

只要你牺牲了，我怎么办呢？（？）

“我”和“你”面对面地说话，“你牺牲了”是纯假设。这里用“如果”很顺当，用“只要”则不行。再比较：

只要有我李某在，你就别想翻天！（＋）

如果有我李某在，你就别想翻天！（？）

“我”就站在“你”的面前，“有我李某在”显然是以事实为基础，用虚拟的口气说话。这里可以用“只要”，却不好用“如果”。

有的时候，同样语料的表述既可以采用假设式，也可以采用充足条件式。但是，前者偏重于假设，后者偏重于条件。比较：

如果他有这本书，我一定帮你借来。

只要他有这本书，我一定帮你借来。

前者重在把“他有这本书”说成一种假定的情况，后者重在把“他有这本书”当作一种特定条件。这一点，可以从否定方面的表述得到佐证：

如果他没有这本书，我有什么办法？(十)

只要他没有这本书，我有什么办法？(？)

这样的语境偏重于假设，不需要强调条件，因此用“如果”很自然，用“只要”则不顺当。

4. “只要……”的后置和独用

“只要……”有时后置。即先说结果，再用“只要……”补说一个特定的充足条件。例如：

让我干什么都行，只要您留下我们母女。

我们可以既往不咎，只要你说真话。

后置的条件分句有补充说明的作用；由于位序特殊，还有引人注意的作用。

“只要……”有时独用。语流中，紧接上文可以隐去表示结果的语句，只出现表示条件的“只要……”。例如：

甲　条件这么苛刻你也干？

乙　嗯。只要有饭吃。

值得注意的是，独用表示假设的“如果……”用来提问，独用表示条件的“只要……”却不能用来提问。如：

下午我就去找他。可是，如果他提出要签合同呢？(十)

下午我就去找他。可是，只要他提出要签合同呢？(一)

(六) 目的式

目的式复句述说某种行为及其目的。

目的式复句的代表性形式标志是“……以便……”和“……以免……”。

1. 语表标志

“以便”是一个代表性目的标。“以便”有时说成“以、借以、用以、好”等。例如：

我们决定采取第一方案，以便节省时间。

我们决定采取第一方案，借以节省时间。

我们决定采取第一方案，好节省时间。

“以免”是另一个代表性目的标。“以免”有时说成“以防、免得、省得”等。例如：

你们必须小心谨慎，以免出娄子。

你们必须小心谨慎，以防出娄子。

你们必须小心谨慎，免得出娄子。

2. 求得和求免

目的式分为求得目的式和求免目的式。用“以便”之类标志，是求得，即企求取得某种结果；用“以免”之类标志，是求免，即企求避免某种结果。

对于主语来说，求得的事是有利的事，求免的事是不利的事；但是，从社会效果看，求得的事不一定是积极的事，求免的事不一定是消极的事。例如：

敌军佯装后撤，以便麻痹我军情绪。

敌军佯装后撤，以免我军发动猛烈炮击。

从语义上说，“以免”怎么样相当于“以便避免”怎么样，因此求免实际上也是一种求得。只是，从语言表达上说，“以免”结合得很紧，已经形成一种语法标志，通常不是可以用“以便避免”来替换的。例如：

(16) 那也得快些走，免得挨雨浇啊！（王汶石《新结识的伙伴》）

(17) 把这次宴会取消了也使得，省得你太忙了。（冰心《第一次宴会》）

如果把上例的“免得”“省得”换成“以便避免”，所说的话是十分别扭的。

3. 目的式和因果关系

目的式中，前分句和后分句互为因果。

一方面，前分句表示实现某种目的的依据、凭借，实际上就是某种目的得以实现的原因。如果把目的标抽去，可以添加上“因为这样可以”之类说法。这就是说，从隐含的语义关系上看，可以认为前分句是因，后分句是果。例如：

我们决定采取第一方案，以便节省时间。

→ 我们决定采取第一方案，因为这样可以节省时间。

你们必须小心谨慎，以免出娄子。

→ 你们一定要小心谨慎，因为这样可以避免出娄子。

另一方面，后分句表示所要达到的目的，实际上也是需要采取某种行动的原因。如果把目的标抽去，并且调动前后分句的位序，那么可以改说成“因为要……所以……”。这就是说，从隐含的语义关系看，又可以认为前分句是果，后分句是因。例如：

我们决定采取第一方案，以便节省时间。

→ 因为要节省时间，所以我们决定采取第一方案。

你们必须小心谨慎，以免出娄子。

→ 因为要避免出娄子，所以你们必须小心谨慎。

求得目的式有时采用“之所以……是为了……”的形式。这样，便规定了前分句是果。例如：

(18) 他的瓜之所以论牙卖，在很大程度上是为了控制瓜粒外流。(张武《瓜王轶事》)

这一句也可以说成：“他的瓜总是论牙卖，以便控制瓜粒外流。”

二 并列类复句

(一) 广义并列关系

并列类复句，是表示广义并列关系的各类复句的总称。

排除平列性、连贯性、递进性、选择性等等差异，几件事之间只要存在横式或纵式并举罗列的关系，都属于并列关系。这是广义并列关系。比如：

既出版你的书，也出版他的书。

先出版你的书，接着再出版他的书。

不但出版你的书，而且出版他的书。

或者出版你的书，或者出版他的书。

以上各例尽管它们有所不同，但基本构成材料“出版你的书”和“出版他的书”之间都具有横的或纵的并举罗列关系。它们都表示广义的并列关系。

（二）并列式

并列式复句表示平列、对照、解注等关系。

这类复句包括平列式、对照式和解注式三种。其中，平列式复句是最典型的、严格意义上的并列式复句。

1. 平列式及其语表标志

平列式复句，前后分句之间是平列关系。其语表标志，可以“既……又……”为代表。不过，“既……也……”“又……又……”“也……也……”“一边……一边……”“一面……一面……”“一方面……另一方面……”等也明显标明平列关系。例如：

她既会作诗，又能写一手好字。

她既不是教师，也不是学生。

她又勤劳俭朴，又体贴老人。

她也没有出门，我也没有出门。

她一方面苦苦练琴，一方面选修古典文学。

平列式复句中有时也只出现一个“又”或一个“也”，但可以添加上与之呼应的“既”。例如：

我是学英文的，又是教英文的。

→ 我既是学英文的，又是教英文的。

这里听不到狗叫，也看不见灯光。

→ 这里既听不到狗叫，也看不见灯光。

有的平列式复句不用关系标志，也添加不上关系标志。这是纯粹的“无标组合”。这类复句很容易被处理成为两个或几个句子。例如：

我叫黎明，这位是省里来的记者。

→ 我叫黎明。这位是省里来的记者。

2. 对照式及其语表标志

对照式复句，前后分句之间是对照关系。有两种：

第一，然否对照。其语表形式为“不是……而是……”，或者“是……而不是……”。例如：

他不是祝贺你，而是在讽刺你。

他是想借故离开，而不是真的要开理事会。

第二，反义对照。这是一种“无标组合”，通过语汇上的反义语词形成对照关系。例如：

敌人一天天烂下去，我们一天天好起来。

敌进我退，敌退我进。

3. 解注式及其语表标志

解注式复句，前后分句之间有解注关系。有两种：

第一，对等式解注。一般只有两个分句，内容对等。分句之间常用“这就是说”“换句话说”之类关联性插说作为语表标志。例如：

敌人在烧房子，这就是说他们想逃跑了。

文如其人，换句话说什么样的人就写什么样的文章。

这类复句也可以是无标组合的。比如上面两例可以不出现关系标志：

敌人在烧房子，他们想逃跑了。

文如其人，什么样的人就写什么样的文章。

这类复句，一般是后分句解注前分句。不过在两个分句之间是比喻关系时，也可以是前分句解注后分句。例如：

一根麻线难搓绳，一人难办大事情。

生铁百炼成好钢，军队百战无敌挡。

第二，总分式解注。包括“总”“分”两个部分，“分”的部分起码有两个分句。有的是先总后分，以“分”解注“总”；有的是先分后总，以“总”解注“分”。例如：

他有两个儿子，一个当了演员，一个还在读中学。

小张今年二十八，小李今年二十三，两人都是硕士研究生。

这类复句，由于“总”“分”之间具有一层解注关系，而“分”的内部又由两个或几个分句形成平列关系，因而实际上是二重复句。

(三) 连贯式

连贯式复句表示事物间先后相继的关系。

这类复句所说的事，在时间先后上形成纵线序列。

1. 语表标志

连贯式可以“……接着……”为代表性格式，其典型语表标志是“接着”和“然后”。例如：

我们握手道别，接着各奔前程。

我们握手道别，然后各奔前程。

“这才”“才”“就”“便”“又”“于是”等有时也用来表示连贯关系。如：

我送了他几块钱，这才让他离开刘庄。

我送了他几块钱，便让他离开刘庄。

我送了他几块钱，于是让他离开刘庄。

2. 无标组合

连贯式复句有时是无标组合。不过，尽管未用关系标志，却可以自然地把“接着”“然后”之类添加上去。例如：

(1) 我下了楼，在门口买了几个大红橘子，塞在手提袋里，顺着歪斜不平的石板路，走到那小屋的门口。(冰心《小橘灯》)

这个连贯句包含五个分句。可以添加“接着”和“然后”，说成：

(2) 我下了楼，接着在门口买了几个大红橘子，塞在手提袋里，然后顺着歪斜不平的石板路，走到那小屋的门口。

(四) 递进式

递进式复句表示事物间有更进一层的关系。

所谓“递进”，实际上有两种情况：一是顺承性递进，简称“顺递”；二是反转性递进，简称“反递”。其中，顺承性递进句是最典型的递进复句。

1. 顺递句及其语表标志

顺承性递进句，表示以一层意思为基点，向另一层意思承递推进。“不但……而且……”是顺递句的代表形式，也是整个递进句最典型的代表句式。例如：

不但让他去，而且让你去。

不但没有让他借书，而且根本就没让他进图书馆。

“不但”是预递词，“而且”是承递词。跟“不但”作用相同或基本相同的预递词，还有“不仅、不只、不单、不光、非但”等；跟“而且”作用相同或基本相同的承递词，还有“并且、且、甚至、就连”等。

预递词和承递词不管是出现一对还是出现一个，都可以保证递进句的成立。如果句子里预递词和承递词都不出现，那么，就不能认为是递进句。比较：

他不仅能作曲，而且能演唱。（递进句）

他不仅能作曲，也能演唱。（递进句）

他能作曲，而且能演唱。（递进句）

他能作曲，也能演唱。（并列句）

第一例既有预递词，又有承递词；第二例虽无承递词，但有预递词；第三例虽无预递词，但有承递词。它们都是递进句；第四例既无预递词，又无承递词，它是并列句。

2. 反递句及其语表标志

反转性递进句，表示以一个否定意思为基点，向一个肯定意思反转推进。“不但不……反而……”是反递句的代表形式。例如：

不但不让他去，反而让他干最苦最累的活。

病情不仅没有好转，反倒越来越恶化了。

这类递进句，前分句用预递词“不但、不仅、非但”等，紧跟着用否定词“不、没”之类，后分句用“反而、反倒、相反、偏偏”之类。“不但”等保证递进关系的成立，“不……反而……”之类保证反转关系的成立，二者相结合就使得分句之间出现递中有反、反中有递的关系，从而形成“反递”的句式。

反递句与顺递句有时是相通的。它们的区别，仅仅在于语表形式。比如：

(3) 他不仅不后悔起用郎平，而且下大力锤炼她。(鲁光《敬你一杯酒》)

这是顺递句，后分句里没有出现反转性词语。但是，如果删除“而且”，可以补上“反而”，形成反递句：

(4) 他不仅不后悔起用郎平，反而下大力锤炼她。

(五) 选择式

选择式复句表示事物间存在选择关系。

这类复句包括直陈选择式和疑问选择式两种。用于直陈选择式的“或者……或者……”，是这类复句的代表性句式。

1. 直陈选择式

直陈选择式，用陈述句式构成选择复句。常见的是：

A. “或者……或者……。”例如：

我毕业之后，或者出国留学，或者先干几年活。

或者你去，或者他去，或者你和他一起去。

这种选择复句可以只用一个“或者”。“或者”有时也说成“或”“或则”。

这种复句表示“或此或彼”，一般带有任凭选择的意味，口气比较灵活。如果带上疑问语气，自然可以成为疑问句，但句式本身跟疑问没有必然联系。如：

我毕业之后，或者出国留学，或者先干几年活？

或者你去，或者他去，或者你和他一起去？

B. “不是……就是……。”例如：

我毕业之后，不是出国留学，就是先干几年活。

不是你去，就是他去。

这种复句表示“非此即彼”，限定在两项之中选择一项，强调“二者必居其一”，口气肯定，没有商量余地。不过，“或者……或者……”

有时也表示“非此即彼”。例如：

(5) 或者把老虎打死，或者被老虎吃掉，二者必居其一。(毛泽东《论人民民主专政》)

C. “要么……要么……。”例如：

我毕业之后要么出国留学，要么先干几年活。

要么你去，要么他去！

这种复句也表示“非此即彼”，强调“二者必居其一”，但跟“不是……就是……”有细微差别。

在表意上，有的时候，“要么……要么……”带有较多的主观情绪，有催促对方迅速做出抉择的意味。比较：

你要么答应，要么拒绝，必须迅速决定！(+)

你不是答应，就是拒绝，必须迅速决定！(?)

前一例很自然，后一例不那么顺畅。

在形式上，如果第一选择项已在上文出现，后边可以单用表示第二选择项的“要么……”。“不是……就是……”中的“就是……”不能这么用。例如：

(6) (圣荃说:)“我还是那句话，到上海去。”……(奶奶说:)“要么到乡下去?”(茹志鹃《她从那条路上来》)

把圣荃和奶奶的话联系起来，等于提出了“要么到上海去，要么到乡下去”的可能性选择。这个例子里，奶奶接着圣荃的话只说“要么到乡下去?”显然，“不是……就是……”没有这样的用法。

2. 疑问选择式

疑问选择式，用疑问句式构成选择复句。代表格式是：“是……还是……?”例如：

你毕业之后，是出国留学，还是先干几年活?

是你去，还是他去，还是你和他一起去?

这种选择复句可以只用一个“还是”。比如：“你去，还是他去?”

“是……还是……”是跟疑问相联系的句式。只有在充当无条件让步复句的前分句时，才不表示疑问。例如：

不管是你去，还是他去，我都没有意见。

三　转折类复句

（一）广义转折关系

转折类复句，是表示广义转折关系的各类复句的总称。

排除是否存在让步、假转等的差异，甲乙两事之间只要有所逆转，都属于转折关系。这是广义转折关系。比如：

他没有论文，但也有机会参加会议。

他虽然没有论文，也有机会参加会议。

他没有论文，否则也有机会参加会议。

以上各例，尽管它们有所不同，但基本构成材料“他没有论文”和“（他）也有机会参加会议”之间都具有逆转性，因此它们都表示广义的转折关系。

（二）突转式

突转式复句是突然转折的复句。语表形式上，前分句没有预示转折的标志，后分句前头用以“但是”为代表的转折标。例如：

他有点发烧，……

→　他有点发烧，因此不能来上班。（因果）

　　他有点发烧，但是也来上班了。（转折）

先说“他有点发烧”，听者并不知道后边的话将是顺承还是逆接。因此，用“但是”所表示的转折，是没有转折预示的突然的转折。

转折标包括连词“但是、可是、然而”等。可以替换为“但是”的“不过、只是、就是”也常常用来表示转折，但转折意味较轻。

转折标还包括关联副词“却”。“却”可以单用，也可以跟“但（是）”配合使用。例如：

这个人火气大，我却喜欢和他共事。

这个人火气大，但是我却喜欢和他共事。

（三）让步式

让步式复句是先让步后转折的复句，通常简称为让步句。语表形式上，前分句用让步标，预示后边将有转折。最典型的代表句式是

"虽然……但是……"和"即使……也……"。例如：

虽然他们有很多发明创造，但是他们老师的功劳是不可磨灭的。

即使他们有很多发明创造，他们老师的功劳也是不可磨灭的。

让步式成立的关键，是前分句用让步标。由于让步标已经预示将有转折，因而后边即使不出现转折标，也不影响让步句的成立。例如：

虽然他们有很多发明创造，他们老师的功劳也是不可磨灭的。

尽管没有出现"但是"之类，但仍然表示先让步后转折。

所谓让步，实际上有四种：实让，虚让，总让，忍让。

1. 实让——实让是对事实的让步。这是一种容认性让步句。这种让步句承认甲事的存在，却不承认甲事对乙事的影响。它故意借甲事来从相反的方向托出乙事，使乙事特别突出，引人注意。基本语表形式是"虽然……但是……"。让步标包括"虽然、尽管、虽说、虽"等。例如：

虽然情况越来越坏，我们的行动计划不能改变！

尽管天很黑，摸进村来的敌人还是被我们发现了。

2. 虚让——虚让是对虚拟情况的让步。这是一种虚拟性让步句。基本语表形式是"即使……也……"。让步标包括"即使、哪怕、就算、纵然、纵使"等。例如：

即使天塌下来，我们也能顶得起。

哪怕让我跟他见上一面，我也一辈子感激你。

同实让一样，虚让也是故意从相反的方向借甲事来托出乙事，强调乙事不受甲事的影响。不同的是：如果不是特殊情况，实让的甲事是事实，虚让的乙事是假设。

3. 总让——总让是对各种条件的总体性让步。这是一种无条件让步句。基本语表形式是"无论……都……"。让步标包括"无论、不论、不管"等。例如：

无论你去还是他去，我都支持。

不管哪一位媒人登门，她都只当是夜猫子进宅。

这类让步句的前分句有任指性和选择性。有时用"谁、什么、怎么、多少、哪"等疑问代词表示任指，这时隐含着选择性；有时用"A还是（或者）B"的形式表示可供选择，这时隐含着任指性。

总让重在统统认可、统统排除，强调某种结果的出现不受所涉及的任何条件的规约。对总让来说，所让步的情况是虚是实并不重要，前分句所说的事可以是事实，也可以是虚拟的。例如：

无论我怎么说明情况，他们都不相信。

无论我将要碰到什么困难，我都不会退缩。

前一例，"我怎样说明情况"指已然的事；后一例，"我将要碰到什么困难"指未然的事。

4．忍让——忍让是强制自己有所忍受的让步。这是一种忍让性让步句。基本语表形式是"宁可……也……"。让步标包括"宁可、宁肯、宁愿、宁"等。例如：

宁可多花点钱，也要按时完工。

他宁愿承受各种谴责，也不让小莲有半点委屈。

"宁可"之类总是表示忍让。"宁可……也……"之类是先让步，表示有所抉择并有所忍让；然后，转过来表明决心达到的目的。所做的抉择，不是乐意为之，而是出于不得已。这种让步重在心理上、意志上的抉择，最能反映抉择的决心。对忍让来说，所让步的情况是虚是实也不重要，前分句所说的事可以是事实，也可以是虚拟的。例如：

当时，她宁可坐在马路边，也不肯回家去。

宁可自己进地狱，也要成全她上天堂！

前一例，"她坐在马路边"指已然的事，"自己进地狱"明显指虚拟的事。

四种让步句各有特点，又有相通之处。比较：

他们虽然自己挨饿，也要把口粮省下来。（实让）

他们即使自己挨饿，也要把口粮省下来。（虚让）

他们无论自己怎么挨饿，也要把口粮省下来。（总让）

他们宁可自己挨饿，也要把口粮省下来。（忍让）

四种让步句中，实让、虚让和总让三种的让步分句有时后置。后置的让步分句既有补充说明的作用，又有引人注意的作用。例如：

他经常帮助有困难的同事，虽然他自己并不宽裕。

在原则问题上他从不含糊，即使是对我。

他每天都是第一个到办公室，无论天气好坏。

(四) 假转式

假转式复句是分句间具有假言否定性转折关系的复句。它先指明甲事，接着指出如果不这样就会成为乙事。代表句式是“……否则……”。例如：

走吧，否则会迟到的。

幸亏他把话岔开，否则我太难堪了。

可惜我手上无权，否则我一定做了这件好事。

在假转式里，“否则”是假转标。“否则”包含“如果不这样就”的意思，是个具有假言否定性的逆转词。除了“否则”，假转标还有“不然、要不然、要不”等。

四　格式对语义关系的反制约

(一) 复句语义关系和复句格式

汉语复句，一般以为有什么样的关系就会采取什么样的格式，复句问题完全是逻辑问题。事实并非全然如此。

首先，复句语义关系具有二重性，既反映客观实际，又反映主观视点。客观实际和主观视点有时重合，有时则不完全等同，而不管二者是否等同，在对复句格式的选用中直接起主导作用的是主观视点。即：客观实际→主观视点→格式选用。这就是说，复句格式的选用不是直接决定于客观实际，“有什么样的关系就会采取什么样的格式”这样的论断把问题简单化了。

其次，复句格式一方面固然制约于复句语义关系，但是，另一方面又标明复句语义关系，反制约于复句语义关系。就客观实际而言，甲乙两种事物之间可以只有一种关系，也可能存在多种关系；就主观视点而言，对甲乙两事物间关系的观察，可以有时视点在“虚”，有时视点在“实”，有时视点在“顺”，有时视点在“逆”，有时视点单一，有时视点多元。然而，不管怎样，复句格式一旦形成，便明确地规定它所标明的关系，便成为一种反作用于语义关系的语法框架。这就是说，复句格式是语法格式，复句问题不是单纯的逻辑问题。正因如此，面对复句格式，人们首先注意到的是作为格式框架的语法标志，并由语法标志判断框架所表述的关系。比方，人们看到“如果……就……”和“既然……就……”，特别注意它们在格式标志上的不同，并据此断定它们所属的复句的类，而不考虑它们所表示的意思有时可能是相同的。

下面从三个侧面讨论复句格式对复句语义关系的反制约。讨论将表明，复句问题尽管跟逻辑问题联系紧密，但它同时也是语法问题。也许可以说，复句问题是“逻辑—语法”问题。

（二）虚和实

“虚”指虚拟，“实”指据实。

复句句式有的是典型的虚拟句式，有的是典型的据实句式。虚拟或据实，主要看前分句。比如“即使 A，（但）也 B”和“虽然 A，但（也）B”，A B 之间都有逆转关系，但前者是虚拟性逆转，后者是据实性逆转。又如“如果 A，就 B”和“既然 A，就 B”，A B 之间都有推论关系，但前者是虚拟性推论，后者是据实性推论。如果把客观实际和句式上标明的虚或实联系起来考察，可以发现，有的时候两者并不完全一致。

1. 在虚拟句式中，A 主观上虚拟为真，客观上不一定非真。

【例证一】“即使 A，也 B”句式

在大多数情况下，“即使”后边的 A 确实是假设，即主观上虚拟为真，客观上实际非真。比如：“即使把他碎尸万段，也解不了我心里的愤恨。”实际上并未把他碎尸万段。然而，正如上文讲关系词语的作用时所提到的，有的时候由“即使”所引出的 A，实际上是已经发生的事实。比方说：

那几年即使天天挨饿，我也没叫过一声苦。

去掉“即使”，意思不变：“那几年天天挨饿，我也没叫过一声苦。”相当于：“那几年虽然天天挨饿，我也没叫过一声苦。”

显然，这类例子里的虚拟性让步转折关系，是由“即使……也……”的格式所赋予的，或者说，是由这一特定格式所规定的。

【例证二】“只要A，就B”句式

“只要”也用来标示虚拟。它虚拟A作为实现某种结果的特定条件。一般地说，“只要”后边的A是假设的情况，但有时却是事实。比较：

只要你说出是谁，我就不再追究。

请坐请坐，只要你来了，我就不着急了。

前一例，“你说出是谁”是假设；后一例，“你来了”是已然事实。

“只要”后边的A是假设还是事实，往往需要根据特定的语境来确定。比如，同是“只要他表示同意，事情就好办了”：

a. 甲　他同意吗？

乙　他还没表态。

甲　唉，只要他表示同意，事情就好办了。

b. 甲　他同意吗？

乙　他同意。

甲　好，只要他表示同意，事情就好办了。

a组里“他表示同意”是假设，b组里“他表示同意”是事实。可见，作为条件句，“只要他表示同意，事情就好办了”的共性是“只要……就……”格式所赋予的。特别是b组里虚拟性条件的形成，完全取决于“只要……就……”格式的规约。如果不用“只要”，或者把“只要”改为“既然”，关系中的虚拟性就会消失，就会改变成为别的关系。看几个实际用例：

(1) 他想，这索尼年纪虽老，只要有他在，鳌拜便张狂不起来。(二月河《康熙大帝》)

(2)（义父）目光倏地一转，盯在岳小玉的脸上道：“你害怕不害怕？”岳小玉立刻摇头不迭，道：“不害怕，不害怕！只要义父

在咱们身边，就算千军万马杀将过来，咱们也是兵来将挡，水来土掩！”（金庸《卧龙记》）

（3）他……是不懂姑娘的心，还是巧妙的拒绝？拒绝吧，一千次，一万次，只要你活着，只要你还没结婚，我就要用爱心拥抱你，用爱情的火焰熔化你。（苏叔阳《故土》）

从语境可知，说话人明知“有他在”“义父在咱们身边”“你活着”和“你还没结婚”是事实。加上“只要”，是借用虚拟句式以实当虚，达到突出强调所说条件的作用。

【例证三】“如果A，就B”句式

这是最典型的虚拟句式。然而，即使是这种虚拟句式，句式上所标明的虚跟客观实际的虚也没有绝对的必然的联系。从以下三点可以得到证明。

第一，承实推断。

甲　他去吗？

乙　他不去。

甲　哎呀，如果他不去，事情就不好办了。

单看“如果他不去，事情就不好办了”，会以为是虚拟，这是因为关系的虚拟性已为“如果……就……”所规定。然而，从上例的语境可知，“他不去”却是事实，前边也可以用“既然”。

第二，假言对照。

在“如果……就……”句式中对照两种事实，以A证B。句式规定A B之间有假设与结论的关系，事实上它们并不存在这种关系。“如果”后边常带“说”字，但也有不带的：

（4）如果说万青青像一棵茁壮的小树，她则像小树上一根细细的枝桠。（陆北威《年轻人》）

（5）对于一个知识分子来说，如果字如其人，那么书房也如其人。（德兰《求》）

第三，假言铺垫。

有的“如果A，就B”句式是借假设分句来诱发结果分句，以便落实说话人的某种结论。假设分句是铺垫的东西，起提醒对方的作用。

(6) 如果我没有认错的话，您就是著名记者陆琴方同志。(张笑天《公开的内参》)

(7) 书记假如不健忘，应当记得两年前他上电大引起的一场风波。(张抗抗《在丘陵和湖畔，有一个人……》)

前一例等于说“我想我没认错，您就是……”，后一例等于说“我想书记不会健忘，他应当记得……”。原句的假设与结论的关系，为“如果……就……”之类格式所规定。

2. 在据实句式中，A主观上实言为真，客观上不一定确真。

【例证一】“既然A，就B”句式

“既然”具有对事实的规定性。有的A，孤立地看不一定是实，但一旦进入“既然……”的框架，便被容认为实。从以下现象可以得到证明。

第一，据测推断。

推断之所据，是带主观色彩的估测，跟客观事实不能画等号。比如：

a. 甲　你去做做他的工作，好不好？

乙　我猜想，他对这类事情可能兴趣不大。

甲　好吧，既然他未必肯去，我们就别邀请他了。

b. 甲　我看今天是不行了。

乙　要是明天有可能呢？

甲　既然明天有可能，我们就再等一天吧！

推断的根据仅仅来自主观的估测，实际上具有假设性。以b来说，乙用“要是”，甲也可以用“要是”，但甲却选用了“既然”。这是通过据实句式来表明在主观视点上已经以虚当实。再看一例：

(8) 保长肯定受了许长生的贿，……既然这样，他决不会肯卸面子。(陆涛声《庆生伢的财运》)

“这样”指“保长肯定受了许长生的贿”，只是一种估测。不用“如果”，而用“既然”，这就化虚为实了。

第二，质疑性推断。

姑且认为某个说法、某种情况为事实，通过推断对其真实性表示怀疑甚至否定。例如：

(9) 我常常自问：既然爸爸是坏蛋，那么什么样的人才是好人呢？

(10) 我惊愕地望着她：既然这几年她真的有了属于她的星座，她为什么不拒绝调来这个农场呢？

这两例的据实性也是句式所规定的。如果改用假设句式，据实性就会消失：

(11) 我常常自问：如果爸爸是坏蛋，那么什么样的人才是好人呢？

(12) 我惊愕地望着她：如果这几年她真的有了属于她的星座，她为什么不拒绝调来这个农场呢？

【例证二】“虽然 A，但是 B”句式

这是典型的据实句式。但是，就实际情况而言，A 有时带有或然性。一种带有或然性的情况，是表述为“虚”还是表述为“实”，特定句式的规约性起着关键的作用。比较：

a. 甲　我的建议会怎么样？
　　乙　有可能遭到否决。
　　甲　即使有可能遭到否决，我还是要提出来。

b. 甲　我的建议会怎么样？
　　乙　有可能遭到否决。
　　甲　虽然有可能遭到否决，我还是要提出来。

带或然性的“有可能遭到否决”，若进入“即使……”的格式框架，是被作为虚拟的情况来强调；但一进入“虽然……”的格式框架，便被规约为事实，表明说话人在视点上已把“有可能”本身当成事实，这样，“或然”便转化成了“实然”。

(三) 顺和逆

“顺”指顺列，“逆”指逆转。

复句句式，从前后分句之间的关系看，有的表示逆转关系，有的不表示逆转关系。表示逆转关系的，是逆转句式；跟逆转句式相对而言，不表示逆转关系的是顺列句式。比如“虽然 A，但 B”和“即使 A，也 B”等是逆转句式，“既然 A，就 B”和“既 A，又 B”等是顺列句式。如果把客观实际和句式上标明的顺或逆联系起来考察，也可以发现，有的时候两者并不完全一致。

1. 在顺列句式中，A B 间主观上表述为顺，客观上未必全顺。

【例证一】并列句式中隐含逆转

一面挥着手巾，一面高声叫喊。

一面笑脸相迎，一面暗暗诅咒。

“一面 A，一面 B”是典型的并列句式。前一例，句式上标示为并列关系，实际上也是典型的并列关系。后一例，句式上标示为并列关系，实际上却隐含着逆转关系。后一例可以改用逆转句式，可以加上“但、却”之类转折标。

差不多各类并列句式都有类似的情况。说话人采用并列句式，是由于表述时特别看重两种情况的并存，而不想强调出两种情况之间的逆转关系。例如：

“又 A，又 B”：

(13) 又想买首饰，又声明没有钱，这是什么意思？（蒋子龙《子午流注》）

(14) 崔贤对张希亮是七分提防，三分敬重。又靠这座山，又躲着山上的荆棘。（王中才《龙凤砚》）

“既 A，又 B”：

(15) 我很矛盾，既想与她结婚，又怕与她结婚。（刘建农《妻很美》）

(16) 对于人的处理问题取慎重态度，既不含糊敷衍，又不损害同志，……（毛泽东《学习和时局》）

“既 A，也 B”：

(17) 我既不想赞美这种近乎荒唐的姻缘，也不愿在此时此刻

用激烈的言词破坏她的心境。（王恒信《少女三岔路》）

（18）美国既可以说好客，也可以说不好客，它既不欢迎人来，也不反对人来。（钟道新《超导》）

【例证二】递进句式中隐含逆转

他不但能够把你捧上去，而且能够让你任要职。

他不但能够把你捧上去，而且能够把你拉下来。

“不但 A，而且 B”是典型的递进句式。前一例，句式上标示为递进关系，实际上也是典型的递进关系。后一例，句式上标示为递进关系，实际上却还隐含逆转关系。后一例 A B 之间的关系，可换个表述方法：“他能够把你捧上去，但又能够把你拉下来。”这就成为转折句。再看这个例子：

（19）小白同志，你看我这个团中央书记，不但做促进工作，还做你的“促退”工作。（从维熙《黄金岁月》）

前后分句实际上隐含着逆转关系：我的职责是做促进工作，现在却做你的“促退”工作。｜我做大家的促进工作，却做你的“促退”工作。说话人选用“不但……（而且）……”的句式，是想幽默地强调出工作范围的扩大，而不想强调出 A B 之间的逆转关系。

【例证三】假设句式中隐含逆转

如果你是牛郎，我就是织女。

如果你是老虎，我就是武松。

“如果 A，就 B”用来标示假设与推断之间的关系。一般地说，其 A B 关系实际上是顺承的，而不是逆接的。但是，如果利用“如果……就……”句式来造成假言对照，对照的 A B 之间实际上存在两种情况：有的是一般的并列关系，有的却具有逆转性。这两例，去掉“如果……就……”，“你是牛郎，我是织女”是一般的并列关系，“你是老虎，我是武松”却隐含逆转关系，可以说成“你是老虎，我却是武松！”再看这个例子：

（20）如果说《新星》主要还是一部现实主义作品的话，那么《昼与夜》已经吸收了当代文学的最新成果，把“现实主义”现实

化了。(徐明旭《论〈新星〉〈夜与昼〉的政治、文化价值》)

假设推断的关系是由“如果说……的话，那么……”这一句式所赋予的。A B之间实际上隐含着逆转关系，可以采用转折句式来表达：

(21)《新星》主要还是一部现实主义的作品，《夜与昼》却已经吸收了当代文学的最新成果，把“现实主义”现实化了。

2. 在逆转句式中，A B间主观上确认为逆，客观上未必全逆。

【例证一】逆转句式中隐含并列

她比根林聪明，根林却比她成熟。

她比根林聪明，根林比她成熟。

前一例才是逆转句式，但如果抽掉转折标志“却”，成为后一例，A B之间的关系便可以理解为并列。

并列项之间具有一定的相互对待的差异性。由于说话人在表述时特别看重这种差异性，于是才采用逆转句式来加以强调。看几个实际用例：

(22) 两个年轻女子站在一起，一个如出水芙蓉，一个却艳如桃花，引得路人不时侧目而视。(殷慧芬等《亚韵》)

(23) 我虽是君，他可是师，你道朕连这个都不知吗？(二月河《康熙大帝》)

(24) 醋坛里有一只本已干枯了的五色蛤蟆，虽然比拳头还细小，但却相貌丑恶，令人一看就想呕吐。(金庸《卧龙记》)

去掉这些例子中的转折标志，剩下“一个如出水芙蓉，一个艳如桃花”，“我是君，他是师”，“比拳头还细小，相貌丑恶”，前后项之间既是并列的又是相对待的。说话人采用逆转句式，强调其相对待的一面，是主观视点在起作用。

【例证二】逆转句式中隐含递进

这孩子智力超人，但却谦虚谨慎。

这孩子不仅智力超人，而且谦虚谨慎。

前一例用逆转句式，但若去掉转折标志“但却”，添上递进标志“不仅……而且……”，便成为后一例，即递进句式。

采用逆转句式，是表述者着眼于A B的对立性；采用递进句式，是表述者着眼于A B的并存性和级层性。这就是说，A B之间的关系，从客观实际看，并非跟逆转句式存在着必然的联系，并非一定得用逆转句式来表达才行。再举几例：

(25) 洪承畴……虽然立了极大功劳，却一向小心翼翼。(二月河《康熙大帝》)

(26) 他摇了摇头，心中疑窦丛生，却又百思不得其解。(二月河《康熙大帝》)

(27) 肥娘道："对于整个事情，你们所知道的究竟有多少？"方孟海摇摇头，道："所知不多，但却紊乱得很。"(金庸《卧龙记》)

这几例都可以改用递进句式："立了极大功劳，而且一向小心翼翼"，"心中疑窦丛生，而且百思不得其解"，"所知不多，而且紊乱得很"。

【例证三】逆转句式中隐含因果

要赚就要赚大的，但是不能随便露底。

要赚就要赚大的，因此不能随便露底。

前一例用逆转句式，后一例用因果句式。这表明，A与B在句式上可以反映为转折关系，也可以反映为因果关系。这也表明，从客观实际看，A与B的关系是顺逆不定的。

究竟选用逆转句式还是选用因果句式，决定于说话人的心态和受心态所影响的视点。前一例用逆转句式，是因为说话人特别看重必须注意计划的周密、行动的稳妥，带有明显的提醒性和警告性，强调了"否则就挫折"之类的逆反性结果。再观察下面这个例子：

(28) 她希望逢着一个可以把一切献给自己的男人，但她却不能轻易把自己交付给他。(苏叔阳《故土》)

这个例子也可以改说成：

(29) 她希望逢着一个可以把一切献给自己的男人，因此她不能轻易把自己交付给他。

两个例子句式不同，反映的心态和视点也不同。前一例等于说："她希望逢着一个可以把一切献给自己的男人，但是，她虽然认为他是这样的男人，却不能轻易把自己交付给他。”后一例等于说：“她希望逢着一个可以把一切献给自己的男人，但是，她还不能肯定他是不是这样的男人，因此她不能轻易把自己交付给他。”可见，例（28）用逆转句式，是在表述者看来，“她”已经倾向于信任“他”；例（29）用因果句式，是在表述者看来，“她”还不信任“他”。

（四）双视点

一般复句格式只标示一种关系，所反映的主观视点都是“单视点”。但是，有的时候，正如上节讲关系词语时所说的，作为格式标志的关系词语可以“复现强调”，同时标示出两种关系。这时，复句的语义关系为复句句式的复现形式所规约，反映了说话人的“双视点”。已经提到两种标志复现现象：

1. “既……，但/却又……。”

（“既……又……”＋“但/却”）

2. “一方面……，但另一方面却……。”

（“一方面……另一方面……”＋“但/却”）

再提几种标志复现现象：

3. “既……，但/却也……。”

（“既……也……”＋“但/却”）例如：

既有天伦之乐，但也有纠纷烦恼。

既有天伦之乐，却也有纠纷烦恼。

4. “一面……，但一面却……。”

（“一面……一面……”＋“但/却”）例如：

一面摆酒接待，一面却派人报告警察局。

一面摆酒接待，但一面又派人报告警察局。

5. “一边……，但一边却……。”

（“一边……一边……”＋“但/却”）例如：

一边不停地说恭喜，但一边随时准备拔出手枪。

一边不停地说恭喜，却一边随时准备拔出手枪。

一边不停地说恭喜，一边却随时准备拔出手枪。

6. “不但不……，却（反而）……。”

（“不但不……（反而）……”＋“却”）例如：

不但不害怕，却反而显得更加执拗了。

不但不害怕，相反却显得更加执拗了。

7. “如果（说）……，(那么）却……。”

（“如果（说）……（那么）……”＋“却”）例如：

如果说过去还有点糊涂，那么今天却已经是完全清醒了。

如果过去还有点糊涂，今天却已经完全清醒了。

8. “既然……，却……。”

（“既然……（就）……”＋“却”）例如：

既然解决不了问题，为什么却还要累死累活地干呢？

既然解决不了问题，却为什么还要累死累活地干呢？

标志复现现象，从一个侧面反映复句格式的多样性。这一点，下一节再作进一步的讨论。

主要参考文献

[1] 洪心衡. 复句的区分 [M]//汉语词法句法阐要. 长春：吉林人民出版社，1980.

[2] 洪心衡. 单句、复句之间的几种句式 [M]//汉语词法句法阐要. 长春：吉林人民出版社，1980.

[3] 王维贤. 论转折句 [M]//中国语言学报：第 4 期 [M]. 北京：商务印书馆，1991.

[4] 武克忠. 汉语常用虚词词典 [M]. 杭州：浙江教育出版社，1992.

[5] 田小琳. 语法和教学语法 [M]. 郑州：河南教育出版社，1990.

[6] 陈建民. 汉语口语 [M]. 北京：北京出版社，1984.

[7] 龚千炎. 现代汉语的假设让步句 [M]//语言文字探究. 北京：北京语言学院出版社，1994.

[8] 林杏光. 复句与表达 [M]. 中国物资出版社，1986.

[9] 周换琴. “不但……而且……”的语用分析 [J]. 语言教学与研究，1995 (1).

[10] 汪国胜. “既然”句的前提及推论形式 [J]. 荆州师专学报（哲学社会

科学版)，1994 (1).

[11] 丁力．毛泽东著作中的选择问复句 [M]//毛泽东著作语言论析．武汉：湖北教育出版社，1993.

[12] 邢福义．汉语复句格式对复句语义关系的反制约 [J]．中国语文，1991 (1).

第四节　复句句式的多样性

一　句式语义关系的多样性

复句句式所包含的语义关系，有的并不只是单纯的原因与结果、推断与结论之类的关系。这反映复句句式在语义关系上具有多样性。以“与其 A，不如 B”和“越 A，越 B”这两种句式为例，略加分析。

(一)“尚且 A，何况 B”句式

这是一种据理逼进句式。例如：

总经理尚且受冷落，何况他仅仅是个小秘书！

大专家的著作尚且难以出版，何况你我的东西！

一方面，这一句式具有反逼递进性。它表示以一层意思为基点向相比之下不值一提的另一层意思反逼推进。后分句往往出现标示有所递进的“更”字，形成“尚且……更何况……”的形式。例如：

总经理尚且被冷落，更何况他仅仅是个秘书！

大专家的著作尚且难以出版，更何况你我的东西！

跟典型的递进句式“不但……而且……”相比较，“不但……而且……”是以层递方式表示“由浅入深”，“尚且……何况……”则是以层递方式表示“以深证浅”。“尚且”是逼进预递词，“何况”是逼进承递词。不管是“尚且”和“何况”成对出现，还是“尚且”单独出现，“何况”单独出现，都可以保证据理逼进句式的成立。例如：

大人尚且搬不动，何况你这个小家伙！

大人都搬不动，何况你这个小家伙！

大人尚且搬不动，你这个小家伙怎么能行！

另一方面，这一句式具有据理推断性。所谓“以深证浅”，指的就是以“深”的方面作为理据，对“浅”的方面做出推断，加以证明。正因为具有推断性，这一句式又跟因果推断句“既然……就……”相通。例如：

大专家的著作尚且难以出版，更何况你我的东西！

→ 既然大专家的著作都难以出版，你我的东西自然更难出版了！

大人尚且搬不动，你这个小家伙怎么能行！

→ 既然大人都搬不动，你这个小家伙怎么能行！

这一句式跟“既然……就……”的不同之处，最根本的是使用了预逼词“尚且”和承逼词“何况”。其次，是“何况……”分句往往使用反问句，反问句里只出现跟前分句相比较的人物、时间、处所或对象，要求省去跟前分句里相比较的具体内容。例如：

他尚且如此放肆，何况他那蛮不讲理的姐夫！

他在这儿尚且如此放肆，何况在别的场合！

他在这时候尚且如此放肆，何况在别的时候！

他对指导教师尚且如此放肆，何况对我们！

第一例，只说出跟前分句相比较的施事；第二例，只说出跟前分句相比较的处所；第三例，只说出跟前分句相比较的时间；第四例，只说出跟前分句相比较的对象。

综合两方面看，这一句式是介于递进句和推断句之间的一种句式。语法书上通常把这一句式归入递进句式，这没有什么不可以，但也应该知道它的特殊性。

“别说”一词，有时用在前分句，大体相当于“不但”，整个复句表示“由浅入深”，属于典型递进句；有时用在后分句，大体相当于“何况”，整个复句表示“以深证浅”，属于据理逼进句。比较：

别说发表小文章，专著他都出版过！

= 不但发表小文章，专著他都出版过！

专著他都出版过，别说发表小文章！

= 专著他都出版过，何况发表小文章！

(二)"越A，越B"句式

这是一种条件倚变句式。也可以说成"越是……越是……"或"愈……愈……"。例如：

越老实，越受欺负。

爬得越高，摔得越重。

一方面，这一句式表示充足条件关系，大体相当于"只要……就"。例如：

爬得越高，摔得越重。

→ 只要爬得越高，就会摔得越重。

另一方面，这一句式还标示倚变关系。"越A"表示的是一个无限变异的条件或依据，"越B"表示的是相应产生的一个无限变异的结果。二者之间的倚变关系是成比例的：或者共增共减，正比倚变，或者一增一减，反比倚变。例如：

时间越长，成功的可能性越大。(正比倚变：长—大)

时间越短，成功的可能性越小。(正比倚变：短—小)

时间越长，成功的可能性越小。(反比倚变：长—小)

时间越短，成功的可能性越大。(反比倚变：短—大)

一般把这一句式归入条件句，靠向"只要……就……"，这是可以的。不过，应该知道这一句式具有倚变性的特点。此外，以下两点还需注意。

第一，条件倚变句式有时形成连环形式。或者"顺环"：越X，越Y，(越Y，)越Z；或者"反环"：越X，越Y，越Y，越X。例如：

越高兴，越着急，越着急，也就越结巴。(顺环)

越高兴，越着急，也就越结巴。(顺环简省式)

心里越烦，越做不好，越做不好，心里越烦。(反环)

第二，条件倚变句式里有时出现转折词"却"，形成标志复现形式。例如：

(1) 真奇怪，时间愈长，你在想象中却离我越近。(关鸿《寄远方》)

（2）他这人也怪！人家越冷淡他，他却越亲热。（徐绍武《孀居》）

（3）人的感情实在是个复杂的函数，我愈是躲避袁野，心里却愈是更多地想到他。（奚青《天涯孤旅》）

能不能加上转折词“却”，跟倚变的“常态”和“异态”有关。常态倚变，是从某一条件出发，倚变的结果符合正常情况。在这种情况下，结果和条件顺承，没有转折性。异态倚变，是从某一条件出发，倚变的结果不符合正常情况。在这种情况下，结果和条件相悖，有转折性。例如：

越鼓励他，他越高兴。

越鼓励他，他越恼火。

前一例是常态倚变，后一例是异态倚变。

凡是异态倚变，只要有强调的必要，都可以加上“却”。这时，句式上就反映出双视点，既表明条件倚变，又表明甲乙两事之间存在逆转性。例如：

（4）父亲越是对自己这样亲切，赵大川越感到内疚。（顾笑言《洪峰通过峡谷》）

（5）报上越是这样宣传，我心中那些莫名其妙的烦恼就越深重。（雁宁《回答》）

这两例都可以加“却”：“父亲越是对自己这样亲切，赵大川却越感到内疚。”“报上越是这样宣传，我心中那些莫名其妙的烦恼却越深重。”

二　句式下位形式的多样性

上位、下位是相对的概念。某种句式，对于大句式来说是下位形式，对于小句式来说是上位形式。汉语复句句式的多样性，还反映在有标特定句式具有多样性的下位形式上面。以“更”字复句句式和“一A，就B”句式为例，略加分析。

（一）“更”字复句句式

“更”字复句句式，指用“更”字标示递进关系的复句句式。“更”是程度副词，在“更”字复句中，它既表示程度，修饰VP/AP，又标示关系，表明 A B 之间具有递进关系。

从下位形式看，“更”字复句有以下几种。

1. “A，更 B。”

这是单纯的“更”字复句。句式中，只在前后分句之间出现标示递进关系的“更”字，前分句不出现别的关系词语。后分句如果出现主语，“更”字总是用在主语后边，紧靠 V P/A P。例如：

我爱北京，我更爱今天的北京。

他书法很好，山水画更画得出神入化。

这几天她不说不笑，更不吵不闹。

我不让他知道，更不会让你知道。

发现一个好作者不容易，培养一个好作者更不容易。

以上五例，实际上代表“更”字复句在语义关系上的五种情况。

所有单纯的“更”字复句，都呈现出如下特点：

第一，“更”字联结前后关系项，前关系项和后关系项在一个复句里同现。如第一例，“更”字联结前关系项“我爱北京”和后关系项“我爱今天的北京”；又如第二例，“更”字联结前关系项“他书法很好”和后关系项“(他) 山水画画得出神入化”。句子里，要是不同时出现“更”字的前后关系项，不可能构成“更”字复句。比方“这一带地形复杂，更需要小心谨慎。”这不构成“更”字复句。

第二，用“更”联结的前后关系项，在语义上具有类同性，在形式上具有一定的对称性。以上五例全都如此。如果“更”字前后找不到具有类同性和对称性的两个语言形式，不可能是更字复句。比方“他这么一说，我更紧张了”，这不是“更”字复句。

第三，“更”字关联的两个语言形式，必须在句法上都成为分句。以上五例，前后两项都具有分句的资格。如果“更”字关联的两个语言形式并非都成为分句，即使它们具有类同性和对称性，也不是“更”字复句。比方“本来多白的眼睛，现在更白得怕人”，这里“更”关联“本来多白”和“现在白得怕人”，但前者只是“眼睛”的定语，不是分句，因此整个是“主语＋谓语”的单句，而不是“分句＋分句”的复句。

2. “不但 A，更 B。”

前分句出现“不但”之类，构成“不但……更……”的格式。这是“更”字复句的一种非单纯形式。

“不但”之类是预递词；“更”不一定跟递进关系相联系，但在“更”字复句可以成立的情况下又标示递进关系，可以认为是准承递词。由于先用“不但……”，接着再用“更……”，递进级层的由低到高就十分清楚。这是一种承传型的典型递进句式。例如：

你不但害了你自己，更害了我们大家！

这篇报道不但叙写了他的一生，更能反映出他的内心世界。

上例的“不但……更……”相当于“不但……而且……”。

单纯“更”字复句，有的可以向“不但 A，更 B”格式转化。转化的条件是 A B 之间可以产生级层关系。例如：

他书法很好，山水画更画得出神入化。

→ 他不但书法很好，山水画更画得出神入化。

在“不但……更……”格式中，递进级层的高低往往反映客观存在的实际情况，反映客观存在的逻辑联系，不能随便颠倒。比如：

他不仅学会了英语，更能用英语写小说。（十）

他不仅能用英语写小说，更学会了英语。（一）

但是，有的时候，递进级层的高低只反映表述者的主观视点，取决于表述者的心态或看法。在这种情况下，前后项不一定不能颠倒。比较：

不仅有必要学法语，更有必要学德语。

不仅有必要学德语，更有必要学法语。

前一例反映表述者特别强调学德语，后一例反映表述者特别强调学法语。

3. “既 A，更 B。”

前分句出现“既”，构成“既……更……”的格式。这是“更”字复句的另一种非单纯形式。

“既”和“又/也”结合使用，标示并列关系。“既”和“更”结合使用，便标示出并列中有递进，表明在列举的两个方面情况中着意强调突出第二个方面。这是一种突举型递进句式。例如：

既要多出成果，更要注意身体健康。

他既不是我的同学，更不是我的好朋友。

上例的“更”可以改成“又/也”：“既要多出成果，又要注意身体健康。”“他既不是我的同学，也不是我的好朋友。”但一旦改掉“更”字，分句间的递进关系便随之消失。

单纯的“更”字复句有的可以向“既A，更B”的格式转化。例如：

这几天她不说不笑，更不吵不闹。

→ 这几天她既不说不笑，更不吵不闹。

“既A，更B”有时可以说成“不但A，更B”。但前分句用“既”，更能表明A是一个方面，B是另一个方面。看这个例子：

(1) 对偏正式的合成词，既要了解两个字的意义，以帮助我们掌握词义，更要了解整个词的意义，不能只从字面上去了解。(初中语文课本第一册《双音的合成词》)

上例也可以说成“不仅要了解两个字的意义，更要了解整个词的意义，……”。不过，前分句用“不仅”和用“既”相比较，后者更强调了“了解两个字的意义”代表一个方面的要求。可以说，既强调多面，又突出一面，这是“既……更……”的独特作用。

语言运用中，常见“既……又……更……”和“既……也……更……”的形式。这样的复句包含三个分句，第一第二分句并列，到第三分句递进一层，于是形成了既有并列又有突举的句法。例如：

既有喜悦，也有辛酸，更有说不清道不明的惆怅。

既有喜悦，又有辛酸，更有说不清道不明的惆怅。

“既……也……更……”和“既……又……更……”也有区别。比较可知：“也……”是并列的弱项，有补说的作用，从“既……也……”到“更……”是补说之后作突举性的递进强调；“更……”是并列的强项，有强调等立的作用，从“既……又……”到“更……”是做等立强调之后再做递进强调。

4. “连—也A，更B。”

前分句出现“连—也”之类，构成“连—也……更……”之类的格式。这是“更”字复句的第三种非单纯形式。例如：

连鲢鱼也看不到，更不可能买到鳊鱼了。

连写信都有困难，写文章更不行了。

这类“更”字复句既有递进性又有推断性，在语义关系上跟“尚且……何况……”相通。因此，如果从语义关系的角度来归类，可以认为是推断反逼型递进句。例如：

连鲢鱼也看不到，更不可能买到鳊鱼了。

→ 鲢鱼尚且看不到，更不可能买到鳊鱼了。

→ 鲢鱼尚且看不到，更何况鳊鱼？

连写信都有困难，写文章更不行了。

→ 写信尚且有困难，写文章更不行了。

→ 写信尚且有困难，更何况写文章？

一部分单纯的“更”字复句可以转化为“连—也……更……”形式的反逼递进句。转化的条件是A对B具有反逼性，A B之间存在“由于A，自然更B”的蕴含关系。比如：

我不让他知道，更不会让你知道。

→ 我连他都不让知道，更不会让你知道。

实际语言运用中，常见类似的现象：

(2) 咱们……不理解改革的难处，更体会不到阻力有多大。(郑万隆《明天，再见!》)

这一例也可以说成：咱们连改革的难处都不理解，更体会不到阻力有多大。

5. “固然A，更B。”

前分句出现“固然”，形成“固然……更……”的格式。这是“更”字复句的第四种非单纯形式。例如：

爱情固然令人销魂，权力更令人向往。

这种阵势我固然见所未见，更是闻所未闻。

在“固然……更……”格式中，“固然”用于前分句，表示确认，衬托后分句；后分句通过“更（更加）”把意思推进一层，强调出程度更高的另一情况。这是一种确认型递进句。

有的“固然……更……”隐含转折性，可以加上转折词。例如：

爱情固然令人销魂，权力更令人向往。

→ 爱情固然令人销魂，权力却更令人向往。

分句间不用转折词，“更”起承递作用，整个复句在语势上比较强调递进；如果出现转折词，转折关系便被显示了出来，整个复句便成了明显的让步句。再看这个例子：

(3) 下头儿固然不可过于冒犯，上头儿更不能得罪。（苏叔阳《故土》）

这是隐含转折性的确认型递进句，可以加上转折词，使之成为明显的让步句：下头儿固然不可过于冒犯，上头儿却更不能得罪。实际语言运用中，常见这样的既用“更”字又用转折词的例子。如：

(4) 这周围八百里的梁山泊，这被压迫者的“圣地”的梁山泊，固然需要一双铁臂膊，却更需要一颗伟大的头脑。（《茅盾文集》第7卷）

有的“固然……更……”不含转折性，不能加上转折词，“固然”或者可以替换为“不仅”，或者可以替换为“尚且”。例如：

这种阵势我固然见所未见，更是闻所未闻。

→ 这种阵势我不仅见所未见，更是闻所未闻。

看两个实际用例：

(5) 此去山西五台山，这条路固然从未走过，前途更是一人不识。（金庸《鹿鼎记》）

(6)（茅兄身上有伤，显不出真功夫。）老朽打赢了固然没什么光彩，打输了更是没脸见人。（金庸《鹿鼎记》）

前一例，可以说成：“这条路不仅从未走过，前途更是一人不识。”后一例，可以说成："老朽打赢了尚且没什么光彩，打输了更是没脸见人。"这两例之所以不用"不仅"或"尚且"，而用"固然"，是为了加强确认的语气。

单纯的"更"字复句，有的可以向"固然……更……"的形式转化。转化的条件是 AB 两项在相互比较中存在程度差异的对立性。例如：

发现一个好作者不容易，培养一个好作者更不容易。

→ 发现一个好作者固然不容易，培养一个好作者更不容易。

看两个实际用例：

(7) 看来我不太了解吴尘，吴尘更不了解我。(刘建农《妻很美》)

(8) (这一年多在香港的个人遭际，三哥那一封封热情中夹着冷嘲的信，都使我感到，) 祖国需要我，我更需要祖国啊！(陈伯坚《香港小姐》)

这两例都可以在前分句添加"固然"：我固然不了解吴尘……｜固然祖国需要我……。

(二) "一 A，就 B" 句式

"一 A，就 B" 表示 A B 行为紧接，前后分句之间有时是条件关系，有时是连贯关系。例如：

一接到通知，他就会立即赶来的。(条件关系)

一坐下，她就趴在办公桌上哭了起来。(连贯关系)

"一 A，就 B" 前头有时出现特定形式词"刚、从、这么、只要"等，形成了"刚一 A，就 B""从 A，就 B""这么一 A，就 B""只要一 A，就 B"等形式。它们都是"一 A，就 B"的下位形式，其中的特定形式词强调出某种特定的语义关系。

1. "刚一 A，就 B。"

这是时点强调式。强调 A 于始发点同 B 紧接。例如：

吴尘刚一沾地，就顺势滚到了路边的沟里。

吴尘刚一进城，就把城里人的派势都学会了。

时点有大有小。始发点可以是行为发生的头一两秒钟，也可以不限于头一两秒钟。不管怎样，由于“一……就……”已构成紧锁格局，强调间不容发，再加“刚”便给人以极为迅速的感觉。

“刚一A，就B”中，B里往往可以加上“立即”。“刚一……就立即……了”可以说是时点强调式的具有区别性特征的形式。比如：吴尘刚一进沾地，就立即顺势滚到路边的沟里了。

“刚一A，就B”一般反映一次性的已然行为。即：

某个时候，刚一A，就B。

但如果同样的行为在同样的情况下多次反复，每个时候都如此，就会变成带规律性的现象。即：

甲时候，刚一A，就B。

＋乙时候，刚一A，就B。

＋丙时候，刚一A，就B。……

＝每每刚一A，就B。

这就是说，“刚一A，就B”有时也可以表示对反复多次成为规律的行为的总括。句子里一般出现“每”字。如：

(9) 每天清晨，溯源阁刚一开门，便会迎来不少顾客。(魏润身《私情》)

这类句子所做的概括，自然是根据过去多次出现的已然事实，但由于它说的是带有规律性的现象，因此意味着将来也会这样。换句话讲，它是总结已然，但也指向未然。

2.“从一A，就B。”

这是时段强调式。强调A自始至今同B紧接。例如：

从一见面，我就喜欢这个叔叔。

从一过门，她就巴结着干活。

“从一A”表明时段的起点，可以加“起”，说成“从一A起”：从一见面起，……｜从一过门起，……；时段的终点是隐含的，略带模糊性，可以肯定“至今”或“到说话时”仍然如此，但不排斥以后还会如此。

“从一 A，就 B”反映已然行为，其中的 A 和 B 都具有延伸性。如果 A 或 B 不具有延伸性，这一句式不能成立。如：

从一上车，他就闭目养神。(+)

从一上车，他就转身跳下。(-)

从一上车，他就瞟我一眼。(-)

第一例可以成立：“上车”有延伸性，人在车上；“闭目养神”也有延伸性。第二例不能成立：“上车”没有延伸性，人一上车就跳了下去，不在车上；“转身跳下”也没有延伸性。第三例也不能成立：人上车以后虽然一直在车上，但“瞟我一眼”只是迅速完成的行为，没有延伸性。跟“从一 A，就 B”不同，“刚一 A，就 B”不要求行为必须具有延伸性。如：

刚一上车，他就闭目养神。(+)

刚一上车，他就转身跳下。(+)

刚一上车，他就瞟我一眼。(+)

这三例全都能说。

由于“从一 A，就 B”强调自始至今的时段，它所表示的意思跟“刚一 A，就 B”有明显的不同。比较：

十年前参军。刚一参军，就当班长！

十年前参军。从一参军，就当班长！

前一例用“刚”强调时点，是说开始就如此，偏于褒：有板眼！后一例用“从”强调时段，是说从开始到现在一直如此，偏于贬：没出息！

“从一 A，就 B”里的 B，含有“一直如此”的意思，其否定说法是“(一直) 没……过”。“从一……就一直……”和“从一……就没……过”，可以说是时段强调式的具有区别性特征的形式。如：

从一上车，他就一直坐着。

→ 从一上车，他就没走动过。

从一见面，我们就一直争吵。

→ 从一见面，我们的争吵就没停止过。

3. “这么一 A，就 B。”

这是情态强调式。强调 A 在特定情况状态下同 B 紧接。例如：

（我想……）这么一想，气就消了。

（她说……）这么一说，我就只好不走了。

“这么一 A”一般有先行句。“这么”指代和统括特定的情况状态，所指的具体内容见于上文。比如上面两例，具体怎么“想”，具体怎么“说”，上文用省略号代表的部分作了交代。

“这么一 A”不考虑时点时段，而重在对情态的指示和统括。统括到最抽象的程度，就成为“这么一来”。这里的“来”虽是动词，但无实义。比如：我想……。这么一来，气就消了。｜她说……。这么一来，我就只好不走了。看两个实际用例：

(10)（这两件事加起来，李书记就给我扣了帽子，……）这么一分析批判，就把我到手的房子批判走了。（程树榛《人约黄昏后》）

(11)（事有凑巧，……）这么一来，他便有些惶惶然了。（徐孝鱼《山风》）

前一例，可以说成“这么一来”；后一例，直接用了“这么一来”。

这一句式通常指已然事实。“这么一 A”和“就 B”之间存在因果联系，A 对 B 具有使成性。说“这么一 A，就 B”，等于说“由于这么一 A，就”。例如：

(12)（算了算了，……大姐你情愿背那丑名声就自家背去，……）这么一赌气，以后麦妹就再也不管大姐的事了。（吴雪恼《姐妹仨》）

上例等于说：由于这么一赌气，以后麦妹就……。

这一句式有时也表示对未然结果的推断。“这么一 A”和“就 B”之间存在根据和推断的联系。如：

(13) 要不是早年练过武艺，有身好骨头，这么一折腾，没准就归了西。（王健和《天下第一吃》）

4. “只要一 A，就 B。”

这是条件强调式。强调 A 作为特定条件同 B 紧接。例如：

只要一倒手，几十万票子就哗啦啦淌来了。

只要一下雨，我的腰就十分疼痛。

“只要一 A”和“就 B”之间的条件性紧接，有两类：

第一，假言预测的。“只要”可以换成“如果”，不能换成“每当/每逢”。比较：

如果一倒手，几十万票子就哗啦啦淌来了。(+)

每逢一倒手，几十万票子就哗啦啦淌来了。(-)

语言运用中，“只要一……就……”和“如果一……就……”都常见。例如：

(14) 主任，让我们暂时上白班，只要一抓住流氓，我们就恢复倒班。(朱纯林《一桩毁容案的报告》)

(15) 同志们，我们的任务是艰巨的，我们推车时，如果一不小心，就会掉下去。(何亚京《蜀道行》)

前一例用“只要一……”，可以说成“如果一……”；后一例用“如果一……”，可以说成“只要一……”。

用“只要”，是把某种假设情况作为特定条件来强调。如果只需要提出一个假设，作为推断结果的前提，那么，不必用“只要”，而用“如果”。例如：

(16) 如果一败，事情就将成定局，为父的纵然三头六臂，也无回天之力了。(袁浪《烟波黄鹤怨》)

显然，说话人偏重于对假设情况的预测，而不着意强调条件。

第二，据实总括的。“只要”可以换成“每当/每逢”。比较：

只要一下雨，我的腰就十分疼痛。(+)

每逢一下雨，我的腰就十分疼痛。(+)

语言运用中，“只要一……”和“每逢一……”之类都常见。例如：

(17) 我们移民队走到哪里，歌就唱到哪里。只要我们一唱，男男女女、老老少少就立时把我们围起来。(李增正《〈东方红〉的故事》)

(18) 时间长了，每逢怀西往旁边一蹲，老喇嘛就递给他一张

小氆氇。（佘学先《人不是候鸟》）

前一例用“只要一……”，可以说成“每当一……”“每逢一……”；后一例用“每逢一……”，可以说成“只要一……”。用“每当/每逢”，是强调事实每每如此，成了规律；用“只要”，是把每每如此的带规律性的事实作为特定条件来强调。因此，“每当、每逢”和“只要”有相通之处。

表示据实总括的“只要一……就……”，其中的“只要”有时也能换成“如果”。这要分三点来说：

a. 所说的事尽管多次反复，但只是偶然巧合。这时“只要”不能换成“如果”。如：

只要一搬家，天就下雨。真怪！（十）

→ 如果一搬家，天就下雨。真怪！（一）

b. 所说的内容针对眼前现象，特指当时发生的带规律性的事实。这时“只要”不能换成“如果”。如：

看看，只要一下班，他的精神就来了。真不像话！（十）

→ 看看，如果一下班，他的精神就来了。真不像话！（一）

c. 泛说一般规律，既总括已然，也蕴含未然。这时“只要”不仅可以换成“每当/每逢”，也可以换成“如果”。如：

这一向，只要一不顺心，他就拿孩子出气！（十）

→ 这一向，每逢一不顺心，他就拿孩子出气！（十）

→ 这一向，如果一不顺心，他就拿孩子出气！（十）

三 句式标志复现的多样性

反映“双视点”的标志复现现象，在实际语言运用中是多种多样的。汉语复句句式的多样性，还表现在标志复现的多样性上。

（一）跨大类标志复现

跨大类标志复现，指标志所标明的关系跨属因果类和转折类，或者并列类和转折类，或者因果类和并列类。比方：

“既然……，却……。”跨属因果类和转折类。

“既……，但又……。”跨属并列类和转折类。

“只有先……，然后才……。”跨属因果类和并列类。

前两种情况已作介绍，举个第三种情况的例子：

(1) 只有自己首先不动摇，然后才能帮助动摇的人，克服人家的动摇。(刘少奇《论党内斗争》)

“只有……才……”，这是条件关系，属于因果类；“首先……然后……”，这是连贯关系，属于并列类。二者复现，便形成条件中套合有连贯的说法。

跨大类标志复现形式的使用，使因果、并列、转折三大类之间产生了相互套合、彼此渗透的错综状况。特别典型的现象，恐怕要算以“否则”为基础构成的一些句式。前面说过，“A，否则 B”是假转句式，属于转折类复句。有的时候，还可以看到以下复现形式。

1. “因为 A，否则 B。”

前分句出现“因为”之类，后分句出现“否则”，形成了跨属因果类和转折类的复现形式。例如：

(2) 她和沙马耳虎因为化了装，不然，进城难出城也难。(宇心《雾中鼓声》)

(3) 只因（几个年轻人）还不了解昨晚发生在松毛林子中的事，不然他会挨一顿好打。(宇心《冷子司棋》)

“因为”之类标示原因，“否则”之类标示逆转，“因为”之类和“否则”之类的复现形式明确地标示出事物之间已成事实的因果逆转的联系。这类例子表明，假转句式接纳了因果句式的渗透。再看一例：

(4) 美国人原来露出口风愿贷五千万元与我们，只是由于孔祥熙在其中作怪，否则……(鄢国培《巴山月》)

上例后分句并没有说出具体内容。仅仅一个“否则”，就标示并强调了接下去将要说出的一定是逆结果。如果改说成“只是由于孔祥熙在其中作怪，因此……”，尽管意思可以大致相同，但句法上便变成纯因果的表达了。

2. “除非 A，否则 B。”

前分句出现“除非”，后分句出现“否则”，形成了跨属因果类和转折类的复现形式。例如：

(5) 于书记还说，除非你到克山病区去，否则不会放你。(张抗抗《在丘陵和湖畔，有一个人……》)

(6) 报告会上除非被逼得没有办法，否则，还是隐晦一点为好吧。(曾德厚等《有意无意之间》)

“除非”标示条件，“否则”标示逆转，“除非”和“否则”的复现形式明确地标示出事物间条件与逆结果的联系。这类例子表明，假转句式接纳了条件句式的渗透。

这类说法所表示的条件，实际上有两类：

其一，需求性条件。前分句有“非这样不可”的意思，“除非 A，否则 B”可以说成“非 A 不可，否则 B”。如例 (5) 可以说成：你非到克山病区去不可，否则不会放你。又如：

除非你改掉恶习，否则我和你分道扬镳。

除非你坦白交代，否则我去揭发你！

上例的 A 是需求性条件，B 则从反面说明条件的决定性作用，同时强调出满足所说条件的绝对必要。“除非你改掉恶习”，等于说“你非改掉恶习不可”；“除非你坦白交代”，等于说“你非坦白交代不可”。

其二，析因性条件。前分句有“除了由于某种原因”的意思，“除非 A，否则 B”可以说成“除非因为 A，否则 B”。如例 (6) 可以说成：报告会上除非因为被逼得没有办法，否则还是隐晦一点为好。又如：

除非没赶上班车，否则他两点钟准到。

除非碰到了新的难题，否则张总不会这么着急。

上例的 A 是析因性条件，B 虽然也从反面说明条件的决定性作用，但真正用意不是强调必须满足所提的条件，而是强调结果的出现不受其他任何条件的影响。“除非没赶上班车”，等于说“除非因为没赶上班车”；“除非碰到了新的难题”，等于说“除非因为碰到了新的难题”。

3. “要么 A，否则 B。”

前分句出现“要么”之类，后分句出现“否则”，形成了跨属并列类和转折类的复现形式。例如：

(7) 要么是十六结婚，不然就拉倒。(黄钢《野花瓣儿》)

“要么”之类直接标示选择，“否则”之类标示逆转后有选择，“要么”之类和“否则”之类的复现形式明确地标示出事物之间选择中有逆转、逆转中有选择的关系。“要么A，否则B”也可以说成“要么A，要么B”：要么十六结婚，要么拉倒。但是，“要么A，要么B”是并举两个选择项，而“要么A，否则B”则是通过具有逆转作用的“否则”之类表明B项具有补说性质，基本意思在A项。这类例子表明，假转句式接纳了选择句式的渗透。

从内部关系看，“要么A，否则B”有两类：其一，A、B之间存在条件和结果的对立；其二，A、B之间是一般的并立关系。如上例，A、B之间存在条件和结果的对立：“十六结婚”是条件，“拉倒”是结果。再比较：

要么照我的意思办，否则，我饶不了你！

要么照我的意思办，否则，照你三哥的意思办！

“照我的意思办”和“我饶不了你”之间是条件和结果的对立，“照我的意思办”和“照你三哥的意思办”之间是一般的并立关系。

“要么”之类有时不只出现一次。结果，形成了三种说法：

第一，“要么A 1，要么A 2，否则B。”例如：

要么本月十六结婚，要么下月十六结婚，不然就拉倒！

第二，“或者A 1，或者A 2，否则B。”例如：

或者把节目提前，或者增加工资，否则我辞职不干！

第三，“不是A 1，就是A 2，否则B。”例如：

不是老孙去，就是李同去，否则，干脆请主任出马！

以上三种说法是相通的。在这样的说法里，“否则B”作为一个选择项的补说性质更加明显。

(二) 跨小类标志复现

跨小类标志复现，指标志所标明的关系在因果类内部、并列类内部或者转折类内部的小类之间有所跨属。

并列类内部的跨小类标志复现形式，可以“既……更……”为代表。这一说法套合了并列句式和递进句式。

因果类内部的跨小类标志复现形式，可以“要不是因为……就……”为代表。这一说法，在假设句式里套入了因果句式。例如：

(8) 要不是因为公社广播放大站离不开，她早就来了。(沈小兰《她》)

(9) 要不是因为出了这场斗殴事件，人们也许早把他忘个一干二净了。(伊始《斗殴》)

前一例等于说：因为公社广播放大站离不开，她才没来，不然，她早就来了。后一例等于说：因为出了这场斗殴事件，他才引起人们的注意，不然，人们也许把他忘个一干二净了。

转折类内部的跨小类标志复现形式，可以让步句为代表。让步句中，实让句的代表形式是“虽然……但是……”，同时出现让步词和转折词，这是常规情况。另外三种让步句，虚让句的代表形式是“即使……也……”，总让句的代表形式是“无论……都……”，忍让句的代表形式是“宁可……也……”，它们在通常情况下不使用转折词。但是，有的时候，为了把隐含的转折性强调出来，也可以加上转折词。这样，便形成了转折词进入虚让句式、总让句式和忍让句式的说法。例如：

(10) 如果她承袭了这笔财产，即使是合法的，但也不光彩。(姜滇《清水湾，淡水湾》)

(11) 无论我怎么发问，怎么催促她指出我可能存在的错误，可是她还是闭口不谈。(李功达《对一个失踪者的调查》)

(12) 宁可慢些，但要好些！(李国文《花园街5号》)

前一例是“即使……但也……”，中间一例是“无论……可是……”，后一例是“宁可……但……”。

在一个复句包含几个分句的情况下，转折词进入“即使……也……”等句式还有划清转折界限的作用。例如：

(13) 即使无人豢养，饿得精瘦，变成野狗了，但还是遇见所

有的阔人都驯良，遇见所有的穷人都狂吠的，（不过这时它就愈不明白谁是主子了。）（鲁迅《“丧家的”“资本家的乏走狗”》）

上例的“但”，既起了强调转折关系的作用，又划出了转折的界限。

跨小类的标志复现形式，进一步使各种复句句式产生了相互套合、彼此渗透的错综现象。这样，就使汉语复句句法越发显得丰富而灵活。

主要参考文献

[1] 吕叔湘. 中国文法要略 [M]. 北京：商务印书馆，1956.

[2] 吕叔湘. 现代汉语八百词 [M]. 北京：商务印书馆，1980.

[3] 黎锦熙，刘世儒. 中国语法教材：第六册 [M]. 北京：五十年代出版社，1955.

[4] 张志公. 汉语知识 [M]. 北京：人民教育出版社，1979.

[5] 张志公. 现代汉语：中册 [M]. 北京：人民教育出版社，1982.

[6] 吕冀平. 汉语语法基础 [M]. 哈尔滨：黑龙江人民出版社，1983.

[7] 黄成稳. 复句 [M]. 北京：人民教育出版社，1990.

[8] 北京大学中文系 1955、1957 级语言班. 现代汉语虚词例释 [M]. 北京：商务印书馆，1982.

[9] 徐杰. “即使 A，也 B” 句的语法逻辑问题 [M]//汉语描写语法十论. 郑州：河南教育出版社，1993.

[10] 李向农. 前加特定形式词的“一 X，就 Y”句式后项否定式 [J]. 华中师范大学学报（人文社会科学版），1992 (5).

[11] 邢福义. “越 X，越 Y”句式 [J]. 中国语文，1985 (3).

[12] 邢福义. 试论“A，否则 B”句式 [J]. 中国语文，1983 (6).

[13] 邢福义. 前加特定形式词的“一 X，就 Y”句式 [J]. 中国语文，1987 (6).

第五节 句群

一 句群的特点、组合方式和关系类别

(一) 句群的特点

句群是由两个或几个句子组合而成的表述一层意思的语法单位。基

本特点有三：第一，一个句群起码包含两个句子。所包含的句子，每一个都有作为句子的语气和语调，书面上句末用句号或者问号、感叹号。第二，在语流中一个句群表达一层意思，组成句群的句子之间有比较紧密的联系。第三，一个句群所表述的一层意思，主要说明什么问题，有个中心意思。有时中心意思需要从整个句群中归纳；许多时候，主要意思由某个句子直接表明，即句群中有一个句子是表意中心。例如：

(1) 四个现代化，关键是科学技术的现代化。没有现代科学技术，就不可能建设现代农业、现代工业、现代国防。没有科学技术的高速度发展，也就不可能有国民经济的高速度发展。(邓小平《在全国科学大会开幕式上的讲话》)

这个句群由三个句子组成，第一个是单句，第二第三个都是复句，句末都用句号。在这个句群里，第一个句子提出一个判断，第二第三个句子从两个密切相关的两个角度进行论证，说明根据，他们处在“A—因为B—也因为C”的逻辑联系之中。在这个句群里，作为表意中心的句子是：“四个现代化，关键是科学技术的现代化。”

语法上的句群，跟文章中的段落不是一回事。有时句群和段落可能重合，即一个段落可能就是一个句群；但是，有时句群和段落并不重合，一个段落可能包含几个句群，一个段落也可能只有一个句子，不成为句群。

一个句群如果包含三个或更多的句子，就可能具有两个或更多的结构层次，从而形成二重句群、三重句群等等。例如：

(2) 他有洋洋万言的十一条之多的合理化建议。①起码自认为是合理化建议。②字迹工整地写了十几页，就揣在他衣兜里。③然而他却不打算掏出来了。④凭着一种本能，他感觉到松井先生未必会真的赏识一个见解周详侃侃而谈的中国小子。⑤何况，他自己知道，他那洋洋万言之中，含水量太大，十一条建议，一半左右是纸上谈兵，华而不实的。⑥(梁晓声《激杀》)

从总体上看，上例是个转折关系的句群，但内部又包含别的层次关系。即：

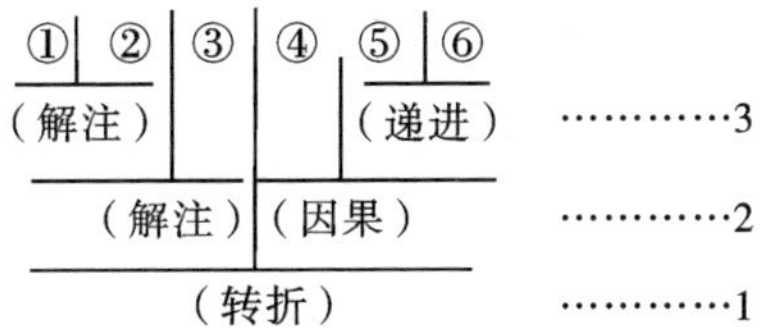

这个句群包含六个句子，具有三个层次。①②③和④⑤⑥之间是转折关系，形成第一个层次，语表上用了“然而—却”。在前一部分里，①②和③之间是解注关系，形成第二个层次；①和②之间也是解注关系，形成第三个层次。在后一部分里，④和⑤⑥之间是因果关系，形成第二个层次，语表上可以添加上“因为”；⑤和⑥之间是反逼性递进关系，形成第三个层次，语表上用了“何况”。

作为一种语法单位，句群可以大到什么程度，很难明确划定范围。因为，从理论上说，句子和句子可以组成句群，句子和句群可以组成句群，句群和句群可以组成大句群，大句群和大句群自然也可以组成更大的句群。那么，往大的方面说，大句群如何“封顶”？这是不容易做明确的规定的。就语法研究说，最有意义的是基本句群。研究时，可以主要以“句子＋句子”或“句子＋句群”为对象。研究多重句群，在一般情况下，要是能够把三重、四重的描写清楚，也就差不多了。

（二）句群的组合方式

1. 有特定词语的组合

许多句群，句与句的组合使用特定关系词语。所用的特定关系词语，主要有三种。

第一，一般关系词语。即复句中常用的关系词语。比如，可以使用“因为”“所以”“而且”“但是”等，形成这样一些格局：

A。B。C。因为 D。

A。B。C。所以 D。

A。B。C。而且 D。

A。B。C。但是 D。

例如：

(3) 它没有婆娑的姿态，没有屈曲盘旋的虬枝。也许你要说它不美。如果美是专指"婆娑"或"旁逸斜出"之类而言，那么，白杨树算不得树中的好女子。但是它伟岸，正直，朴质，严肃，也不乏温和，更不用提它的坚强不屈与挺拔，它是树中的伟丈夫。（茅盾《白杨礼赞》）

这一例是"A。B。C。但是 D"。

一般关系词语在复句中比在句群中活跃得多。而且，句群中所用的一般关系词语不像复句里那样可以是成双配对的。

第二，组群关系词语。即通常用来把句子和句子组织成为句群的关系词语。包括"另外、此外、总之、总而言之、比如、再比如、比如说、比方说、归根结底、由此看来、一言以蔽之"等等。就句法地位而言，组群关系词语大多数可以分析为关联性插说成分，属独立成分。例如：

（4）现在不只是组织纪律差，政治纪律也差。比如，中央说要落实政策，他就是不干。这是什么问题？这就是政治纪律问题。又如，要军队同志帮助地方消除派性，使群众团结起来，可是有些同志就是不执行这个方针。这是组织纪律问题，又是政治纪律问题。（邓小平《军队整顿的任务》）

上例包含六个句子，使用了两个组群关系词语。即：A。比如 B。C。D。又如 E。F。

复句里不是绝对不能出现组群关系词语，不过出现频率很低。而且，音节越多的在复句里出现的可能性就越小。

第三，句中示意词语。即用于句中，指示出句与句之间表意关系的词语。包括相互照应的数量示意词语、时间示意词语、方所示意词语等。例如：

（5）学校怎么办？我想对学校提出三个要求。第一，训练干部，选拔干部，推荐干部。用形象化的语言说，就是各级学校的本身要起到集体政治部的作用，或者说起到集体干部部的作用。第二，认真学习现代化战争知识，学习诸军兵种作战。不但高级干部要学，连排干部也要学，都要懂得现代化战争。我曾经讲过，现在当个连长，不是拿着驳壳枪喊个“冲”就行了，给你配几辆坦克，配个炮兵连，还要进行对空联络、通信联系，你怎么指挥？一个连是这样，更不用说营、团、师、军了。第三，恢复我们军队的传统作风。概括地说，这种作风就是艰苦奋斗的作风，实事求是的作风，群众路线的作风。要在学校里培养这种作风，并把它带到部队，发扬光大。（邓小平《军队要把教育训练提高到战略地位》）

(6) 前几年，我提出搞顾问制度，但并没有完全行通，许多人不愿意当顾问。现在看来，要真正解决问题不能只靠顾问制度，重要的是要建立退休制度。（邓小平《高级干部要带头发扬党的优良传统》）

(7) 值得注意的是山的南北，自然条件迥乎不同。山的北边，是暴露在寒冷的北风之中的起伏不大的波状高原，这一带在古代就是一个“少草木、多大沙”的地方。山的南边，则是在阴山屏障之下的一个狭长的平原。（翦伯赞《内蒙访古》）

前一例，“三个”和“第一”“第二”“第三”是示意词语；中间一例，“前几年”和“现在”是示意词语；后一例，“山的南北”和“山的北边”“山的南边”是示意词语。这类词语在复句里也使用，但在句群里的使用频率大得多。

2. 无特定词语的组合

许多句群，句与句的组合不用特定词语。句间关系，由组群各句在意义上的联系来表示。比如：

(8) 人的正确思想是从哪里来的？是从天上掉下来的吗？不是。是自己头脑里固有的吗？不是。人的正确思想，只能从社会实践中来，只能从社会的生产斗争、阶级斗争和科学实验这三项实践中来。（毛泽东《人的正确思想是从哪里来的？》）

上例通过问答的方式先排除该否定的说法，再提出该肯定的说法。句子与句子的组合，靠的是句子之间意义上的逻辑联系。

如何根据意义联系来将句组群，为表述意旨的需要所制约，情况灵活多变，很难给出固定的模式。

（三）句群的关系类别

句群的关系类别，跟复句的关系类别大致相同。就基本关系而言，也可以分为因果类、并列类和转折类。一个句群，如果属于某大类，其中又套有小类，便成为多重句群。

句群和复句相比较，同中也有异。有的时候，同一关系类别的复句和句群不能互相转化。

1. 因果类句群

有的因果类句群表示一般因果关系。如果句和句之间用“所以”，这是由原因引出结果；如果句和句之间用“因为”，这是由结果追溯原因。例如：

（9）中国宣布这个决策，从大的方面来讲，对英国也是有利的，因为这意味着届时英国将彻底地结束殖民统治时代，在世界公论面前会得到好评。所以英国政府应该赞成中国的这个决策。中英两国应该合作，共同来处理好香港问题。（邓小平《我们对香港问题的基本立场》）

（10）我们要向世界说明，我们现在制定的这些方针、政策、战略，谁也变不了。为什么？因为实践证明现在的政策是正确的，是行之有效的。（邓小平《在中央顾问委员会第三次全体会议上的讲话》）

有的时候，也可以通过“果然”“难怪”引出结果，或者通过“原来”引出原因。例如：

（11）五天以后，他们果然回来了，但不是空船，船里还有一筐茧子没有卖出。原来那十三里水路远的茧厂挑剔得很苛刻，洋种茧一担只值三十五元，薄茧不要。老通宝他们的茧子虽然是上好的货色，却也被茧厂挑剔了这么一筐。（茅盾《春蚕》）

上例通过“原来”补充说明原因。这样的用法复句里少一些。

有的因果类句群表示推断关系。常见的是句和句之间用“可见、可知、由此可见、由此可知”之类。例如：

(12) 有一个时期，有少数同志认为，我们这个社会是不是社会主义社会，该不该或能不能实行社会主义，以至我们党是不是无产阶级政党，都还是问题。有些同志又认为，既然现在是社会主义阶段，“一切向钱看”就是必然的，正确的。这些错误的观点大都写成文章公然在报刊上发表，有些一直没有得到澄清。可见理论界的一部分同志思想混乱到什么程度。(邓小平《党在组织战线和思想战线上的迫切任务》)

上例用“可见”，表示由果推因。复句里有时用“可见、可知”，但不大用“由此可见、由此可知”。而复句里常用的“既然……就……”，不可能在句群中出现。

有的因果类句群表示目的关系。常见的是句和句之间用“为的是”之类。例如：

(13) 我学习勤奋，刻苦锻炼。为的是夺回失去了的宝贵时间。(龚莉娜《冲出小屋奔向生活》)

上例用“为的是”引出行为的目的。复句里常用的“以便”“以免”，不大可能在句群中出现。

有的因果类句群表示假设关系。常见的是句和句之间用“那么”，而前边的句子说的是尚未实现或尚未证实的事。例如：

(14) 譬如吧，我们之中的一个穷青年，因为祖上的阴功(姑且让我们这样说吧)，得了一所大宅子，且不问他是骗来的，抢来的或是合法继承的，或是做了女婿换来的。那么，怎么办呢？我想，首先是不管三七二十一，“拿来”！(鲁迅《拿来主义》)

上例是假设关系的句群。成对使用的“如果……那么……”不可能在句群中出现。

有的因果类句群表示条件关系。常见的是：前边的句子提出某种要求，后边的句子用“这样……才……”引出某种结果。例如：

(15) 无论准确也好，鲜明、生动也好，就语言方面讲，字眼总要用得恰如其分。这样，表现的概念才会准确，也才能使人感到鲜明。(郭沫若《关于文风问题》)

上例是条件关系的句群。成对使用的“只有……才……”不可能在句群中出现。

2. 并列类句群

有的并列类句群表示一般并列关系，即平列关系、对照关系或解注关系。例如：

(16) 别的动物吃生的，只有人类烧熟了吃。别的动物走路都是让身体跟地面平行，只有人类直起身子来用两条腿走路，把另外两条腿解放出来干别的、更重要的活儿。同样，别的动物的嘴只会吃东西，人类的嘴除了吃东西还会说话。(吕叔湘《语文常谈》)

(17) 我们对外开放二十来个城市，这也是在社会主义经济是主体这个前提下进行的，不会改变它们的社会主义性质。相反地，对外开放有利于壮大和发展社会主义经济。(邓小平《中国是信守诺言的》)

(18) 为什么人服务的问题解决了，接着的问题就是如何去服务。用同志们的话来说，就是：努力于提高呢，还是努力于普及呢？(毛泽东《在延安文艺座谈会上的讲话》)

前一例是平列关系，中间一例是对照关系，后一例是解注关系。这三例中标示关系的特定词语，复句中有时也用。

有的并列类句群表示连贯关系。常用的组群词语是“接着、然后”等。例如：

(19) 我的第一个反应是无法掩盖的欣慰。啊，我那顽皮的小弟弟，那个整天赖在父亲的汽车里不肯下来的淘气包，竟然考上了北京大学！接着，忧虑又开始袭上心头，弟弟走了，父亲和母亲身边再没有亲人了。(程家政《青春的纪念》)

上例用“接着”。这样的句群，如果删除一些解说性的语句，很容易转化为复句。比如：我的第一个反应是无法掩盖的欣慰，接着，忧虑又开始袭上心头。

有的并列类句群标示递进关系。常用的组群词语是“而且”，带反逼性时用“何况、更何况”。例如：

(20) 拉拉爱上章迈的是，在他生活中有深刻的教训，懂得珍惜来之不易的一切。而且彼此是高中同学，深知底细，不会冒出原来如此的难堪。(张欣《致命的邂逅》)

(21) 尽管他们多如蝼蚁，他却一个也不认识他们啊！何况，他并不打算当某一个中国人的上帝，将他可以赐予的良机随便赐予。(梁晓声《激杀》)

前一例用“而且”，后一例用“何况”。这样的句群，如果略加简化，也容易转化为复句。

有的并列类句群标示选择关系。常用的组群词语是“或者”之类。例如：

(22) 要是再生一个孩子多好啊！或者，现在有身孕也行啊！(程家政《青春的纪念》)

上例用“或者”。这样的句群也容易改造成为复句。

3. 转折类句群

有的转折类句群表示突转关系。句和句之间常用转折词“但是、但、可是、然而”等。例如：

(23) 回到家里，寒池以为母亲会大发脾气，埋怨她这么大的事瞒着家里，或者与她抱头痛哭。但这一切都没有发生，母亲只是一言不发，人木了一般。(张欣《致命的邂逅》)

上例用“但”。从前句到后句是突然的转折。

有的转折类句群表示让步关系。句和句之间用让步词“虽然、尽管”之类。但表示让步的部分出现在后头。例如：

(24) 也许因为我是中国人，对于樱花的联想，不是那么灰黯。虽然我在1947年的春天，在东京的春山墓地第一次看樱花的时候，墓地尽是些阴郁的低头扫墓的人，间以喝多了酒引吭悲歌的醉客，当我穿过圆穹似的莲灰色的繁花覆盖的甬道的时候，也曾使我起了一阵低沉的感觉。(冰心《樱花赞》)

上例通过“虽然”引出表示让步的后句。句群里，不会出现“虽然……但是……”的格式。

有的转折类句群表示假转关系。句和句之间用“否则、不然、要不然、要不”等。例如：

(25) 从长远看，要注意教育和科学技术。否则，我们已经耽误了二十年，影响了发展，还要再耽误二十年，后果不堪设想。(邓小平《科学技术是第一生产力》)

上例用“否则”。假转关系的句群，不会采用“因为……否则……”“除非……否则……”这类标志复现形式。

二 特定句群的个案考察

(一) 选择问句群

选择问句群是选择关系句群中由问句和问句组合而成的一类特定句群。对特定句群进行个案考察，比方对特定选择问句群进行个案考察，有利于句群研究的深入。

凡是选择问句群，第一问都能独自成立，即在删除后边的问话之后能够独立成为一个问句。如：A？B？C？(句群) →A？(一个独立的问句)。换一个角度看，“A (?)”和“B?”连用，如果“A”不是一个问句(没有作为一个问句的语表形式)，或者“A?”不能脱离后边的问句“B?”而独自成为一个问句，那么，连用的“A (?) —Y?”一般构成复句，而不构成句群。

在标志上，标示句群的选择关系的是“或者｜还是”。它们不显现时，可以补加。即：A？(或者/还是) B？

在组造上，选择问句群除了包含两个或几个问句之外，还有两个方面值得注意：一方面是采用什么样的关系标志，使用“或者/还是”的情况如何；另一方面是前后问句各采用什么样的语气类型，使用“呢/吗”的情况如何。“呢/吗”是语气类型的形式标志；它们不显现时，可以补加上去。

根据语气类型的排列组合状况，结合问句之间所用的关系标志，选择问句群的形式可以简括为四类：①“—吗—吗”问；②“—吗—呢”问；③“—呢—呢”问；④“—呢—吗”问。前两类是常用的选择问句群，后两类是不常用的构造比较特殊的选择问句群。

（二）选择问句群Ⅰ："—吗—吗"问

"—吗—吗"问的代表形式是："A吗？或者B吗？"例如：

需要打针吗？或者，需要吃点药吗？

他完成任务了吗？或者，他家里出了急事吗？

这幅画是你画的吗？或者，是别人送给你的吗？

语气标志上，"—吗—吗"问以组群问句都能带"吗"为特征。看下面几个实际用例：

(1)（你现在说的六维空间……）你能用什么方式描述吗？或者，你能用数学方式表示吗？（柯云路《大气功师》）

(2) 难道她与松相识吗？或是与松有什么情缘？（姜贻斌《窑祭》）

(3) 工厂里走不开？自行车的气门芯被人拔了？路上出了麻烦？（章世添《关于一个爱情故事的报告》）

前一例，组群的每个问句都带"吗"；中间一例，前一问句带"吗"，后一问句虽然不带，但可以补加；后一例，前后问句都不带"吗"，但都可以补加。

关系标志上，"—吗—吗"问以组群问句之间能用"或者"，为特征。看下面两个实际用例：

(4)（那个大窟窿……）把它填掉？或者重新灌水，造一座人工湖？（姜滇《摄生草》）

(5)（第一天，没见到哥哥的影子。第二天又没见到。）出差了吗？病了吗？（杨旭《流星》）

前一例，组群问句之间出现了"或者"；后一例，组群问句之间没有出现"或者"，但可以补加。

除了"或者"，"—吗—吗"问的组群问句之间有时还可以用"否则、要不、再不"之类词语。这类句群，既有假转性，又有选择性。例如：

(6) 难道要把这个可爱又可怜的小男孩儿送到孤儿院去？再不，送到哪个需要孩子的家庭里？（苏叔阳《婚礼集》）

(7) 难道她疯了？要么就是发了财？再不然就是做太太？（孙

砺《都市的骚动》)

副词“又”通常不表示选择关系，但有时却用在具有选择关系的两个问句之间，可以改写为“或者”。如：

(8) 难道听到的讯息竟然不确？又难道辽人故意安排这诱敌之计，教我们上当？(金庸《天龙八部》)

(9) 莫非是田伯光？又莫非是不戒和尚？(金庸《笑傲江湖》)

(三) 选择问句群Ⅱ：“—吗—呢”，问

“—吗—呢”问的代表形式是“A吗？还是B呢？”例如：

需要打针吗？还是只需要吃点药呢？

他完成任务了吗？还是他家里出了急事呢？

这幅画是你画的吗？还是别人送给你的呢？

语气标志上，“—吗—呢”问以前问句和后问句能够分别带上“吗”和“呢”为特征。看两个实际用例：

(10) 他的亲人都逃出来了吗？还是死在集中营了？(程乃珊《银行家》)

(11) 你疯了？还是真的老糊涂了？(苏叔阳《故土》)

前一例，前问句用了“吗”，后问句虽然没用“呢”，但可以补加上去。后一例，前问句没用“吗”，后问句没用“呢”，但可以分别把“吗”和“呢”补加上去。

关系标志上，“—吗—呢”问以组群问句之间用“还是”为特征。“还是”必须用，不然不能构成“—吗—呢”问。比较：

喝点茶吗？还是喝点咖啡呢？

喝点茶吗？喝点咖啡呢？(一)

前一例，前后问句分别带上了“吗‘呢”，问句之间用“还是”。这是“—吗—呢”问。后一例，前后问句也分别带上“吗‘呢”。由于后问句有“呢”，因而不用“还是”站不住。

从表意上看，“A (吗)？还是B (呢)？”的前问句往往是主问，后问句往往是从问，从问对主问起追补作用。追补的问题可以不说出来，只用个“还是……”。例如：

难道他出了问题（吗）？还是为了考验考验他（呢）？

难道他出了问题（吗）？还是……？

(四) 选择问句群Ⅲ："—呢—呢"问

"—呢—呢"问的代表形式是"A 呢？或者 B 呢？"例如：

要不要打针呢？或者，要不要吃点药呢？

吃川菜还是吃湘菜呢？或者，是不是换换口味呢？

"—呢—呢"这种选择问句群，在选择问句的基础上构成，包含两个或几个选择问句。选择问句和选择问句组合情况，有两种：①正反选择问句＋正反选择问句。如前一例。②列项选择问句＋正反选择问句。如后一例。看个实际用例：

(12)（然而又一想，贸然提出这要求会让宾馆方面作何感想呢？）会不会以为自己太矫情（呢）？或者，会不会以为自己在责难宾馆（呢）？（苏叔阳《婚礼集》）

上例是"正反选择问句＋正反选择问句"。

"—呢—呢"选择问句群里，一般都出现关系标志"或者"。有时也可用"否则"一类词语，既引出另一个可能性选择，又表示有所逆转。如：你能不能找他谈谈？不然的话，能不能马上给他打个电话？

"—呢—呢"选择问句群里，前后问句都可以带上"呢"，但"呢"也可以不出现。如果承接上文连用几个省去了正反形式"V 不 V"的具有选择关系的名词问句，那么，每个名词问句都带"呢"，问句间不用"或者"。例如：

(13)（喜欢当工程师吗？不。）作家呢？画家呢？音乐家呢？（不。不。不。）（柯云路《衰与荣》）

上例等于说：喜不喜欢当作家呢？或者，喜不喜欢当画家呢？或者，喜不喜欢当音乐家呢？

在一种情况下，"—呢—呢"选择问句群所包含的两个问句都不是选择问。这就是：连用两个"如果……呢"。比如：

(14) 好，退一步说，如果那个洋人要了她，和她结婚了呢？或再嫁个海外华人、港商、台湾老头呢？（柯岩《仅次于上帝的人》）

上例等于说：如果那个洋人要了她……呢？或者，如果再嫁个……台湾老头呢？

（五）选择问句群Ⅳ：“—呢—吗”问

“—呢—吗”问的代表形式是“A呢？或者B吗？”例如：

要不要打针呢？或者，先吃点药可以吗？

吃川菜还是吃湘菜呢？或者，川菜湘菜都来点吗？

“—呢—吗”这种选择问句群，也在选择问句的基础上构成，包含选择问句。有两种情况：①正反选择问句＋非选择问句。如前一例。②列项选择问句＋非选择问句。如后一例。再看两个实际用例：

（15）他会不会连夜赶回又走掉（呢）？或许他压根儿就没有去大陆（吗）？（王秋海《梦里寻她千百度》）

（16）（为什么……那样激动不安呢？）是他讨厌那些潇洒的小鸟还是厌恶古典的音乐（呢）？或者，这二者都与他生活中某件痛苦的往事相关（吗）？（苏叔阳《婚礼集》）

前一例，是“正反选择问句＋非选择问句”；后一例，是“列项选择问句＋非选择问句”。

从组群的后问句看，在“正反选择问句＋非选择问句”里，非选择问句在表意上有两个类型：①回避型。避开前选肢所提的正反两种可能，追补第三种可能。如：接不接受他的建议？或者，干脆不表态？②偏向型。后问句偏向于同前问句中的肯定方面构成选择关系，而同前问句中的否定方面则只有假设推断的关系。如：他是不是有病才没来？或者，他根本就没原谅我？（a. 他是有病才没来？或者，他根本就没原谅我？b. 如果他不是有病才没来，那么就是他根本没原谅我。）

如果组群的问句是“列项选择问句＋非选择问句”，非选择问句在表意上也有两个类型：①另列型。在前选肢所列两项之外再列出追补的第三项。如：是他干的还是他弟弟干的？或者，是他哥哥？②总合型。对前选肢所列两项作加合性断定，得出追补的第三项。如：去上海还是去广州？或者，上海广州都去？

实际语言运用中，“—呢—吗”问在语表上往往不出现“呢”和

“吗”。不过，如果要添加，由于前问句是“是……还是……”列项问、“V不V”正反问，因而只能添加“呢”，而后问句是是非问，因而只能添加“吗”。比如：

喝茶还是喝咖啡？或者，两样都来一点？

→　喝茶还是喝咖啡呢？或者，两样都来一点吗？

在关系标志上，“—呢”和“—吗”之间有时也可以用“否则、不然”之类，既引出另一个可能性选择，又表示有所逆转。比如：

签不签字呢？或者，听听大家的意见再说吗？

→　签不签字呢？要不然，听听大家的意见再说吗？

（六）选择问句群与前引特指问

选择问句群的前边，常常出现一个前引特指问，形成“前引特指问＋选择问句群”的同指性双层加合现象，从而产生一个更大的句群。比如：

怎么办？（p）今天邮寄吗？或者，明天托人带走吗？（q）

对于选择问句群来说，这是一个更大的句群。这个句群里，q层是选择问句群，p层是前引特指问。这个句群，p、q两层加合同指：问的都是方式。

前引特指问，指在前头出现并且引出后头同指性选择问句群的特指问。前引特指问一定包含疑问代词，一般是单句。对于后头选择问句群来说，前头的特指问是前引问；跟前引问相对，后头的选择问句群便是回应问。前引问和回应问语义内容基本相同，只是前者偏重于概括，后者偏重于实指，二者之间具有疑问程度的层级性，因此，两类疑问形式的加合，就内容而言，是一种“同指性双层加合”。

作为回应问的选择问句群，“—吗—呢”问、“—吗—呢”问、“—呢—呢”问、“—呢—吗”问等四种形式都可以采取。如上例q层选择问句群是“—吗—吗”问。又如：

怎么办？（p）今天邮寄吗？还是明天托人带走呢？（q）

怎么办？（p）是不是今天邮寄呢？或者，要不要明天托人带走呢？（q）

怎么办？(p) 是不是今天邮寄呢？或者，明天托人带走可以吗？(q)

这三例，p 层选择问句群分别是："—吗—呢"问，"—呢—呢"问，"—呢—吗"问。

从关系看，"前引特指问＋回应选择问句群"有不同情况，大体上可以概括为五种：

第一，人物问双层加合。p、q 两层都问人或事物。代表形式是："谁（什么）？＋甲？（或者）乙？"例如：

会是谁呢？(p) 是矿警孙四？是监工刘八？或者是送饭的高老头？(q)

还想买什么？(p) 冰箱？彩电？录像机？(q)

第二，原因问双层加合。p、q 两层都问原因。代表形式是："怎么了？＋因为 X？（或者）因为 Y？"例如：

你今天怎么了？是因为厂里出了什么事吗？还是因为身体不好？

她怎么了？难道她与松相识？或者与松有什么情缘？

第三，结果问双层加合。p、q 两层都问结果。代表形式是："会怎样？＋结果 X？（或者）Y？"例如：

宾馆会怎样？会不会以为自己太矫情？或者，会不会以为自己有二心？

改变做法会怎样？得不到上级的支持？遭到大家的反对？

第四，目的问双层加合。p、q 两层都问目的。代表形式是："为了什么？＋是为了 X？（或者）是为了 Y？"例如：

到底为了什么？为了提职称？或者为了能出国？

你出国图什么？是为了挣钱吗？还是为了改变命运？

第五，方式问双层加合。p、q 两层都问方式。代表形式是："怎么办？＋办法是 X？（或者）Y？"。例如：

那个大窟窿怎么办？把它填掉？或者重新灌水，造一座人工湖？

学校怎么处理他了？记了过？要他做检查？还是开除了他？

上述双层加合现象也有共性。这表现在同指性、断定性、层级性三个方面。所谓同指性，是说 p 层问句和 q 层问句意向相同。它们要么都问事情所涉及的人或事物，要么都问情况发生的前因或后果，要么都问行为活动的目的或方式。所谓断定性，是说 q 层问句对 p 层问句有所断定。从语里关系看，q 层问句各项是针对 p 层问句中由疑问代词所反映的疑问焦点的断定；从语表形式看，q 层问句前头可以出现包含判断词的“是”字结构：“X 的是”，“是因为（＝原因是）”，“结果是”，“是为了（＝目的是）”，“办法是”。所谓层级性，是说从 p 层到 q 层在求答意欲上推进了一个层级。对于问话人来说，排除反问和出题考问等特殊情况，就一般情况而言，p 层特指问无主观意向，是“无底问”，是泛指性的；q 层的选择问则有主观意向，尽管对于客观事实仍然是疑问，但作为对 p 层特指问的回应，已经具有实指性，并非完全“无底”，在很大程度上成了一种“估测问”。即使是反问和出题考问，虽然 p、q 都是无疑而问，但 p、q 加合同样反映认知的层级性。比如：

[甲指责乙：] 我怎么你了？（p）没让你吃喝？还是逼你干重活了？（q）

[教师考学生：] 这是个什么词？（p）副词？介词？还是连词？（q）

前一例是反问，后一例是出题考问。不管是反问还是出题考问，在对客观事物的指示上 B 层问题都是 A 层问题的具体化。

疑问形式的同指性双层加合现象，实际上是一种同指性双层求答现象。如果回答所提的问题，便会出现后续答句。即：

前引问句（p）＋回应问句（q）＋后续答句（w）

后续答句有种种情况。有的肯定，有的否定，有的既不肯定也不否定。不管情况如何，又都构成包含疑问形式同指性双层加合句群的更大的句群。例如：

你要什么？（p）要自行车？要电子琴？（q）要什么都行！（w）

你要什么？（p）要自行车？要电子琴？（q）你别做梦了！（w）

你要什么？（p）要自行车？要电子琴？（q）过几天再说！（w）

（七）选择问句群的启示

观察句群选择问，可以得到一些启示。

首先，句子本身的研究不能取代句群的研究。以选择问来说，一般都把研究范围限定在单句或复句的内部，只研究句内选择问。事实上，句群选择问尽管跟句内选择问相通，可以直接或间接向句内选择问转化，但它又有特别之处。比方，跟句内选择问相比较，句群选择问的形式更具有多样性。单句选择问，一般都是“V 不 V”正反选择问，“—呢”问；复句选择问，总是“是……还是……”列项选择问，“—呢—呢”问。而句群选择问，则包括“—吗—吗”“—吗—呢”“—呢—呢”“呢—吗”四种形式。在四种形式中，“—吗—吗”问、“—吗—呢”问、“—呢—吗”问是句内选择问所没有的；而且，“—呢—呢”问、“—呢—吗”问，还是建立在句内选择问的基础上的套合性选择问。由于形式上的灵活多样，句群选择问在表意上自然比句内选择问具有更大的能量和功效。

其次，句群问题，在很大程度上是篇章语法问题。作为篇章语法现象，选择问句群中最常用的“—吗—吗”问具有较大的离散性。即各问句可以不紧相连接，中间可以插入别的句子。这主要有三种情况。

a. 在自问自答的语流中，每个问句后边分别出现后续答句，形成“问—答＋问—答”的说法。例如：

（17）（为什么会这么热闹?）是弟弟永虎结婚办喜事？不可能！他才二十岁，“天安门事件”时因骂江青被关进了监狱，去年初出狱后一直没找到工作。是妹妹结婚做回门酒？更不可能。半年前她还说过要报考音乐学院，也没有男朋友。（石国仕《战俘》）

b. 在连续发问的语流中，组群问句后边插入非组群问句，形成“问〈问〉＋问〈问〉”的说法。非组群问句是对组群问句的补问，起解释或否定的作用。如：

（18）回大辽吗？去干什么？去雁门关外去隐居么？去干什么？带了峰儿浪迹天涯、四海飘流么？为了什么？（金庸《天龙八部》）

c. 在直述与引述相结合的语流中，直述性话语插入在引述性组群问句之间，形成“引述问句—直述话语—引述问句”的说法。例如：

(19)“……又不带晓芙出去逛逛，走走?”她凝望着他：“或者又要我帮忙陪着晓芙，你好去看汤恩慈?”(严沁《谁伴风行》)

“—吗—吗”问的可以离析，使这类选择问句群的各个问句有可能在篇章中形成网络，从而既能充分表达意思，又能加强话语的波澜。

第三，汉语多名词句。常用的选择问句群，包括“—吗—吗”问和“—吗—呢”问，它们在构成上常见多个名词问句连用的现象。这样的现象不见于单句和复句，因而也表明句群具有特殊的研究价值。

a. 属于“—吗—吗”问的“名词问句＋名词问句”。如：

(20)(这个通风报信的家伙是谁呢?)矿警孙四?监工刘八?送饭的高老头?井口大勾老驼背?(都像，都不像。)(周梅森《军歌》)

(21)(哪种类型的精神神经症?)焦虑型?分离型?恐怖型?强迫型?抑郁型?性格型?疲劳型?疑病型?转换型?(九种类型，她算哪种?)(柯云路《衰与荣》)

有的时候，“—吗—吗”问的各个问句也可以离析，分别出现答句，形成“名问〈答〉＋名问〈答〉”的说法。如：

(22)(那么找谁呢?)鲁迅先生?自己不是文学家。斯大林?不知道冥冥之中有没有国界，……(苏叔阳《婚礼集》)

b. 属于“—吗—呢”问的“名词问句＋名词问句”。如：

(23)(究竟是什么拖住了他?)无字碑?大雁塔?还是秦代兵马俑?(杨贵云《陕南的天，中国的天》)

(24)(说，对方是什么人?)流氓学生?小倒?还是胡同串子?(柯岩《仅次于上帝的人》)

这类“—吗—呢”问，“吗”“呢”尝尝隐去，但总是出现“还是”。“还是”后边，名词可以不出现，书面上用省略号表示还可列项。如：

(25)(需要我帮什么忙?)房子?家具?家用电器?还是……(孙砺《都市的骚动》)

多个名词问句的连用，可以使选择问句群的组造更加简便和灵活。

第四，句群选择问，在表意的着重点上跟句内选择问有所不同。由此可知，还应从语用价值的角度了解句群。

句群选择问重个体，是一人一问或一物一问，强调对人或事物一个个地分别查询检查；句内选择问重总体，是数人一问或数物一问，强调从总体中选择个体。比如：

(26)（到底出去想求什么？）改变命运？挣一笔钱？还是想出去嫁一个人？（戚小彬《外面的世界》）

这是“—吗—呢”选择问句群。每个选择项都带上疑问语气，是对每个选择项都一一作了揣摩。若改用句内选择问，说成“是想改变命运，挣一笔钱，还是想出去嫁一个人？”这就显得对每件事情的决定性意义没有那样一一加以强调。

由于选择问句群形式多样，组织灵活，富于变化，而且表达上又有特定的语用价值，这类句群在实际语言运用中相当活跃使十分自然的。

主要参考文献

[1] 吴为章．汉语句群研究的价值［M］//中国语言学报：第 6 期．北京：商务印书馆，1995.

[2] 田小琳．句群及其在汉语教学中的地位［M］//第二届国际汉语教学讨论会论文选．北京：北京语言学院出版社，1988.

[3] 田小琳．句群和句群教学论文集［M］．天津：新蕾出版社，1986.

[4] 庄文中．句群［M］．北京：人民教育出版社，1990.

[5] 张拱贵，沈春生．句群和句群教学［M］．银川：宁夏人民出版社，1991.

[6] 周国正．语法句群与篇章句群［J］．语文建设通讯，1993（41）.

[7] 吴继光．语流中的名词句连用［M］//中国语言学报：第 8 期．北京：北京语言文化大学出版社，1997.

[8] 邢福义．现代汉语：修订版［M］．北京：高等教育出版社，1993.

[9] 邢福义．选择问的句群形式［J］．汉语学习，1993（6）.

[10] 邢福义．选择问句群与前引特指问的同指性双层加合［J］．中国语研究，1995（37）.

第六节　问题讨论

一　划界问题

(一) 复句和句群

小句和小句相互联结，有时表现为复句，包括多重复句；有时表现为句群，包括多重句群。起决定作用的因素，有以下两种情况。

1. 双因素：主观认定（标句点号）＋格式规约。

一个语言表述单位被处理为复句或句群，既由说话人通过标句、点号来认定，具有主观性，又在语言单位中通过特定格式来加以规约，具有客观性。比方说：

我能去吗？或者，我妻子能去吗？

到底我能去呢，还是我妻子能去？

这两例都表示选择关系，但前者是句群，后者是复句。前一例，说话人主观上认定为句群，用两个问号标示出了两个问句，同时，采用了选择问句群的特定格式："A 吗？或者 B 吗？"后一例，说话人主观上认定为复句，只用一个问号，同时，采用了选择问复句的特定格式："到底 A 呢，还是 B?"

在这种情况下，区分复句和句群不仅可以利用标句点号，而且可以从格式上找到根据。

2. 单因素：主观认定（标句点号）。

一个语言表述单位被处理为复句或句群，只是由说话人通过标句点号来认定。在这种情况下，对于书面语来说，区分复句和句群只好根据标句点号。比如：

你可以去。你妻子也可以去！

你可以去，你妻子也可以去。

这两例都表示平列关系，但前者是句群，后者是复句。前一例，说话人主观上认定为句群，于是书面上在两个小句的后边分别用了句号和感叹号。后一例，说话人主观上认定为复句，于是用一个句号统管两个小句，而在两个小句之间用逗号。

所谓标句点号，最有代表性的是句号，其次是问号和感叹号。在依据并尊重格式规约的前提下，特别是没有格式依据的情况下，对复句和句群的认定可以遵从“点号标句”的从众性原则。理由有三：

第一，标句点号反映人们对“句”的认定，其作用不可忽视。有的时候，多用一个标句点号，就会引起句法格局的微妙变化。比较：

a	b
他当局长了？	他？当局长了？
车票拿出来！	车票！拿出来！

a是一个单句，b是两个单句构成一个句群。

第二，标句点号的使用，存在从众性原则。在语流中，“句”的辖域到何处为止，应该在哪里点断，各人的主观认定不完全一致，各人的处理自然就有所不同。书面上实际使用的标句点号反映使用者的主观认定，假若某个认定是被赞同的或无异议的，这个认定便是可接受的，便是符合从众性原则的。以中学语文课文来说，所用的标句点号至少已为三个方面的人所认可：一是课文的作者。如《小麻雀》的作者是老舍。二是课本编者。全国通用的中学语文课本的编者是人民教育出版社中学语文编辑室。三是课本使用者。包括数以亿计的中学教师和中学生。因此，课文的标句点号已经在很大程度上反映了句认定的从众性原则，已经在实践中受过了检验。

经常听到这样的说法：应该记录实际话语，然后确定句子。这一主张绝对正确。问题是，记录实际话语之后，确定句子之时，总得给个符号：要么是已经通用的符号，要么是另造符号。不管句如何断，断句之后给个什么形式的符号，都只代表话语记录者一个人的认识，可接受性比中学课文要差。当然，不能任何时候都凭标句点号来认定句子，需要排除这么两种情况：一种是，有的人不会用标点，一大段话后边才用一个句号；另一种是，有的人写作故意不用标点，老长老长一段话后边才打一个句号。

第三，复句和句群在许多时候没有严格的界限。人们“句”认定的差异，决定了句子和标句点号的联系存在一定的灵活性，不一定"必须这样"。从众性原则并不否认标句点号的使用可以相对灵活。比方，可以尊重中学课文在句认定上的选择，但又可以认为它的选择不一定就是唯一的只能如此的选择。举例来说：

(1) 草地上野菜并不多，寻了个把钟头，每个人才弄到一小把。(刘坚《草地晚餐》)

上例只用一个句号，标明是一个复句。假如增加一个句号，说成："草地上野菜并不多。寻了个把钟头，每个人才弄到一把。"这没什么不可以。然而增加一个句号之后，便成为句群了。又如：

(2) 病号中有个是党校二连连长，发高烧已经两天了，一点食物也没沾牙。可是他宁愿自己多忍受点艰苦，也不愿吃掉自己敬爱的首长的稀粥。(刘坚《草地晚餐》)

上例用两个句号标出两个句子，是转折关系的句群。要是减少一个句号，说成："病号中有个是党校二连连长，发高烧已经两天了，一点食物也没沾牙，可是他宁愿自己多忍受点艰苦，也不愿吃掉自己敬爱的首长的稀粥。"这也没什么不可以。然而，减少了一个句号之后，便成为多重复句了。

一个语言单位，当成复句也好，当成句群也好，都可以分析其关系，认识有关的规律。因此，在分析书面语确定复句和句群的时候，可以权宜性地承认标句点号的作用，不必在界限问题上纠缠。

(二) 复句和单句

典型单句和典型复句有明显对立，但单句和复句之间又存在使得二者无法一刀两断的纠结。

1. 典型单句

典型单句是单核句。一个句子，如果只有一个结构核，不管有无结构层，有多少结构层，都是单句。就核的性质说，典型单句包括动核单句，形核单句，名核单句。此外，还有一种拟声句。拟声句是拟音词单独使用而形成的句子，情况简单。

动核单句是一种以动词为核的单句。使用频率最大。比如："同意!”这是一个无结构层的动核单句。如果加上结构层，不管加多少，仍然是单句：

同意这个建议！ (加后包核层)

完全同意这个建议！ (再加前包核层)

我们完全同意这个建议！ (再加前包核层)

经过交换意见，我们完全同意这个建议！ (再加前包核层)

形核单句是一种以形容词为核的单句。使用频率次于动核单句。比如：“好!”这是一个无结构层的形核单句。如果加上结构层，不管加多少，仍然是单句：

好极了！ (加后包核层)

确实好极了！ (再加前包核层)

天气确实好极了！ (再加前包核层)

这一向天气确实好极了！ (再加前包核层)

动词和形容词都是谓词。形核单句和动核单句“同质”，它们都是谓核单句。

名核单句是一种以名词为核的单句。性质较为特殊，使用频率又次于形核单句。比如：“牦牛!”这是一个无结构层的名核单句。名词核前边可加上定语结构层，后边还可加上语气词。如：

好壮的牦牛！

好壮的牦牛啊！

有的名核单句，名词核前边加定语层，再前边还加主语层。如：

一摊血！ → 客房一摊血！

多少钱？ → 这本书多少钱？

名核单句有时是“呼语”。呼语在单独出现时才算“句”，在随着别的句子出现时只算“独立成分”。比较：

老先生！ (名核单句)

老先生，车要开了！ (独立成分)

一般名核单句，即非呼语名核单句，前头也可以出现独立成分。如：

看，梨花！　　　　（前现插说语）

哎呀，梨花！　　　（前现感叹语）

先生，梨花！　　　（前现呼语）

名核单句和动核形核单句不同质。名核句的成立，以前后不出现可以形成某种结构关系的谓词为条件。如果一个名词的前边出现动词，形成动宾关系，那么，动词便成为结构核，名词便成为结构层；同样，如果一个名词的后边出现动词或形容词，形成主谓关系，那么，动词或形容词便成为结构核，名词便成为结构层。比如：

看，有梨花！　　　（动核单句）

看，梨花开了！　　（动核单句）

看，梨花多么美！　（形核单句）

2．典型复句

典型复句是核同质、有核距、无共同包核层的多核句。

一方面，凡是复句都一定是多核句。它由两个或几个分句所组成，包含两个或几个结构核，每个分句都是“含核单位”。另一方面，典型的复句还要有三个附加条件：一是核同质；二是有核距；三是无共同包核层。

“核同质”，指两个或几个结构核具有相同的性质。常见的，是每个分句的结构核都是谓词性的，即“动＋动”“形＋形”“动＋形”“形＋动”等；有时，每个结构核都是名词，即“名＋名”。由于核的性质保持一致，因而不管是谓核同质，还是名核同质，都会明显构成复句。例如：

一个哈尼小姑娘都能为群众着想，我们真应该向她学习。

自然是伟大的，然而人类更伟大。

太阳一照，景色特别美。

路边的枫树叶子还没红，所以我们都没注意。

蓝天，远树，金黄色的麦浪。

“有核距”，是含核单位与含核单位之间有比较明显的音读距离，或者说，分句与分句之间有比较明显的语音停顿。书面上，一般用逗号表示，有时也用分号、冒号等表示。“核距”从另一个角度保证典型复句的确立。看这个例子：

(3) 正说着，门被推开了。(彭荆风《驿路梨花》)

这个复句，分句“(大家) 正说着 (关于屋子主人的事)”和分句“门被推开了”之间有表明核距的比较明显的语音停顿。如果说成：

正说着门被推开了。

两个含核单位之间的明显停顿一被取消，句子的“复句形象”就模糊了起来。再看一些例子：

是你当家，还是我当家？

→ 是你当家还是我当家？

一停电，他就往广场上跑。

→ 一停电他就往广场上跑。

他垮了，你又有什么好处？

→ 他垮了你又有什么好处？

无论如何，我们不能向敌人屈服！

→ 无论如何我们不能向敌人屈服！

天气再好，你也别想走！

→ 天气再好你也别想走！

只要“核距”不存在，复句的典型性就成了问题，人们在断定句子的单复句归属时就犹豫起来了。

“无共同包核层”，是说每个结构核都有自己的包核层，不存在“共层”的现象。“无共层”又从另一个侧面保证典型复句的确立。因为，不存在共层现象，就表明不存在共同充当一个什么成分的问题，也就表明各含核单位在结构上都是独立自足的。例如：

(4) (于是) 我的希望回来了，小鸟总还没有死。(老舍《小麻雀》)

(5) 我们正在劳动，突然梨树丛中闪出了一群哈尼小姑娘。(彭荆风《驿路梨花》)

(6) 多么熟悉的山路，多么难忘的生活！(谭谈《小路遥遥》)

作为结构核，“回来”和“死”，“劳动”和“闪出”，“山路”和“生活”，都各有自己的结构层。

有的时候，构成复句的分句明显地简省了某些词语。补出简省词语，便可以看到不同的“核”各有自己的“层”。如：

(7) 说，是谁的？

(8) 一翻身边带的报纸，原来是重阳的第二日。(杨朔《香山红叶》)

前一例等于说：“你说，这东西是谁的？”后一例等于说：“我一翻身边带的报纸，今天原来是重阳的第二日。”

有的时候，构成复句的分句之中相对应的层次采用词语复称的形式。有了词语复称的形式，就满足了不同的“核”各有自己的“层”的条件。比如：

(9) 李自成本不是刚愎自用的人，他对于明室的待遇也非常宽大。(郭沫若《甲申三百年祭》)

(10) 我看得呆了，我仿佛看见了民族的精神化石而为他们两个。(茅盾《风景谈》)

前一例，“是”和“宽大”各有自己的结构层；后一例，“看”和“看见了”各有自己的结构层。

3. 纠结现象

纠结现象是单句和复句在界限上互有瓜葛的现象。跟单核的典型单句相对而言，纠结现象是多核的；跟多核的典型复句相对而言，纠结现象的突出表现是核异质，无核距，有共同结构层，加特定关系标记。

“核异质”，指两个或几个结构核具有不同的性质：有的是谓词核，有的是名词核。在通常情况下，名词结构和谓词结构同现，名词结构容易成为“层”。有时，名词结构和谓词结构同现，名词结构不是“层”：出现在前边时不是主语层或状语层，出现在后边时不是宾语层或补语层。它本身成了一个具有表述性的含核单位。这便形成了谓核分句和名核分句组成复句的特殊的“核异质”现象，也就是本章第一节里所说的“分句的异质联结”。例如：

（11）高高的梯田，山上有了绿意。（梁信《从奴隶到将军》）

（12）白色梨花开满枝头，多么美丽的一片梨树林呵！（彭荆风《驿路梨花》）

（13）闪电划出一个惊叹号，一声闷雷，大雨来了。（钟道新《超导》）

前一例是“名核分句＋动核分句”，中间一例是“动核分句＋名核分句”，后一例是“动核分句＋名核分句＋动核分句”。

“无核距”，指含核单位与含核单位之间没有明显的音读距离，书面上直接联结，不加逗号之类符号。“无核距”的语言事实，大体说有三类：

a. 紧缩式联结。把表述复句关系的语言形式紧缩在一起说出来，形成紧缩句。这类紧缩形式单独使用时可以看作单句，如果出现在复句之中则算一个分句，但它们大部分都可以比较自然地拉开音读距离，转化为有核距的可以被认为是复句的说法。比如：要去你一个人去。→要去，你一个人去。

b. 连动式兼语式联结。核与核之间有连动关系或兼语关系，通常叫作连动句或兼语句。如：“伤员们听了大笑起来。”“我请求您注意点影响！”这类形式大家都会划归单句，但如果中间插入音距，就会产生纠结现象。如：“伤员们听了，大笑起来。”“我请求您，注意点影响！”这就靠向复句。

c. 并列式联结。核与核之间是并列关系。有的用“和”类表并列的连词，有的直接联结。例如：“这部书明年出版和发行。”“厨房宽敞明亮。”这类形式大家都会判定为单句。不过，不用“和”类连词的，如果中间插入音距，容易靠向复句。含核单位越复杂，加音距后越容易靠向复句。如：厨房宽敞明亮。→厨房宽敞，明亮。→厨房特别宽敞，特别明亮。

“有共同包核层”，是说结构核和结构核或含核单位和含核单位具有共同的包核层，即存在“共层”的现象。比如：“我们还要善于观察，养成良好的观察习惯。”如果用 A B 分别代表“善于观察”和“养成良好的观察习惯”，这一例便是“我们还要〈A，B〉”。A B 既有共同的状语层，又有共同的主语层。核同质，有核距，但有共层，这是使得单复句难于划界的重要现象。

“加特定关系标志”，指在句子中加上标明因果、假设、条件、转折等复句关系的词语。复句关系标志和复句没有绝对的必然的联系。有的句子，用了某种标志，反映出事物间某种潜在的复句关系，但在结构上只是单句。如：“只有人民，才是创造世界历史的动力。”“无论谁，都不能进去。”有的关系词语，不会出现在公认的单句之中，但它们所关联的两个含核单位可以有“共层”。如：“我们当时虽然经常通信，但没有机会见面。”这里的“经常通信”和“没有机会见面”有共层“我们”和“当时”。可见，即使用了“虽然……但……”这样的关系词语，也不能保证句子在单复句的界限上不存在纠葛。研究复句必须研究关系词语，这对于弄清复句内在联系、确立复句关系类别，至关重要。然而，关系词语只能表明某个句子“可能是”复句，却不能表明“一定是”复句。这就增加了单复句划界问题的纷乱。

4. 事实和对策

复句同单句的具体的纠结现象复杂多样，很难不遗漏地一一罗列。但是，归总起来说，不外乎四种情况。一是多核而核异质；二是多核而无核距；三是多核而有共同的包核层；四是用了特定的关系词语。多核现象，不同于典型的单句，但不一定不是单句；核异质、无核距、有共层的现象，不同于典型的复句，但不一定不是复句。再加上使用特定关系词语的句子可复可单，就使复句同单句的纠结互缠达到相当严重的程度。诚然，单复句之间存在“剪不断理还乱”的纠结现象，这是客观事实。要想在二者之间划出一条“泾渭分明”的界限，这是徒劳无功的努力。从学术上研究复句问题，不应该沉溺到“划界”问题里头，而应该集中精力对复句自身的规律性从各个方面进行深入的挖掘，做出有利于深刻认识复句的描写和解释。

教学和研究有不同的特点和要求。教学中，需要告诉学生怎样识别单句和复句。为了适应教学的需要，遇到纠缠不清的问题，可以采取权宜性的对策。这就是：权衡得失，定个标准，做硬性的“霸道”的规定。这当然只是教学对策，不是科学结论。举例来说：

我们买了纸，买了笔。

这是一个单句，还是一个复句？单句论也好，复句论也好，都可以找到事实来支持。

支持单句论的事实是：“买了纸，买了笔”有共层“我们”，而且共层还可以增加。不仅如此，标示音距的逗号还可以去掉。比如：

我们已经买了纸，买了笔。

我们上街买了纸，买了笔。

我们已经上街买了纸，买了笔。

我们已经上街买了纸买了笔。

这些例子表明，共层越多，越像单句；如果无音距，便明显成了单句。

支持复句论的事实是：“买了纸，买了笔”可以扩展和增延，可以添加关联格式，可以分置主语前后。例如：

我们买了几张纸，买了几支笔，看了一场新上演的国产电影，到大中华去美美地吃了一顿。

这里，“买了纸”和“买了笔”本身有扩展，它们后边又有增延。这一例，如果认为是单句，那么这个单句的谓语太复杂了，分析起来太不方便了。何况，所谓“扩展”和“增延”在理论上可以是无限的。无限地扩展、增延下去，如果都算是一个单句，恐怕大多数人都难以接受。又如：

我们先买了几张纸，接着买了几支笔，然后看了一场新上演的国产电影，这才到大中华去美美地吃了一顿。

这里，不仅有扩展和增延，而且用上了“先……接着……然后……这才……”的关联格式。如果还看成单句，人们更难接受。又如：

先买了几张纸，接着买了几支笔，然后看了一场新上演的国产电影，我们这才到大中华去美美地吃了一顿。

这里，不仅有扩展和增延，不仅用上了关联格式，而且主语“我们”

在最后一个语言单位的前头才出现。这样，更难整个看成一个单句。

比较地说，这类现象全部划归单句，所遇到的麻烦比全部划归复句更多，更难于处理。因此，只好来个人为的规定：在单句复句发生纠葛时，凡是有音距、加了逗号的，可以分析为复句，并且可以认为其中有的分句在结构上有所简省。这只能说是没办法中的办法。比如："我们买了纸，买了笔。"可以认为是复句，后分句承前分句简省了主语。再如：

> 我们要吃要喝。（单句）
>
> 我们要吃，要喝。（复句）

二　复句分类问题

（一）分类原则和分类要求

1. 分类原则

复句分类，从关系出发，用标志控制。

"关系"，指分句与分句之间的相互关系；"标志"，指联结分句标示相互关系的关系词语。

为什么要用标志来控制关系？一方面，关系属于隐含的语义范畴，理解起来有灵活性，而标志则是客观存在的形式实体，不会因人而异，因而可以成为客观标准。另一方面，关系和标志并非简单对应，标志对关系可以进行反制约。只有抓住标志，让关系接受标志的控制，才能从语法上对复句的类别做出合理的判断。比如：

> 老孙既还了债，又在精神上得到了解脱。
>
> 老孙不但还了债，而且在精神上得到了解脱。
>
> 老孙因为还了债，所以在精神上得到了解脱。

这三个例子表明：逻辑基础相同，由于用了不同的标志，形成了不同的复句句式。如果不抓住标志，它们的类属很难说清。

怎样用标志来控制关系？办法可以归结为以下三点。

第一，在关系上明确"关系聚合"和"关系聚合点"。任何一个复句关系类，都是关系的聚合。母类是子类关系的聚合，类越大关系越复杂，反之类越小关系越单纯。每个聚合都有"聚合点"。把类差排除掉，求出类同点，就可以得到“聚合点”。比如因果类复句，排除其差异性，剩下因果关系的共性，这就是聚合点。

第二，在形式上明确“点标志”和“标志群”。“标志”包括代表性标志和它的义同形式、类同形式。代表性标志是表明关系聚合点的最一般最常用的形式，是“点标志”；义同形式、类同形式围绕点标志形成一个关系相同、相通或相近的群体，这就是“标志群”。比如“因为……所以……”是因果类复句的点标志，“既然……就……”“如果……就……”等是标志群。相对地说，母类是大标志群，子类是小标志群。最小的子类可能只有一种形式标志，或由一种形式标志及其义同形式组成的小标志群。

第三，根据聚合和聚合点、点标志和标志群来判别具体句类句式的归属。这是一种演绎的过程。即：凡是属于某类聚合和某类标志群的句类句式，都划归某类复句。比方，从一级类说，“……可见……”“……以便……”属于因果类聚合和因果类标志群，它们是因果类复句。又比方，从二级类说，“……可见……”属于推断类聚合和推断类标志群，它是推断复句；“……以便……”属于目的类聚合和目的类标志群，它是目的复句。

2. 分类要求

所据原则，必须具有同一性和彻底性；所得结果，必须具有切实性和全面性。

“同一性”，指所持原则、所据标准始终同一，不任意变动。试看下面的复句类别的判定：

因为路不好走，今天不能赶到。　　　(因果)
虽然路不好走，今天也能赶到。　　　(转折)
如果路不好走，今天不能赶到。　　　(假设)
即使路不好走，今天也能赶到。　　　(假设)
只有路不好走，今天才不能赶到。　　(条件)
无论路多么不好走，今天都能赶到。　(条件)

这里，复句分类的标准没有保持同一性。有时，根据前分句和后分句之间的顺逆关系来判定类属。如根据顺逆的不同，把“因为”句和“虽然”句分别叫作因果句和转折句。有时，又完全不管分句之间的顺逆关系，只看前分句是标示假设还是标示条件。如把“如果”句和“即使”句都叫作假设句，把“只有”句和“无论”句都叫作条件句。

其实，如果根据前一个标准，即根据前分句和后分句之间的顺逆关系，那么“如果”句和“即使”句不应该同类，因为前后分句一顺一逆；“只有”句和“无论”句也不应该同类，它们的前后分句也一顺一逆。反之，如果根据后一标准，即只看前分句是表示事实还是表示非事实的假设或条件，那么“因为”句和“虽然”句就不应该不同类，因为它们的前分句都表示事实，而不表示假设。

“彻底性”，指所持原则所据标准能贯彻到所有复句，不顾此失彼。比较地说，根据分句间相互关系来判别类属，比根据前分句是否表示假设来判别类属要合理。因为，对所有复句来说，前者能贯彻到底；后者却不行，它对某些复句不起判别作用，如并列、递进、选择等复句，既可以是“假设＋假设”，又可以是“事实＋事实”。比较：

[复句格式]	[相互关系]	[前分句A]
因为A所以B	原因结果	事实（一般）
虽然A但是B	让步转折	事实（一般）
如果A就B	假设结果	假设（一般）
即使A也B	让步转折	假设（一般）
既A又B	前后并列	?
不但A而且B	前后递进	?
或者A或者B	前后选择	?

“切实性”，指分类结果切合语言事实，没有明显相悖之处。不然，就可能是分类原则和标准有问题。比如通常把“即使”句叫作假设句，这容易造成错觉，使人以为用“即使”引出的事都是尚未成为事实的假设。其实，如前所述，有的时候“即使……也……”只是化实为虚，并不是直接显示假设的情况。再看两个例子：

(1) 不行，要把海珍救出火坑，即使她嫁了人，生了孩子，我也要她。(罗继长《天，还是蓝蓝的》)

(2) (朱泉山：)"顾书记，我没那样想过……"(顾荣：)"即使没想过，现在也可以想想嘛。"(柯云路《新星》)

前一例，从语境可知，海珍已经嫁了人，而且已经生了孩子。这就是说，这里的"即使……"实际上是实言的，而不是假言的。后一例，对方已经提到"没那样想过"的事实，顾荣说话时加个"即使"，起的是实事虚说的作用。这种"即使"实言句的存在，也反证了根据前分句是否表示假设来判别复句归属这一标准存在着根本性的缺陷。

"全面性"，指分类结果能统括所有事实，没有重大遗漏。如果有些重要事实在一个复句分类系统中找不到归宿，或者得不到解释，那么这个系统的分类原则和标准就可能存在问题。比方转折类复句中的假转句，又比方不同类型复句的标志复现现象，使用频率都相当高，假如在一个分类系统中没有位置，这个系统应该是有缺陷的。比较：

幸亏小张力气小，否则美华跑不了。

可惜小张力气小，否则美华跑不了。

毕竟小张力气小，否则美华跑不了。

以上三例都是假转句，它们在表意上存在微妙的差异性。第一例是庆幸有所得；第二例是惋惜有所失；第三例是中性的，是得是失隐含在特定的语境之中。要是再进一步考察"因为……否则……""除非……否则……""要么……否则……"等标志复现现象，就可以知道对诸如此类的事实是不应该在分类系统中遗漏的。

(二) 一级复句类的划分

因果类复句、并列类复句和转折类复句，直接隶属于复句，是一级复句类。分析复句，重点是因果式复句、推断式复句、并列式复句、递进式复句、突转式复句、让步式复句、假转式复句等等二级复句类，从这个意义上说，二级复句类才是复句的基本类别。不过，如何划分一级复句类，关涉到如何建构复句系统。

因果类复句反映种种因果关系的聚合。这样那样的因果类复句尽管有这样那样的类差，但它们的聚合点是相同的。因此，只要减去类差，就可以看到各种因果类复句之间的共同之处。前面讨论因果类复句时已经举过例子。再看下面的例子：

因为没有私心，所以无所畏惧。

既然没有私心，就无所畏惧。

如果没有私心，就无所畏惧。

只有没有私心，才无所畏惧。

只要没有私心，就无所畏惧。

越没有私心，越无所畏惧。

上例标志群中的不同标志，反映因果关系聚合的类差。减去这些反映类差的标志，剩下“没有私心”和“无所畏惧”是相同的。

并列类复句反映种种并举排列关系的聚合。各种并列类复句尽管有类差，但它们有相同的聚合点。减去类差，就可以看到它们在聚合点上的共同之处。前面讨论并列类复句时已经举过例子。再看下面的例子：

他既学了英语，又学了俄语。

他先学了英语，接着学了俄语。

他不但学了英语，而且学了俄语。

他或者学了英语，或者学了俄语。

他要么学了英语，要么学了俄语。

上例标志群中的不同标志，反映并列关系聚合的类差。减去反映类差的标志，剩下的“学了英语”和“学了俄语”是相同的。

转折类复句反映种种逆转关系的聚合。不同的转折类复句，形式上有不同的表现，但在逆转关系上是具有聚合点的。比较：

他是能考取的，但是他错过了时间。

他错过了时间，否则他是能考取的。

上例的“但是”和“否则”厌烦应转折关系聚合的类差。减去它们，剩下“他是能考取的”和“他错过了时间”是相同的。

在转折类复句的标志群中，“但是”是最典型的点标志。严格地说，“否则”之类跟“但是”之类是两路不同的逆转词，不过，在逻辑基础上，二者也有微妙的联系。这表现在：

X，否则 Y。

= 本来（可能/可以）Y，但是因为（如果/只要）X，所以就不 Y。

比较：

幸亏有汽车，否则赶不到。

本来赶不到，可是因为有汽车，所以赶到了。

本书把一级复句类划分为因果类、并列类、转折类三大块，在此基础上建构复句系统，讨论复句句式，并讨论句式和句式套合使用的标志复现现象。需要回答的一个问题是：跟“因果”相对的是“非因果”，跟“并列”相对的是“非并列”，跟“转折”相对的是“非转折”，能不能平列地分出这三大块来呢？

给事物分类，A 和非 A 的分法和 A、B、C 的分法都是允许的。A 和非 A 的分类法是矛盾概念分类法，A 是肯定概念，本身有明确的内涵，非 A 是否定概念，它的内涵要依赖于 A，即以否定 A 的内涵为内涵，它本身没有明确的内涵。A、B、C 的分类法是并列概念分类法，A、B 和 C 都各有自己的明确肯定的内涵。语法研究中，学者们往往采取并列概念分类法；有时由于特殊需要，也采取矛盾概念分类法。比如：

陈述句—疑问句—祈使句—感叹句

这是并列概念分类法

陈述句—非陈述句

这是矛盾概念分类法

把复句划分为因果类、并列类、转折类三大块，这意味着其中任何一大块都同其他两大块相对立。讨论问题时，如果立足于甲块，那么乙块和丙块可以看作非甲；如果立足于乙块，那么甲块和丙块可以看作非乙；同样，如果立足于丙块，那么甲块和乙可以看作非丙。

主要参考文献

[1] 高名凯. 语法理论 [M]. 北京：商务印书馆，1960.

[2] 郭中平. 单句复句的划界问题 [J]. 中国语文，1957 (4).

[3] 刘世儒. 试论汉语单句复句的区分标准 [J]. 中国语文，1957 (5).

[4] 洪心衡. 复句的区分 [M]//汉语词法句法阐要. 长春：吉林人民出版社，1980.

[5] 洪心衡. 单句、复句之间的几种句式 [M]//汉语词法句法阐要. 长春：吉林人民出版社，1980.

[6] 陈信春. 单句复句划界问题 [M]. 开封：河南大学出版社，1990.

[7] 秦礼君. 现代汉语语法专题·单句与复句的划分 [M]. 北京：海洋出版社，1990.

[8] 邢福义. 复句的分类 [M]//句型与动词. 北京：语文出版社，1987.

[9] 邢福义. 汉语单句与复句的对立和纠结 [J]. 世界汉语教学，1993 (1).

第四章 研究论

第一节 “小三角”研究

一 两个三角中的“小三角”

研究汉语语法事实，既需要进行静态分析，更需要进行动态分析。静态分析的基本做法是对某个语言事实进行自身的成分分析或层次分析。这是语法分析的起点和基本功，但不能深入揭示语法规律，因为许多时候仅仅进行静态分析说明不了什么问题。动态分析的基本作法是多角验证，对语法事实进行多角验证可以更好地揭示语法规律。

多角验证的基本内容，是两个三角的事实验证。

“小三角”是两个三角中的第一个三角。任何语法事实都存在语表形式、语里意义和语用价值三个角度，研究中这三个角度往往都需要进行考察。“小三角”指的就是“表—里—值”三角，由语表形式、语里意义和语用价值所构成。在“小三角”里，“表—里—值”被分别看成三个角。

(一)“表”角

“小三角”的第一个角是“语表形式”。简称为“语表”，在跟“里”“值”相对而言时进一步简称为“表”。

语表形式，是显露在外的可见形式。比方，如果以 V N 结构为研究对象，那么，在“表—里—值”三角里，V N 是显露在外的可见形式，是语表。V 和 N 之间，可能是动宾关系，也可能是偏正关系。动宾关系也好，偏正关系也好，就 V N 结构而言都不是显露在外的，都属语里。

小三角的语表形式可以是任何语法单位的显露在外的可见形式。在“小三角”理论看来，小到语素或词，大到复句或句群，都有其语表形式。例如：

“刚刚”，词。这个词的读音 gānggāng 是语表形式。如：刚刚学会写小说｜刚刚还在写小说。

“V 1 地 V 2”，短语。V 1 带上“地”同 V 2 组合，是这个结构的语表形式。如：赞许地微笑｜信任地点头｜讨好地鞠躬｜应付地动了一下｜挑逗地哼着小曲。

“(S) ‖有没有 V P?”这是单句。主语后边的谓语部分里用“有没有”同 V P 组合，是这类句子的语表形式。如：你有没有回过老家？｜阿琼有没有出嫁？｜警察有没有追上来？｜你们有没有感觉到他是在一步步地走向毁灭？

“与其 A，不如 B。”这是复句。以“与其……不如……”为关系标记，是这类复句的语表形式。如：与其这么傻等，不如走路去。｜与其治标，不如治本。｜与其将来闹离婚，不如现在别结婚。｜与其让别人呼来唤去，还不如继续干现在这个工作。

“X 吗？Y 吗？或者 Z 吗？”这是句群。句间以“或者”为关系标记，各句句末以“吗”为语气标记，是这类句群的语表形式。如：听听音乐吗？看看电视吗？或者，到公园去转转吗？｜是小弟顶撞过他吗？是小妹伤害过他吗？或者，是老爸无意中得罪了他吗？｜是他有事来不了吗？是他的自行车被人拔去了气门针吗？或者，是在路上遇到了什么麻烦吗？

(二)“里”角

“小三角”的第二个角是“语里意义”。简称为“语里”，在跟“表”“值”相对而言时进一步简称为“里”。

语里意义是隐含在内的不可见的关系或内容。在“小三角”理论看来，任何语法单位，小到语素或词，大到复句或句群，都有其语里意义。语法单位不同，语里意义的偏重点也有所不同。这要分三点来说。

第一，复句和句群，语里意义主要表现为逻辑—语法关系。如：“与其A，不如B。”这类复句句式在语里意义上具有择优性和推断性，这是一种受到特定语法格式所制约的“逻辑—语法”关系。

第二，单句和由单句离析出来的结构，语里意义主要表现为结构关系、施受关系和意向关系。所谓“结构关系”，指主谓、动宾、偏正等关系。如“货物推销”这种N V组合，有时更像主谓，有时更像偏正。对于这种组合来说，主谓和偏正都是结构关系上的语里意义。所谓“施受关系”，指动作和相关人物之间的施事、受事、用事、于事等关系。比如“看－O”这类结构，“看星星”中的O是受事，“看医生”中的O具有施事性质（＝让医生看），“看镜子”中的O表示工具，是用事（＝用镜子看）。这样的分析，是施受关系上语里意义的分析。所谓“意向关系”，指句法结构反映在表意指向类型上的语义关系。比如：

有什么任务吗？

有谁动过我的什么东西吗？

这类问句在表意指向上具有二重性：一方面问是非（“有……吗?”），另一方面又有特指（“什么?”“谁?”），跟单纯的是非问句和单纯的特指问句都有所不同。对于这类问句，主语、谓语、施事、受事等的分析不起作用，必须抓住表意指向上的二重性，联系其语表和语值来加以考察。

第三，词，包括意义虚灵和意义实在的词，语里意义主要表现为涵盖意义和特征意义。所谓“涵盖意义”，主要指意义虚灵的词所涵盖的语义内容。比方“刚刚”，有两个涵盖意义：①表示事件发生的始发点，不一定以“现在”为参照点。②表示事件发生在说话前不久，一定以“现在”为参照点。所谓“特征意义”，也叫语义特征，指意义实在的词所包含的可以成为区别性特征的意义。比如：“学生”“科长”“春天”“暑假”这几个名词，各有各的词汇意义，但都具有“推移性”

语义特征。正因如此，它们在语法上具有某种同一性：都能够带上“了”，构成“N P了”句式。

(三)“值”角

“小三角”的第三个角是“语用价值”。简称为“语值”，在跟“表”“里”相对而言时进一步简称为“值”。

语值有时是修辞值，特定格式有其特定的修辞效果；有时是语境值，不同句式有适应不同语境的价值。

“小三角”的语用价值，重视在比较中考究研究对象的语用效应，回答它到底有何价值的问题。比如：

①研究“双”。一般以为“双”是量词（一双｜两双），实际上有时是数词（双重压力｜双层岗哨｜双份礼品｜双倍工资）。那么，“数词‘双’＋量词”同“数词‘两’＋量词”和“数词‘二’＋量词”相比较，语用价值有什么不同？

②研究“V地V”结构。假如前V是及物动词，“V地V”往往跟“V O V”和“用V的N V”相通（挑逗地说→挑逗她说｜用挑逗的口气说）。那么，“V地V”的语用价值何在？

③研究“要不是A，就B”复句句式。通过考察，可以发现其内容往往跟“因为A，所以B”复句句式相通（要不是周医生在场，我就没命了。→因为周医生在场，所以我才有命）。那么，“要不是A，就B”的语用价值是什么？

④研究“N 1 V N 2”和“N 2 V N 1”。通过考察，可以知道二者有时互相转换而保持语义同一（鲜花开遍原野→←原野开遍鲜花），那么，在语用价值上它们有没有不同？它们对语境的适应性如何？

在“小三角”理论看来，一个语法单位能够在语言系统中存在，在语言交际中承传，必然有其语用价值上的根据，不然就会被淘汰。语法研究，必须回答所研究的语法单位到底有什么语用价值的问题，这样才能对语法事实获得深刻的认识。

二 “小三角”的事实验证

“小三角”的事实验证，包括“表里印证”和“语值验察”两个方面。

（一）表里印证

所谓“表里印证”，是指在表里之间寻找规律性联系，以揭示有关事实的特定规律。这是汉语语法研究的最基本的工作。基本做法是：由表察里，由里究表，表里相互印证。

汉语是缺乏形态的语言，一个语表形式的内里，往往隐匿着微妙的语里意义或关系。因此，要从语法上把一个语表形式弄清楚，不能不考察它同语里意义或关系的规律性联系。可以说，研究中不进行表里印证的工作，无法真正解决汉语语法的问题。

【现象一】关于时间词“刚刚”。

一般以为表示时间的“刚刚”是副词，可是，时间词“刚刚”实际上有两个：刚刚 1＝刚；刚刚 2＝刚才。前者是时间副词，后者是时间名词。比较：

他们都还刚刚有点动作。

（＝刚。动作刚开始，往后可能越来越大。）

他们刚刚都还有点动作。

（＝刚才。动作刚才还有，现在没有了。）

从语里看，上面所说的“刚刚”的两个涵盖意义，正是两个“刚刚”分别具有的意义。具体点说，“刚刚 1”指明动作的始发点，表示动作发生不久；“刚刚 2”指明跟“现在”相对的时间距离，表明情况发生在说话前不久。“刚刚 2”所指明的时点，总是跟“现在”相对，它所表示的“前不久”，总是很短的时间，可以是两三分钟之前，也可以是几个小时之前，但一般不会超过半天。“刚刚 1”不同：一方面，它表示的是动作发生不久，所谓“不久”，可以是时间极短（“他刚刚睁开眼睛就冲了出去”），也可以是时间较长（“我刚刚参加工作”）；另一方面，它指的是动作的始发点，不一定跟说话的“现在”的时间相对（“那时候，我刚刚参加工作，真是初生牛犊不怕虎”）。

语里意义不同，语表形式上也存在许多对立或差异。比如：

	刚刚 1	刚刚 2
做定语	－	＋
用在主语前边	－	＋
用在形容词短语前边	－	＋
用在“都、还”前边	－	＋
用在“都、还”后边	＋	－
跟在时间名词后边出现	＋	－
修饰时间名词	＋	－
带“刚刚”的结构修饰“时候”	＋	－

“刚刚 2”可以做定语（“我永远忘不了刚刚那件事”），“刚刚 1”只能做状语，不能做定语。

做状语的“刚刚 2”可以用到主语前边（“他们刚刚都还坐在这儿”→“刚刚他们都还坐在这儿”），“刚刚 1”不能这么用（“他们都还刚刚起床”→＊“刚刚他们都还起床”）。

做状语的“刚刚 2”可以用在形容词短语前边（“她刚刚很伤心。”“我刚刚很恼火。”），“刚刚 1”没有这样的用法。

在谓语部分里出现“都、还”的时候，如果是“刚刚 2”，一定用在前边，而不能用在后边（“这些人刚刚都还活着”→＊“这些人都还刚刚活着”）；相反，如果是“刚刚 1”，一定用在后边，而不能用在前边（“这些人都还刚刚死去”→＊“这些人刚刚都还死去”）。

“刚刚 1”是时间副词，可以跟在时间名词后边出现（“上午，刚刚报到，小张就接见了我”）。“刚刚 2”是时间名词，它跟别的时间名词互相排斥。

“刚刚 1”还可以修饰时间名词，隐含“到”的意思（“刚刚早晨，公园里就热闹起来了”）。“刚刚 2”没有这样的用法。

带“刚刚 1”的动词结构，可以做“时候”或“那一年”之类的定语（“刚刚参加工作的时候，我胆子很小”）。“刚刚 2”没有这样的用法。

此外，有的时候，“刚刚 1”和“刚刚 2”对时量补语的要求也形成对立：

刚刚1 V P 不久/没一会儿/没几分钟

刚刚2 V P 好久/好一会儿/好几分钟

前者有缩小意味，后者有夸大意味。例如

(1) 上工的铃刚刚响过，张三就把电门合上了。(陈村《一天》)

(2) 他刚刚牵着毛驴来这儿转悠。(张一弓《寻找》)

前一例里是"刚刚1"，可以说成"上工的铃刚刚响过不久"，"不久"不能换为"好久"；后一例里是"刚刚2"，可以说成"他刚刚曾经牵着毛驴来这儿转悠了好久"，"好久"不能换为"不久"。

如果要从语表形式上证明"刚刚1"是时间副词，"刚刚2"是时间名词，还可以找到这样的对立："刚刚2"有时充当介词"在"的后置成分，"刚刚1"不能这么办；"刚刚2"有时跟"X时候"组成同位结构，"刚刚1"不能这么办。例如：

(3) 刚刚，就在刚刚，我已经把为《绿叶》写的小说《放生》写完了。(陈建功《放生》)

(4) (太太，有一个男人在我们家门口，已经三天了。……)刚刚我去买菜的时候他就在，现在他还在那儿。(琼瑶《黑茧》)

例(3)，"刚刚"出现在介词"在"的后边，一起组成介词短语。这样的"刚刚"只能是时间名词。例(4)，"刚刚"用在"我去买菜的时候"的前边，一起组成表时间同位结构。这样的"刚刚"也只能是时间名词。

总起来看，通过表里印证可以知道，"刚刚"有时固然是时间副词，有时却是时间名词。

【现象二】关于"与其A，不如B"句式。

所谓"与其A，不如B"句式，指的是这一类型的复句："与其再等几小时，不如走路去。"这一复句句式，一般都把它跟"宁可A，也B"归为一类，并且一起归入选择复句。为了比较深入地了解这一句式，有必要多方面进行表里印证。

①由表察里：从语里关系看，这一句式反映的是一个选言直言

推理：

与其再等几个小时，不如走路去。

＝　要么再等几个小时，要么走路去。

再等几个小时不好，

因此，还是走路去为好。

这就是说，这一句式既有选择性，又有推断性。

②由里究表：从语表形式看，这一句式的“与其”可以替换为“要是”，这一句式的“不如……”可以替换为“为什么不……呢”：

与其再等几个小时，不如走路去。

→　要是再等几个小时，不如走路去。

→　与其再等几个小时，为什么不走路去呢？

“要是、如果、假若”之类是引出推断之词，“为什么不……呢”的反问是做出结论之句。实际语言运用中，“要是 A，不如 B”和“与其 A，为什么不 B 呢”的说法都常见。如：

(5) 如果一个人这样生活在世界上，还不如把自己泡在福尔马林药水里保险呢！（李国文《花园街 5 号》）

(6) 与其让我活着去做一具僵尸，为什么不让我躺在这里，用我仅有的短暂生命做一点贡献呢？（顾笑言《洪峰通过峡谷》）

可见，从语表上也可以找到这一句式既有选择性又有推断性的根据。

③再由表察里：姑且不管推断性，这一句式的选择性也有特殊之处。跟“或者 A，或者 B”“要么 A，要么 B”等选择句式所表示的选择关系相比较，“与其 A，不如 B”句式明显具有择优性。这一句式中，前项 A 已被确定为落选项，后项 B 已被确定为优选项。当说“与其再等几个小时，不如走路去”的时候，“再等几个小时”是落选项，“走路去”是优选项；当说“与其走路去，不如再等几个小时”的时候，“走路去”是落选项，“再等几个小时”是优选项。再比较：

或者你来，或者他去。　　或者他去，或者你来。

与其你来，不如他去。　　与其他去，不如你来。

用“或者……或者……”，“你来”和“他去”不管出现在前分句还是出现在后分句，都构成一般的选择关系，二者在选择关系中所处的地位是平等的；用“与其……不如……”则不同，“你来”和“他去”哪个出现在前分句哪个就是落选项，哪个出现在后分句哪个就是优选项。诚然，把择优性和推断性结合起来看，这一句式是一种择优推断句式。

④再由里究表：这一句式的“择优性”，在语表上有时也有反映。句式里，对于落选项可以添加贬义评论语，对于优选项，可以添加褒义评论语。对优选项所加的评论语，可以有不同的具体说法，但都可以用“为好”的笼统说法去替代。如：

与其再等几个小时活受罪，不如走路去痛快些。

与其走路去把人累死，不如再等几个小时人要舒服些。

这里出现了贬义评论语“活受罪”“把人累死”，褒义评论语“痛快些”“人要舒服些”。“痛快些”“人要舒服些”都可以改写成“为好”：

与其再等几个小时活受罪，不如走路去为好。

与其走路去把人累死，不如再等几个小时为好。

语言运用中，往往可以见到添加评论语的例子：

(7) 与其和天立出去吃晚饭，不如在家里安全。（琼瑶《莫忘今宵》）

(8) 与其这样，你还不如跟我结婚省事呢。（常罡《黑与白》）

(9) 与其不愉快地拖着，不如快刀斩乱麻，一刀两断干脆。（铁竹伟《红军烂漫曲》）

上例里，在落选项加了贬语“不愉快地”，在优选项里加了褒语“安全”“省事”“干脆”。

⑤再由表察里：对于这种择优推断句式来说，决定优选项和落选项的标准一般是主观认识。X Y 两事，甲可以以 X 为优以 Y 为劣，说成“与其 Y，不如 X”，乙则可以以 Y 为优以 X 为劣，说成“与其 X，不如 Y”。正因如此，在一般情况下，如果把前项所说的事情和后项所说的事情互相对调，那么，可以反映说话人的不同认识，但所说的话都是站得住的。比如：

a. 甲：与其种梧桐，不如种柳树。

乙：与其种柳树，不如种梧桐。

b. 甲：与其去上海，不如去广州。

乙：与其去广州，不如去上海。

c. 甲：与其出国留学，不如留校当助教。

乙：与其留校当助教，不如出国留学。

有的时候，前后项所说的事情不能对调。比如：

与其将来闹离婚，不如现在别结婚！（+）

与其现在别结婚，不如将来闹离婚！（-）

这可以从逻辑关系上找到原因：有“将来”就有“现在”，“现在”存在“别结婚”的选择；没有“现在”就没有“将来”，现在没结婚，就不存在将来闹离婚这种可供选择的情况。又如

(10) 与其爱不成，真不如当初不爱！（蒋子龙《蛇神》）

从“今日”看，“当初”存在“不爱”的选择，可以把“当初不爱”作为一个优选项；如果倒过来说成“与其当初不爱，真不如（今日）爱不成”，这就站不住，因为假若当初不爱，就不存在今日的爱不成的变化，就不能把“(今日) 爱不成”作为一个优选项。

⑥再由表察里：这一句式里，“不如”前边可以出现“还、倒、真”，说成：“与其 A，还不如 B。”“与其 A，倒不如 B。”“与其 A，真不如 B 。”例如：

与其再等几个小时，还不如走路去！

与其再等几个小时，倒不如走路去！

与其再等几个小时，真不如走路去！

“还不如”，重在强调 B 尽管只是低标准的，但还是比 A 要好；“倒不如”，重在强调 B 对 A 的逆反否定；“真不如”，重在使所做的推断带有慨叹语气。

⑦再由表察里和由里究表：“与其”和“不如”的后边都可以出现“说”。

与其再等几个小时，不如走路去！（+）

→与其说再等几个小时，不如说走路去！（?）

与其说是为了罗莎，不如说是为了陈桃！（+）

→与其是为了罗莎，不如是为了陈桃！（?）

这两种说法实际上有许多不同之处。择要而言：第一，语里意义上，用“说”的说法表示对说法的择优和推断，强调“说乙”比“说甲”更为准确或更能说明问题。第二，在语表形式上，用“说”的说法里往往出现“是”字，构成“与其说是……，不如说是……”。有的“是”字非用不可；有时未用“是”字，但可以添上。第三，在语表形式上，“不如说……”后边如果出现评论语，往往是“更为确切”之类。如：

与其说是为了罗莎，不如说是为了陈桃！

→与其说是为了罗莎，不如是为了陈桃更为准确！

由于受到语里意义的制约，在用“说”的说法里，A、B对调之后大都站得住，有时对调之后却站不住。对调之后站不住的现象，跟不用“说”的说法比较起来，有值得注意的好些情况。比如：

这里与其说是亲王府邸，不如说是几间破房子！（+）

→这里与其说是几间破房子，不如说是亲王府邸！（−）

A和B之间有变易关系。A是原来的事物，B是变易后人们所看到的事物。在这种情况下，B不能跟A对调。

对他来说，这与其说是升级，不如说是倒霉的开始。（+）

→对他来说，这与其说是倒霉的开始，不如说是升级。（−）

A和B之间是表象和后果的关系。A只表示事物的表面现象，B则表示事情的后果。在这种情况下，A不能跟B对调。

看穿着，与其说她是日本姑娘，不如说她更像中国女工！（+）

→看穿着，与其说她（更）像中国女工，不如说她是日本姑娘！（−）

A和B之间是写实和比似的关系。是日本姑娘，写实；更像中国女工，比似。在这种情况下，B不能跟A对调。

经过在表里之间反复地进行事实验证，对“与其A，不如B”的句式可以得到比较清楚的认识。

（二）语值验察

所谓“语值验察”，是指对所研究的语法事实进行检验和考察。研究一个语法事实，首先要研究“表”“里”两角，接着，往往还有必要研究“值”角，以便弄清该事实在语言表达系统中特定的语用价值。即：语里同义，语表异形，究其语值。

比方，通过表里印证，可以弄清楚“刚刚 1”和“刚刚 2”在语义语法上的对立和差异，但是，为了对“刚刚”的认识更加全面，更加完整，还有必要考究“刚刚”的语用价值：①首先是表意上的价值。和“刚”相比较，“刚刚 1”往往可以特别突出地强调动作在一刹那间发生。如：“刚刚和这辆卡车错过，迎面又来了一辆同样的运输原木的卡车。”（白桦《一支枯竭了的歌》）这里用“刚刚 1”，比用“刚”更能强调时间的短促。②其次是节律上的价值。和“刚”相比较，“刚刚 1”有的时候可以加强语句的节奏感和音乐美。如：“刚刚背道而驰，马上迎头碰到。”（高晓声《巨灵大人》）这里用双音节的“刚刚 1”，前后分句具有对称美。③再次是语体上的价值。和“刚才”相比较，“刚刚 2”的口语色彩更浓，更适合于拉家常式的顺口叙说。如：“刚刚这个球是扣出了界外。”（中央电视台排球赛解说）这里用“刚刚 2”，显得随便顺口，若用“刚才”，似乎“文”了一点。

下面，再看两类现象。

【现象三】关于“N N 地 V”结构。

N N 代表并列名词，V 代表动词或动词结构。如：

烧鸡烤鸭地吃

野草树皮地啃

西装皮鞋地经常买

原理公式地天天背

对于这类结构，首先需要从语表和语里的联系上进行考察。先看语表，可以知道是 N N 带“地”做了 V 的状语。由表察里，可以知道 N N 具有可宾性，它实际上是 V 的逻辑宾语，因而可以转化为 V 的语法宾语（烧鸡烤鸭地吃→吃烧鸡烤鸭）。再由里究表，可以知道具有可宾性的 N N 可以多于两个名词（烧鸡烤鸭武昌鱼地天天吃），但不能只是一个名词（＊烧鸡地天天吃／烤鸭地天天吃）；可以多于四个音节，但不能少于四个音节（＊鸡鸭地吃／鸡鸭鱼地吃）；另外，N N 之间不能用“和”（＊烧鸡和烤鸭地吃）。

一般名词或名词结构的常用位置不是状语。因此，有必要进一步考察，用 N N 名词结构做状语有什么样的语用价值。通过验察，可以知道：

第一，突出 N N，带夸张性。

同 V N N 相比较，在 N N 地 V 中，N N 由于位置特别而显得突出，N N 所表示的对象得到了充分的强调。这种强调是纪实的，语气上却带有夸张性。比较：

每人发了鹿茸麝香两小包。

每人鹿茸麝香地发了两小包。

前一例是就事论事地述说事实，后一例在说话的口气上显得有意夸张。再比较：

每人发了茶叶白糖两小包。（+）

每人茶叶白糖地发了两小包。（?）

“茶叶白糖”不是像鹿茸麝香那样的贵重东西，仅仅“两小包”茶叶白糖不值得夸张，因此一般情况下不会采用后一例的说法。当然，如果茶叶白糖是紧俏物资，得到两小包也极不容易，那么，说“茶叶白糖地发了两小包”又是完全可以的了。

第二，显示异常感觉，说话富于情绪性。

从心理感觉和感情流露方面看，采用 N N 地 V 的说法，是由于说话人对事物具有异常的感觉，说话时带上了情绪。比较：

临急抱佛脚，这几天他一天到晚主语谓语地背。

梁志达油鸡卤味海蜇皮地叫了许多东西。

前一例强调不正常，偏重于否定；后一例强调不寻常，偏重于肯定。再比较：

我天天烧鸡烤鸭地吃，哪像你？

（1. 我富你穷；2. 我大方你吝啬。）

我天天白菜萝卜地吃，哪像你？

（1. 我穷你富；2. 我节俭你浪费。）

前一例，或者炫耀自己的富有，或者夸说自己的大方；后一例，或者慨叹自己的贫穷，或者申辩自己的节俭。

【现象四】关于转折词“却”进入“既然……那么……”句式的现象。即：

既然 A，（那么）B？＋“却”

＝既然 A，（那么）却 B？

“既然……那么……”表示推论因果的关系，所据理由和推得结果之间通常是顺承的，因此一般不能用转折词。比如：

既然小路阴凉，那么，应该走小路。（＋）

既然小路阴凉，那么，却应该走小路。（－）

但有时既用“既然……那么……”，又用“却”（“那么”往往不出现）。例如：

既然小路阴凉，那么，为什么却不走小路？

这类“既然……却……”的复句，成立的条件是什么？规律性的东西何在？换句话说，“却”进入“既然”复句，遵循的是什么规律？这就需要在表里之间进行反复的验证。验证过程：

①由表察里：语里关系如何？

凡是“既然……却……”复句，实际上包含三个语义段，假若用 abc 来代表，那么，关系是：a—b 顺承，a—c 逆转。即：

既然小路阴凉，为什么却不走小路？

＝既然小路阴凉，就应该走小路，但实际上却决定了不走小路。

又如：

既然小路难走，为什么却决定走小路？

＝既然小路难走，就应该不走小路，但实际上却决定了走小路。

可知，在说“既然……却……”时，在语里关系上包含并且突出了根据和结果之间的逆转性。

②由里究表：为了突出a—c之间的逆转性，语表形式有何要求？

既然小路难走，但实际上却决定了走小路。(一)

这么说不行。可知，c段不能保持陈述句的形式。这就是说，a—c两段不能都用陈述语气直接组合，后段必须用“为什么”的词语改造成为诘问的句式。

③再由表察里：是不是所有的“既然……为什么……”复句都跟“却”有必然的联系？

“为什么……”有两个意思：第一，反问。指可能发生的情况，相当于b段。用肯定形式问，意在否定形式，但否定形式之所指尚未成为事实；用否定形式问，意在肯定形式，但否定形式之所指尚未成为事实。第二，诘问。指已成事实的情况，相当于c段。用肯定形式问，肯定形式之所指已成事实，是对事实的质疑；用否定形式问，否定形式之所指已成事实，也是对事实的质疑。例如：

既然这条路近，为什么不走这条路？

这是歧义句：甲＝走这条路最合适。(我主张走这条路)(走不走，未然)

乙＝不走这条路不合适。(我反对不走这条路)(不走，已然)

凡是用于反问的“既然……为什么……”，由于相当于a—b段，前后分句之间没有转折性，因而不用“却”。例如：

甲：你看，我应该送点什么给她？

乙：她不是喜欢打扮吗？既然她喜欢打扮，你为什么不送她几件时装呢？

乙的话等于说：“既然她喜欢打扮，你最好送几件时装给她。”因此，“你为什么不送她几件时装呢”里面不用“却”。

④再由里究表：“却”的位置如何？“既然”和“为什么”的使用

情况如何？

第一，“却”有两个位置，可以在“为什么”的前后出现。如：

(11) 既然一点也不好吃，为什么却不断地吃？(金庸《卧龙记》)

(12) 十二岁的马夫，甚至不明白，妈妈既然有过一个开着桂花的美丽的家，却为什么要搬到这破烂拥挤的小杂院来居住。(范小天《桂花掩映的女人》)

前一例是“为什么却”，后一例是“却为什么”。

第二，“既然”可以说成“既”，“为什么”可以说成“为何”“何以”“怎么”等。用“既”和“为何”“何以”，文言色彩较重，只见于模仿近代白话语体的小说里。例如：

(13) 既然师父没事，何以却有烦恼？(金庸《卧龙记》)

(14) 你既知我这脑神丹的灵效，却何以大胆吞服？(金庸《笑傲江湖》)

前一例是“既然……何以却……”，后一例是“既（然）……却何以……”。

(15) 你既要报仇，这也是好汉的本分，却为何使这下贱诡计？(白羽《十二金钱镖》)

(16) 你自己既不愿意死，却怎么去杀人呢？(金庸《天龙八部》)

前一例是“既（然）……却为何……”，后一例是“既（然）……却怎么……”。

经过这样反复地进行表里验证，可以知道：“却”字进入“既然”句的条件，主要表现在两个方面：一方面，语里关系上包含逆转性；另一方面，语表形式上采用以“为什么”为代表的诘问句式。在这个基础上，还有必要知道这类句式的语用价值。

通过“(里一）表一值”关系的进一步考察，可以知道：

①“为什么”之类，为这类句式造成了对已然事实的无疑而诘问，并为“却”字的插入准备了必要的结构条件；再加“却”，可以特别突出事实之间的逆反性，从而特别强调结果怪异，不合常理。比较：

既然吃饭都成问题，还买衣服!?

既然吃饭都成问题，为什么还买衣服？

既然吃饭都成问题，却为什么还买衣服？

前一例，后项直接提出“还买衣服”的事实。不管是用惊叹语气还是疑问语气，若插入“却”，都给人站得不大稳的感觉。如：

？既然吃饭都成问题，却还买衣服！

？既然吃饭都成问题，却还买衣服？

中间一例，针对“还买衣服”的事实，用“为什么”加以诘问，已经明显带有不以为然的语气。而且，有了“为什么”之类，“却”字就容易插入了。

后一例，再加“却”，造成前后项之间的转折语势，更能表明后项所指行为的不合理。

凡是“既然……为什么……”的复句，如果后项是对事实的诘问，那么，在需要借转折语势强调突出逆反关系的时候，都可以加“却”。比如：

(17) 但是，我既然做了错事，为什么还要错上加错，去欺骗组织，欺骗人们呢？（石国仕《战俘》）

(18) 你既然来这里寻我唱歌，我已唱了四首，你为什么连一首也不回？（孙健忠《醉乡》）

这两例都没用“却”。但如果有必要，全都可以说成“为什么却”。

② “为什么却”“却为什么”之类强调结果怪异，不合常理，是为了强烈地表示出某种主观情绪：或者有所责怪，或者感到惊奇。例如：

既然人家没惹你，你为什么却总是惹人家？（有所责怪）

既然不是海南人，你为什么却会讲海南话？（感到惊奇）

责怪有心理偏向的不同。例如：

既然打人不对，为什么却老是打人？（偏向鄙弃）

既然还在咳嗽，为什么却又来加班？（偏向爱护）

责怪还有口气轻重的不同。例如：

既然没有道理，却为什么还要无赖？（口气较重）

既然写不出来，却为什么还要硬写？（口气较轻）

到底是责怪还是惊奇，责怪的心理偏向如何，责怪的口气怎么样，这取决于不同内容和不同语境。

③“为什么却”“却为什么”之类强调结果怪异，不合常理，有时还有“反证疑据”的作用，即导致对作为根据的X产生怀疑。这样，在论辩中就容易形成两难推理，使对方处于“两难”困境。比如：

既然读过大学，为什么却认不得几个字？

要么确实读过大学。作为一个读过大学的人，认不得几个字岂不是一个讽刺？要么读过大学并非事实。那么，岂不是欺世盗名说假话？

既然那么穷，为什么却天天有肉吃？

要么确实是穷。那么，天天有肉吃是不是有小偷小摸或其他不正当的行为？要么穷不是事实。那么，起码是装穷不老实！

从严格的意义上说，语值的验察也许主要不是语法问题。但是，有必要指出：第一，紧扣语法现象考察其语值，所涉及的语值问题肯定跟语法问题有关。第二，到底什么才是严格意义上的语法问题，对于汉语语法来说，很难做严格的界定。如果紧扣严格意义的语法，恐怕连语义关系的研究也成问题了。研究问题，不应处处从定义出发，不然，就容易自己束缚了自己的手脚，不利于打开思路，不利于解决实际问题。

三 “小三角”的研究思路

（一）研究指向

就研究指向而言，“小三角”研究是聚焦型的。

“小三角”注重对研究对象作多角度的聚焦性考察。所谓“聚焦”，是指语表、语里、语值三个角度的研究同时聚集于所研究的对象，或者说，是指三个角度的研究同时指向同一个研究对象。正如一个演员在独舞，舞台上不同角度的灯光全都照射到她的身上。

“焦”在这里只是一种比喻，指的是丰富复杂的语法现象中研究者所选中的研究焦点，或者说，是研究者所选中的研究目标。研究者如果以X为研究目标，那么X便是表里值三角度的研究聚焦点，同样，如果以Y或Z为研究目标，那么，Y或Z便是表里值三角度的研究聚焦点。

举个例子。

如果研究者从句子或句群中选取“大大小小、长长短短、高高矮矮、远远近近、轻轻重重”之类“形容词的AABB反义叠结现象”作为研究焦点，那么，既要从语表去考察，又要从语里去考察，还要从语值去考察。

首先，从语表角度去考察，要弄清哪些单音节形容词能够形成“AABB反义叠结”，还要弄清“大、长、高、远、重”之类强态形容词和“小、短、矮、近、轻”之类弱态形容词在叠结成AABB时的位序配置，寻找出规律性的东西。

其次，从语里角度去考察，要揭示这一形式“性状兼容，有A有B，AB对立”的结构涵义，还要探讨相关NP和相关VP对其语义所产生的影响，探讨跟群体NP相配应的AABB和跟独体NP相配应的AABB在语义上的差异性，探讨相关NP、相关VP同AABB所反映的事物本体性状特征、非本体性状特征之间的微妙联系。

再次，从语值角度去考察，要追究这一结构形式在语用上到底有什么样的用途，比如仔细观察可以发现，充当补语时总是带有“不如意”的感情色彩。（这东西弄得大大小小的，太难看！｜这条路铺得高高低低的，真不好走！）

（二）研究线路

就研究线路而言，“小三角”是延伸型的。

不管是什么样的语法事实，都有特定的语表形式，特定的语里意义，以及特定的语用价值。要弄清一个语法事实，有必要进行表里验证，这就涉及“表”“里”两角；往往还有必要考察其语用价值，这就进一步撑起了“值”角。在研究线路上，表里关系的反复验证是先行性的工作，语值的验察起补充作用，是延伸性的工作。

事物和事物之间难免存在纠结。比如语里意义和语用价值的具体界限在哪里，还需要深入探讨。不过，这不影响对语法事实进行三角验证。因为，假设X为研究对象中需要考察的因素，那么，不管把它看作语里因素，还是把它当成语值因素，只要揭示出它有关的规律，结果都有利于认识所研究的对象。

“表里验证”起点通常是语表。即先“由表察里”，再“由里究表”。比方究“一A，就B”句式，首先抓住的是这个语表形式。考察其语里意义，可以知道：“AB紧接，间不容发”是这一形式的共同语义关系，但它的内部又存在差异性。为了把这一形式的内部语义差异比较明晰地分化开来，借以更好地了解“一A，就B”句式，又可以翻转去从语表上寻找相应的形式，使语义关系得到语表形式的印证。如：“刚一A，就B。｜从一A，就B。｜稍一A，就B。｜这么一A，就B。｜只要一A，就B。｜如果一A，就B。｜等到一A，就B。”等等。

“表里验证”的起点有时是语里。即先“由里究表”，再“由表察里”。比方研究反问句，首先抓住的是这种问句“明知故问，意在反面”的内容。考究其语表形式，可以知道这类问句有这样那样的特点，能够列出这样那样的具体格式，比如“难道……吗？”“……不就是……吗？”等。到底各种问句形式对反问内容的制约程度如何，哪些是专用于反问的问句形式，哪些是有条件地用于反问的形式，这是语法研究需要回答的问题。

语表和语里之间的关系十分复杂微妙，往往必须经过多次反复验证，才能准确揭示所研究对象的规律。如果再加上语值的辨察，语法研究工作者所面临的问题自然就更加复杂了。

主要参考文献

[1] 胡裕树. 语法研究的三个平面 [J]. 语文学习，1992 (11).

[2] 范晓，胡裕树. 有关语法研究三个平面的几个问题 [J]. 中国语文，1992 (4).

[3] 文炼. 与语言符号有关的问题兼论语法研究中的三个平面 [J]. 中国语文，1991 (2).

[4] 施关淦. 关于语法研究的三个平面 [J]. 中国语文，1991 (1).

[5] 王维贤. 句法分析的三个平面与深层结构 [J]. 语文研究，1991 (1).

[6] 胡明扬. 再论语法形式和语法意义 [J]. 中国语文，1992 (5).

[7] 徐思益. 再谈意义和形式相结合的语法研究原则 [M]//语言学论文选. 乌鲁木齐：新疆大学出版社，1994.

[8] 邵敬敏. 关于语法研究中三个平面的理论思考 [J]. 南京大学学报 (哲学·人文科学·社会科学)，1992 (4).

[9] 眸子. 语法研究中的“两个三角”和“三个平面” [J]. 世界汉语教学，1994 (4).

[10] 储泽祥. “务实”学风和“表—里—值”验证方法 [J]. 语言文字应用，1995 (5).

[11] 储泽祥. 汉语规范化中的观察、研究和语值探求 [J]. 语言文字应用，1996 (1).

[12] 萧国政. 现代汉语语法研究的语料对象及语料提取 [J]. 华中师范大学学报 (人文社会科学版)，1994 (2).

[13] 吴振国. 前项隐含的“又”字句 [J]. 语言教学与研究，1990 (2).

[14] 吴继光. 试论动词性主语的“是”字句 [M]//语法求索. 武汉：华中师范大学出版社，1989.

[15] 郑贵友. 动主双系的形容词状语 [J]. 汉语学习，1995 (3).

[16] 郑贵友. 状位形容词在句法框架中的“系” [J]. 华中师范大学学报 (人文社会科学版)，1996 (2).

[17] 邢福义，丁力，汪国胜，等. 时间词“刚刚”的多角度考察 [J]. 中国语文，1990 (1).

[18] 邢福义，李向农，丁力，等. 形容词的AABB反义叠结 [J]. 中国语文，1993 (5).

[19] 邢福义，卢卓群. “与其p，不如q”择优推断句式 [M]//语法问题发掘集. 武汉：湖北教育出版社，1992.

[20] 邢福义. 从基本流向综观现代汉语语法研究四十年 [J]. 中国语文，1993 (6).

[21] 邢福义. 现代汉语语法研究的两个“三角”[J]. 云梦学刊，1990 (1).

[22] 邢福义. 现代汉语语法问题的两个“三角”的研究 [J]. 语言教学与研究，1991 (3).

[23] 邢福义. 现代汉语语法研究的“小三角”和“三平面”[J]. 华中师范大学学报 (人文社会科学版)，1994 (2).

[24] 邢福义."N N 地 V"结构 [M]//语法研究和探索：四.北京：北京大学出版社，1988.

第二节　"大三角"研究

一　两个三角中的"大三角"

"大三角"指"普—方—古"三角，是两个三角中的第二个三角。

普通话即现代汉语共同语里的一个语法事实，往往可以在方言或古代近代汉语里找到印证的材料。研究现代汉语共同语语法，为了对一个语法事实做出更加令人信服的解释，有时可以以"普"为基角，撑开"方"角和"古"角，从而形成语法事实验证的一个"大三角"。

相对而言，"小三角"是就甲事物本身来研究其表—里—值之间的三角联系，所用语料都是属于现代汉语共同语的；"大三角"则是在更大的视野里观察乙事物丙事物跟甲事物的联系，所用语料不仅有现代汉语共同语的，而且还有方言的和古代近代汉语的。

在"大三角"里，"普"和"方""古"都被看成一个角。

(一)"普"角

"大三角"的第一个角是普通话的语法事实。作为一个特定概念，"普通话"就是现代汉语共同语，因此所谓"普"角，就是研究汉语语法问题的现代汉语共同语的角度。

普通话语法，或者说现代汉语共同语语法，是在当今的汉语语言生活中具有通行性的语法。一个语法现象，只要在现代人们的说话里或者书面作品中通行，能够为全中国东西南北中的人们所理解和接受，它便是普通话或现代汉语共同语的语法现象。

对于现代汉语语法研究来说，普通话或现代汉语共同语语法是最基本的研究对象，因此，在讨论现代汉语语法研究问题的"大三角"中，"普"角是最基本的一个角度，是"基角"。

(二)"方"角

"大三角"的第二个角是方言的语法事实。

随着研究的深入，可以知道方言语法现象相当丰富复杂，需要发掘的东西相当多。比如，一位香港女歌星到武汉演出，在向电视观众的讲话里，有这么一句：

在香港，我们少唱内地歌曲。

（湖北电视台 1991 年 7 月 9 日晚播出）

这是方言说法。按普通话的说法，应该是："在香港，内地歌曲我们唱得少。"这个方言说法，除了词语的排列配置跟普通话有所不同，还有两点值得注意：第一，其中用的是动词结构"少唱"。如果只用动词"唱"，说成"在香港，我们唱内地歌曲"，便成了普通话的说法。第二，整个句子不能是祈使句，或者不能是近似祈使句的劝导句。假如有人用不以为然的口气这么说："在香港，（你/你们）少唱内地歌曲!"（祈使）"在香港，（你/你们）最好少唱内地歌曲。"（劝导）那么，也成为普通话的说法。

诸如此类的现象表明，方言里存在很难一句话讲清楚的特殊语法现象。方言语法研究，有必要在更细的线索上进行，在比较隐蔽的层次上作更深的发掘。对于"大三角"的"方"角来说，深入发掘方言语法事实的结论或材料特别有用。

（三）"古"角

"大三角"的第三个角是古代近代汉语的语法事实。

作为历史概念，可以认为："现代汉语"的最后形成和确立，是在五四运动时期（1917—1921）。重要标志有二：①1920 年 2 月，当时的教育部颁行了新式标点符号。这是文化教育事业史上的一件大事情。因为，标点符号是书面语言的组成部分，而新式标点符号是为适应现代汉语书面语言的需要而制定的。这件事表明，现代汉语已经占据了统治地位。②1920 年 1 月，教育部训令全国各国民学校先将一、二年级国文改为语体文；1921 年 3 月，又训令全国各省：凡师范学校及高等师范，相应酌减国文钟点，加授国语。现代汉语书面语的教学，从此在中小学取得了合法的地位。这是一个转折点，是划时代的变化，对现代汉语的最后形成和发展起了十分重要的作用。

大三角里的"古"，是跟"今"相对的"古"。"今"指现代汉语，那么古代汉语和近代汉语都算是“古”。在进行“大三角”的事实验证时，“古”角所用的语料固然可以是文言文，也可以是《红楼梦》《儿女英雄传》等白话文作品中可以说明问题的现象。当然，从严格意义上说，“文言”和“白话”是有很大的不同的。

二　“大三角”的事实验证

“大三角”的事实验证，包括“以方证普”和“以古证今”两个方面。

（一）以方证普

这是“普—方”验证。即立足于普通话，横看方言，考察所研究的对象在方言里有什么样的表现，以方言印证普通话。

【现象一】关于“吧”和“不啊”。

a. 今天晚上演电影吧？
他明天来吧？

（普通话的说法）

b. 今后晌演电影噢不啊？
今后晌演电影啊不啊？
他明天来噢不啊？
他明天来啊不啊？

（山东临淄方言的说法）

普通话里问句末尾的“吧”，吕叔湘和赵元任都认为是“不啊”的合音。山东临淄方言的研究成果表明，在该方言中，问句末尾可以说“吧”，也可以说“不啊”（“吧”或“不啊”前边出现“噢”或“啊”）。以方言证普通话，临淄方言的说法可以帮助证明“吧”是“不啊”的合音的论断。

【现象二】关于“有没有 V P”疑问句式。

有没有看过这本书？
有没有听说过这件事？

这里的“有没有 V P”，相当于“是否 V P”，已经相当普遍地为各个方面的人士所接受和运用，实际上已经进入了普通话。看几个实例：

(1) 这种根本观点有没有过时，会不会过时呢？(邓小平《讲讲实事求是》)

(2) 绝大多数人在扪心自问：自己是不是像他那样工作和生活的？自己有没有给他以帮助？(苏叔阳《故土》)

(3) 司机回头急看，显然是看装载警卫部队的大卡车有没有跟上来。(刘白羽《第二个太阳》)

这类“有没有ＶＰ”来自粤、闽等方言，“有没有”问行为的实现：①有时问行为实现的经验性，相当于“是否曾经”。ＶＰ部分常带“过”。如：你有没有跟他谈过？＝是否曾经跟他谈过？②有时问行为实现的已然性，相当于“是否已经”。ＶＰ部分常带“了”。如：娜娜有没有出嫁？＝是否已经出嫁？③有时问行为的延续性，相当于“是否已经并且正在”。ＶＰ指眼前发生的事情。如：向后看看！警察有没有追上来？＝是否已经追上来？＋是否正在追上来？

“有没有”所造成的，是表明行为实现的时态的一种正反选择问句。这种问句，在通常情况下要求回答。粤、闽等方言里，答话人固然可以回答“没有ＶＰ”，也可以回答“有ＶＰ”。“有ＶＰ”还可以带“吗”提问，构成是非问句。“有ＶＰ”作为答句或作为问句，这样的用法都未为普通话所吸收。例如：

(4) 你有仔细考虑吗？(香港叶尾娜《幺哥的故事》)

上述“有没有ＶＰ”，给普通话带来了一个特殊的选择问句式，也使普通话里的“有没有”在性质和功能发生了微妙的变化。了解方言里“有没有ＶＰ”及其相关句式的用法，对于更好了解已经进入普通话的“有没有ＶＰ”大有好处。

(二) 以古证今

这是“普—古”验证。即立足于今，上看古代近代汉语，考察所研究的对象在古代近代汉语里有什么样的表现，以古印证今。

【现象三】关于“各位ＮＰ们”之类结构。

a. 各位代表先生们，各位同志们，……(毛泽东《在陕甘宁边区参议会的演说》) | 向所有……文艺家们表示崇高的敬意。

（周扬《我国社会主义文学艺术的道路》）｜他笼络着一群他所认为可以做喽罗的大夫们。（曹禺《明朗的天》）｜内战一开，那些打定了主意的投降主义者们容许你们再抗日吗？（毛泽东《评国民党十一中全会和三届二次国民参政会》）

b. 各位叔叔哥哥们都吃了饭了。（《红楼梦》）｜且凡老少房中所有亲侍的女孩子们，更比待家下众人不同，……（《红楼梦》）｜……见宝玉和一群丫头小子们那里玩呢。（《红楼梦》）｜只见凤姐儿在门前站着……看着十来个小厮们搬花盆呢。（《红楼梦》）｜清河县里有几个奸诈的浮浪子弟们，都来他家里薅恼。（《水浒》）｜八戒……把那些妇女们唬得跌跌爬爬。（《西游记》）

“们”字定型较晚，跟名词配合使用比跟代词配合使用还要晚。从《水浒》《西游记》《红楼梦》等作品中已有“表不定数量的词语＋名词＋们”的说法看，可以知道，现代汉语里的“各位先生们”之类不能说是五四以后才出现的欧化说法，还可以知道，在现代汉语里，“几个……们”“十来个……们”这样的说法反而没有了。

【现象四】关于“像X似的”。

“像X似的”有三个结构成分：一是以“像”为代表的动词，二是以“似的”为代表的助词，三是代表所要表述的客体事物的X。这三个结构成分是怎样组合配置的？层次关系如何？

像X

X似的

像X似的

“像X”是动宾结构；“X似的”是助词结构，通常叫作比况结构。“像X”和“X似的”合在一起，成了“像X似的”，分析起来就有不同意见。一种可能，是把“像X似的”分析为一个动宾结构：“像”是动词，“X似的”是宾语；第二种可能，是把“像X似的”分析为比况结构：“像X”是动宾，带上“似的”，构成一个多层次的比况结构。

从结构上组合的松紧看，一般地说，“像X”和“X似的”都能成立，但在某些特定条件下，比如在X是“指量名”结构的时候，能说成“像X”，不大能说成“X似的”。这说明，“像”和X的组合程度紧于X和“似的”的组合程度，在结构层次上分析为“像X｜似的”更合理。例如：

他那样子，就像这只大猩猩似的。

“像这只大猩猩”能说，“这只大猩猩似的”不大能说。结构层次上应该是：像这只大猩猩｜似的。

从结构中词语之间的语义关系看，“像”和“似”“如”是同义词。《二十年目睹之怪现状》中就有这么一段对话：

姊姊道：“……我再问你这个‘如’字怎么解?”我道：“如，似也，就是俗话的‘像’，如何不会解。”（人民文学出版社1978年版186页）

这就是说，“像X似的”，是跟“似X似的”同义、同构的格式。实际语言运用中，有“似X似的”的用法：

(5) 眼看纷纷扰扰，又似从林影中，闪出一、两个人似的。（白羽《十二金钱镖》）

(6) 棺中丽人头也不回，竟似没有听到他的话似的，……（古龙《护花铃》）

(7) 张伯驹走了，可张伯驹这些不硬不软，不重不轻的话，字字句句都好似铅块似的压在了马霁川、穆蟠忱的心上。（郑理《游春图传奇》）

(8) 两人犹似杀猪似的大叫大嚷，不住翻滚。（金庸《鹿鼎记》）

由于“美感”的需要，人们运用语词时一般都要尽量避免形式上的雷同，因此，“似X似的”只是罕见的现象。但是，这种罕见现象对帮助我们弄清同义结构的内部语义关系很有用处。因为，说“似”是动词，“X似的”整个充当“似”的宾语，很难成立；相反，说“似X”先构成动宾结构，然后再跟“似的”之类构成比况结构，则比较合理。既然“似X似的”是“似X（动宾）｜似的”，“像X似的”自然也应该是“像X（动宾）｜似的”。

观察古代近代汉语里的同类结构，对分析“像X似的”大有帮助：

a. “似X也似”。

(9) 你这花子，两耳朵似竹签儿也似，愁听不见。(《金瓶梅词话》，转引自江蓝生文，下两例同)

(10) 若不用心体验，便似一场闲话也似，这般说过去了便无益。(元·许衡，《直说大学要略》，《鲁斋遗书》卷三)

以前一例来说，“似”以“竹签儿”为宾语，不可能以“竹签儿也似”为宾语。后一例情况相同。

b. “如X也似”。

(11) 便如掩着那耳朵了去偷那铃的也似。(元·许衡，《直说大学要略》，《鲁斋遗书》卷三)

(12) 滕生大笑道：“好也！好也！……”即出门雇马，如飞也似去了。(《初刻拍案惊奇》卷六)

以后一例来说，念起来是“如飞ˇ也似”，而不是“如ˇ飞也似”。从意义关系上看，不能认为“飞也似”整个都是“如”的宾语。“如”只管到“飞”，“也似”是对“如飞”的反复强调。前一例情况相同。

c. “如X相似”。

(13) 他各各气宇如王相似。(《祖堂集》，转引自太田辰夫《中国语历史文法》，下一例同)

(14) 若打死一个人，如同捏杀个苍蝇相似。(《生金阁》)

(15) 一庭月色，照满书窗，梅花一枝枝如画在上面相似。(《儒林外史》第十一回)

以前一例来说，念起来是“如王ˇ相似”，而不是“如ˇ王相似”。特别是，在意义关系上，不可能是“王相似”整个充当“如”的宾语。认为“如王”是动宾，“相似”是对“如王”的反复强调，这就很好理解。后两例情况相同。

在近代白话作品中，“似X似的”或“似X也似”还有两个可以类比的句法：

a. “是X是也”。

(16) 我乃是邱鸣山火灵圣母是也。(《封神演义》第七十一回)

“乃是邱鸣山火灵圣母”能说，“邱鸣山火灵圣母是也”也能说。把二者合起来，说成“乃是邱鸣山火灵圣母是也”，前后都有“是”，怎么分析？显然，不能说“邱鸣山火灵圣母是也”整个是“乃是”的宾语，因为“邱鸣山火灵圣母是也”已相当于“是邱鸣山火灵圣母”，不能说“是”又以“是……”作为它的宾语。按结构成分组合配置的程序，首先抓住“乃是”，往后找到它的宾语“邱鸣山火灵圣母”，确定了“乃是邱鸣山火灵圣母”是动宾结构之后，再确定剩余的“是也”是属于另一个层次的成分，这种剩余成分是一种起着加强语气的作用的同义反复成分。即：

乃是 → X（动宾）

乃是 → X（动宾）｜ ← 是也（加强语气）

b.“(我) 是X便是”。

(17) 洒家是关西鲁达的便是。(《水浒全传》第七回)

(18) 俺是东京八十万禁军教头王进的便是。(《水浒全传》第二回)

(19) ……我就是你在能仁古刹救的那一对小夫妻，安骥的父亲，张金凤的公公，南河被参知县安学海的便是。(《儿女英雄传》第十九回)

这类句子，似乎隐含着“名字叫”“号称为”之类跟“的”发生语义照应的成分。“的”字和跟“的”字有关的句法问题，值得讨论。不过，无论如何，不能认为“是”以“X便是”整个作为它的宾语。反之，认为“是X”是动宾，“便是”是一种同义反复的起强调作用的成分，比较顺当。即：

是 → X（动宾）

是 → X（动宾）｜ ← 便是（加强语气）

【现象五】关于因果复句中连词“因为”和“因此”的使用。

现代汉语书面语作品里，有时可以看到“因为……因此……”的用法，前后关系词语都包含“因”字。例如：

(20) 在第二类地区，因为平分尚不彻底，贫雇农仍占多数，贫农团的独立领导作用尚未失去，因此应该组织贫农团，并使其在农民中起领导作用，……（周恩来《老区半老区的土地改革与整党工作》）

怎样看待这种现象？

作为连词的“因”，在古代汉语里有两种作用：①标示原因，相当于“因为”；②标示结果或行为的后续，相当于“因此/于是”。比如：

（21）因爱鼠，不畜猫犬。（柳宗元《永某氏之鼠》，转引自杨伯峻、何乐士《古汉语语法及其发展》，下一例同）

（22）山顶有池，生千叶莲花，服之羽化，因曰华山。（《初学记卷五·华山》）

前一例，“因”相当于“因为”；后一例，“因”相当于“因此”。

到近代汉语里，两种“因”都仍然活跃。比方，在《红楼梦》里，它们的使用频率几乎相等。特别是，有时两个“因”在一个复句里配对连用，形成“因……因……”的形式。《红楼梦》前八十回里头就有十来个例子。例如：

（23）因他生于末世，父母祖宗根基已尽，人口衰丧，只剩得他一身一口，在家乡无益，因进京求取功名，再整基业。（第一回）

（24）因闻得梨香院的十二个女孩儿中有个小旦龄官唱的最好，因出了角门来找……（第三十六回）

（25）（宝玉）因低头看见许多凤仙石榴等各色落花，锦重重的落了一地，因叹道：“这是他心里生了气，也不收拾这花儿来了。……”（第二十七回）

（26）贾母因见月至中天，比先越发精彩可爱，因说：“如今好月，不可不闻笛。”（第七十六回）

上例前一个“因”都相当于“因为”，后一个“因”都相当于“因此”或“于是”。

在别的白话文作品里，也可以见到“因……因……”的用法。并且，还可以见到“因为……因……”的用法。例如：

（27）公孙居丧三载，因看见两个表叔半世豪举，落得一场扫

兴，因把这做名的心也看淡了，诗话也不刷印送人了。（《儒林外史》第十三回）

（28）我因为他是制台的幕友，不便怠慢他，因对来人说："我本来今日要回家，就请下午到舍去谈谈。"（《二十年目睹之怪现状》第五回）

（29）我因为没有话好说，因请问他贵府在那里。（《二十年目睹之怪现状》第三十七回）

前一例是"因……因……"，后两例是"因为……因……"。

可以认为，"因……因……"说法，以及近类的"因为……因……"说法，是古代汉语和现代汉语在过渡转换时段上产生的"混合"现象。在了解现代汉语常见用法的基础上，联系这类用法思考问题，可以知道：首先，现代汉语里有时用"因为……因此……"，这是古代—近代用法的延展，可以成立。其次，"因为……所以……"这种因标果标形式不同的用法，在现代汉语里才成为代表性的主流用法。尽管这种用法在近代汉语里，比如在《红楼梦》里，就已出现，但并未成为主流。

主要参考文献

[1] 吕叔湘. 中国文法要略 [M]. 北京：商务印书馆，1956.

[2] 朱德熙. 北京话、广州话、文水话和福州话里的"的" [J]. 方言，1980 (3).

[3] 朱德熙. 汉语方言里的两种反复问句 [J]. 中国语文，1985 (1).

[4] 张寿康. 五四运动与现代汉语的最后形成 [J]. 中国语文，1979 (4).

[5] 石安石. 评《现代汉语句法结构与分析》[J]. 中国语文，1993 (6).

[6] 太田辰夫. 中国语历史文法 [M]. 蒋绍愚，徐昌华，译. 北京：北京大学出版社，1987.

[7] 杨伯峻，何乐士. 古汉语语法及其发展 [M]. 北京：语文出版社，1992.

[8] 江蓝生. 助词"似的"的语法意义及其来源 [J]. 中国语文，1992 (6).

[9] 向熹. 简明汉语史 [M]. 北京：高等教育出版社，1993.

[10] 詹伯慧. 广州方言中的特殊语序现象 [M]//语言与方言论集. 广州：广东人民出版社，1993.

[11] 史冠新. 临淄话中的语气词"吧" [J]. 中国语文，1989 (1).

[12] 朱建颂. 武汉方言研究 [M]. 武汉：武汉出版社，1992.

[13] 刘兴策. 宜昌方言研究 [M]. 武汉：华中师范大学出版社，1994.

[14] 陈有恒. 蒲圻方言 [M]. 武汉：华中师范大学出版社，1989.

[15] 陈淑梅. 湖北英山方言志 [M]. 武汉：华中师范大学出版社，1989.

[16] 鲍厚星，等. 长沙方言词典 [M]. 南京：江苏教育出版社，1993.

[17] 吴启主. 常宁方言的语法特点 [M]//中国语言学报：第 5 期. 北京：商务印书馆，1995.

[18] 黄国营. 台湾当代小说的词汇语法特点 [J]. 中国语文，1988 (3).

[19] 汪国胜. 大冶金湖话的“的”“个”和“的个” [J]. 中国语文，1991 (3).

[20] 汪国胜. 湖北大冶方言的语缀 [J]. 方言，1993 (3).

[21] 吴振国. 关于正反问句和“可”问句分合的一些理论方法问题 [J]. 语言研究，1990 (2).

[22] 吴振国. 助词“着”在若干方言中的对应形式 [M]//双语双方言：三. 香港：汉学出版社，1994.

[23] 张邱林. 陕县方言远指代词的面指和背指 [J]. 华中师范大学学报（人文社会科学版），1992 (5).

[24] 梁明江. 海南方言说要 [M]. 海口：海南出版社，1994.

[25] 戴庆厦. 藏缅语族语言研究 [M]. 昆明：云南民族出版社，1990.

[26] 戴庆厦，徐悉艰. 景颇语语法 [M]. 北京：中央民族学院出版社，1992.

[27] 徐琳. 白语简志 [M]. 北京：民族出版社，1984.

[28] 喻翠容. 布依语简志 [M]. 北京：民族出版社，1980.

[29] 毛崇武，等. 瑶族语言简志 [M]. 北京：民族出版社，1982.

[30] 欧阳觉亚，郑贻青. 黎语调查研究 [M]. 北京：中国社会科学出版社，1983.

[31] 邢福义. 从海南黄流话的“一、二、三”看现代汉语数词系统 [J]. 方言，1995 (3).

[32] 邢福义. 南片话语中述谓项前移的现象 [M]//双语双方言：二. 香港：彩虹出版社，1992.

[33] 邢福义. 从“似 X 似的”看“像 X 似的” [J]. 语言研究，1993 (1).

第三节 两层关系

一 “大三角”和“小三角”

作为验证思路和验证办法，对于现代汉语共同语的语法事实来说，“小三角”是内证，“大三角”则是外证。准确点说，“大三角”的“方”角“古”角对于“普”角起着外证的作用。研究中，如果有必要，可以借助方角外证，或者借助古角外证。

（一）多角验证的灵活性

两个“三角”，不是“死三角。”这有两个方面的意思。一方面，不一定研究什么问题都要既有“表—里—值”验证，又有“普—方—古”验证。选择哪些“角”，如何检验“角”与“角”之间的规律性联系，必须从实际需要出发。另一方面，“三角”概念所代表的是多角验证的立体研究思路。“小三角”也好，“大三角”也好，都不意味着只能有所说的那三个“角”。比方，“普—方—古”“大三角”，并不排斥联系非汉语来研究汉语。以数词“一、二、三”来说，它们不仅各有自己的语义内涵，而且语法上也存在差异。观察古代近代汉语现象，可以知道现代汉语数词系统中“二”和“两”的分工更加确定。观察方言现象，从海南黄流话中可以看到，不仅“二”有两个读音，而且“一”也有两个读音，两个读音都分别表示统数和序数。如果放宽眼界，联系汉藏语系中其他语言作些考察，就可以知道，景颇语（云南）、白语（云南）、布依语（贵州西南部红水河和南盘江以北的地区）、黎语（海南）等，“一”“二”的概念在形式上都有不同程度的分化。这样，自然更加有利于深化对现代汉语数词系统的认识。

（二）“两个三角”的结合

就“两个三角”而言，“大三角”验证和“小三角”验证可以结合进行。以对“您们”一词的讨论为例。

1. 从事实和理论看“您们”

吕叔湘先生特别注意这个“您们”。《中国语文》1982 年第 2 期，发表吕叔湘以吴蒙笔名所写的短文《“您们”、“妳”、“二”和“两”》。主要指出：第一，“您们”在私人信件中相当常见，已经有二三十年的历史；第二，文学作品中有时出现“您们”。《中国语文》1982年第4期，又发表吕叔湘以方若笔名所写的短文《关于“您们”》。主要指出：第一，老舍、王蒙、从维熙等人的作品中，也有“您们”。第二，有的北京市中学教师说，中学生里有人在口头上说“您们”。第三，有些老北京人说，“您们”在口语中确出现过，主要见于三句话：“您们吃了饭吗?”“您们请回吧!”“给您们添麻烦了。”后一篇文章对前一篇文章的论说有所更改和补充。可知，吕氏越来越倾向于肯定“您们”。

①从事实上看“您们”

一个语法现象能否成立，首先要看事实上是否有根据。事实是：

第一，在口语上，老北京人证实确有使用，北京市中学教师又证实现在的中学生也说。吕叔湘尽管只列出三个例子，但这么三个例子也已至少能够表明“您们”有时上了口。

第二，在书面上，著名作家的笔下一再出现。吕叔湘文章所列举的文学作品中的例子，有这么些：

(1) 尝到劳动滋味的人有福了，因为社会主义的幸福是您们的|谨向您们致贺，向一切劳动人民致敬，并祝新年之禧！(老舍《贺年》)

(2) 您们是国家的精华和希望。您们失去了太多的时间，我相信您们会夺回来。(王蒙《蝴蝶》)

(3) 您们给了我们生活的勇气和前进的力量！(从维熙《伞》)

(4) 您们要是相信我，就听我说一句话。(赵金九《乡村酒肆》)

如果把视线引向文学作品，那么，只要留心，就会发现，使用“您们”的现象绝对不是个别人的偶发行为。再看两个例子：

(5) 老长辈们，我一定改邪归正，您们住手吧！(刘绍棠《一河二刘》)

(6) 我扭过头说：“您们就看好吧!”(肖亦农《红橄榄》)

前一例，作者刘绍棠是北京市通县人，1936年生；后一例，作者肖亦农是河北保定人，1954年生，在北京大学中文系读过书。

第三，在电视广播的语言媒介上，已经运用开来。最有力的证据是：

(7)

老师您们好

（中央电视台《综艺大观》节目）

中央电视台1995年9月10日晚上黄金时间播出《综艺大观》节目112期，这是庆祝教师节的专场。节目里一再出现一个大蛋糕，蛋糕上用长方形框格框出五个红色大字："老师您们好。"而且，节目主持人还用浑厚的男中音深情地大声把这五个大字念了出来。《综艺大观》是全中国每个角落（也许还有世界上许多华人地区）人民都特别爱看的节目。影响之大，不言而喻。

②从理论上看"您们"

在理论上，"您们"组造和使用不是没有根据的。

第一，"您们"的组造，遵循语言形式的类化法则。

语法现象的系统性有很强的类化作用。当一个特定系统趋向于匀整，只剩下小块空缺，这小块空缺便可能接受类化的强烈影响而得到填补。现代汉语里，人称代词的"三身"系统十分匀整，"您们"的使用既是表达复数尊称的意义的需要，语言形式上也是系统性的类化结果，具有填补空缺的作用。看表：

第一人称	第二人称	第三人称
我　我们 咱　咱们	你　你们 您　（↑） 　　您们	他　他们 她　她们 它　它们

这样的类化现象不是现在才有的。在凌濛初《拍案惊奇》中，就多次出现"吾每"或"吾们"。"吾每"即"吾们"。例如：

(8) 大家笑道："这家子被我们说得动火了，……"铁里虫道："……吾每只一个钱白纸告他一状，这就是五百两本钱了。"

(《二刻》卷十：赵五虎合计挑家衅 莫大郎立地散神奸)

(9) 他看见是吾每的好友，自不敢轻。……吾每且落得开怀快畅他一晚……(《二刻》卷八：沈将仕三千买笑钱 王朝议一夜迷魂阵)

(10) 这样好月色，快开门出来，吾们同去吃酒。(《二刻》卷九：莽儿郎惊散新莺燕 㑇梅香认合玉蟾蜍)

上例全都引自秦旭卿标点的《初刻二刻拍案惊奇》，岳麓书社 1988 年版本。其中既有“我们”，也有“吾每”或“吾们”。“吾每”或“吾们”明显是类化而成的形式。

第二，“您们”的使用，遵循语用需要的价值法则。

凡是能够在语言系统中生存和定根的形式，都是由于它具有特定的难以取代的语用价值。在实际语言运用中，“您们”是难以取代的。比方，给三个长辈或需要表示尊重的先生写一封信，光说“您”，似乎概括不了三个人；若说“您三位”，似乎不大像现代人在说话；若说“你们”，又显得不够尊敬。于是，只好用“您们”。看个具体例子：

(11) 有您们这些好朋友的帮助，相信事情能办成。(饶长溶先生给笔者的信，1995 年 10 月 12 日)

饶长溶先生是语法学家，多年担任《中国语文》副主编。信中之所以不用“你们”，显然是因为他觉得用“您们”更能表达尊重的情味；之所以不用“您”，显然是因为他觉得用“您们”更能明确地表示复数。可见，“您们”的使用，为现代汉语语用系统的需要所决定，可以给语言增添积极的因素。

上面的论述，实际上已经涉及了“您们”的“表一里一值”，说明了现代汉语代词系统有可能也有必要接纳“您们”。在这个基础上，还可以展开“普一方一古”的“大三角”论证。

2. 从“方”角看“您们”

许多方言里没有跟“您”相当的尊称形式。有的，第二人称只有“你”，复数形式是“你们”；有的，第二人称只有“你”，表示复数时不是加“们”，而是加另外一个语素。如我的家乡方言海南闽方言，有

“我”“你”“他”，复数说成“我人”“你人”“他人”。

长沙方言里，“你”的复数是“你们”，“你”的敬称是“你唧家”。“你唧家”即“你老人家”，表意上相当于“您”，但结构上是个同位短语。这个同位短语是专指性词汇单位，用于特定交际场合专指特定的一个人，因此不会有复数形式，不能说“你唧家们”。

特别值得注意的是武汉方言。武汉方言中有个“你家”，念快了，就是［nia 42］书面上，朱建颂《武汉方言研究》写作“你家”，著名表演艺术家何祚欢在他的作品里写作“您驾”。何祚欢是武汉人，用武汉方言说书，是武汉市和湖北省家喻户晓的人物。结合语流来观察“你家”，可以看到，这个词有“实用”和“虚用”两种用法。

首先，是实用用法。在语流中，起实际称代的作用。有两种情况：第一，直接称代有必要表示尊敬的听话人，用“你家”。第二，面对听话人，指称值得尊敬的第三者，在“你家”前头加个“他”，说成“他你家”。何祚欢的作品里，写成“他驾”，这可以看作是“他你家”在文字形式上的处理。

其次，是虚用用法。在语流中，起实际称代之外的作用。有两种情况：第一，用于句中，充当断续间隔中的填补成分。比如：他一来，我就你家忙着倒茶，害怕你家得罪了他。第二，用于句末，充当打招呼的成分。有表达尊重对方的语气，但绝对不等于“您”。比方，甲问：今天杀不杀猪？乙答：今天不杀你家，明天杀你家。正因为有虚用用法，武汉话里的“你家”就容易引人注意。清末小说《二十年目睹之怪现状》，作者吴趼人是广东佛山人。小说中，在描摹武汉人说话时，就故意加“你家”。如：

> (12) 姑娘老子道：“这是多少？你家。”总理道：“一百吊。”姑娘老子赔笑道：“请你家高升点罢，你家。”总理道：“督办赏识了你的女儿，后来的福气正长呢，此刻争甚么。”姑娘老子道：“是，你家。高升点，你家。……你家一百吊，我只落了八十吊，你家请高升点，你家。”

这里出现八个“你家”，只有两个是实用，即：请你家高升点罢｜你家一百吊，我只落了八十吊。其他六个，都是虚用。

现在，只看实用用法。

“你家”单用指代（前边不出现“他”），相当于“您”。作为第二人称代词，使用“你家”和“你”时在上下尊卑的人际关系上是很讲究的。何祚欢在他的“相信能把它说成‘书’”的长篇小说《失踪的儿子》里，有充分的反映。比如：

(13)（父亲韩同璋：）“哼！我说你个杂种是喜欢操心，爱找不自在。……”（儿子韩春泰：）“爹，……他们把您驾看成财主，我们那是个么财主吵……”（41页，武汉出版社1994年6月）

这里，儿子对父亲用“您驾”，父亲对儿子用“你”。特别是后边连着个粗俗词“杂种”，更不可能说成“您驾个杂种”。如果下辈对上辈用“你”，便是有意表示不尊重，或者下意识地以为根本不必表示尊重。比方，儿媳妇云香平常跟公公韩同璋讲话总是用“您驾”，有一次跟公公吵架，却改用“你”，公公气得打了她一嘴巴。书里写道：

(14) 老同璋忍无可忍，也顾不得了，破口骂道：“有娘养无娘教、没上没下的东西！开口就是‘你你你’！……”（51页）

关于复数形式，有两点特别值得注意：

第一，一般的第二人称“你”，复数形式是“你们”；表示尊重的第二人称“你家（您驾）”，复数形式是“你家们（您驾们）”。朱建颂《武汉方言研究》中有明确的记载。

第二，一般的第三人称“他”，复数形式是“他们”；表示尊重的第三人称“他你家”，复数形式是“他你家们”。朱建颂《武汉方言研究》中也有明确的记载。

在实际语言运用中，跟“你”和“你家”一样，“你们”和“你家们（您驾们）”在是否表示尊重上分得很清楚。看《失踪的儿子》中的例子：

(15) 你们放小心一点！……你们顶好莫走出门去，走出去了，吃了亏该鬼背时！（190页）

(16) 师父师娘您驾们作证，不怪我对不起春泰哥……（140页）

从《失踪的儿子》中可以看到，“您驾们”在句子中的分布跟任何一个人称代词相等。就句法位置而言，它可以见于主语、宾语、兼语、定语、同位语和介词后置成分；就句子的语气类型而言，它可以见于陈述句、询问句、祈使句和感叹句。例如：

(17) 来来来，您驾们都坐着说话。(54页)

(18) 唉，不瞒您驾们，……(116页)

(19) 请您驾们委屈些陪着吃两口，……(36页)

(20) 您驾们的厚意我心领了。(212页)

(21) 得好处的还不是您驾们当东家的！(133页)

(22) 我就不敢妄自尊大给您驾们敬酒了。(106页)

上例里“您驾们”分别充当主语、宾语、兼语、定语、同位语前项和介词的后置成分。又如：

(23) 您驾们是晓得的。(172页)

(24) 这两天您驾们蛮恨我吧？(203页)

(25) 您驾们慢慢吃。(36页)

(26) 哦，大哥、二哥，您驾们辛苦啊。(184页)

上例里，“您驾们”分别出现于陈述句、询问句、祈使句和感叹句。

比较地说，“他你家”和“他你家们”的使用频率比较低。这很好理解。因为既然不是面对面地说话，说“他们”或说“他你家们”，称代对象通常听不到，在尊重与否的问题上，没有那么敏感。如果是在敏感的场合，所指的人不止一个，就需要用“他你家们”。《失踪的儿子》中，写成了“他驾们”：

(27)（云香）一杯冷茶首先递向春泰：“走干了吧？先喝两口。你陪他驾们坐，我去杀鸡……”(54页)

根据以上的观察，可以得到三点认识：

第一，武汉话的现象表明：普通话中“您们”这一形式不是孤立存在的现象，它可以得到方言中同类现象的支持。据有关文献，湖北宜昌方言和湖北蒲圻（赤壁）方言中也有跟武汉话的“你家”和“你家们”同类的现象，只是读音稍有不同。书面上，何祚欢把武汉话的

“你家们”写成“您驾们”，其中的“您”字明显受到普通话“您”的文字形式的影响，同时也反映了一种潜意识，这就是：把“您家们”和“您们”看成武汉话和普通话可以对译的两个同义形式。

第二，武汉话的现象表明：只要有表示尊重的单数形式，就会有加“们”表示复数的尊重形式。第二人称，有“你家”，就有“你家们”；第三人称，有“他你家”，就有“他你家们”。相反，如果没有表示尊重的单数形式，就不会有加“们”表示尊重的复数形式。比如第一人称，不能自己对自己表示尊重，因而不可能有“我家”的形式，自然也不可能有“我家们”的形式。又如，湖北宜昌方言中没有第三人称的尊重形式，自然也没有相应的复数形式，而湖北蒲圻（赤壁）方言跟武汉方言情况相同，也有第三人称尊重形式，因此也就有相应的复数形式。经进一步了解，湖北应城方言里的情况跟武汉方言、蒲圻方言完全一样：你家＋们＝你家们；他你家＋们＝他你家们。这里，反映了语言运用的共同心理背景，即：尽可能利用特定的语言形式，对所指对象特意表示尊重。诚然，作为现代汉民族共同语，普通话中的“您们”遵循的是同样的法则。

第三，武汉话中的“你家们”（“您驾们”）经常见于口语，老年人说得更多。普通话中的“您们”有所不同，根据上述吕叔湘先生所提供的材料，可知“您们”是北京人口头上偶尔才说的。然而，普通话毕竟并不就是北京话。在提倡文明用语的现代社会，“您们”的使用只有积极意义。因此，最起码应该在书面用语中肯定下来，不能认为是不规范的用法。至于它的使用频率会不会在口语中增长起来，现在自然无法断定。

3. 从“古”角看“您们”

向熹《简明汉语史》讲“近代汉语代词的发展”时讨论了“您”。其中有三点意思值得注意：

第一，“您”最早见于宋元话本和金元诸宫调里。语音上，“您”是“你们”的合音。宋元时期“您”跟敬称没有必然联系，对“反贼”说话也称“您”。比如：

(28) 黄巢反贼，您若会事之时，束手归降。(《五代史平话·唐史上》)

第二，“您们”可以用于第二人称复数，相当于“你们”，也可以用于第二人称单数，相当于“你”。比如：

(29) 您文武百官计议，怎生退了番兵？(马致远《汉宫秋》三折)

(30) 母亲，您孩儿来家了也。(无名氏《桃花女》楔子)

第三，早期“您”还可以加“每”成为“您每”，“您每”即“您们”，但不一定表示复数。比如：

(31) 朱五看了这诗道：“秀才，您每下第不归故乡？”(《五代史平话·梁史上》)

(32) 您每休把原商量的意思坏了。(《元朝秘史》卷三)

最不利于“您们”成立的是：“您”是“你们”的合音。但是，语言的运用，决定于多方面的因素，并不是“1+1=2”的简单的算术关系。上述近代汉语里的语言事实，实际上已经从语表形式、语里意义和语用价值三个角度，为现代汉语里“您们”的成立准备了有利的条件。

首先，从语表形式看，“您”尽管是“你们”的合音，包含“们”，但这并不影响“您”的后边再出现表示复数的语法形式“们”。近代汉语里就已经出现了“您每”，而且有的“您每”是表复数的。这一点，还可以用造字的现象做个类比。比如“采”，本是上“爪”下“木”，“爪”即“手”，但为了更加明确地表示这一用手的行为，又特意加“扌”，成为“採”。尽管这是文字问题，“您们”是语言问题，但在形式上加“扌”和加“们”，其格局是相同的。

其次，从语里意义看，“您”尽管本来是“你们”的复合，本身可以表示复数，但这并不影响“您”的后边再加上一个“们”，借以明显地强调出复数的意义。近代汉语里的事实已经表明，“您”有可单可复的用法。既然可单可复，就允许加“们”来明确地表示复数。比如“学生”可单可复，可以说成“学生们”。又比如“咱”，这个代词本身既可指单数，也可指复数，但并不因为它可指复数而影响后边可以出现“们”，说成“咱们”。这就是说，“咱”可以用于复数，而“咱们”则明确地表示复数。“您们”的语义构造，和“咱们”的语义构造是相同的。

第三，从语用价值看，在近代汉语里，“您”在表示复数的时候，后边往往出现同位成分“二位”“诸位”等，说成“您二位”“您诸位”“您文武百官”之类。然而，在使用现代汉语的普通场合，这种文绉绉的说法已经消失。这样，就造成“您”的后边留有空位。由于说现代汉语的普通人，已经意识不到“合音”这回事，因此便很自然地以为：既然“您”表示尊敬，那么对方如果不只一个人，就有必要加上一个“们”。这完全是现代人们在交际生活中的语用需要。

可见，利用“古”角外证，对肯定现代汉语里已成事实的“您们”也是有利的。“您”由不一定表示尊称到表示尊称，“您们”由不一定表示复数到表示复数，实现了专门化和定型化，这是一种进步。

二　“两个三角”和“事实终判”

结论从事实中来。结论是否准确，最终还得由事实来终判。事实终判，存在一个从开始到终结的研究过程。这个过程，可归结为“三充”：观察充分；描写充实；解释充足。

“两个三角”是研究深入的思路和方法，而“三充”是研究深入的追求和保证。“两个三角”和“三充”追求互补互助，互为条件。二者之间的关系大体可以用下图来表示：

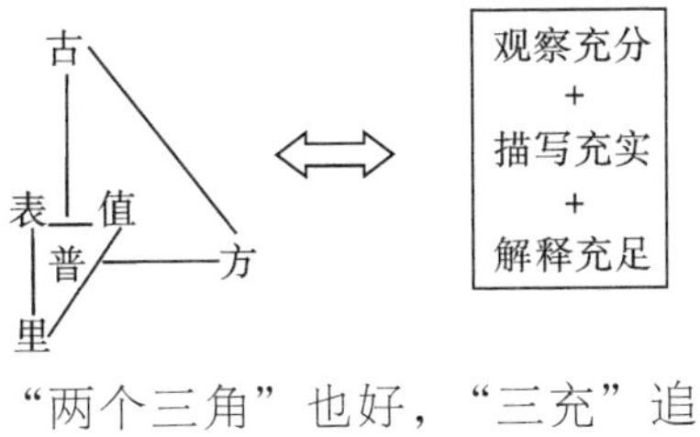

需要说明的是：“两个三角”也好，“三充”追求也好，所讲的都是一般性的原则性的问题。不同学者有不同学者的情况，不同题目有不同题目的要求，在具体的研究工作中，当然不可能千人一面，千篇一律。

（一）观察充分

研究一种现象，首先要充分观察这种现象。只有充分观察，才能有充分的了解。

怎样才是充分观察？该观察到的方方面面全都观察到了，所作的观察就算是充分的了。为了做到这一点，观察的思路应尽可能地开放。具体地说，就是：由此及彼，随迹逼进，四面八方地辨察，海阔天空地追踪。

比如“最”，《汉语大词典》和《现代汉语词典》的解释完全相同：“副词。表示某种属性超过所有同类的人或事物。”作为词典，这样的解释无可非议。然而，到底怎样才是“最”？可以称之为“最”的事物，是不是唯一的位居第一的事物？“最……之一”的说法是不是不能成立？

观察可知：“最X”有的属于客观性表述。这是尊重客观事实的表述，是一种科学性的数字式认定。比如，“中国是全世界人口最多的国家”。“最X”有的属于主观性表述。这是来自主观心态的表述，是一种情绪性的认定。比如，“你老欺负人，世界上就你最坏!”这么说，表达的是涉及微妙关系的情感心态，不是计量性的真实。

在尊重客观事实的表述中，“最X”可以形成一个“最”义级层。“最”义级层的涵量，对于所涵容的人或事物来说，可以是多个体的。比如：

（1）百花文艺出版社始建于1958年，已走过40载风雨的历程。中国当代最负盛名的一批作家，如郭沫若、茅盾、巴金、老舍、叶圣陶、冰心、孙犁、萧乾、王蒙等等，都曾欣悦地将他们的力作交由百花文艺出版社出版。（《小说家》1998年第4期封底）

这里，指出“最负盛名”的作家有“一批”，列出了“郭沫若、茅盾……”9个名字，而且还加了“等等”。这是“最”义级层涵容“多个体”相当典型的例子。

只要深入考察，便可以知道，“最X”的多个体，既有定数，又有概数。用定数的，例如：

(2) 一进屋就见我们系最傲气的两个女生一人面前摊着本您的书，一边看一边互相赞叹……（王朔《你不是一个俗人》）

(3) 门生特地从苏州带了几个名厨来，……尤其要他们将吴下三道最负盛名的菜烧好。（唐浩明《曾国藩》第二部 67 页）

(4) 她接待的客人几乎都有来头，数起来共有八个最贴心的。（方方《过程》）

上例分别用了“两个”“三道”和“八个”，都表示定数。又如：

(5) ……最让我动心的很少几位大师中仍有……黄宗羲和朱舜水。（余秋雨《文明的碎片》）

(6) 中国男子，一度几乎成了最厌恶女性的一群奇怪动物，……（余秋雨《遥远的绝响》）

(7) 许多来自世界各国的最优秀的科学家在这里废寝忘食，没日没夜地辛勤耕耘，……（白帆《那方方的博士帽》）

(8) 一千多年来，岳麓书院的教师中集中了大量海内最高水平的教育家，……（余秋雨《文明的碎片》）

上例提及“最 X”时分别用了“很少几位”“一群”“许多”和“大量”，都是表示多个体的概数。

事实上，同类例子很多，可以从不同角度来看其类别。若想了解更多情况，请翻看拙文《“最”义级层的多个体涵量》。

不仅如此，如果把视野转向古代，又可以见到，类似用法自古有之。

先看古代文言文。例如：

(9) 有十子，靖、庄最知名。（《周书》卷四二）

(10) 陛下即位以来，更张改造者数十百事，其最大者三事：一曰免役，二曰保甲，三曰市易。（《续资治通鉴》卷六九）

(11) 藻生符，进士登第，咸通中位终蔡州刺史，生八子：崇龟、崇望、崇鲁、崇谟最知名。（《旧唐书》卷一七九）

上例，“最”义级层分别包括 2 个、3 个、4 个指称对象。

再看近古白话作品。例如：

(12) 娄玉亭便是我的世伯，他当日最相好的是杨执中、权勿用，他们都不以诗名。(《儒林外史》五四回)

(13) 孟沂从头细阅，多是唐人真迹手翰诗词，惟元稹、杜牧、高骈的最多，墨迹如新。(《二刻拍案惊奇》卷一七)

(14) 况花木、鸟兽、虫鱼等类，惟《诗经》、《尔雅》、《方言》、《释名》最多。(《镜花缘》八二回)

上例，“最”义级层也分别包括 2 个、3 个、4 个指称对象。若想了解更多情况，请翻看拙文《汉语事实在论证中的有效描述》。

诚然，从古至今，“最”义级层所涵容的人或事物都不仅可以是单个体的，而且可以是多个体的。

既然“最”所涵容的事物可以是多个体的，便不一定是位居第一的人或事物。比如：“这是北京第二座最大的王府，仅比怡亲王允祥的府邸略小一点。”(二月河《雍正皇帝·恨水东逝》)此例等于说北京有两座最大的王府，怡亲王府邸是第一，“这”是第二。

既然“最”所涵容的人或事物可以是多个体的，“之一”的说法便自然可以成立。例如：“她在外贸局只是一般办事员，是最穷的人之一。”(方方《白雾》)这里用了“最……之一”。一种说法的存在，必有其特定价值。“最……之一”的说法，也是如此。进入“最”义级层的人或事物，有的无法分出或者较难分出高低，须要笼统并举。如果能明显分出高低，那么，绝对第一的人或事物一定不会说“之一”，因为用了“之一”便会降低其绝对第一的地位；反过来说，用了“之一”的，一定不是明显可以排在第一的，之所以让它进入“最”义级层，是为了较为模糊地提高其地位。

通过对“最”字用法的辨察，可以得到一个启示，明确一个道理：不管研究什么现象，都必须广泛深入地考察客观存在的语言事实，不能凭自己的主观感觉去下结论。

充分观察，在很大程度上取决于充分设问，借以全方位地多层次地建立观察事物的视点。视点越多，对事物的了解就越多。

（二）描写充实

观察，是寻求对事物的了解；而描写，则是对事物作规律性的反映。只有描写充实，才能有充分的实实在在的反映。

怎样才是充实描写？在题目划定的范围之内，通过描写把应该反映出来的规律性的东西如实可靠地反映出来，这就可以算是充实描写。怎样才能做到充实描写？观察到的，不一定都要描写出来；而描写出来的，一定要是观察得特别充分、不容置疑的。如果说，观察的思路要尽可能地开放，那么，描写的范围则应尽可能地封闭。在众多的问题中只限定描写其中一个问题，在一个问题的众多角度中只限定描写其中一个角度，都是描写范围的封闭。其目的，是把论题封闭在（或者说划定在）一个小范围内，以便进行穷尽性的描写。

封闭的范围小到什么程度，可以因人而异，因题而异。一般地说，要考虑能力、时间、篇幅、深度等因素。初学做研究工作的人，往往不善于封闭论题，致使题目过大，内容浮泛，文章没做到点子上。在这方面，笔者有过多次教训。

1956年12月，笔者21岁，写了《试谈动词作状语》一文，七千字，寄给了《中国语文》。文中用较多的语言事实描写了四种“动词做状语的方式”：1. 动词＋着＋动词，2. 动词＋地＋动词，3. 动词＋趋向动词＋动词，4. 动词＋动词。半年后《中国语文》寄还稿子，并附了编辑部的意见。意见说，所谈动词做状语的方式大多有争论，只有动词带“地”做状语的现象可以深入作文章，希望写成一文再寄编辑部看看。1958年10月，笔者写成了《谈动词带“地”作状语》一文，三千多字。文章主要描写做状语的动词和做中心语的动词之间的意义关系：1. 状语表明中心词动作的方式，2. 状语表明中心词动作的情况，3. 状语表明中心词动作的状态，4. 状语表明中心词动作所附带的感情和语气。文章也从结构的角度简单地提到了四种情况：1. 动词直接通过“地”修饰中心词，2. 动词重叠成AABB形式之后再通过“地”修饰中心词，3. 动词受别类词修饰后再通过“地”修饰中心词，4. 两个单音动词带上趋向动词、关联副词或语气助词之后再通过“地”修饰中心词。此文在寄给《中国语文》几个月之后被退回。退稿意见说：文章着重从意义的角度讨论问题，没有意思。

1991 年，为了出《语言研究》创刊十周年专辑，《语言研究》编辑部约稿，我写成了《现代汉语的特殊格式“V 地 V”》（《语言研究》1991 年第 1 期），一万五千字，总算对三十多年来“耿耿于怀”的一件心事有了个交代。前两稿之所以失败，最根本的原因是主攻目标不明，不善于攻其一点，不善于在攻其一点时从现象到本质地充分描写其规律性的东西。这一稿，进一步封闭描写的范围，限定所讨论的“V 地 V”格式是“及物动词＋地＋动词或动词结构”的格式，即及物动词带“地”做状语的格式。

假如把做状语的及物动词叫作“状位 V”，那么，关于状位 V 起码得回答三个问题：

一问：状位 V 有没有限制？

回答：有限制。限于两类：一类是有度差意识性心理动词。这类动词所表示的意念有程度高低的差别，因此可以接受程度副词的修饰。包括：“羡慕、崇敬、钦佩、信任、同情、感激、挑剔、蔑视”等。另一类是无度差意向性行为动词。这类动词所表示的意念不存在程度高低的差别，不能受程度副词的修饰。包括“试探、乞求、挽留、纠正、嘲弄、挑逗、抢白”等。如：

(1) 柳曼萍那双充满讥笑、不怀好意的眼睛，时刻都在挑剔地注视着她，使她欲躲不得。（黑子《阴影》）

(2) 张魁忙把他重新按到椅子上，挽留地说：“老哥！能不能这样就走，……”（从维熙《春之潮汐》）

“挑剔”是有度差意识性心理动词，能受“十分”之类程度副词的修饰；“挽留”是无度差意向性行为动词，不能受“十分”之类程度副词的修饰。

二问：“地”字跟状位 V 的状语身份有何联系？

回答：作为状语的标志，“地”对状位 V 的状语身份具有强制性和规定性。首先，甲动词和乙动词本来不能直接组合，“地”字可以强制地使用它们组合成“V 地 V”，使甲动词成为状语。如：敬佩笑着（一）→敬佩地笑着（+）。其次，甲动词和乙动词可以直接组合，但像是连动结构，加“地”形成“V 地 V”之后就可以明确规定甲动词为状语。如：赞许说→赞许地说。

三问：状位 V 同宾语的关系如何？

回答：状位 V 由于带了“地”，它的后边一般不能出现形式上的宾语。但是，它的意念上的宾语总是出现在上下文之中。比如：

想起腊子，他赞许地连连点头。

他赞许地看着这个不服输的孩子。

同是“赞许”，前一例里它的意念宾语是上文的“腊子”，后一例里它的意念宾语是下文的“这个不服输的孩子”。

在某种情况下，状位 V 后边虽然有“地”，但也还可以带上形式上的宾语。如：

卖弄地说

→卖弄自己地说

卖弄才华地说

假如把做述语的动词或动词结构叫作述位 V，那么，关于述位 V 起码得回答三个问题：

一问：述位 V 的结构和性质到底是怎么样的？

回答：述位 V 可以是一个动词，也可以是一个动词结构。就动词说，可以是及物动词，也可以是不及物动词。如：

服从地听着　　（听着：动词，及物）

服从地站着　　（站着：动词，不及物）

反抗地抓起木棍（抓起木棍：动词结构，其中“抓”及物）

反抗地哭个不停（哭个不停：动词结构，其中“哭”不及物）

二问：述位 V 在语义上有什么特点？

回答：述位 V 表示人们比较具体的外露性行动。常见的是跟人体某个部位如嘴、眼、手、脚等相联系的一些行为动作。如：

挑逗地唱着淫荡小曲（唱：嘴）

鄙视地回望他们一眼（回望：眼）

应付地按了一下电铃（按：手）

试探地踢了一下木门（踢：脚）

三问：述位V和状位V在语义上有何联系？

回答：述位V和状位V的关系是外露具体动作和潜在意识活动的配合关系。述位V表示发自人体某一部分的具体动作，而状位V则表示伴随这一具体动作而产生的有关神情、神色、情态等的潜在性意识活动。同一个述位V，可以有不同的状位V，即伴随某一具体动作而产生的潜意识活动可以不同，如乞求地/嘲弄地/讨好地——看着他。反过来说，不同的述位V，可以有相同的状位V，即伴随不同的具体动作而产生的潜意识活动可以是相同的，如：迁就地——连连点头/笑了起来/跑了过来。

假如考察"V地V"的同义结构，那么，又可以提出新的问题。

一问："V地V"有多少同义结构？

回答："V地V"主要有两个同义结构：一个是"用V的NV"。如：挑逗地说＝用挑逗的口气说。另一个是"VOV"。如：挑逗地说＝挑逗他说。

二问："V地V"和"用V的NV"之间的关系怎么样？

回答：一般地说，"V地V"和"用V的NV"可以互相转化。如：赞许地望着牧羊婆→←用赞许的目光望着牧羊婆。在"用V的NV"格式中，N位置上出现的是"目光、眼神、眼色、口吻、口气、声调、语气、神气"等名词，它们都表示能够表露某种潜意识活动的事物。同"用V的NV"相比较，"V地V"是一种简化的说法，它使跟状位V相联系的"目光、口吻"等词语全都隐去，成了可以意会的内容。由于是意会的东西，理解起来就有一定的灵活性，如果由"V地V"转化为"用V的NV"，既可以出现甲名词，也可以出现乙名词。比如"恳求地说"，可以是"语气"，也可以是"声调"，还可以是"口吻"或"方式"。

有时，"眼睛、眼光"之类出现于主语的位置。在这种情况下，"V地V"不能或不大能转化为"用V的NV"。例如：

(1) 有双明亮的眼睛责备地盯着他们。(鲁书潮《往事》)

(2) ……瞳眸里的光挑逗地往他心里钻着。(杜治洪《水手与女人》)

三问:“V 地 V”和“VOV”之间的关系怎么样?

回答:在特定条件下,“V 地 V”可以转化为“VOV”。主要条件有二:1. 状位 V 一般都是无度差意向性行为动词。如:抢白地说→抢白他说|责备地说→责备我说|试探地说→试探我的心思说。如果状位 V 是纯粹的有度差意识性心理动词,那么“V 地 V”不大能自然地说成“VOV”。如:信赖地说→信赖他说(?)|鄙视地说→鄙视他说(?) 2. 述位 V 要求用动词“说”。看这个例子:

(3)“……你把它弄出去吧。”母亲哀求地说。(高旭帆《古老的谋杀》)

“哀求地说”可以自然地转化为“哀求他说”。然而,如果述位 V 不用动词“说”,即使是“问、问道”之类,也不大能由“V 地 V”转化为“VOV”。如:“打趣地说”可以说成“打趣他说”,“打趣地问”却不能说成“打趣他问”。

同“VOV”相比较,“V 地 V”是隐 O 式,状位 V 主要被强调成为一种方式或情态,所指对象含而不露,理解上有一定的灵活性,“VOV”则是显 O 式,动作及其对象明确清楚。

《现代汉语的特殊格式“V 地 V”》一文,把论题封闭在及物动词带“地”做状语的范围之内,对各个方面的各种事实都试图作规律性的反映。较之前两稿,显然进了一大步。当然,这篇文章不能跟前辈和时贤的佳作相比拟,在笔者自己的文章里也不能算满意之作,但它反映了自己的进步,这一点是有意义的。

能否描写充实,重要因素之一是能否划定合适的描写范围。会做文章的前辈学者总是告诉我们:编教材是“大题小做”,而写论文,则要善于“小题大做”。

(三) 解释充足

描写偏重于从微观上对语法事实作客观的反映,解释偏重于从宏观上对语法事实作理论的阐明。只有解释充足，才能揭示语言事实的真实状况。

解释大体可以分为归总性解释和先导性解释。不管是哪种解释，其目的都是揭示语法事实的本质属性和本质面貌。解释的充足，不是表现为“多”，不是表现为“细”，而是表现为“深”，表现为具有“一语破的”的概括力。

在充分观察和充实描写的基础之上做出理论上的解释，这是归总性解释。这种解释，注重理论的步步提升。举例来说：

(1) 那几年即使天天挨饿，我没叫过一声苦。

(→那几年虽然天天挨饿，我没叫过一声苦。)

(2) 甲：我看今天是不行了。

乙：要是明天有可能呢？

甲：既然明天有可能，我们就再等一天吧！

(→要是明天有可能，我们就再等一天吧！)

(3) 他不但能够把你捧上去，而且能够把你拉下来。

(→他能够把你捧上去，但又能够把你拉下来。)

(4) 要赚就要赚大的，但是，不能随便露底。

(→要赚就要赚大的，因此，不能随便露底。)

由以上语法事实的同类现象和近类现象，经过充分观察，可以得到如下的认识：

a. 在虚拟句式中，p 主观上虚拟为真，客观上不一定非真；

b. 在据实句式中，p 主观上实言为真，客观上不一定确真；

c. 在顺列句式中，pq 间主观上表述为顺，客观上未必全顺；

d. 在逆转句式中，pq 间主观上表述为逆，客观上未必全逆。

这是四条定律性的东西。进一步作理论上的提升，我们就可以断定：复句语义关系具有二重性，既反映客观实际，又反映主观视点。在对复句格式的选用中，起主导作用的是主观视点。复句格式一旦形成，就会对复句语义关系进行反制约。如果说，前面所说的四条定律性的东西还是属于描写的范畴，那么，这里所做的断定便属于解释的范畴了。以往，一般都以为，有什么样的复句语义关系就会采用什么样的复句格式，似乎复句格式只是为客观实际的逻辑联系所决定。这种认识过于笼统，过于含混，忽视了主观视点的主导作用，忽视了格式对关系的反制约作用。

跟归总性解释走向不同的是先导性解释。先做出一种理论解释，然后通过充分的观察和充分的描写加以证明，这就是先导性解释。这种解释，重在设立理论框架或模式，并据此进行推导和阐述。

先导性解释的重要前提是假设。当然，一个假设的提出，总要根据已经掌握的一部分事实。比方，我们可以提出这么个假设：汉语里，决定句法格局的是名词，而不是动词。根据是：就汉语的一个个具体的句子而言，动词往往是组织的核心，往往是"结构核"，这没问题；问题是，汉语的动词没有形态，汉语句法格局的形成，主要不是取决于动词本身，而是取决于动词前后的名词的不同配置。同一个动词，后边出现不同的名词（a），或者后边出现同一名词而前边出现不同的名词（b），或者前后出现的名词位置互易（c），或者后边连用的两个名词有所变化（d），都往往在句法上造成不同的格局。如：

a. 打排球　（"排球"是"打"的常规宾语）
打美国队（＝跟美国队打排球）
打奥运会（＝在奥运会上打排球）
打时间差（＝用时间差的战术打排球）

b. 桥上走人（＝桥上供人走）
明天走人（＝明天人走了）
瓷杯泡茶（＝用瓷杯泡茶＝在瓷杯里泡茶）
井水泡茶（＝用井水泡茶≠在井水里泡茶）

c. 太阳晒着稻草堆（施事性主动宾句）
稻草堆晒着太阳（受事性主动宾句）
鲜花开遍了原野（施事性主动宾句）
原野开遍了鲜花（存现性主动宾句）

d. 赞扬小李的老师（有歧义。动宾：赞扬—小李的老师
偏正：赞扬小李的—老师）
赞扬小李的刚出生的孩子（无歧义。动宾：赞扬—小李的刚出生的孩子）
围剿土匪的部队（有歧义。动宾：围剿—土匪的部队
偏正：围剿土匪的—部队）
围剿土匪的计划（无歧义。偏正：围剿土匪的—计划）

目前，一般都以为动词最重要，不大注意研究名词，包括不大注意研究名词的各种次类和名词的语义特征。假如我们提出一个“名词赋格论”来解释汉语名词决定句法格局的事实，主张既要着力研究动词更要着力研究名词，然后进一步加以求证，这样的解释便是先导性解释了。

归总性解释和先导性解释各有优缺点。归总性解释偏重于“立地”，它以观察事实充分和描写充实为先行条件，显得实在、牢靠；不过，有可能存在理论高度不够的欠缺。先导性解释偏重于“顶天”，它先建立理论框架、理论模式或理论基点，居高临下，理论色彩很浓，理论意义很强；不过有可能存在顾此失彼甚至挂一漏万的毛病。要弥补两种解释可能存在的不足之处，都必须在“三充”上下功夫。从事实出发研究问题时，应尽可能地对事实作足够的理论解释；从假设出发研究问题时，应注意对语言现象的观察充分和描写充实。只有这样，才能“顶天立地”。

理论解释的加强，有赖于两个方面：(一) 引进国外理论。国外理论的引进和吸收，对促进现代汉语语法研究的深入开展无疑具有极大的意义。但是，不能生搬硬套。不能以为：国外理论＋汉语事实＝解释充分。(二) 创建自己的理论。根据自己语言的特点，不排除接受国外理论的启示，总结出一套自己的理论，一套能够充实和发展普通语法学的理论，一套在学术交往中能够跟国外理论对等交流的理论，这才是我们应该追求和必须追求的。当然，这不是轻而易举的事。

任何论著都不可能穷尽真理。观察也好，描写也好，解释也好，

绝对的“充分”“充实”和“充足”是不可能的。这里谈“三充”追求，目的在于强调：在尽可能的条件下，要观察得更充分一点，描写得更充实一点，解释得更充足一点。

主要参考文献

[1] 吕叔湘. “您们”、“妳”、“二”和“两”[J]. 中国语文，1982 (2).

[2] 吕叔湘. 关于“您们”[J]. 中国语文，1982 (4).

[3] 吕叔湘. 汉语句法的灵活性 [J]. 中国语文，1986 (1).

[4] 吕叔湘. 说“胜”和“败”[J]. 中国语文，1987 (1).

[5] 朱德熙. 现代汉语形容词研究 [J]. 语言研究，1956 (1).

[6] 陆俭明. “V 来了”试析 [J]. 中国语文，1991 (1).

[7] 邢福义. 汉语复句格式对复句语义关系的反制约 [J]. 中国语文，1991 (1).

[8] 邢福义. 现代汉语的特殊格式“V 地 V”[J]. 语言研究，1991 (1).

[9] 邢福义. 现代汉语语法研究的三个“充分”[J]. 湖北大学学报 (哲学社会科学版)，1991 (6).

[10] 邢福义. 《红楼梦》里的“因 Y，因 G”[J]. 湖北大学学报 (哲学社会科学版)，1993 (4).

[11] 邢福义. 说“您们”[J]. 方言，1996 (2).

[12] 邢福义. “最”义级层的多个体涵量 [J]. 中国语文，2000 (1).

[13] 邢福义. 以单线递进句为论柄点评事实发掘与研究深化 [J]. 汉语学报，2010 (1).

[14] 邢福义. 汉语事实在论证中的有效描述 [J]. 语文研究，2014 (4).

附　　录

小句中枢说的方言实证

〇　前言

按笔者《小句中枢说》一文的界定："小句主要指单句，也包括结构上相当于或大体相当于单句的分句。"汉语语法重句法，而不重词法，对于汉语语法规则的构成和显示来说，小句在各类各级语法实体中居于中枢地位。"小句中枢说"的核心思想，在于强调：研究汉语语法，必须以小句为中轴，以句法机制为重点，注重观察句法规则对各种语法因素的管控作用。

从现代的共时平面看，汉语既包括以北京话的一般说法为突出代表的普通话，又包括极其丰富多彩的方言。笔者赞成张振兴先生提出并在不同场合作过阐述的"整体汉语"。不局限于北京话或普通话，而把视线投向"整体汉语"，对于更好地认识汉语语法的状况，无疑会大有益处。

本文主要利用李荣先生主编《现代汉语方言大词典》的 41 种分卷本所提供的语料，讨论三个方面的问题：1）宾语问题；2）状补问题；3）否定问题。本文意在通过方言事实的考察，证明"小句中枢说"的基本观点，强调必须了解词语入句之后所形成的种种格局。为了节省篇幅，语料出处的标明只用简缩方式。比如"广州 14 页"，代表《广州方言词典·引论》第 14 页。

一　宾语问题

1.1　双宾语

双宾语，包括指人宾语和指物宾语。教科书上通常管指人宾语叫间接宾语，管指物宾语叫直接宾语。同是这么三个词语：

你（人称代词）十块钱（指物名词语）还（动词）

用R代表人称代词，用W代表指物名词语，用V代表动词，用S代表小句主语，上述三个词语一入句，就会排列组合成为两个格式：

A.（S）V·RW：还你十块钱。

B.（S）V·WR：还十块钱你。

通观“整体汉语”，对两个格式的选用形成三种状况：

第一，采用A格式V·RW：“动词+指人宾语+指物宾语”。这是北京话的说法。

第二，采用B格式V·WR：“动词+指物宾语+指人宾语”。这是一些南方的或靠南的方言里的说法。据41种方言词典的反映，广州方言、南宁方言是这样，长沙方言“可以”这样，娄底方言“有时”这样。要是句式中出现方言词语，整个说法的方言色彩就更浓。例如：

（1）寄封信佢（寄一封信给他）｜递杯茶我（递给我一杯茶）（广州23页）

（2）许本书我（给我一本书）｜借一张凳渠（借给他一张凳子）｜送把菜渠（送他一把菜）（南宁27页）

（3）把本书我（给我一本书）｜借十块钱你｜派个助手他（长沙17页）

（4）拿钱我呢｜拿笔你啊？（娄底14页）

第三，同时采用AB两式V·RW和V·WR。如崇明方言和杭州方言。

在崇明方言里，表示给予意义的一类动词，它们的双宾语位置可有两种：

A. V·WR	B. V·RW
拨十块钞票我	拨我十块钞票
还三升米你	还你三升米
赔一件衣裳夷（他）	赔夷（他）一件衣裳
	（崇明21页）

在杭州方言里，也有两种情况：

A. V·RW	B. V·WR
拨我一本书	拨本书我
借（给）我五十块洋钿	借五十块洋钿我（杭州 20 页）

《崇明方言词典》把（S）V·WR 列为 A 格式，把（S）V·RW 列为 B 格式；相反，《杭州方言词典》先说（S）V·RW，后说V·WR。这是否表明两个格式在两种方言里还有强势和弱势的不同？需要作进一步的调查研究。然而，无论如何，从语法上说，离开小句格局的规约，只看作为小句构件的词和短语，根本无法讲清楚“整体汉语”中存在的双宾语格式的语法差别。

1.2　宾语的配置

就单个宾语而论，在方言里头，宾语的句法配置有多种多样的表现。择要来说。

（一）“要＋宾语＋动词”

“要＋宾语＋动词”本是寻常句式。比方，北京话里说“要饭吃、要钱用”，表达的是词语的基本涵义。然而，在武汉话里，这个格式却有特殊的作用，它强调某种情况（动作或行为联系的事物）是大量的。例如（武汉 14 页）：

（5）他力气大，才要饭吃咧！（“要饭吃”，是说要吃很多饭，食量大。）

（6）这样子办事，真是要钱用！（“要钱用”，是要用很多钱，费钱。）

（7）碰倒那个犟人，就要话说了！（“要话说”，是要说很多话，费力。）

（8）衣服带多了，要箱子装！（“要箱子装”，是要用很多或很大的箱子来装。）

上例的“要饭吃、要钱用”之类的特殊涵义，是进入小句以后显示出来的。它们前头，常加“才、就、真”等副词。

（二）宾语向受事小主语转化

北京话里，说“我吃过晚饭了”，“晚饭”是宾语；若说成“我晚饭吃过了”，“晚饭”便转化成了受事小主语，是表意上的逻辑宾语。方言里也有同样的情况，但句子格局的配置具有程度不同的特殊性，因而显示出程度不同的方言特色。看两个方言。

［甲］杭州方言

杭州话里，可以说“他吃饭得”。但是，最习惯说法是改成主谓谓语句，即宾语转化成主谓谓语中的受事小主语。例如（杭州 19 页）：

（9）他饭喫过得。

（10）他文章写好得。

根据语言环境，全句的主语经常省略，从而使原来的小主语成为全句主语。例如（杭州 19 页）：

（11）饭喫过得。

（12）文章写好得。

《杭州方言词典》指出：省略全句主语的最自然，没有一点强调主语的意味。（杭州 19 页）另外，观察可知：在句法格局上，句末总要配置一个助词“得”。

［乙］西宁方言

西宁话里，宾语一般在动词之后。例如（西宁 14 页）：

（13）有的抬机凳让座儿，有的倒水沏茶，有的拿来水烟瓶让烟。

（14）上山打了个香子（麝鹿）了，下山着吃了肉了。

不过，西宁话宾语有时出现在动词之前，转化成了小主语。例如（西宁 14 页）：

（15）你茶喝，馍馍吃。（你喝茶，吃馒头。）

（16）叔叔一个洋糖儿给了。（叔叔给了一块水果糖。）

（17）昨晚夕，我你家里去了。（昨天晚上我去你家了。）

（18）家里人有俩？（家里有人吗？）（西宁 14 页）

（19）你们学校几个老师有俩？（你们学校有几位老师？）

(20) 我阿爸今年六十有俩。(我父亲今年有六十岁了。)

(21) 致个东西我的不是。(这个东西不是我的。)

(22) 小王青海人不是，陕西人是俩。(小王不是青海人，是陕西人。)

《西宁方言词典》指出：这样的说法是受了藏语或其他少数民族语言的影响。(西宁 14 页) 观察上例可知：第一，其句法格局，特别是“有”字句、“是”字句的格局，十分特殊。同是“家里”“有”“人”，配置成“家里有人”，很普通，一旦配置成“家里人有”，就不大像说汉语了。第二，有的句子，句末用助词“了”或“俩”，有的不用。用不用助词，用什么助词，似乎跟动词语“有”“是”“不是”有关，也跟动作的已然和未然有关。如说“有、是”时用“俩”，说“不是”时未用；又如一般性动词句用“了”，祈使句不用。这样的表述格局，都是在句中完成的。

(三) 宾语和补语的配置

“我吃得进饭”，“饭”是宾语，出现在补语“进”的后边，这是北京话说法；如果补宾易位，说成“我吃得饭进”，便成了方言说法。宾补位次配置，也往往能够体现方言特色。其中的“补”，是单音节结果补语。看三个方言。

[甲] 南昌方言

“动＋得＋宾＋补”和“动＋宾＋不＋补”，这是南昌话的习惯说法。例如 (南昌 16 页)：

(23) 喫得饭进｜睏得觉着｜叫得门开｜打得渠 (他) 赢｜做得事正 (成)

(24) 喫饭不进｜睏觉不着｜叫门不开｜打渠不赢｜做事不正

前例是肯定式“动＋得＋宾＋补”，后例是否定式“动＋ 宾＋不＋补”，由于宾语位次特殊，形成了不同于北京话的格局。

[乙] 杭州方言

杭州话的情况，跟南昌话有同有异。当动词带宾语又带补语时，如果是否定式句子，而宾语是人称代词，那么，宾语在前，紧挨动词，补语出现在宾语后面。例如（杭州 20 页）：

(25)（他学过拳头的）我打他不过。

(26)（是我错的）我对你不起！

[丙] 崇明方言

在动、宾、补组成的句子中，补语的位置有两种。例如（崇明 21—22页）：

A 台子揩揩夷（它）干	B 台子揩干夷（它）（桌子擦干它）
肉煠夷透	肉煠透夷（肉用水煮透它）
我打你勿过	我打勿过你（我打不过你）
我打你勒过	我打勒过你（我打得过你）
我喫夷勿消	我喫勿消夷（我对付不了她）

观察可知：第一，排除方言词不说，就宾补位次而言，不管补语是肯定形式还是否定形式，崇明方言里都同时存在两种说法。A 说法是方言的，B 说法则跟通行的北京话说法一致。第二，跟双宾语可以有两种位置一样，崇明话里单音结果补语也有两个位置。在对方言说法和通行说法的选用中，崇明话似乎是综合性的，或者说，是兼收并取的。第三，《崇明方言词典》把方言说法列为 A 说法，是否意味着这是优势说法，或者是老年人更常使用的说法，需要进一步证实。

二　状补问题

2.1　状语向补语的转化

假若用“前状后补”的标准来鉴别状语和补语，那么，动词性或形容词性词语前边的修饰成分是状语，动词性或形容词性词语后边的补足成分是补语。比较：

水快开了→水开快哷

你先走→你走先

天很冷了→天冷很了

上例箭头前边的“快、先、很”是状语，箭头后边则转化成了补语。它们的不同配置，形成了北京话一般说法和方言说法的对立。下面分别描述若干具体事实所反映的具体情况。

（一）形容词的状化补

［事实一］崇明方言中，形容词“快”只能出现在动词性词语或形容词性词语的后头。例如（崇明22页）：

（27）水开快哖（水快开了）｜要落雨快哖（快要下雨了）｜人多来轧杀快哖（人多得挤死了）｜冷来冻杀快哖（冷得快要冻死了）

（28）天黑快哖（天快黑了）

前例“快”用在动词性词语之后，后例“快”用在形容词性词语之后。把崇明话跟北京话相比较，有“V快/A快”和“快V/快A”的对立。

［事实二］长沙方言中，形容词“好、饱”出现在动宾结构后边。例如（长沙17页）：

（29）睏咖一觉好的（好好地睡了一觉）

（30）喫咖一餐饱的（饱饱地吃了一餐）

在基本格式上，上例是“VP好/VP饱”。其中的VP是动宾结构，采用“V咖一N”的形式；后边的“好/饱”，带“的”。

［事实三］柳州方言中，形容词“多、少”出现在动词后面。例如（柳州15页）：

（31）吃多一碗饭。｜穿多两件衣裳。｜带多几个人去。

（32）喝少一点酒。｜拿少两件行李。

前例是“多”字后出现，后例是“少”字后出现。把柳州话跟北京话相比较，有“V多/V少”和“多V/少V”的对立。

［事实四］广州话中，“多”和“少”也习惯放在动词性词语之后。例如（广州23页）：

（33）买多一只添喇。（再多买一只吧。）

（34）落少啲糖。（少放点儿糖。）

上例也是“V多/V少”。

（二）时间次第词的状化补

［事实一］柳州方言中，“先、后”放在动词后面作补语。例如（柳州15页）：

(35) 你走先，他走后。

(36) 小王排先，老王排后。

(37) 各个要守先，哪个来守后呢?

上例都是“先/后”后出现。跟北京话比较，是“V先/V后”和“先V/后V”的对立。

[事实二] 广州话中，“先”多置于动词之后作补语。例如（广州23页）：

(38) 你行先喇。(你先走吧。) | 你地坐住先，我马上就返来。

上例也是“V先”。

[事实三] 长沙方言中，“头、二、后、末”等放在动词后面作补语。例如（长沙17页）：

(39) 你走头，我走后。(你先走，我后走。)

(40) 我看头，你看二，他看末。(我第一个看，你第二个看，他最后看。)

上例是“V头/二/后/末”。如果将“头/二/后/末”前移，那么，北京话里只有“后V”说法，没有“头V/二V/末V”说法。

(三) 副词的状化补

[事实一] 徐州方言中，许多副词，包括时间副词、频率副词、范围副词、语气副词等，可以出现在动词性词语后边。例如（徐州18页）：

(41) 他吃饭来（来着）喷（正）。| 这孩子不听话老是。| 走赶紧（赶快走）。

(42) 回家了都。

(43) 你来了又。| 去啵还?

(44) 走了莫须（大概）。| 得去反是（反正）。

此外，形容词“快”和数量词“一点儿”也可以出现在动词性词语后边。例如（徐州18页）：钱都花完了快。| 不好吃一点儿。

如果用X代表副词、形容词和数量词等，上面的说法跟北京话一般说法形成了“VPX”和“XVP”的对立。

[事实二] 广州话中，副词“晒”（借用同音简化字）常用在动词

后头，表示范围或程度，有“全部、太”等意思。例如（广州 23 页）：

（45）食晒嘞（全吃光了）｜做起晒嘞（全做完了）

（46）益晒你嘞（太便宜你了）｜多谢晒（太感谢了）

上例的“V 嘞”，跟北京话的“全/太 V”形成对立。

[事实三] 温州方言中，“最、爻、倒、死、甚”等表示程度加深的副词，用到形容词的后边，作补语。例如（温州 19 页）：

（47）甜最｜苦爻｜臭倒｜咸死｜软甚

上例的“A 最”等，跟北京话的“最 A”等形成对立。

温州话的程度副词“显”，不仅可以后置于形容词，表示程度的加深，而且“A 显”可以叠成“A 显 A 显”，还可以说成“A 显 A”，表示程度的极大加强。例如（温州 19 页）：

（48）好显｜热显｜硬显

（49）好显好显｜热显热显｜硬显硬显

（50）好显好｜热显热｜硬显硬

[事实四] 徐州方言中，程度副词“很”，用到形容词性或动词性词语后边，作补语，表示程度高，句末带“了”。例如（徐州 18 页）：

（51）天冷很了（天非常冷）｜水热很了（水非常热）｜日子苦很了（日子非常苦）

（52）时间拖很了（时间拖得非常长）｜钱花很了（钱花得非常多）｜电影有意思很了（电影非常有意思）｜学习下功夫很了（学习非常下功夫）｜小孩长高很了（小孩长高了许多）

前例是“A 很了”，跟北京话的“很 A 了”形成对立。后例是“V 很了”，北京话里没有相对立的“很 V 了”说法。

徐州话的“很”，还可以直接用在名词后，占据谓词的位置。句首多出现时地词，句末带“了”。例如（徐州 18 页）：

（53）街上车很了（街上车非常多）｜他家钱很了（他家钱非常多）｜今天来的人很了（今天来的人非常多）｜河来鱼很了（河里鱼非常多）

上例的“N 很了”，似乎是“NA 很了”的趋简形式。即：街上车多很了。→街上车很了。｜他家钱多很了。→他家钱很了。其中的N，是跟多的数量相联系的名词。不然，“N很了”不能成立。比如，“天冷很了”不能说成“天很了”。

2.2　特定格局中的补语配置

就不跟状语相对而言的情况来说，方言里某些特定格局中的补语配置也能够显示方言的特色。

(一)“(S) VV补”格局

VV代表动词重叠形式，后边直接带上补语。

文学作品中，这类说法偶尔出现，能否成立，未有定论。比如：我去跟他们说说清楚！(孙春平《古辘吱嘎》，《中篇小说选刊》1996年第6期144页）｜该叫到主子跟前问问明白。(二月河《乾隆皇帝·夕照空山》337页）其实，这类说法得到方言事实的支持。

[事实一] 崇明方言中，动词重叠后可带结果补语。其中的动词，可以是单音节的也可以是双音节的。例如（崇明22页）：

(54) 衣裳着着好（衣服穿整齐）｜地浪扫扫干净（地上扫干净）｜眼睛看看清爽（眼睛看清楚）

(55) 事体交代交代清爽（事情交代清楚）｜小囡教料教料好（小孩教育好）

前例是单音动词重叠式带补语，后例是双音动词重叠式带补语。

[事实二] 南京方言情况相同。例如（南京27页）：

(56) 摆摆正｜放放直｜煮煮烂｜切切碎｜扫扫干净｜听听清楚

(57) 商量商量好。

前例是单音动词重叠式带补语，后例是双音动词重叠式带补语。

[事实三] 上海方言情况相同。但据《上海方言词典》所提供的语料，做补语的词，不仅可以是形容词，还可以是动词。例如（上海23页）：

(58) 做做好

(59) 侬快点拿房间收捉收捉清爽

(60) 跑跑脱｜拿拿进去

前例和中例都是动词重叠式带形容词补语，后例“跑跑脱、拿拿进去”则是动词重叠式带动词补语。后例的配置很特殊，估计不会为共同语所吸收。

（二）“(S) VV 下/V 下/V 到 X/AA 交”格局

这是北京话里没有的配置。

［事实一］建瓯话里，动词重叠式后边可带“下”，表示动作的短暂和尝试。单音动词重叠，用 AA 式；双音动词重叠，用 ABB 式。例如（建瓯 16 页）：

（61）觑觑下（看一看）｜行行下（走走）

（62）修理理下（修理修理）｜招呼呼下（招呼招呼）

［事实二］贵阳话里，动词一般不能重叠。北京话动词重叠表示动作的短暂和尝试，这个功能在贵阳话里用动词后加“下”［xa^{34}］来表示。例如（贵阳 15 页）：

（63）看下（看看）｜走下（走走）｜尝下（尝尝）｜等下（等等）｜说下（说说）

［事实三］萍乡话里，“到”用在动词后边，接着再出现别的词语，形成“V 到 X”。这个“到”，有时看上去很像跟在动词后面的介词，但它的后头还可以另补出介词。比较（萍乡 13 页）：

（64）歇到店里｜等到天光

（65）歇到在店里｜等到到天光。

如果把这个“到”看成弱化动词，它便是充当补语；如果把这个“到”看成助词，它仍然起着补语的作用。

［事实四］杭州话里，单音形容词重叠式后边加“交”，表示程度弱化。例如（杭州 18 页）：

（66）好好交｜呆呆交｜轻轻交｜慢慢交

这个“交”，是个表示程度的语法成分，从位置看，起着补语的作用。

（三）“(S) A 流了的/V 流了的/N 流了的”格局

这也是北京话里没有的说法。

通常是谓词后边加“流”[$niou^{213}$]或“流了”或“流了的”，形成“A流了的/V流了的”。例如（武汉14页）：

（67）他快活流（了）（的）丨你么样伤心流（了）（的）

（68）屋里吼流（了）（的）

“流（了）（的）”强调状态多、盛、极。

有时，名词后边出现“流（了）（的）”，形成“N流了的”。但是，“N流了的”整个充当谓语，整个谓词化，功能相当于“A流了的/V流了的”。例如（武汉14页）：

（69）他脸上汗流（了）（的）丨毛毛口里涎流（了）（的）

三　否定问题

3.1　特定的否定句式

方言里有些特定的否定句式，其格局跟北京话说法有相当明显的对应。

［事实一］“连”字句否定式。比较（长沙17页）：

长沙话	北京话
连不做一点事	连一点事也不做
连不能干一点	一点儿都不能干

长沙话里，“连”字后边不出现动作对象O，它用来对“不VO”作整体强调，明显是个语气副词。由此推想：北京话里的“连”，可说“（他）连水也不敢喝”，“连”后边是动作的受事；也可说“（这水）连他也不敢喝”，“连”后边是动作的施事。统观这个词的所有用法，它到底是不是个介词，还需要作进一步的探讨。

［事实二］“给”字句否定式。比较（乌鲁木齐11页）：

乌鲁木齐话	北京话
给你不给	不给你
给人不给	不给人

乌鲁木齐话里，出现两个“给”。前一个“给”是介词，跟表示逻辑宾语的词语一起组成介词短语，做状语；后一个“给”是动词，跟“不”构成否定形式。下面是“给O不给”在上下文中使用的例子（乌

鲁木齐 11 页):

(70) 你和他又莫板(没交情)嘚,他肯定给你不给,我明天给你要去。

(71) 你覅看他喝醉咧,心里头明白底很,腰里头底钱根本给人不给。

(72) 那个人财迷底啥一样底,多一分钱给他妈都不给。

朱德熙《包含动词“给”的复杂形式》中说:“……‘我给他一本书’可以看成是‘我给给他一本书’的紧缩形式。”该文未举出实际用例。笔者在文学作品中曾见到这样的例子:“此时,窗外由远及近地响起沙沙的踏雪声,同时传来了轻松的放肆的歌声:姐儿早上去看郎,/三尺白绫包冰糖。/给给小郎郎不用,/转过身儿好凄惶哟——呀啊!”(张贤亮《绿化树》,《十月》1984 年第 2 期 28 页)现在看到乌鲁木齐方言的说法,更相信朱先生当年的判断是对的。北京话的“不给你”,即“不给给你”;“给你”前移,便成为乌鲁木齐话的“给你不给”。

[事实三] 可能补语句否定式。用“否”代表否定词,用 C 代表补语,比较:

建瓯话	北京话
肯定式:V 得 C	肯定式:V 得 C
肯定式:否 V 得 C	否定式:V 否 C

建瓯话可能补语否定式,是在肯定式前头加否定词“赊”。这不同于北京话在 VC 之间用否定词,说成“V 不 C”。例如(建瓯 16—17 页):

(73) 我赊做得来。(我做不来。)

(74) 我赊觑得佢见。(我看不到他。)

(75) 牛赊走得过马。(牛跑不过马。)

[事实四]“(S) V 不了地 V”句式。前后两个 V 是同一动词反复使用。比较:

牟平话	北京话
东西吃不了地吃	东西吃不完
好酒喝不了地喝	好酒喝不完

牟平话里，"(S) V 不了地 V"表示"某些东西（或事情）非常多，用（或处理）不完"的意思。例如（牟平 21 页）：

(76) 衣裳穿不了地穿丨些熊事儿管不了地管丨钱花不了地花丨好东西我得用不了地用

(77) 亲戚多得走动不了地走动丨活儿忙活不了地忙活

前例的 V 都是单音节动词，后例的 V 都是双音节动词。《牟平方言词典》还指出："此形式适用的动词多为日常生活中吃、穿、住、用等方面的词，使用频率不低。除……例句中的动词外，常见的还有：吃、喝、看、说、住、烧、使唤、养活等。"（牟平 21 页）

[事实五]"(S) 无 V 有"句式。"无……有"相当于"还没有……"。比较（海口 14 页）：

海南话	北京话
花无开有。	花还没有开。
客侬无来有。	客人还没有来。

海南话里，"无……有"[vo^{21}……/du^{33}] 表示尚未进行某个动作或尚未出现某种情况。这是一种用于时态表达的否定形式。

3.2　否定词的特殊位次和意义

跟北京话相比较，方言里否定词的位次或意义也有好些特殊之处。

[事实一] 跟别的状语同现时，否定词紧靠谓词 V/A。

西宁话里，"不"如果跟时间、情态、程度等状语同现，那么，时间、情态、程度等状语用到"不 V/A"前边，让"不"字紧靠谓词。这样的位次配置，不同于北京话。例如（西宁 15 页）：

(78) 他按时不上班。（他不按时上班。）

(79) 我们就不走。（我们不马上走。）（"就"即"马上、立刻"，不是"坚决"的意思）

(80) 你阿蒙好好不学习？（你怎么不好好学习？）

(81) 快点不走不行！（不快点走不行！）

(82) 天气胡嘟不热。（天气不特别热。）（"胡嘟"是"很、特别"的意思）

其他否定词，也紧靠谓词V/A。例如（西宁15页）：

（83）致个小说我仔细没看过。（这部小说我没仔细看过。）

（84）你凳子胡要拉煞。（你别胡拉凳子。）

［事实二］否定词可以用到介词结构后边，紧靠谓词V。

银川话里，否定副词“不、没、罢（不要）”等，尽管可以放在介词结构前边，跟北京话相同；但也可以放到介词结构后边，跟北京话不同。例如（银川17页）：

（85）我不连你说了。（十）→我连你不说了。（十）（我不跟你说了。）

（86）电视机我还没给你修好呢。（十）→电视机我还给你没修好呢。（十）

（87）你个话你先罢给他说着！（十）→这个话你先给他罢说着！（十）（这个话你暂时别给他说吧！）

另外，银川话里如果否定词“罢（不要）”和程度副词“甚、太”同现，可以说成“甚（太）罢……”，也可以说成“罢甚（太）……”。例如（银川17页）：

（88）辣子甚罢种得稠了！（十）→辣子罢甚种得稠了！（十）（辣子不要种得太密了！）

（89）饭太罢舀得满了！（十）→饭罢舀得太满了！（十）（饭不要盛得太满了）！

“甚（太）罢……”的说法，跟西宁话有相似之处。

［事实三］在“动宾补”结构中，“不”用在“动”和“宾补”之间。例如（长沙17页）：

（90）找不衣服到。

（91）搞不手脚赢。

（92）打不他赢。（打不过他。）

这是口头表述中的一类凝缩说法。比方，“找衣服，找不到”，凝缩成为“找不衣服到”。北京话没有这一说法。

［事实四］在“没V/A”结构中，“没”有“不”义。例如（柳州

15页)：

(93) 没送了，你们回去了。| 我没到就没要了。| 喊他吃饭他没吃。| 剩下一点怕没够。| 太多了吃没完。

(94) 肚子没舒服。

前例"没"出现在动词前头，后例"没"出现在形容词前头，它们都相当于北京话的"不"。可知，在柳州方言的口语中，"没"的语义扩大化，做状语时往往侵代了"不"。

四　结束语

(一) 汉语语法，只有在词语入句之后，在动态的句管控中，才能充分展示各方面的规则。五彩缤纷的方言事实，可以帮助我们进一步认识和证明这一点。比如，同样的词语，由于北京话和某种方言有不同的句管控，或者说，由于北京话和某种方言接受了不同格局的句法配置，于是才形成不同的句模式。研究汉语语法，如果离开汉语句法的研究，是不可能获得理想的收获的。

(二) 本文讨论的方言事实，只涉及宾语问题、状补问题和否定问题。实际上，作为"方言实证"，还有其他许多方面的事实。略举两例：

(95) 妚 [mo^{55}] 色红红。(颜色很红。)(海口15页)

(96) 明天但不下雨，我们就上山去呢。(乌鲁木齐12页)

前一例，反映海口话里单音形容词的重叠现象。A重叠成AA，在句中用作谓语，有"很A"的意思，前一个音节读成阴去调，表示强调。后一例，反映乌鲁木齐话里复句关系词语的使用情况。连词"但/但是"，相当于北京话"要是/如果"，在句中表示假设。这两个例子表明，语法实体小到词的重叠，大到复句的组造，都不能离开语词"在句中"怎么样的考察。

对本文尚未涉及的种种事实的描述，最起码还需要写一篇文章。

(三) 本文讨论的语法现象，共涉及21种方言。按先后出现的次序，为：广州、南宁、长沙、娄底、崇明、杭州、武汉、西宁、南昌、柳州、徐州、温州、南京、上海、建瓯、贵阳、萍乡、乌鲁木齐、牟平、海口和银川。谨向为本文提供了语料的各位学者，表示由衷的感谢。

主要参考文献

[1] 李荣. 现代汉语方言大词典 [M]. 南京：江苏教育出版社，1993-1998.
[2] 张振兴. 方言研究与对外汉语教学 [J]. 语言教学与研究，1999 (4).
[3] 朱德熙. 包含动词“给”的复杂形式 [J]. 中国语文，1983 (3).
[4] 李芳杰. 句型主体论 [J]. 语言教学与研究，1999 (4).
[5] 邢福义. 小句中枢说 [J]. 中国语文，1995 (6).
[6] 邢福义. 关于“给给”[J]. 中国语文，1984 (6).

（原载《方言》2000 年第 4 期，略有改动）

小句中枢说的方言续证

〇　前言

本文是笔者《小句中枢说的方言实证》一文的续篇。文章讨论三个方面的问题：1）叠用形式；2）“把”字和“有”字；3）比较和询问。文章的语料，主要引自李荣先生主编的《现代汉语方言大词典》各分卷本，少量也引自其他学者的论著。写作本文，意在通过方言事实的考察，再次验证“小句中枢说”所提出的基本观点。这就是：汉语语法，只有在词语入句之后，在动态的句管控中，才能充分展示各方面的规则；离开句子，很难对语法事实做出准确而全面的描写和解释。

为了节省篇幅，语料出处的标明采用简缩方式。比如，“厦门 20 页”，代表李荣先生主编《现代汉语方言大词典》的 41 种分卷本中《厦门方言词典·引论》第 20 页；“类编 317 页”，代表黄伯荣先生主编《汉语方言语法类编》第 317 页。引自其他论著的语料，其出处随文注明。

一　叠用形式

1.1　单音多叠

北京话里，单音词X的重叠采取二叠式：xx。有的方言，却可以采取三叠式或四叠式：xxx/xxxx。如果X分别是A（形容词）、V（动词）或N（名词或名量词），就分别形成AAA/VVV/NNN等形式。这就是说，在相叠次数上，北京话和方言存在差异性。即：

	北京话	方言
单音词重叠	xx	xx /xxx /xxxx

看四个方言。

［甲］厦门方言

单音节形容词有三叠式，表示最高程度。例如：乌乌乌（极黑）｜红红红（极红）｜水水水（很美）｜恶恶恶（糟透了，糟极了）｜长长长（很长）｜绿绿绿。（厦门20页）

［乙］徐州方言

三叠式的运用相当普遍。其X，既有形容词，也有单音名量词、方位词、副词，甚至还有复音词的一个语素。有的三叠式，表示遍指。如：人人人｜处处处。有的三叠式，表示极高级次，并带生动色彩。如：刚刚刚｜远远远。（李申，314页）

［丙］南京方言

单音节动词可以采用四叠式。例如：他喫喫喫喫睡着了。｜我走走走走不认得路了。｜英语学学学学，他又学不下去了。（南京27页）

［丁］上海方言

情况跟南京方言相同，单音动词也有四叠式。如：走走走走，天就暗勒（走着走着，天就黑了）。（上海23页）

不管是三叠式还是四叠式，都要受到句法的管控。

首先，以徐州方言中表示遍指的三叠式来说。据李申314—316页，可以知道：

a. 必须入句。脱离具体句子，孤立地说“人人人”，语义所指不明，作为一种语法形式的身份也不明。

b. 名量词重叠成 xxx 式，大都儿化，而且第二个音节多为高平调。例如：

(1) 这些野孩子天天天在一起瞎打胡闹。

(2) 家家家都有一本难念的经。

(3) 两口子回儿回儿回儿为了一点小事吵架。

(4) 今晚打牌手气不兴，盘儿盘儿盘儿起孬牌。

(5) 一门儿两门儿还好说，门儿门儿门儿不及格咋交待！

(6) 这些书本儿本儿本儿都是破的。

(7) 十八般武艺，他是样儿样儿样儿拿得起来。

此外，有些 xxyy 形式，可以分化为前三叠加后三叠，即：xxx，yyy。例如：

(8) 家家家，户户户没有不议论这件事的。

(9) 上上上，下下下没有一个不夸奖她的。

(10) 你待她的好处，她是时时时，刻刻刻记在心上。

前例是：家家户户→家家家，户户户。中例是：上上下下→上上上，下下下。后例是：时时刻刻→时时时，刻刻刻。

xxx 也好，xxxyyy 也好，在句子中都处于较前的位置，它们要么用作状语，要么用作主语。

c. 只用二叠式，也可以表示周遍意义。但是，从句子的具体语境所反映出来的情味看，二叠式多用于客观反映情况，三叠式则具有明显的主观强调的意味。

其次，再以南京方言中单音动词的四叠式来说。据南京 27 页，观察可知：

a. 必须入句。脱离具体句子，孤立地说“走走走走”，语义所指不明，作为一种语法形式的身份也不明。

b. xxxx 相当于北京话的“x 着 x 着”，表示动作处在持续过程之中。形式上，后边必须接上表示出现新情况的小句；四叠形式和后边的小句之间，用“就/又”，或者可以加上“就/又”。如：

(11) 他喫喫喫喫（就）睡着了。

(12) 我走走走走（就/又）不认得路了。

(13) 英语学学学学，他又学不下去了。

如果脱离上述句管控，就形成不了这种四叠式。比方，电视连续剧《致命邂逅》中有个人物这么说：

(14) 谢谢谢谢，没事了！（第11集）

上例的“谢谢谢谢”，后边没接上“就/又……”小句，不表示“x着x着”的意思。即使出自南京、上海人之口，也不成为动词四叠式。

1.2　表里关系

1.2.1　重叠形式带助词

［甲］南京方言

动词重叠形式带上助词“的”，会由表示动作转化为表示状态，含有悠闲、随意、轻松、漫不经心一类意味。例如（南京27页）：

(15) 她在柜台里头生意不做，毛衣打打的，瓜子磕磕的。

(16) 大家都急死了，你还在这块二郎腿翘翘的。

(17) 今天什么事情这样子高兴，一路走还小调哼哼的。

这么用的重叠形式，助词“的”出现在句末，这是一种句管控；动词重叠形式前边有受事成分，即逻辑宾语，但不能移到后边，使之成为语法宾语，这是又一种句管控。

［乙］贵阳方言

形容词各类重叠形式无论出现在句中何种位置，必定要在后边加助词“嘞”。动词性叠用，比如“V倒V倒”，后边也加助词“嘞”。这就是说，助词“嘞”对入句后带有特定附加意义的叠用形式进行规约和管控。

就“V倒V倒”而言，相当于北京话的“V着V着”，也相当于南京话和上海话的“VVVV”（即xxxx）。但是，除了必须加上“嘞”，并且后边必须接上用“就”引出的表示有新情况发生的小句，还另有规约：“就”后常有贵阳方言的助词“把”，句末总有表示变化的

“噢”。可见，“V倒V倒”的使用，在贵阳话里受到更为严格的句管控。例如：

(18) 坐倒坐倒嘞就把睡着噢。

(19) 说倒说倒嘞就把走进来噢。

(20) 走倒走倒嘞就把找不到方向噢。(参看涂光禄《贵阳方言的重叠式》)

1.2.2 形容词的nna部分重叠式

设n为名词语素，a为形容词语素。“雪白”这一形容词，北京话可以重叠成“雪白雪白”，而有的方言里，却还可以部分重叠，说成“雪雪白”。比方杭州方言，可以说成nna，nn表示a程度的加强。如：雪雪白丨笔笔直丨石石硬丨血血红丨墨墨黑。以“雪白”来说，《杭州方言词典》描写道：

白：一般的白色。

雪白：比“白”深一层，程度加强了。

雪雪白：比“雪白”更深一层，程度更强。

雪白雪白：白到了顶点，程度最强。(杭州18页)

这种形容词的nna部分重叠式，并非杭州方言所独有。据类编317—319页，分布面相当广。按该书原来的排列顺序，摘录如下：

[甲] 安徽歙县话：雪雪白，极白。丨雪雪亮，非常明亮。其程度超过“亮”，也超过“雪亮”。丨漆漆黑，非常黑。其程度超过“黑”，也超过“漆黑”。此外，还有“铁铁硬、铁铁紧、屁屁轻、屁屁薄、猫猫软、棒棒脆”等。

[乙] 湖北英山话：冰冰冷，很冷、非常冷。

[丙] 江苏苏州话：雪雪白丨墨墨黑丨蜡蜡黄丨笔笔直

[丁] 江西广丰话：雪雪白

[戊] 上海话：血血红丨墨墨黑丨蜡蜡黄丨笔笔直

[己] 浙江武义话：雪雪白丨冰冰凉丨墨墨乌丨蜜蜜甜

[庚] 湖南酃县客家话：冰冰冷丨墨墨黑

[辛] 福建福州话：冰冰冻（极冷）

从以上方言涉及的地点看，偏于中南，特别是东南一带。除了普遍强调程度，这一形式有的还表现出特定的意味。比如“冰冰冷”和“冷冰冰”，类编317页的“吴方言形容词‘BBA’式的对应规律”指出：“如果把这两种不同的重叠形式入句，它们的表意功能更为明显。‘这个人冰冰冷’，‘BB’（冰冰）强调冷的程度，用来形容人体的温热；‘这个人冷冰冰’，‘BB’（冰冰）形容冷的状态，形容人的性格。两个‘冷’的词义不同，在重叠形式上也显示出来。”请注意，这里强调通过“入句”来观察“表意功能”，说明了即使是这种词的变化形式，也不能脱离句子来描写其表里关系。另外，顺带指出：考察上述各地资料里所列举的具体用例，可知这一方言形式在句子里总是用作定语、谓语或补语，这也是小句对这种形式的一种管控。

1.3　叠用形式与中嵌衬字

方言里一个叠用形式中间，有时嵌入某个衬字，形成“x个x”“x打x”“x把x”等说法。看三个方言。

[甲] 上海方言

有“V个V”（V代表动）的形式。即：单音动词叠用形式中间嵌入“个”字，表示强调。如：跑个跑丨听个听丨问个问。（上海23页）

[乙] 柳州方言

有“L打L”（L代表量）的形式。即：单音量词叠用形式中间嵌入“打”字，泛指数量很多。如：排搭排（一排又一排）丨堆搭堆（很多堆）丨斤搭斤（好多斤）。（柳州15页）

[丙] 贵阳方言

有“L打L”（L代表量）形式，也有“S打S”（S代表数）形式。如：

L打L：个打个月丨桌打桌人客丨斤打斤糯米丨吨打吨钢筋

S打S：a. 两打两个丨三打三盘丨十打十瓶丨百打百挑丨万打万斤（S的原型单音节，衬字前后的S对称）。b. 二打二十八个丨三打三十几斤丨八打八千块丨两打两千万丨五打五十二亿（S的原型双音节或多音节，衬字前后的S不对称）。

不管是“L打L”还是“S打S”，“打”都渲染数量充足或超过预想。例如：

(21) 年打年噢，他还不想还钱。(“L打L”)

(22) 那个喝噢两打两瓶酒还不得醉。(“S打S”)

(23) 今年六月要考六打六科。(“S打S”)

跟“L打L”并存并用，还有“L把L”。如果说“L打L”是渲染量大，那么“L把L”便是强调量少。例如：

(24) 个把个人安排得下。

(25) 打字纸张把张值不倒几个钱。

(26) 赢盘把盘扳不倒老本。(涂光禄《贵阳方言的重叠式》)

显然，“x个/打/把x”等说法须要进入特定小句来组造，它们所表达的意思须要依赖特定语境来显示。文学作品中偶尔看到这种说法：

(27) 白狗子是国军、保安队，个打个都是恶鬼投胎，黑白无常转世，比阎王还狠，就是怕驼子婆。(侯大康《蜃影》，《钟山》1998年第2期20页)

(28) 游击队有盐呷（吃），个打个软软沓沓，走起路来直打晃晃。(侯大康《蜃影》，《钟山》1998年第2期20页)

上例里用了“L打L”。作者侯大康不知是什么地方人。作品末尾有一句：“狗伢子在一个叫‘皖南’的地方，被白狗子打死的。”这不知跟作者的籍贯是否有关系。无论如何，这种说法是必须在句中完成的，换句话说，是必须接受小句的管控的。不然，单说“个打个”，含义不明，或含义多可。

二 “把”字和“有”字

2.1 “把”字

方言中，“把”字有许多特殊用法。看三个方言。

[甲] 贵阳方言

有的“把”，用在“X＋谓语中心＋了”的框架之中。这一句法框架，规定了它是副词。例如（贵阳16页）：

(29) 你把来了。

(30) 酒把吃完了。| 她把爱看书了。| 他家哥把去美国了。| 马路把重新修过了。

(31) 小华都把大人了。

前例的“把”，后边出现动词；中例的“把”，后边出现动词短语；后例的“把”，后边虽然出现名词短语，但这个名词短语处于谓语中心的位置。这些“把”，都用作状语，基本语义为“已经”，同时又表示说话人对新出现的情况的惊喜、感叹等感情。《贵阳方言词典》指出：上述例句也可以不用“把”，基本意思相同，但缺乏感情色彩，也缺乏贵阳话的味儿。据说，“把”这种用法只限于贵阳市区及周围很小的范围，可以说是贵阳话的一个区别性特征。(贵阳 16 页)

上文提到贵阳方言中的“坐倒坐倒嘞就把睡着噢”，其中的“把”应该也是副词。至于“打字纸张把张值不倒几个钱”，其中的“把”已经出现在另外一种框架之中，也许可以看作助词，或者看作助词性语法成分。

［乙］丹阳方言

“把”用在“X＋NP＋VP”的框架之中。这一句法框架，规定了它是介词。在用法上，这个介词侵代了北京话里的“被”。例如（丹阳 22 页）：

(32) 我弗听话，他就把我打则要死。(主动句)

(33) 他弗听话，就把我打则要死。(被动句)

前一例是主动句，大概等于北京话说“我不听话，他就要把我打死”。后一例是被动句，大概等于北京话说“他不听话，就要被我打死”。

《丹阳方言词典》指出：丹阳话里的“把”，相当于北京话“把”和“被”两个介词，即北京话把字句和被字句在丹阳话里都是把字句，主动还是被动主要靠上下文区别。（丹阳 22 页）所谓“靠上下文区别”，也就是要求接受小句语词配置的管控和规约。

不知丹阳话里是否根本没有“被”。如果有时也有，那么，通过句法格局的分析，弄清用“被”的句子和用“把”构成的被动句之间的关系如何，各有什么样的语用价值，肯定是很有意思的。

［丙］柳州方言

“把”也用在“X＋NP＋VP”的介词框架之中。在用法上，这个介词侵代了北京话里的“从/由/到”等介词。

一方面，可以用“把（或‘跟’）”表示起点方位、经过路线，相当于“从”“由”。如：把（或跟）桂林来｜把（或跟）这里开始｜把（或跟）小路去｜把（或跟）桥上走。另一方面，还可以用“把”表示终点方位，相当于“到”。如：把北京为止｜把那圪（那里）落脚。（柳州15页）相当于“从、由”的也好，相当于“到”的也好，一样得接受小句语词配置的规约，一样地靠上下文来区别。

所谓“把”字的方言特殊用法，正是表现在“把”字入句之后受到了不同于北京话的句法结构的管控。

2.2 “有”字

“有”的词性，方言里情况多样。特别值得注意的，有两点。

第一，“有”是动词，但跟相关名词的排列位次不同于北京话。例如，西宁话里“有”的逻辑宾语出现在“有”字前面。例如（西宁14页）：

(34) 家里人有俩？（家里有人吗？）

(35) 你们学校几个老师有俩？（你们学校有几位老师？）

(36) 我阿爸今年六十有俩。（我父亲今年有六十岁了。）

《西宁方言词典》指出：这样的说法是受了藏语或其他少数民族语言的影响。

这种“有”字句十分特殊。笔者《小句中枢说的方言实证》一文已经指出：同是“家里”“有”“人”，配置成“家里有人”，是北京话里的普通说法，一旦配置成“家里人有”，就不大像是说汉语。

顺带提及：有的文学作品里，有的人物是日本军官，说话时模仿日本人口气。所用的动词“有”，由于在小句里接受了特殊配置，即使能听懂，充其量也只能算是别别扭扭的“汉语”。例如：

(37) 鸠山：……统统地讲出来，我这里勋章和奖金大大的有啊！(《红灯记》1970 年 5 月演出本，湖北人民出版社 1970 年 6 月)

如果用北京话，大概会说“我这里勋章和奖金多得很”，而不会说成“勋章和奖金大大的有”。

第二，南方许多方言，把“有”字配置在“X＋VP”的框架之中。这一句法框架，规定了它具有副词的性质。看三个方言。

［甲］厦门方言

“有＋VP”可以表示行为动作的完成状态。例如（厦门 20 页）：

(38) 伊有来。(他来了。)

(39) 我有食饱。(我吃饱了。)

“有”还可以用在近似形容词结构的谓语成分前边。例如（厦门 20 页）：

(40) 菜有较饕淡薄。(菜淡了一些。)

［乙］福州方言

“有＋VP”表示动作完成或事情将要发生等。比如（福州 28 页）：

(41)《青春之歌》我有读过。(我已经读过《青春之歌》。)

(42) 有食饭其快洗手。(想要吃饭的快洗手。)

副词“有”和副词“在”可以并用同现，表示已经如此并且正在如此。例如（厦门 20 页）：

(43) 伊有在做作业。(他确实在做作业。)

［丙］梅县方言

“有”可以用在动词或动宾结构前头，形成“有＋VP”的格式，表示“已成”。例如（梅县 21 页）：

(44) 佢有来电话。

(45) 你有话佢知无？(你有没有告诉他？)

“有”的副词性质，取决于它用在状语位置之上，表示时间状态的变化。如果“有 V O”变为“V 有 O”，如“有买木瓜”变成“买有木瓜”，“有”字便又显示为动词。梅县话中，也有“V 有 O”的说法，也表示“已成”。例如（梅县 21—22 页）：

(46) 佢写有信分佢。(写信给他了。)

(47) 佢买有木瓜了。

(48) 你做有衫裤无?(你做了衣服没有?)

这种“有”,被配置名词宾语前头,尽管语义上有些弱化,却是动词。

“V有O”的说法,近代白话文作品中并不罕见。例如:

(49) 次日,西门庆起身梳洗,月娘备有羊羔美酒、鸡子腰子补肾之物,与他吃了,打发进衙门去。(《金瓶梅》)

(50) 船上本来备有上好办差的官舱,他不要坐,偏要坐到舵房里,要看管带把舵。(《二十年目睹之怪现状》)

(51) 那八扇帆下,备有两人专管绳脚的事。(《老残游记》)

现代文学作品,如果是写古代的事的,也常用这种说法。例如:

(52) 棚房里还生有火备有茶,……(二月河《雍正皇帝·恨水东逝》)

梅县话里,“有V O”和“V有O”两种格式现在都还活跃使用,它们同义并存,可供选择,这是很值得注意的。

三 比较和询问

3.1 比较

看AB两组例子:

A	B
走路比坐车舒服。	走路舒服过坐车。
一天比一天热。	一天热起一天。
兔子比乌龟走得快。	兔仔走得龟过。

二者都表示比较,但一看便知:A组是北京话说法,B组是方言说法。

代表方言说法的B组三句话,分别见于下面三个方言。

[甲] 柳州方言

有三个关于“比较”的说法,在语词的配置上具有特殊性。

第一,用“形容词+过”表示甲超过乙。例如(柳州16页):

(53) 小赵高过老赵。

(54) 吃盒饭好过方便面。

(55) 盒饭好吃过方便面。

(56) 人哏挤，走路舒服过坐车。

从上例可知，主语甲和宾语乙可以都是体词语，也可以都是谓词语。如果都是谓词语，比如“走路舒服过坐车”，就显得更为特殊。

第二，用“没够”表示甲在某方面不如乙。“没够”后边或者是“名词语＋形容词”，或者是“名词语＋动词”，或者是“动词语＋动词语”。例如（柳州16页）：

(57) 你没够他肥，他三尺的腰围呐。｜他没够那些人狡猾。

(58) 我没够她讲。（我说不过她。）｜后生没够公老走。（青年人走路比不上老头儿。）

(59) 种甘蔗没够种菜得钱快。

前例“没够”后边是“名词语＋形容词”，中例“没够”后边是“名词语＋动词”，后例“没够”后边是“动词语＋动词语”（种菜＋得钱快）。北京话里，看不到这么配置“没够”的比较句。

第三，用“多X点”表示甲甚于乙。甲为比较主体，乙为比较客体，X可以是形容词或动词语。比较客体乙，可以在语表上显现，也可以在小句中隐含。例如（柳州16页）：

(60) 桂林比柳州多好点。（更好一点）

(61) 今天多冷点。（跟昨天相比）

(62) 两个娃崽都蛮好，大的多听讲点（更听话）。

前例X是形容词，比较主体为“桂林”，比较客体“柳州”显现；中例X是形容词，比较主体为“今天”，比较客体“昨天”隐含；后例X是动词语，比较主体为“大的”，比较客体“小的”隐含。这类形式，“多”被配置在特殊的位置之上。

［乙］牟平方言

常用“形容词＋起”表示甲超过乙，或者用“不/没＋形容词＋起”表示甲不如乙。“起”的配置相当特殊。

“形容词＋起”是肯定式。例如（牟平20页）：

(63) 一天热起一天。

(64) 一天短起一天?

(65) 你的孩子还多起我的吗?

牟平方言里,越是俚俗说法,越多见这一说法:手儿多起脚儿(责怪人多手脚多) | 人情大起王法 | 三月儿的雨贵起油,连下三场天不收(丰收) | 跟儿家(在家)孝父母,强起远烧香。

"不/没+形容词+起"是否定式。例如(牟平20页):

(66) 他不高起我。| 你还不年轻起我。

(67) 这些树没高起这上棵。| 学手艺没难学起木匠的。(学手艺没有比木匠再难学的。)

前例是"甲不……起乙",后例"甲没……起乙"。这样的否定说法,进一步加浓了方言的色彩和情味。

[丙] 福建永安方言

考察类编686页所提供的现象,可以知道福建永安方言的比较句分为两类。

第一,用"比"字的。格式为:甲+比乙+(还)过+形容词。"过"的配置相当特殊。"过"前边的"还",可用可不用;加上"还",是为了强调程度。例如:

(68) 佢比我还过悬。(他比我还高。)

(69) 北方比南方还过寒。(北方比南方还冷。)

第二,不用"比"字的。肯定式为:"甲V得乙过。"否定式为:"甲V乙伓过。"例如:

(70) 兔仔走得龟过。(兔子比乌龟走得快。) | 佢嘴咾厉害,话得我过。(他能说会道,说得过我。)

(71) 我嘴咾笨,话佢伓过。(我嘴笨,说不过他。) | 龟走兔仔伓过。(乌龟跑不过兔子。)

前例是肯定式,后例是否定式。肯定式用"得……过",配置特殊;否定式加"伓",不再用"得",即使如此,听起来也不像通用语的说法。

通观“整体汉语”的比较句式，可以用“五花八门”来形容。比较详尽地刻画，需要进行专题研究。但它们具有共性，这就是，表述中语词的选择及其排列配置，有不同于北京话的句管控。

3.2 询问

看AB两组例子：

A 有多宽？　　　B 有多宽狭？

你去了没去？　　　你去来吗没去？

走不走？　　　走[5]走？

二者都表示询问，但一看便知：A组是北京话说法，B组是方言说法。

代表方言说法的B组三句话，分别见于下面三个方言。

[甲] 山东淄博方言

“高低”“长短”“粗细”“大小”“宽狭”“重轻”等是单音形容词的反义并列现象。其中，“高”“长”“粗”“大”“宽”“重”是强态形容词，“低”“短”“细”“小”“狭”“轻”是弱态形容词。在特指问句里，若用“多X”来提问，北京话进入X位置的只能是强态形容词，比如只问“这块肉多重”，不说“这块肉多轻”；而山东淄博话里，进入X位置的却是“强＋弱”的并用形式。例如（类编688页）：

(72) 你多高低？（你多高？＝身高多少？）

(73) 绳子有多长短？（绳子有多长？）

(74) 腰有多粗细？（腰有多粗？）

(75) 孩子今年多大小？（孩子今年多大？）

(76) 这条河多宽狭？（这条河多宽？）

类编688页指出：这种“强＋弱”的并用形式，“只是在问句中使用”；回答时，跟北京话一致。可见，“强＋弱”的并用的选择，受到严格的句管控。

[乙] 西安方言

A. 西安话的“得[tei^{21}]”，对是非问句的构成进行了干预。它可以配置在部分单音节动词前，表示疑问，显示了方言特色。例如（西安16页）：

(77) 今儿得是初一？（是初一吗？是不是初一？）

(78) 这事得成？（成吗？成不成？）

(79) 一斤米得够？（够吗？够不够？）

(80) 你明儿得来？（明天来吗？明天来不来？）

(81) 致样儿放得行？（行吗？行不行？）

B. 西安话的“吗”，对列项选择问句和正反选择问句的构成进行了干预。它配置在供选择的前后项之间，一起构成选择问句，形成“X吗Y”或“X吗没X”的形式。例如（西安16页）：

(82) 你穿皮鞋来吗穿布鞋来？（来＝来着）

(83) 你去来吗没去？

前一例是列项选择问“X吗Y”，后一例是正反选择问“X吗没X”。北京话的任何选择问句，都不接纳“吗”字。

［丙］于都方言

于都方言的正反选择问句，采用动词语叠用或形容词叠用的方式。即：“$V^{5}V$”或“$A^{5}A$”。前V/A读入声［ʔ^{5}］5短调，后V/A读动词、形容词的单字调。例如（于都17页）：

走^{5} 走［tseuʔ$^{45\ 55}$ tseu^{45}］？（＝走不走？）

食^{5} 食饭［ʂ̥eʔ$^{41\ 55}$ʂ̥e^{41} fã^{41}］？（＝吃饭不吃饭？）

好^{5} 好［hɔʔ$^{45\ 55}$ hɔ^{55}］？（＝好不好？）

如果是两个音节的动词语或形容词正反叠用，即xy不xy，那么，前一个xy只保留x，正反选择问的形式是$x^{5}xy$。比如上面的“食^{5} 食饭”。又如（于都17页）：

(84) 你问佢喜^{5} 喜欢？（你问他喜欢不喜欢？）

(85) 这件衫缩^{5} 缩水？（这件上衣缩水不缩水？）

(86) 那只女子生得标^{5} 标致？（那个女孩长得漂亮不漂亮？）

另外，还有两点值得注意（于都17页）：

第一，当动词是“系、会、冇”时，有两种形式：①一般形式：系^{5} 系NP？｜会^{5} 会NP？｜冇^{5} 冇NP？②简省形式：系^{5}NP？｜

会[5]NP？｜冇[5]NP？下面的例子中，括号里的“系、会”等可说可不说：

(87) 佢系[5]（系）你老弟？（他是不是你弟弟？）

(88) 夜晡会[5]（会）落雨？（晚上会不会下雨？）

(89) 桶里冇[5]（冇）水？（桶里有没有水？）

第二，北京话中“VP（了）没有/VP没VP”，于都方言说“曾[5]曾VP”。“曾[5]曾VP”也可以说成“曾[5]VP”。下面的例子中，括号里的“曾”字可说可不说：

(90) 水曾[5]（曾）烧滚？（水烧开没烧开？）

(91) 你曾[5]（曾）食饭？（你吃饭没吃饭？）

(92) 佢曾[5]（曾）到过北京？（他到过没到过北京？）

从于都方言的情况，可以看到句法格局落实了声调，进而落实了意义。

四　结束语

（一）应该加强汉语句法机制的研究。在特定的句管控下，形成特定的句格局，语词接受特定的句法配置，这便是一种句法机制。在跟北京话说法相比较的大背景下来观察语言现象，可以看到，本文所讨论的种种方言事实，不管是叠用形式，还是“把”字和“有”字，还是比较和询问，无一不牵涉到句法机制的问题。

（二）“小句中枢说”也好，“句本位”也好，都表明了对汉语句法问题的重视。在这一点上，二者是相通的，但不是一回事。李临定（1992）指出：“如果我们认为语言是交际工具，那么它总是以句子作为基本单位进行交际的，语言的组织规律，即语言的语法，应该以揭示句子的组织规律为目的。……离开‘句本位’来研究词组只是语法的不完全的部分的任务。”黄昌宁（1994）指出：“句本位还是词组本位是我国语言学界有争议的另一个重要问题。笔者赞同句本位说的一个主要原因是它同现代语言学理论中关于动词的论元结构学说（即动词配价理论）一致，因此符合语言分析中形式和意义相结合的总趋势。”李、黄二位先生分别在汉语语法本体研究上和汉语信息处理研究上成就卓著，他们所说的“句本位”各有特定的内涵，都不是当年黎锦熙先生的“句本位”的简单复制。许嘉璐（1999）提到了“小句中枢”语法系统。许先生纵察流变，这么写道：“黎锦熙的‘句本位’说在相当长的一段时间里被‘短语中心’说所代替，但是‘短语中心’说引起的怀疑越来越多。从黎氏到邢氏，恰好盘旋着往上走了一个圆圈。”对于汉语语法研究来说，许先生这段话是具有辩证法思想的。

（三）本文讨论的语法现象，共涉及22个地方的方言。按先后出现的次序，为：厦门、徐州、南京、上海、贵阳、杭州、歙县（安徽）、英山（湖北）、苏州、广丰（江西）、武义（浙江）、鄠县（湖南）、福州、柳州、丹阳、西宁、梅县、牟平、永安（福建）、淄博（山东）、西安和于都。谨向为本文提供了宝贵资料的各位学者，表示由衷的感谢和敬意。

主要参考文献

[1] 李荣. 现代汉语方言大词典 [M]. 南京：江苏教育出版社，1993-1998.

[2] 黄伯荣. 汉语方言语法类编 [M]. 青岛：青岛出版社，1996.

[3] 李申. 徐州方言志 [M]. 北京：语文出版社，1985.

[4] 涂光禄. 贵阳方言的重叠式 [J]. 方言，2000 (4).

[5] 张振兴. 方言研究与对外汉语教学 [J]. 语言教学与研究，1999 (4).

[6] 李临定. “依句辨品，离句无品”及其他 [M]//语法研究和探索：五. 北京：语文出版社，1992.

[7] 黄昌宁. 语言串理论——“信息处理用语言理论讲话”第二讲 [J]. 语言文字应用，1994 (3).

[8] 许嘉璐. 语言文字学及其应用研究 [M]. 广州：广东教育出版社，1999.

[9] 邢福义. 小句中枢说 [J]. 中国语文，1995 (6).

[10] 邢福义. 小句中枢说的方言实证 [J]. 方言，2000 (4).

（原载《语言研究》2001年第1期，略有改动）

说“句管控”

前言

小句的组词与表意，语句的联结与相依，规律的形成与生效，方言的语法差异，都依存于特定的句法机制，都或大或小、或多或少、或直接或间接地取决于特定的句法机制。可以说，句法机制管控着整个语法面貌的大局。所谓“句管控”，指的便是句法机制对各种语法因素的管控作用。如果说，“小句中枢”是就小句在汉语各类各级语法实体中占据中枢地位而言，那么，“句管控”便是指小句如何在中枢地位上对汉语语法规则的方方面面发挥其管束控制的作用。

本文从五个视点上考察有关事实：1）词的语法性质；2）词语的表意传情；3）语句的联结相依；4）规律的一般与特殊；5）方言与普通话。第五部分所用方言语料，主要引自李荣先生主编《现代汉语方言大词典》的 41 种分卷本。“长沙 17 页”，代表《长沙方言词典·引论》第 17 页。其他类推。

视角一：词的语法性质

词的语法性质，只有在接受了“句管控”之后，才得以落实。

半个多世纪以来，针对黎锦熙先生“词无定类”的论点，学者们都用“词有定类”去批驳。事实上，如果给出恰如其分的界定，那么，对于汉语来说，“词无定类”和“词有定类”都没错。所谓“词有定类”，是说词的类别在特定范围内是有定的。它往往不是定于一类，而是定于某几类。所谓“词无定类”，是说词的类别在入句之前往往是无定的，或甲或乙的。它不是在所有类别中无定，而是在某两个或几个类别中无定。比方“要”，有四种可能：1. 动词（我要衣服）；2. 助动词（我要买衣服）；3. 副词（这客厅比我家的要宽阔一些）；4. 连词（我要真的有钱，就不会买这种衣服了）。一方面，得承认它“有定类”，因为它不可能是有定的四类词以外的别类词；另一方面又得承认它“无定类”，因为当它进入某一小句之前在四类中是游移不定的。总之，说它有定类也好，说它无定类也好，最后都得看“入句”的结果。这正是句法机制在起管控作用。看这两个例子：

(1) 别管你爱人调不调来，房子你都要要，……（阿宁《无根令》，《小说月报》1999年第9期18页）

(2) 你要还想要我这个弟弟，就不能杀他！……我的心都要裂了！（二月河《康熙大帝·乱起萧墙》375页）

前一例，“要要”是“(主语＋) 助动词＋动词”。后一例，第一个“要”是连词，等于“要是”；第二个“要”是动词，带上了名词宾语；第三个“要”表示“将要/快要”的意思，尽管用在动词前边，但不能像助动词那样可以说成“要不要”，是副词。句法配置，决定了上面两个例子中几个“要”的词性有所不同。离开句，“要”到底是个什么词无法确认。

对于汉语的词类来说，句法格局是一种具有规定性的“框架形态”，是词性判别的“检验场”。人们常说“头”是名词的后缀，是名词的词类标志，然而，同是“滑头”，“这家伙是个滑头”和“这家伙真滑头”里的“滑头”分别是名词和形容词。得出这个结论，根据的是这个词接受了不同的句管控，根本没考虑它带有“头”。以下两点，尤其值得注意。

第一，词的超常配置。例如：

(3) 副了多年，想当正职。（李佩甫《羊的门》57页，华夏出版社1999年7月）

(4) 在特区工作的这几个月里，劳易民通过门诊和手术发现本地人通常都有一双略略有些凹下的美目，眼皮一般都很双，且双得很美，但鼻子就有些不妙了，以塌鼻子居多，……（王海玲《带一笼活鸡来特区》，《小说月报》2000年第2期85页）

前一例，脱离具体句子，人们一般都只会想到“副局长、副处长、副科长”之类跟正职相对的“副”，是个非谓形容词。然而，出现在“X了＋时间补语”的格式里，却被配置为动词。后一例，脱离具体句子，人们一般都只会想到“一双、两双”之类或“双层、双份”之类，它们分别是量词和数词。然而，在“很 X，（而且）X 得＋度量补语”的格式里，却被配置为形容词。由此可见，划分词类，标明词性，固然可以一个词一个词地标注，但如果同时能给出格式框架，比如动词框架“X＋宾语”、“X 了＋时间补语”和形容词框架“很 X，（而且）X 得＋度量补语”等，不仅可以以简驭繁，而且可以提高判断的准确性。

第二，争议的排解。

争议一：“很绅士”之类说法是不是名词受副词修饰的新发展？从“句管控”的观点看，名词入句之后可以被配置在形容词格局之中，处理成为形容词，也可以被配置在动词格局之中，处理成为动词。比方，可以说“很绅士”，也可以说“绅士了一回”。这不能用来证明名词可以受副词修饰，可以带补语。名词通常不能受副词修饰，任何时候都是一般规律。看这个例子：

（5）老乔笑道：“……你们这领导都太政治，乱想。”李厂长笑：“我要不政治了，还不得让你们把我政治了？……”（谈歌《猴事》，《小说家》1998 年第 4 期 87 页）

上例“太 X”的格局，规定了“政治”被处理为形容词，“要不 X 了”和“把 O＋X 了”的格局，规定了“政治”被处理为动词。

“西藏”是中国的一个省。作为名词，它可以充当主语和宾语，含义固定。然而，一旦说成“很西藏”，便受到严格的规约，不仅被限定在定语、谓语、补语或状语的位置上活动，其具体含义还会随着语域的不同而变异。比较：

（6）我又见到了昨夜招待我的那位西藏小伙。……他长就一张很西藏的忠厚的脸。（余纯顺《走出阿里》，《小说月报》1996 年第 12 期 19 页）

（7）她一开始就不同我说藏语。十分惊诧，女人的直觉为什么总是如此敏锐，尽管此时我已经很“西藏”。（余纯顺《走出阿里》，《小说月报》1996 年第 12 期 35 页）

同是“很西藏”，前一例里指的是西藏人自然流露的西藏特色，后一例里指的是外地人模仿西藏人的样子。其区别，受到具体句域的管控。

争议二："必然"是否可以判定为形容词？有人从根本上否定这个词是形容词的可能性，而以下例子所提供的句法格局却支持了可以是形容词的说法：

(8) 对于死亡，我一向能持相当平静的心境予以接受。这好歹是无论什么人在尘世上的既公平又必然的归宿。（余纯顺《走出阿里》，《小说月报》1996 年第 12 期 23 页）

(9) 他们的结合既偶然又必然。（王石《雁过无痕》，《小说月报》1997 年第 6 期 5 页）

(10) 社会结构的调整是必然而且无情的。（池莉《致无尽岁月》，《池莉精品文集》368 页）

从上例可知：第一，"必然"跟形容词"公平、偶然、无情"等形成并列结构或递进结构，它应该也是形容词。第二，作为非谓形容词，"必然"很容易向一般形容词转化，而且很自然，看不出有词性转化、词性活用之类问题。"高级、低级、直接、间接"等也是这样。把非谓形容词定为跟名词、动词、形容词等并立的一类，拉大它跟一般形容词的距离，不如把它看作形容词的一个较为特别的小类，以便更加合理地揭示语言事实之间的关系。

视角二：词语的表意传情

词语的表意传情，只有在接受了"句管控"之后，才得以显现。

比方"被"字的使用。"被"字入句，有时后边出现名词语，接着再出现动词语；有时直接用在动词语前边，但可以添加名词语；有时直接用在动词语前边，而且不能添加名词语。所有这些，全都有其句法机制上的规约性。

从情绪传递的角度看，丁声树等（1961）指出："就传统的用法说，'被'字句主要是说明主语有所遭受，遭受自然不是自愿的，因此只能表示有损害或不愉快、不愿意一类的行为。……最近几十年来，多少是因为受了外国语的影响，传统的用法渐渐打破了。"（99 页）这个论断是正确的。但是，目前却引发成了一个绝对化的结论："被"字句已经跟愉快、不愉快没有关系，对拂意与称心来说已经一视同仁。

这样的结论，掩盖了更深层的事实，不利于人们深入认识“被”字句。

事实是，拂意、称心和中性三种情况都存在，但表示拂意的居多数。随意抽看方方的中篇小说《桃花灿烂》，发现“被”字句共31例，其中表示拂意的21例，表示称心的3例，情绪中性的7例。各举3例（称心的全举）：

（一）拂意：

（11）那人也被另外的人挤得如卡着一般。

（12）咄咄逼人、锐气十足的沈可为被公司除了名。

（13）连水香这样的蠢物都看不起我，我还被谁看得起呢？

（二）称心：

（14）家里被爱整洁的母亲和爱整洁的他收拾得十分雅致。

（15）……几乎每一个现场助理员都无一例外地走上了被提拔的道路。

（16）好像我的生命回到了自己的老家，被包围在无限的温软无限的亲情之中。

（三）情绪中性：

（17）那颜色的印象仿佛被镶嵌在脑际间，永远也难以消散。

（18）他突然地被他的哲学他的见地以及他说话的腔调所打动。

（19）再后来，我考上了大学，她被招到县招待所当了服务员，……

通过实际用例的分析，可以看到两个倾向：

第一，表示称心的，一方面其谓语动词多用“提、升、选、拔”之类，另一方面谓语部分所表示的意思跟主语有必然的利弊关系。正是这种“利弊关系”，帮助人们判断称心和拂意。比如“他被降职为科长了”是拂意，“他被提升为处长了”是称心。

第二，如果谓语动词不是“提、升、选、拔”之类，如果谓语部分所表示的意思跟主语没有必然的利弊关系，那么，不用“被”时情况两可，用了“被”便是拂意的。例如：

粮食卖掉了。

家具搬走了。

重要文件全烧毁了。

我们在一起校长知道了。

上例不用“被”，所说的事可能是拂意的，也可能是称心的。换句话说，可能是坏事，也可能是好事。但是，一旦加“被”：

粮食被卖掉了。

家具被搬走了。

重要文件全被烧毁了。

我们在一起被校长知道了。

这样，便一定是拂意的。句子的后头全都隐含着：“糟糕!”再看下面的例子：

(20) 她的婚姻早在她的心里被画上了句号。(百合《哭泣的色彩》)

(21) 不大的小五舱被划动着慢慢离了岸。(冯志《敌后武工队》)

(22) 除了贾正以外，魏强、赵庆田他们十一个人都被冲挤在东面的人群里。(冯志《敌后武工队》)

上例全都可以不用“被”。不用“被”，不一定拂意；用了“被”，则肯定是拂意的。

归总起来看，要把“被”字句拂意含义的倾向性讲清楚，如果离开具体的句法规约，是根本做不到的。

视角三：语句的联结相依

语句间的关系，只有在接受了篇章的“句管控”之后，才得以确定。

仅以顺序推衍和逆序裁定来说。从前小句到后小句，其含义一般是顺序推衍的。就是说，顺着前小句的词面含义，后小句接下来推衍出相关的意思。或者是因果性推衍，或者是列举性推衍，或者是转折性推衍。例如：

他留下来了，大家都很高兴。(因果性推衍)

他留下来了，因为临时有事。(因果性推衍)

他留下来了，小松也没走成。(列举性推衍)

他留下来了，又照常上班了。(列举性推衍)

他留下来了，但小松没有留。(转折性推衍)

他留下来了，否则会有麻烦。(转折性推衍)

上例后小句不管如何变化，前小句的含义都是词面含义。

有的时候，从前小句到后小句，其语义是逆序裁定的。就是说，后小句反转来裁定前小句的含义，使前小句改变其词面含义，或者使前小句改变其词面含义的多可状态。例如：

他留下来了，她哪敢这么闹?(假设性逆裁)

他没留下来，她哪敢这么闹?(假设性逆裁)

由于后小句的逆裁，前一例的前小句“他留下来了”不再是词面含义，而是其反面：他实际上没留下来。等于说：正是因为他没留下来，所以她才敢这么闹。(因为，他让她害怕!)后一例的前小句“他没留下来”也不再是词面含义，而是其反面：他实际上留下来了。等于说：正是因为他留下来了，所以她才敢这么闹。(因为，他为她壮了胆!)在这种情况下，人们对语句含义的理解需要在脑子里迅速调整，通过逆序裁定来把握。

逆序裁定主要有两种情况：

第一，通过后小句的干预，使前小句改变其词面含义。一般是无标志假设句。即前小句表示一种假设，但不出现假设标志。光看前小句，以为就是其词面含义；等看到后小句，才纠正原来的理解。看实际用例：

(23) 合资的事情要谈崩了，你我罪孽深重啊！(黄晓廷《陷落》,《中篇小说选刊》1999年第1期25页)

(24) 这些人不是出于真心，断不肯轻易做这类文章。只是怎么没见顾炎武的呢?(二月河《康熙大帝·玉宇呈祥》448页)

(25) 这仗打不赢，我和老马说了，二十五支鸟铳全向我俩开火，把我们打成马蜂窝抬尸见您。(二月河《康熙大帝·玉宇呈

祥》178 页）

这三例都可以加上“如果”。前一例，等于说“合资的事情不能谈崩，不然……”；中间一例，等于说“这些人是出于真心，不然……”；后一例，等于说“这仗一定要打赢，不然……”。

第二，通过后小句的干预，使前小句改变其词面含义的多可状态。一般是前小句（或词语）含义多可，或此或彼，等看到后小句（或词语），才获得明确的理解。情况多样，略举几例：

(26) 等人的，给小旅馆拉客的，倒卖高价卧铺票的，开出租车的还有蹬三轮的，一张嘴，又一张嘴在动。（李大位《吉他行》，《十月》1999 年第 5 期 47 页）

上例词语性质多可。“一张嘴”有两解：一为“副词＋动词＋ 名词”，一为“数量词＋名词”。等看到后边的“又一张嘴在动”，才根据“在动”反转去认定是数量名。

(27) 完了没有？完了没有都答应一声。（二月河《康熙大帝·玉宇呈祥》455 页）

上例词语功用多可。“完了没有”有两用：一为一般的问话，相当于某些方言里的“完了冒”，“没有”有所弱化，整个问话较接近“完了吗”；一为强调选择关系的问话，等于“完了还是没有完”。等看到后边的“完了没有都答应一声”，才根据“都”字反转去认定是选择关系。

(28) 你初入宫，我曾劝主子放你出去，如今你既然有了……这话只当罢论。（二月河《康熙大帝·玉宇呈祥》455 页）

上例是事件时间多可。“你初入宫”有两指：一为“你刚刚入宫不久”，所指时间是说话前不久；一为“你在刚刚入宫的时候”，所指时间是跟现在相对的过去。等看到后边的“如今你既然有了……这话只当罢论”，才根据“如今”反转去认定是指过去的那个时候。

(29) 今老道对老六的前程既不肯点明，父亲也不便多问，愈发觉得六儿子的神秘不可测。（叶广芩《梦也何曾到谢桥》，《十月》1999 年第 5 期 7 页）

上例是关系词作用多可。“既”可以组构并列复句，说成“既……又/也……”，又可以作为“既然”的单音形式，组构推断复句，说成“既（然）……那么……”。等看到后边的“父亲也不便多问”，才根据句意反转去认定是推断关系。

十分明显，顺序推衍与逆序裁定，特别是逆序裁定，涉及语言片段与语言片段的句间联结与相依，已经是语篇问题，它们理所当然地受到明确的“句管控”，更不待言。

视角四：规律的一般与特殊

一般规律和特殊现象并存，各自存在的条件只有在“句管控”中才得以区别。

从这一角度看，“句管控”包容了从一般到特殊的全部规律。越是特殊的现象及其规律，管控越严，要求越具体。比如“肩膀宽”，这是“名词＋形容词”的结构，代为“NA”。一般情况下，是“主语＋谓语”；有的时候，也可以是“状语＋中心语”，即 N 是 A 的状语。比较：

[主谓式]	[状心式]
大伯（不）傻。	————
大伯肩膀宽。	洞口肩膀宽。

观察可知：NA 主谓式和 NA 状心式有不同的句管控。

管控 NA 主谓式的句法语义格局，主要有两个：1）“N（不）A。”NA 中的 A 可以否定。2）“X 的 N 真 A”之类。N 为 X 所领属，A 是 N 本身的状态，A 的前头可以出现“真、好”之类副词状语。如：大伯肩膀宽。→大伯的肩膀真宽。

管控 NA 状心式的句法语义格局，主要可以概括为：“有 N 这么 A。”表示用 N 估摸 A 的状态，“有”可以换成“像”，“这么”可以换成“那么”。如：洞口肩膀宽。→洞口有肩膀这么宽。｜洞口像肩膀那么宽。

进一步观察，又可以知道：

第一，小句中 NA 状心式主要充当定语。略举几例：

(30) 他再次回到屋子，这才发现，桌上一张巴掌大的纸放得平平整整，是给他瞧哩。(星竹《中西部》，《小说月报·中长篇小说精萃》2000年版78页)

(31) 他在那里认真地挑选了半斤……筷子长的鲫鱼。(池莉《惊世之作》，《小说月报·中长篇小说精萃》2000年版9页)

(32) ……二十几根碗口粗的桩木像草节棍儿做的漂在水上是时沉时浮。(二月河《雍正皇帝·恨水东逝》3页)

上例的“巴掌大”“筷子长”“碗口粗”，等于说有巴掌这么大，有筷子那么长，有碗口那么粗。

如果NA说成“N来A”，即N带上有估摸意义的助词“来”，便更加凸现N的状语地位。例如：

(33) ……水桶来粗长的东西，还在蠕蠕而动。(二月河《雍正皇帝·恨水东逝》616页)

“水桶来粗长的东西”，也就是“有水桶那么粗长的东西”。

语言运用中，也常见“有N这么A”的说法：

(34) 你记得我们小时候小菜场用的那种打菜筐吗？铁丝编的，有圆桌那么大。(陈丹燕《亡者遗事》，《收获》2000年第4期117页)

上例出现“有圆桌那么大”，也可以简为“圆桌大”。

第二，NA状心式中，N和A都有比较明确的选择范围。N是有相对确定体积或度量的事物。A表示可以衡量的状态，只选用强态形容词，而不选用反义的弱态形容词。比如：“大→小，宽→窄，长→短，高→矮，粗→细”，同N组合时只选用“大、宽、长、高、粗”，而不选用“小、窄、短、矮、细”。即使是针对明显的弱态事物，也要选用强态形容词。比如，形容“微末小吏”，也要说“芥菜籽儿大”，而不说“芥菜籽儿小”：

(35) 雍正的耳目也真厉害，……就是有些芥菜籽儿大的微末小吏的政务，也都了如指掌。(二月河《雍正皇帝·恨水东逝》309页)

第三，NA 状心式中，N 和 A 的组合是自由的。同一个 A，其状语可以是不同的 N；反之，同一个 N，其中心语可以是不同的 A。例如：

A：厚　　　　N：电线杆

手掌厚　　　电线杆长

瓦片厚　　　电线杆高

帆布厚　　　电线杆粗

N 与 A 的选择都取决于造句中二者相互间的需要。一方面，由于不同的 N 各自表示相对确定的体积或度量，造句时就可以有所选择，以适应 A 的实际需求；另一方面，由于 A 的状态可以衡量，造句时就可以根据状态的不同度量而选用相应的名词来描摹。看作家二月河笔下的几个例子：

(36) 黄豆大的雨点打得院中青砖噼剥作响。(《雍正皇帝·九王夺嫡》59 页)

(37) 芥菜籽大的官，萤火虫儿的前程。(《雍正皇帝·九王夺嫡》407 页)

(38) 说着将一张尺幅大的宣纸递过来。(《雍正皇帝·九王夺嫡》502 页)

(39) 东考区监场书吏拿着豆腐干大一个小本子进来，……(《雕弓天狼》139 页)

(40) 忽见前面棋盘街驿馆前一溜六盏栲栳大的西瓜灯吊在檐前，……(《雕弓天狼》140 页)

(41) 要单买这巴掌大的纸，一个雍正哥儿也不值……(《雕弓天狼》154 页)

同是“大”，分别选择了不同的名词“黄豆”“芥菜籽”“尺幅”“豆腐干”“栲栳（即笆斗）”“巴掌”来充当了状语。

第四，NA 状心式中，“NA”是从状态及其度量的角度评价事物。如何评价，带不带情绪，更需要在具体的句法组合中才能准确把握。

从事实与评价的联系来说，有时如实评估，有时偏于夸强，有时偏于说弱。比如："大腿粗的柱子"，由于受到"柱子"的规约，可知是如实评估；"大腿粗的胳膊"，由于受到"胳膊"的规约，可知是偏于夸强；"胳膊粗的大腿"，由于受到"大腿"的规约，可知是偏于说弱。

从客观事物与评说者主观心态的联系来说，有时不加褒贬，有时偏于褒扬，有时偏于贬抑。比如："拳头大的苹果，三元钱一斤。"这是如实说明情况，在感情色彩上是中性的。如果这么说："小伙子个个牯牛壮。"这样，不仅夸强，而且显露了褒扬的情绪。如果这么说："当了个芝麻大的干部。"这样，不仅说弱，而且显露了贬抑的情绪。粗俗谩骂类名词，用作 A 的状语，都是说弱和贬抑。如：屁大的事，毬大的官，鸡巴大的小孩。

第五，这类"NA"有两个相关形式。相互间的差别和联系，也反映在具体的句法语义格局当中。

1. "LA"状心式。L 代表表物量的数量结构。比较：裤带长（NA）→两尺长（LA）。L 前后可以加"近"或"多"（近两尺长，两尺多长），N 的前后不能。但是，N 也好，L 好，都表示 A 的度量，二者对 A 的选用范围也基本相同。入句以后，二者有互相转化的可能性。例如：

（42）这是一间厩房，有两个马槽宽，……（二月河《雍正皇帝·恨水东逝》457 页）

（43）他把一柄近两指宽的水果刀磨尖磨快，……（王安忆《富萍》，《收获》2000 年第 4 期 10 页）

前一例是 NA，若说成"两槽宽"，便是 LA；后一例是 LA，若说成"两个手指宽"，便是 NA。

2. 合成词"NA"。如：笔直，雪白，火红，冰凉。这类"NA"也是状心式，但是，一方面，它们用于比喻，而不重在估摸度量；另一方面，它们的 NA 组合固定，两个音节，可以重叠成"笔直笔直、雪白雪白、火红火红、冰凉冰凉"，有的方言里还可以叠成"笔笔直、雪雪白、冰冰凉"。从总体上看，这类 NA 不是句法结构上的状心式。

这类纯比喻 NA，偶尔也有多音节的，只是很罕见：

(44) 林海雪原，白茫茫，一望无际。气温总够零下三十来度，哪儿都冰坨子凉。（星竹《中西部》，《小说月报·中长篇小说精萃》2000年版75页）

上例里，“冰坨子凉”尽管跟“冰凉”意思相同，但它已经成了短语，“冰坨子”和“凉”的状心关系是句法组合。这里的“冰坨子凉”对具体句子有明显的依赖性，如果单独说出来，有可能被理解为主谓关系。

视角五：方言与普通话

方言同以北京话为突出代表的普通话，它们的语法差异只有通过“句管控”的分析，才能弄清楚。

把有关现象归纳成以下三个方面来观察，特别能说明问题。现象的列举中，“京”代表北京话或通常所说的普通话。

（一）相同的词面，不同的配置，于是产生语法差异。举例：

a. 同是“你”“十块钱”“借”：

［京］借你十块钱。⇔［方］借十块钱你。（长沙17页）

b. 同是“你”“茶”“喝”：

［京］你喝茶。⇔［方］你茶喝。（西宁14页）

C. 同是“门”“叫”“开”“得”：

［京］叫得开门。⇔［方］叫得门开。（南昌16页）

d. 同是“行李”“两件”“拿”“少”：

［京］少拿两件行李。⇔［方］拿少两件行李。（柳州15页）

e. 同是：“你”“他”“走”“先”“后”：

［京］你先走，他后走。⇔［方］你走先，他走后。（柳州15页）

f. 同是“天”“水”“冷”“热”“很”“了”：

［京］天很冷了。｜水很热了。⇔［方］天冷很了。｜水热很了。（徐州18页）

g. 同是“他”“上班”“不”“按时”：

［京］他不按时上班。⇔［方］他按时不上班。（西宁15页）

h. 同是"衣服""找""到""不"：

［京］找不到衣服。⇔［方］找不衣服到。（长沙 17 页）

i. 同是"钱""人""给""不""根本"：

［京］钱根本不给（给）人。⇔［方］钱根本给人不给。（乌鲁木齐 11 页）

（二）相同的一个形式，占据不同的位置，于是产生语法差异。举例：

a. "连"字：

［方］连不做一点事。（长沙 17 页）

即：连一点事也不做。"连＋动词语"的句法格局，使得"连"更像是表示强调的语气副词，而不像是介词。

b. "有"字：

［方］《青春之歌》我有读过。（福州 28 页）

佢有来电话。（梅县 21 页）

伊有来。（厦门 20 页）

伊有在做作业。（厦门 20 页）

即：我曾经读过《青春之歌》。｜他曾经来过电话。｜他已经来了。｜他确实已经在做作业。"有＋动词语"，特别是"有＋在＋动词语"的句法语义格局，决定了这里的"有"更像是表示时间状态的实现义副词或类副词，而不像动词。

c. "把"字：

［方］我弗听话，他就把我打则要死。

他弗听话，就把我打则要死。（丹阳 22 页）

前一例是主动句，意思是"我不听话，他就要把我打死"；后一例是被动句，意思是"他不听话，就要被我打死"。"把"兼有普通话"把""被"两个介词的功能，这取决于二者占据了跟不同句法语义格局相联系的位置。

［方］把小路去。

把北京为止。（柳州 15 页）

前一例是说“从小路去”，后一例是说“到北京为止”。其基本句法格局，决定了“把”是介词；其上下文具体的语义格局，又决定了“把”相当于普通话的“从”和“到”。

［方］酒把吃完了。｜马路把重新修过了。

她把爱看书了。｜他家哥把去美国了。（贵阳 16 页）

即：酒已经吃完了。｜马路已经重新修过了。｜她已经爱看书了。｜他家哥已经去美国了。“把＋动词语”的句法语义格局，决定了“把”更像是副词。其中，“酒把吃完了”“马路把重新修过了”是受事主语句，谓语对主语有处置性；“她把爱看书了”“他家哥把去美国了”是施事主语句，谓语对主语没有处置性。

（三）使用特殊的手段，形成特殊的格局，于是产生语法差异。举例：

a. VV 下：

［方言］觑觑下｜行行下

修理理下｜招呼呼下（建瓯 16 页）

“觑觑下”即“看一看”，“行行下”即“走一走”，“修理理下”即“修理修理”，“招呼呼下”即“招呼招呼”。都在动词重叠式 VV 后边加上“下”。双音动词重叠加“下”时，只重叠第二个音节。

b. V 到到（/到在）X：

［方言］等到到天光。

歇到在店里。（萍乡 13 页）

“到”用在动词后边，它的后头还可以出现介词“到”或“在”。紧接动词的“到”，是弱化动词。也可以只用一个“到”：

等到天光。

歇到店里。（萍乡 13 页）

就萍乡方言而言，这个“到”也许是弱化动词和介词的融合。

c. X 流了的：

［方言］他快活流了的。

屋里吼流了的。

他脸上汗流了的。（武汉 14 页）

通常是谓词后边加“流［$niou^{213}$］了的”，形成“A 流了的/V 流了的”，强调程度极高，情况极盛。有时也说“N 流了的”，但整个充当谓语，整个谓词化。

d. 多 X 点：

［方言］桂林比柳州多好点。

今天多冷点。

两个娃崽都蛮好，大的多听讲点。（柳州 16 页）

等于说：桂林比柳州更好一点。｜今天比昨天更冷一点。｜大的比小的更听话一点。X 有时是形容词，有时是动词语。作为比较主体的甲事物，必须出现；作为比较客体的乙事物，可以在语表上显现，也可以在小句中隐含。

e.（不/没）A 起：

［方言］一天热起一天。

你的孩子还多起我的吗？

他不高起我。

学手艺没难学起木匠的。（牟平 20 页）

等于说：一天比一天热。｜你的孩子还比我的多吗？｜他不比我高。｜学手艺没有比木匠再难学的。前两例是肯定式；后两例加上“不/没”构成否定式，使得方言的色彩和情味更浓。

f. X 打 X；X 把 X：

［方言］

年打年噢，他还不想还钱。

那个喝噢两打两瓶酒还不得醉。

今年六月要考六打六科。（涂光禄《贵阳方言的重叠式》）

“打”是衬字，嵌在量词重叠形式或数词重叠形式中间，强调量大。

个把个人安排得下。

打字纸张把张值不倒几个钱。

赢盘把盘扳不倒老本。（同上）

“把”也是衬字，嵌在量词重叠形式中间，强调量少。

g. $V^{5}V$；$A^{5}A$：

［方言］你问佢喜^{5}喜欢？

这件衫缩^{5}缩水？

那只女子生得标^{5}标致？（于都 17 页）

等于说：你问他喜欢不喜欢？｜这件上衣缩水不缩水？｜那个女孩长得漂亮不漂亮？

这种方言说法，采用动词语叠用或形容词叠用的方式，加上声调手段，表达正反选择问的内容。前 V/A 读入声［ʔ^{5}］5 短调，后 V/A 读动词、形容词的单字调。如：走^{5}走［tseuʔ$^{45\ 55}$ tseu^{45}］？（＝走不走?）｜食^{5}食饭［ʂeʔ$^{41\ 55}$ʂe^{41} fã^{41}］？（＝吃饭不吃饭?）｜好^{5}好［hɔʔ$^{45\ 55}$ hɔ^{55}］？（＝好不好?）

可见，把视线投向“整体汉语”，在比较中观察方言事实，可以进一步看到，“句管控”决定了北京话和方言、方言和方言的语法差异，因而也决定了现代汉语语法的整体面貌。

结束语

词语进入小句，小句进入语篇，无不被按特定的规约进行配置，形成特定的格局，显示特定的关系，产生特定的规则。汉语语法规则，无论属于哪一方面、哪个层次，都总要直接或间接地在“句管控”的局势之下来完成。正因如此，词的语法性质，只有在接受了“句管控”之后，才得以落实；词语的表意传情，只有在接受了“句管控”之后，才得以显现；语句之间的关系，只有在接受了篇章的“句管控”之后，才得以确定；一般规律和特殊现象各自存在的条件，只有在“句管控”中才得以区别；方言的语法差异，只有通过“句管控”的分析，才能够弄清楚。研究汉语语法，不可忽视汉语语法规则的形成和使用以小句为中轴来进行运转这一事实。

必须着重强调两点：

第一，百家争鸣才能促进学术的繁荣，一花独放绝对打扮不成一个春天。20世纪的最后10年里，汉语语法研究中响起了多种声音，这是一种发展，一种进步。值得特别注意的是，学者们尽管各有不同的着眼点，表明了各自不同的学术主张，但都注意到了句法语义问题的重要性。邵敬敏（1998）指出："对句法语义的多角度研究必将成为二十一世纪的一个极为重要的课题。"笔者赞同这一判断。事物的发展往往呈现循环往复、螺旋上升的态势，学术研究也不例外。李临定（1992）、黄昌宁（1994）都提到"句本位"的合理性，二位先生所说的"句本位"绝对不是当年黎锦熙先生的"句本位"的简单复制。许嘉璐（1999）纵察流变，提到了"句本位"和"小句中枢"说，不管人们在具体判断上是否接受，许先生的基本思路无疑是富于启迪的。

第二，21世纪的汉语语法研究，不可忽视"整体汉语"中的方言现象。有的问题，在分析北京话或普通话感到困惑的时候，考察一下方言事实，可能豁然开朗；有的问题，在根据北京话或普通话做出结论之后，考察一下方言事实，甚至可能发现反例，从而促使更改思路或修正结论。

主要参考文献

[1] 丁声树，等. 现代汉语语法讲话［M］. 北京：商务印书馆，1961.

[2] 李临定. "依句辨品，离句无品"及其他［M］//语法研究和探索：五. 北京：语文出版社，1992.

[3] 李荣. 现代汉语方言大词典［M］. 南京：江苏教育出版社，1993-1998.

[4] 黄昌宁. 语言串理论——"信息处理用语言理论讲话"第二讲［J］. 语言文字应用，1994（3）.

[5] 邵敬敏. 八十到九十年代的现代汉语语法研究［J］. 世界汉语教学，1998（4）.

[6] 许嘉璐. 语言文字学及其应用研究［M］. 广州：广东教育出版社，1999.

[7] 张振兴. 方言研究与对外汉语教学［J］. 语言教学与研究，1999（4）.

[8] 李芳杰. 句型主体论［J］. 语言教学与研究，1999（4）.

[9] 涂光禄. 贵阳方言的重叠式［J］. 方言，2000（4）.

[10] 李宇明. 语法研究的方法、理论和治学风格 [J]. 华中师范大学学报(人文社会科学版), 2000 (5).

[11] 邢福义. 小句中枢说 [J]. 中国语文, 1995 (6).

[12] 邢福义. 汉语语法学 [M]. 长春：东北师范大学出版社, 1997.

[13] 邢福义. 小句中枢说的方言实证 [J]. 方言, 2000 (4).

[14] 邢福义. 小句中枢说的方言续证 [J]. 语言研究, 2001 (1).

（原载《方言》2001 年第 2 期，略有改动）

后　　记

这本书，写了两年的时间。1994 年 4 月动手，1996 年 4 月脱稿，中间尽管免不了要外出开会，免不了要进行经常性的教学工作，免不了要写点文章，自然也免不了要处理这样那样的杂事，但是，主要精力一直是放在这本书的写作上面的。

1994 年 3 月中旬，收到东北师范大学出版社吴长安先生 3 月 3 日的来信，信中说，为了纪念《马氏文通》出版一百周年，东北师范大学出版社拟出版一套中国语言学学术著作，由季羡林先生任主编。我深受鼓舞，油然产生敬意。我的第一个反应，是东北师范大学出版社有学术远见，有干大事业的魄力。我的第二个反应，是请季羡林先生担任这套书的主编，特别合适，特别有推动力。

我系统读完《马氏文通》，是 1957 年。读的是中华书局出版的章锡琛先生校注的本子。在读过的本子中，正文行间留下了用红笔所作的各种记号，天头空白处留下了用红笔所写的一些体会。随着时间的推移，年岁的增长，我越来越感到马氏当年写出这部巨著实在不容易。在中国语言学的发展史上，马氏无疑是名列榜首的功勋卓著的开拓者。

长安先生希望我撰写这套书中关于汉语语法的一本。我立即给他写信，请问他有什么特定要求。不久，收到他 3 月 29 日的信，信中说：关于“特定要求”，把握两点即可。第一，不是教材，亦非史的叙述，而是一部著作；第二，他人的成果要在自己的论述中引用，单纯的介绍则不佳，不要写成“研究史”型的书籍。对我来说，这自然是过高的要求。不过，我由衷地佩服出版社所作的正确决策！

在写这本书的过程中，我读了不少文献。从前辈学者、同辈学者和比较年轻一辈的学者那里，学习到了不少东西。有的地方，吸收了学者们的成果。比方，在讲述动词语义问题的时候，参考了陆俭明、马庆株二位先生的论说，在讲述量词类别的时候，参考了邵敬敏先生的论说。没有众多学者的研究成果，这本书是很难写出来的。遗憾的是：时间毕竟有限，不可能更多地阅读文献；能力毕竟有限，不可能把学者们的好意见全都准确而有效地吸收到书里来。自知书中可以讨论的问题甚多，只能在以后的日子里多多思索，尽心尽力地寻找答案。

学而后知不足。

写而后，更知不足！

邢福义

1996 年 4 月 30 日

修订本后记

《汉语语法学》一书原稿本，写于 1994 年 4 月至 1996 年 4 月，总共用了两年时间。

我写过一篇《年年岁岁 春夏秋冬》的散文，包括“一解春夏秋冬”“二解春夏秋冬”“三解春夏秋冬”三个部分。第一部分里，这么写道：“春夏秋冬是个时间概念。春夏秋冬意味着一年有四季，四季有十二个月，十二个月有三百六十五天。做什么事，做一天两天，做十天半个月，这还是比较容易的。要是一年三百六十五天天天如此，这就不容易。”后面，我接着写道：“跟出版社签订了合同，限定于 1996 年 6 月交稿。从此，我给自己立了‘法’：一年多时间里，每天平均为这部书写一千字。假若哪一天没写，第二天一定得补起来。孤立地看，一天写一千字，这是轻而易举的事；然而，实践起来，并不那么顺当。……从这件事，我品味到了‘锲而不舍’的苦辣酸甜。”（见《海南日报》1998 年 11 月 22 日）

一转眼，20 个年头过去了。为了外译的需要，我对《汉语语法学》作了修订；又为了学科建设的需求，修订本须要换到商务印书馆去出版。汪国胜教授是我们语言研究所所长。他一给周总周洪波先生打电话，洪波便立即慷慨答应。

商务印书馆对我个人，对我们单位，一直给予大帮助。商务出版了我 4 本书：《汉语复句研究》（2001 年），《汉语语法三百问》（2002 年），《词类辨难（修订本）》（2003 年），《语法问题献疑集》（2009 年）。《汉语复句研究》2006 年获中国高校第四届人文社会科学研究优秀成果一等奖；《汉语语法三百问》由韩国延世大学金铉哲教授翻译为韩文，2011 年在韩国 China House 出版社出版；《语法问题献疑集》2013 年获第六届高等学校人文社会科学研究优秀成果一等奖。我们单位主持、我当主编的期刊《汉语学报》，是由商务出版的。作为正式期刊的《汉语学报》，从 2004 年下半年起出版第 1 期。过了几年，便进入核心刊物行列了。

拥有近 120 年辉煌历史的商务印书馆，是个人才集聚的地方。我想起杨德炎总经理。我跟杨总有过几次会面和交谈。我的突出感觉是，他视野开阔，敢于革新，善于用人，理念具有很强的前瞻性。2010 年，65 岁的他突然走了。但是，他留下了刚毅有为的班子。现在的班子，进一步发扬了他的思路；商务印书馆，以更为挺拔的身影出现在了世人的眼前。

当年，杨总十分强调：不仅要请进来，还要走出去；不仅要让国人通过商务印书馆这个平台看世界，也希望全世界的人透过这个平台了解中国。从近年来商务印书馆做什么和怎么做的种种举措看，现在的班子，正在创造性地发扬光大这一理念。这无疑合乎事物发展的辩证法。地球在运转，“东方不亮西方亮”和“西方不亮东方亮”都是必然的。学术上的交流和碰撞，必然会激发火花，火花的激发必然会引发学术的进一步发展！

在这里，要表示对何瑛女士和姚双云教授的感谢。何瑛女士是责任编辑，帮我改正了不少差误；双云博士是我们单位研究人员，帮我通读了全书的一校样。

在这里，有必要特别提到季羡林先生。《汉语语法学》原版本前边有季先生所写的序。但那篇序，是“中国现代语言学”丛书的总序。序中，季先生用了相当大的篇幅讨论汉语语法研究的问题。后来，东北师范大学出版社又出版一套“20 世纪现代汉语语法‘八大家’”丛书，季先生又写了一篇总序，其中接着“中国现代语言学”总序中的讨论，进一步加以阐发。季先生刚一去世，我就写了短文《两次指点》，发表于《光明日报》。现在，将季先生的两篇序和我的短文，都作为《汉语语法学》修订本后记的附录，放在后边。

邢福义

2016 年 3 月 30 日

附录1 “中国现代语言学”丛书总序

季羡林

中国语言学有悠久的历史，在漫长的历史过程中，取得了极其辉煌的成就。

但是，我们研究的对象主要是被西方某一些学者称之为“孤立语”的汉语，不是拼音文字，汉语的词以单个的字为基础，孤立不变与印欧语系以及其他一些语系的有曲折变化的拼音文字迥异其趣。在两千年的过程中，我们不是没有遇到过外来的拼音文字，比如随佛教而来的梵文就是其中最重要的。但是，我们从佛教接受的主要是义理，在语言方面，我们只在语音和词汇上受到一些梵文的影响，对整体汉语的研究，这种影响并不大。

1898年，马建忠《马氏文通》的出版，是一个极大的转折点，标志着汉语研究一个新时期的开始。他明确声明是受了“西方”的影响。为了把问题说清楚，我还是先抄他的话。他在“后序”中说：

> 余观泰西，童子入学，循序而进，未及志学之年，而观书为文无不明习，而后观其性之所近，肆力于数度、格致、法律、性理诸学而专精焉。故其国无不学之人，而人各学有用之学。计吾国童年能读书者固少，读书而能文者又加少焉，能及时为文而以其余年讲道明理以备他日之用者，盖万无一焉。夫华文之点画结构，视西学之切音虽难，而华文之字法句法，视西文之部分类别，且可以先后倒置以达其意度波澜者则易。西文本难也而易学如彼，华文本易也而难学如此者，则以西文有一定之规矩，学者可循序渐进而知所止境，华文经籍虽亦有规矩隐寓其中，特无有为之比拟而揭示之。遂使结绳而后，积四千余载之智慧材力，无不一一消磨于所以载道所以明理之文，而道无由载，理不暇明，以与夫达道明理之西人相角逐焉，其贤愚优劣有不待言矣。

马建忠在这里详细对比了华文与西文之难易、之结构、之优劣、之利弊、之异同、之效用，颇有一些深刻的话，虽然他还没有真正对二者之差异搔其痒处，这是时代的限制使然，不能怪马建忠。马建忠这一番话真正的用意在于指出，华文非按照西文的楷模加以整理不可，整理之道就是写一部华文语法，他称之为《文通》。接着他在下面说：

> 斯书也，因西文已有之规矩，于经籍中求其所同所不同者，曲证繁引以确知华文义例之所在，而后童蒙入塾能循是而学文焉，其成就之速必无逊于西人。然后及其年力富强之时，以学道而明理焉，微特中国之书籍其理道可知，将由是而求西文所载之道，所明之理，亦不难精求而会通焉。

马建忠写《文通》的做法和目的说得一清二楚。一方面，他想改变传统私塾中教师多强调背诵而忽视讲解的做法；另一方面，其中还隐藏着一点“语法救国”的意味。他说，西文有一定之规矩，其实华文何尝没有一定之规矩？特规矩迥乎不同而已。不管他的《文通》能不能像西文语法那样让人真“通”——我看是“通”不了的；但是他毕竟开始了中国语言学现代化之新风。我们现在都认为，所谓“现代化”其实就是“西化”，马建忠又提供了一个具体的例证。《中国大百科全书·语言　文字》说：“《马氏文通》标志着中国文法研究进入一个新阶段。”这话理完全准确的。

在中国学术史上，无论是哲学史、宗教史，还是文学史、艺术史，等等，文化交流起了很大的作用，语言学史何独不然。文化交流并不总是在平静祥和的气氛中进行的。比较剧烈的撞击有时候是难以避免的。佛教进入中国就是如此。当然也有比较缓和的评论。但是撞击或者矛盾或多或少总会有一点的。即以语言学而论，在中外文化交流第一次撞击中，也就是佛教传入的时期，在意识形态领域内虽有过极大剧烈撞击，佛教最后终究还是被接受下来，融入中国的哲学宗教思想中，这第一次撞击对语言学的影响不大，这一点我在上面已经谈到过，这里不再重复。

中外文化交流的第二次巨大的撞击，我认为，应该说是自明末清初开始的欧风东渐。这一次撞击，对中国学术史、中国宗教哲学史以及在更广大的范围内，其影响之大绝不下于第一次。但是，对语言学来讲，在最初阶段，在相当长的时间内，并没有产生多么大的影响。真正的影响自《马氏文通》始。这一点在马建忠的“后序”中说得清清楚楚，竟无置疑之余地。

从《马氏文通》起到现在整整一百年了。在这一百年内，中国语言学经历了一个“现代化”的过程。人们现在常说，所谓“现代化”其实就是“西化”，衡之以语言学的发展过程，这话也是适用的。

近一百年以来中国语言学的情况怎样呢？邢福义先生在他的《汉语语法学》（本丛书之一）中，就汉语语法学的分期问题，把这一百年分为三个阶段：一、套用期，19 世纪末期至 20 世纪 30 年代末期。主要特征是套用西方语言拉丁文、英文等等，大约有 40 年，以马建忠、黎锦熙等为代表。二、引发期，19 世纪 30 年代末期至 70 年代末期。主要特征是引进西方国家的语言理论，大约有 40 年，以王力、吕叔湘、丁声树、张志公等为代表。三、探求期，70 年代末期至现在。主要特征是接受外国理论的启示，而又探求新路子，以求得具有中国特色的研究思路和方法，大约有 20 年，以吕叔湘、朱德熙、张志公、胡裕树、张斌等为代表。

邢福义先生分期的意见，就中国语言学整体情况来说，大体上也是符合实际情况的，是能够为大家所接受的。除了上面提到的语法学家外，这一时期有代表性的语言学家还有赵元任、李方桂、罗常培等。在过去一百年内，中国语言学走了一条由套用到探求的道路，是符合逻辑发展的。中国语言学亦取得了非常辉煌的成果。从著作的数量上来看，超过前此的任何一个一百年。这一个事实，无论谁也否定不了的。成果中的最新部分就表现在我们现在出版的这一套丛书中。

中国现代语言学的发展是全方位的，既有汉语语言学的发展，普通语言学的探求，更有少数民族语言研究的突飞猛进。我们这套“中国现代语言学”丛书，有语言的总体把握（徐通锵：《语言论》），有方言、语法的研究（詹伯慧：《汉语方言学》，邢福义：《汉语语法学》），有少数民族语言的探索（孙宏开：《中国少数民族语言学》）。可以说，这是探求期的承前启后的成果。

邢先生称最后一个阶段为探求期，仅仅有20年历史，少于前两个阶段。但是前两个阶段已告结束，而探求期怎样呢？

这个问题邢先生不可能答复。由于限于一百年的框架内，前两期占了80年，只剩下了20年，所以邢先生只能谈20年。过了这20年，就到了21世纪，是框架之外的事情了，也是在邢先生讨论以外的事情了。他当然不能讲得很多了。我现在来替他回答这个问题：探求只能说是刚开了一个头，探求正未有穷期。我们只能探求，探求，再探求。

根据我的浅见，当前我们的探求已经触及汉文和西方印欧语系的语言文字的根本差异。但是，我认为，还很不够。语言文字是思想的外在表现形式，而思想的基础或出发点则是思维模式。东西方思维模式是根本不同的。西方的思维模式是分析。分析，分析，再分析，认为永远可以分析下去的。而东方的思维模式则是综合，其特色是有整体概念和普遍联系的概念。只要你注意，这种基本差异随时可见。我只举一个很小的例子，西医治病，往往是头痛治头，脚痛治脚。而中医则是治头痛可能在脚上扎针，其余可以此类推。

综合的东西往往具有一些模糊性，中国语言也不能例外。在过去，人们往往认为，模糊不是什么好东西。而到了今天，世界上一些先知先觉者已经发现，世界上很少有百分之百绝对清晰的东西，而模糊性倒是一些事物的本质。20世纪西方新兴的学科中，有两门引人瞩目的学问，一门叫模糊学，一门叫混沌学。顾名思义，讲的就是模糊和混沌，而这两种新学问又偏偏出自自然科学家之手，前者出于要求绝对清晰、绝对准确的数学。这不能不引起人们的思考：这究竟是怎么一回事呢？无论如何，这同西方的分析的思维模式是有矛盾的。据我看，模糊论和混沌论也是用分析方法得来的结果，并不是东方感悟的收获品。这样就要值得人们去反思了。

时至今日，世界上科学发展的方向是：文理科界限越来越不分明，两者的关系是互相渗透，互相融合。模糊论和混沌论就是两个具体的例子。我们中国语言学家应当抓住这一点，继续进行探求。特别是对汉语的模糊性特色要多加注意，多加探求。我在上面曾说到，中国语言的探求期才只有20年的历史。下一个世纪的前20年，甚至在更长的时期内，都是我们探求的时期。我们必然能够找到“中国的特色”。只要先“擒”这个“王”，我们语言学的前途，正未可限量。只要能摆脱西方理论的影响，充分发扬我们自己的语言和理论，我们必然能够一反现在无声的情况，在世界语言学界发出我们的声音，而且是洪亮的声音。在21世纪100年中，同现在这100年相比，我们必然能取得更辉煌的成果。我认为，这就是我们中国语言学界未来的任务，这就是我们探求的方向。

1996年6月10日

（见邢福义《汉语语法学》，东北师范大学出版社1996年11月）

附录2 “20世纪现代汉语语法‘八大家’”丛书总序

季羡林

东北师范大学出版社多年来致力于出版语言学论著，卓有建树，为国内外语言学界所同声赞佩。最近又推出“20世纪现代汉语语法‘八大家’”选集——《黎锦熙选集》《王力选集》《吕叔湘选集》《胡裕树、张斌选集》《朱德熙选集》《邢福义选集》《陆俭明选集》（以年龄为序）。所推八家，实慎重考虑、缜密权衡之结果，对“大家”之名，均当之无愧。此举实有对20世纪中国汉语语法研究作阶段性总结之含义。这也是顺乎学术发展潮流，应乎业内学人心声的做法，一定会受到学术界广泛的欢迎。

为什么说“顺乎潮流”呢？

现在已经真正到了“世纪末”，再过一年，一个新的世纪，甚至一个新的千纪，就将降临人间。所谓“世纪”这玩意儿，本来是人为地制造出来的。没有耶稣，何来“世纪”？但一旦被制造出来，就反过来对人类活动产生了影响。征之19世纪的世纪末，昭然若揭。征之20世纪的世纪末，全世界在政治方面发生了极大的变动，也证明了同一个事实。因此，专就中国学术界而论，包括文、理各科在内的众多学科，都在以不同的方式，对过去一百年的研究历程做出总结。回顾过去，绝不是为了怀古，而是为了创新。规模最大的可能是福建教育出版社准备推出的《20世纪中国学术大典》。此书涵盖面极广，文、理、法、农、工、医，都包括在里面，用的是词条的方式，由各有关方面的专家撰写。估计此书出版以后，将会产生一定的影响——这是世纪总结内著作中“博”的典型。我们这套“20世纪现代汉语语法‘八大家’”选集则另辟蹊径，先划定一个学术领域，结集一百年中业内“大家”之经典著述，既对20世纪汉语语法学的研究成果和达到的高度予以总结和概括，又为后学的进一步研究搭了一架“大师级”的人梯——这是世纪总结类著作中的“专”的典型。

谈到汉语研究，我首先声明：我并非此道专家；有一点知识，也是破碎支离不成体系的。但是，我有一个特点——优点，缺点，尚难断定——就是好胡思乱想。俗话说：“一瓶醋不响，半瓶醋晃荡。”对于汉语语法学，我连半瓶都不够，所以晃荡得更是特别厉害。晃荡的结果我已经写在三年前“中国现代语言学”丛书（东北师范大学出版社出版）的序中。我那一篇序的主要内容就是讲汉语与西方印欧语系的语言是不同的，写汉语语法而照搬西方那一套是行不通的。我最后说到，语言之所以不同，其根本原因在于思维模式的不同。西方的思维模式是分析、分析、再分析，认为可以永恒地分析下去；东方的思维模式是综合，其特点是整体概念和普遍联系。综合的东西往往有些模糊性。世界上任何语言都有不同程度的模糊性，而汉语尤为突出。序的内容大体如此。这当然都是“晃荡”的结果。但我自信，其中不能说没有一点道理。

最近又重读先师陈寅恪先生《与刘叔雅论国文试题书》。陈师在六十六年以前已经对汉语语法表示了明确的看法，深刻而有新见。我抄几段他的原话：

今日印欧语系谓之文法，即《马氏文通》“格义式”之文法，既不宜施之于不同语系之中国语文，而与汉语同系之语言比较研究，又在草昧时期，中国语文真正尚未能成立，此其所以甚难也。夫所谓某种语言之文法者，其中一小部分，符于世界语言之公律，除此以外，其大部分皆由研究此种语言之特殊现象，归纳为若干通则，成立一有独立个性之统系学说，定为此特种语言之规律，并非根据某一特种语言之规律，即能推之以概括万族，放诸四海而准者也。假使能之，亦已变为普通语言学音韵学，名学，或文法哲学等等，而不复成为某特种语言之文法矣。

陈先生在下面又说：

往日法人取吾国语文约略摹仿印欧系语之规律，编为汉文典，以便欧人习读。马眉叔效仿之《文通》之作，于是中国号称始有文法。夫印欧系语文之规律，未尝不间有可供中国之文法作参考及采用者。如梵语文典中，语根之说是也。今天印欧系之语言中，将其规则之属于世界语言公律者，除去不论。其他属于某种语言之特性者，若亦同视为天经地义，金科玉律，按条逐句，一一施诸不同系之汉文。有不合者，即指为不通。呜呼！文通，文通，何其不通如是耶？

在本文中，陈先生还有一些很有启发性的见解，不具引。

我对中国当代的汉语语法研究只了解一个大概的轮廓，详细深入的情况并不了解。这一项研究工作已经取得了很辉煌的成就，这一点是非常显明的，本套书列举的八大家，就足以证明这个事实。但是，按照寅恪先生的意见，必须在从事与汉语同语系诸语言的比较研究的基础上，才能扩展汉语语法学的眼界，而我个人认为，这一点需要进一步努力的。我也注意到，我们中国语言学家的眼光已经大为开阔了。比如徐通锵先生的《语言论》（东北师范大学出版社出版），在“绪论”

中已经讲到"'印欧语的眼光'和汉语的研究",力求摆脱"印欧语的眼光"的束缚。如果汉语与同语系诸语言的比较研究,语言学的成绩将更大。

邢福义先生在所著《汉语语法学》(东北师范大学出版社出版)中,把《马氏文通》问世后100年来的汉语语法研究大体上分为三期:

(一)套用期:19世纪末期—20世纪30年代末期;

(二)引发期:20世纪30年代末期—70年代末期;

(三)探求期:20世纪70年代末期—现在。

这个分法是有根据的,因而是能站得住的。邢先生说:"(探求期)大约已20年。基本倾向是接受国外理论的启示,注重通过对汉语语法事实的发掘探索研究的路子,追求形成具有中国特色的研究思路和研究方法。"下面邢先生又说道:"应该清醒地看到,这门学科距离真正成熟还相当遥远。到目前为止,许多事实尚未得到深刻的揭示,许多重要现象尚未得到准确的解释。现在,面临的主要问题是'二求':一求创建理论和方法,二求把事实弄清楚。"这都是很重要很中肯的意见。看来邢先生的想法是:所有这一些工作都是探求期第二阶段的任务,也就是说,是21世纪的任务。

但是,问题的关键在于:怎样探求?向哪个方向探求?采取什么样的具体步骤去探求?在这些方面,邢先生的话,虽很正确,但不具体。我不揣庸陋,想补充两点。第一点是,要从思维模式东西方不同的高度来把握汉语的特点;第二点是,按照陈寅恪先生的意见,要在对汉语和与汉语同一语系的诸语言对比研究的基础上,来抽绎出汉语真正的特点。能做到这两步,对汉语语法的根本特点才能搔到痒处。我这些话是不是显得太迂阔了呢?我自己并不认为是这样,我认为,21世纪汉语语法学家继续探求的方向就应该如此。是否有理,那就要请真正的专家来指正了。

1999年6月29日

(见《邢福义选集》,东北师范大学出版社2001年12月)

附录3 两次指点

邢福义

1980年10月，“中国语言学会”在武汉成立。王力先生和吕叔湘先生当选名誉会长和会长。副会长5人，季羡林先生是其中一位。到1985年，季羡林先生当选第二届中国语言学会会长。在几次常务理事会上，见到季先生，听过他的发言。季先生诚恳质朴，不是善于滔滔不绝地作长篇发言的人。他的话，总是很简短，点到即止。

我要特别提到两件事。

一件是，季羡林先生担任主编的“中国现代语言学”丛书，从1997年起由东北师范大学出版社出版，这套丛书包括徐通锵《语言论》、詹伯慧《汉语方言学》、孙宏开《中国少数民族语言学》、邢福义《汉语语法学》。季先生于1996年6月作了一篇长序，其中写道：

> …………
>
> 近一百年以来中国语言学的情况怎样呢？邢福义先生在他的《汉语语法学》（本丛书之一）中，就汉语语法学的分期问题，把这一百年分为三个阶段：一、套用期，19世纪末期至20世纪30年代末期。主要特征是套用西方语言拉丁文、英文等等，大约有40年，以马建忠、黎锦熙等为代表。二、引发期，20世纪30年代末期至70年代末期。主要特征是引进西方国家的语言理论，大约40年，以王力、吕叔湘、丁声树、张志公等为代表。三、探求期，70年代末期至现在。主要特征是接受外国理论的启示，而又探求新路子，以求得具有中国特色的研究思路和方法，大约有20年，以吕叔湘、朱德熙、张志公、胡裕树、张斌等为代表。
>
> 邢福义先生分期的意见，就中国语言学整体情况来说，大体上也是符合实际的，是能够为大家所接受的。除了上面提到的语法学家外，这一时期有代表性的语言学家还有赵元任、李方桂、

罗常培等。在过去一百年内，中国语言学走了一条由套用到探求的道路，是符合逻辑发展的。……

…………

邢先生称最后一个阶段为探求期，仅仅有20年历史，少于前两个阶段。但是前两个阶段已告结束，而探求期怎样呢？

这个问题邢先生不可能答复。由于限于一百年的框架内，前两期占了80年，只剩下了20年，所以邢先生只能谈20年。过了这20年，就到了21世纪，是框架之外的事情了，也是邢先生讨论以外的事情了，他当然不能讲得很多了。我现在来替他回答这个问题：探求只能说是刚开了一个头，探求正未有穷期。我们只能探求，探求，再探求。

…………

下一个世纪的前20年，甚至在更长的时期内，都是我们探求的时期。我们必然能够找到"中国的特色"。只要先"擒"这个"王"，我们语言学的前途，正未可限量。只要能摆脱西方理论的影响，充分发扬我们自己的语言和理论，我们必然能够一反现在无声的情况，在世界语言学界发出我们的声音，而且是洪亮的声音。在21世纪100年中，同现在这100年相比，我们必然能取得更辉煌的成果。我认为，这就是我们中国语言学未来的任务，这就是我们探求的方向。(1996年6月10日写毕)

另一件是，季羡林先生担任主编的"20世纪现代汉语语法'八大家'"选集，从2001年起由东北师范大学出版社出版，这套选集包括《黎锦熙选集》《吕叔湘选集》《王力选集》《胡裕树张斌选集》《朱德熙选集》《邢福义选集》《陆俭明选集》。季先生于1999年6月又作了一篇较长的序，接着上面的话题写道：

…………

邢福义先生在所著《汉语语法学》（东北师范大学出版社出版）中，把《马氏文通》问世后100年来的汉语语法研究大体上分为三期：

(一) 套用期：19世纪末期—20世纪30年代末期；(二) 引发期：20世纪30年代末期—70年代末期；(三) 探求期：70年代末期—现在。

这个分法是有根据的，因而是能站得住的。邢先生说："(探求期) 大约已20年。基本倾向是接受国外理论的启示，注重通过对汉语语法事实的发掘探索研究的路子，追求形成具有中国特色的研究思路和研究方法。"下面邢先生又说："应该清醒地看到，这门学科距离真正成熟还相当遥远。到目前为止，许多事实尚未得到深刻的揭示，许多重要现象尚未得到准确的解释。现在，面临的主要问题是'二求'：一求创建理论和方法，二求把事实弄清楚。"这都是很重要很中肯的意见。看来邢先生的想法是：所有这一切工作都是探求期第二阶段的任务，也就是说，是21世纪的任务。

但是，问题的关键在于：怎样探求？向哪个方向探求？采取什么样的具体步骤去探求？在这些方面，邢先生的话，虽很正确，但不具体。我不揣庸陋，想补充两点。第一点是，要从思维模式东西方不同的高度来把握汉语的特点；第二点是，按照陈寅恪先生的意见，要在对汉语和与汉语同一语系的诸语言对比研究的基础上，来抽绎出汉语的真正的特点。能做到这两步，对汉语语法的根本特点才能搔到痒处。…… (1999.06.29)

季先生的论说，一语破的，对中国语言学的发展起到了导向的作用。从我个人的角度讲，季先生注意到了我的说法，使我深受激励，季先生作了进一步的阐发，更使我得到了新的启示，开拓了思路和视野。这对我一辈子都会产生深刻的影响。凡是真正有学问的人，必定也会有很好的学风。季先生务实求真，文如其人。特别是，对于一个后辈，季先生处处用了"先生"一词，充分地显示了一种大师风范。季先生走了。但是，季先生的影响永在！

(原载《光明日报》2009年8月10日)